Richard Löwenthal
Weltpolitische Betrachtungen

Richard Löwenthal

Weltpolitische Betrachtungen

Essays aus zwei Jahrzehnten

Herausgegeben und eingeleitet
von
Heinrich August Winkler

Vandenhoeck & Ruprecht
in Göttingen

Sammlung Vandenhoeck

CIP-Kurztitelaufnahme der Deutschen Bibliothek

Löwenthal, Richard:
Weltpolitische Betrachtungen: Essays aus 2 Jahrzehnten / Richard Löwenthal. Hrsg. u. eingeleitet von Heinrich August Winkler. – Göttingen: Vandenhoeck und Ruprecht, 1983.
(Sammlung Vandenhoeck)

ISBN 3-525-01329-9

Umschlagfoto: Leonid Breschnjew und Richard Nixon im Garten der Sommervilla Breschnjews in Oreanda auf der Krim (30. 6. 1974). © dpa/UPJ.

Schrift: 9/11 p Times auf Lasercomp (Monotype)
Satz: LibroSatz, Kriftel
Druck und Einband: Hubert & Co., Göttingen

Inhalt

Zum Geleit

Der Gedanke, Richard Löwenthals Betrachtungen zur Weltpolitik in einem Band zusammenzufassen, ist Erfahrungen der akademischen Lehre entsprungen. Wann immer der Herausgeber in Vorlesungen oder Seminaren die Geschichte seit 1945 behandelte, erwiesen sich die Analysen des Berliner Politikwissenschaftlers als der beste begleitende Kommentar zu den Ereignissen. Diese Reflexionen fortlaufend zu lesen, erforderte jedoch einige Mühe – und gute Bibliotheken. Denn die Aufsätze waren an verstreuten Orten erschienen und damit dem »Normalverbraucher« kaum mehr zugänglich. Daß Löwenthal die Mühe auf sich genommen hat, seine weltpolitischen Essays aus den Jahren 1961 bis 1981 nochmals zu sichten, eine Auswahl zu treffen, eine Reihe von Texten vom Englischen ins Deutsche zu übersetzen, zu den einzelnen Themenbereichen kurze Einführungen und zu dem Band als ganzem ein resümierendes Nachwort zu verfassen, das werden sicherlich viele nützlich finden – und zwar nicht nur Hochschullehrer und Studenten, sondern auch Politiker, Journalisten und alle, die nach einem Ariadnefaden durch das Labyrinth der jüngsten Vergangenheit und der Gegenwart suchen.

Was macht das Besondere der »Weltpolitischen Betrachtungen« Richard Löwenthals aus? »Rix« (wie ihn seine Freunde nennen) habe nun einmal den Röntgenblick, hat vor Jahren ein engerer Fachkollege des mittlerweile emeritierten Professors für Theorie und Geschichte der auswärtigen Politik bemerkt. In der Tat: Löwenthal sieht stets die »Dinge hinter den Dingen«, hinter dem aktuellen Geschehen die werdende Geschichte, hinter rasch wechselnden Konstellationen die sich viel langsamer wandelnden Strukturen der internationalen Politik. Die Frage nach dem Warum von Ereignissen führt ihn immer wieder in die Geschichte zurück – die Geschichte, die er mit den Augen Max Webers zu betrachten gelernt hat. Nirgendwo wird das deutlicher als dort, wo Löwenthal über die Ursprünge des historischen Gegensatzes zwischen West und Ost schreibt, über die institutionellen Vorentscheidungen, die schon im Mittelalter fielen – zugunsten von Freiheit und Pluralismus im einen, zugunsten von staatlichem Despotismus im anderen Fall. Geschichte über lange Zeiträume hinweg zu begreifen als »geprägte Form, die lebend sich entwickelt«: Diese Sichtweise geht zu einem guten Teil auf Einflüsse des großen Soziologen zurück, die in Heidelberg, wo Löwenthal um 1930 studierte, besonders lebendig waren.

Um jene Zeit war Löwenthal noch Marxist – und auch von Marx ist ihm viel geblieben. Ökonomische Erklärungen von Politik verwirft er nicht vorschnell; er prüft, wie weit ein solcher Ansatz trägt, und geht über ihn hinaus, wo diese Methode an ihre Grenzen stößt. Der systematische Begründungszwang, den sich der Autor bei allen seinen Urteilen auferlegt, ist schwer vorstellbar ohne die frühe Schulung an Marx und Engels; daß er bei materialistischen Ableitungen nicht stehen bleibt, zeugt von seiner Fähigkeit, Theorie an Erfahrung zu messen – und daraus die notwendigen Schlußfolgerungen zu ziehen. Der Sozialdemokrat Richard Löwenthal hätte vermutlich nichts dagegen, wenn man ihn einen »Postmarxisten« nennen würde.

Löwenthals existentielle Erfahrung ist *die* Erfahrung des 20. Jahrhunderts: die totalitären Regime. Das *eine* totalitäre System, die faschistische Diktatur der Nationalsozialisten, hat er als sozialistischer Widerstandskämpfer, der überdies Jude war, in Deutschland erlebt, bevor ihm die Emigration das Überleben ermöglichte; die Entwicklung des *anderen*, der Sowjetdiktatur, hat Löwenthal seit über einem halben Jahrhundert unablässig beobachtet – als junger Kommunist zunächst mit Sympathie, dann, nach seinem Bruch mit der KPD im Jahr 1929, zunehmend skeptisch, bis ihn schließlich die volle Erkenntnis der stalinistischen Tyrannei zu einem der schärfsten intellektuellen Kritiker der kommunistischen Erscheinungsform von totalitärer Herrschaft machte.

Die Einsicht in das, was die Systeme Hitlers und Stalins miteinander verband, hat Löwenthal jedoch niemals blind gemacht für die Unterschiede zwischen Kommunismus und Nationalsozialismus. Er sieht durchaus den inneren Wandel, der sich in der Sowjetunion seit Stalins Tod vollzogen hat: Die totalitären Institutionen sind noch da, während die totalitäre Dynamik sich erschöpft hat. Vor allem aber ist sich Löwenthal einer grundlegenden außenpolitischen Differenz zwischen dem »Dritten Reich« und der Sowjetunion voll bewußt: Für Hitler war territoriale Expansion ohne angebbare Grenzen geradezu der Daseinszweck; für die Nachfolger Lenins ist die Ausweitung ihres Machtbereichs eine willkommene Gelegenheit. Sie wird genutzt, wenn die Risiken gering erscheinen, aber ohne Rücksicht auf die zu erwartenden eigenen Verluste ist das verbal noch immer beschworene Ziel der Weltrevolution bislang *nicht* verfolgt worden. Daraus ergibt sich für den Westen die Notwendigkeit einer differenzierten Politik: Militärische Abschreckung muß einhergehen mit der Bereitschaft zu wechselseitiger Verminderung der Rüstungen und, darüber hinaus, zu politischer Zusammenarbeit im Interesse des Weltfriedens.

Die Sache der westlichen Demokratien, die Löwenthal als *seine* Sache versteht, hat ihn nie zu einem vorbehaltlosen Verteidiger westlicher, zumal amerikanischer Politik werden lassen. Er gehörte zu den frühen Kritikern des Vietnamkrieges, und in den letzten Jahren ist er immer wieder mit Mahnungen hervorgetreten, die positiven Ergebnisse der Entspannungspolitik nicht leichtfertig aufs Spiel zu setzen. Diese Mahnungen richten sich an jene Kräfte, die den anhaltenden Konflikt zwischen Ost und West ausschließlich in militärischen Kategorien oder unter dem Blickwinkel eines politischen Kreuzzuges gegen den Kommunismus sehen. Die Aufforderung an die Europäer, ihr Gewicht voll in die Waagschale ihrer Bündnissysteme – des westlichen und des östlichen – zu werfen, gründet in der Furcht, die Führungsmächte der Blöcke könnten ohne solche mäßigenden Einflüsse leicht auf die Bahn einer gefährlichen Konfrontation geraten. Auf der anderen Seite warnt Löwenthal freilich auch unablässig vor der Illusion, dem Frieden werde durch einseitige Abrüstung des Westens oder durch die Hinnahme eines einseitigen regionalen Übergewichts sowjetischer Mittelstreckenraketen in Europa gedient.

Was die Form der Analysen Löwenthals auszeichnet, ist die Präzision der Sprache. Man spürt in jedem Aufsatz den erfahrenen Journalisten, der mit knappen Worten schnell zum Kern der Sache vorstößt. Schwieriges drückt er so einfach aus, wie es nur eben geht; da ist nichts von gelehrter Pedanterie und akademischem Imponiergehabe. Der Leser, den Löwenthal im Auge hat, ist nicht der Fachkollege, sondern der politisch interessierte Zeitgenosse, der für gute Argumente offen ist.

Die »Weltpolitischen Betrachtungen« erscheinen zum 75. Geburtstag von Richard Löwenthal am 15. April 1983. Wer ihn in den letzten Jahren reden und debattieren gehört hat, dem fällt es schwer, zu glauben, daß er bereits ein so hohes Alter erreicht hat. Von seiner Schlagfertigkeit, seinem Witz, seinem Temperament hat er nichts verloren, seit er die regelmäßige Lehrtätigkeit an der Freien Universität Berlin aufgegeben hat. In den großen Streitfragen der Zeit sich zu Wort zu melden und seinen Standpunkt deutlich zu machen: Das hält er nach wie vor für seine politische Pflicht, und es ficht ihn nicht an, daß er mit seinem Engagement Widerspruch, ja Anfeindungen hervorruft. Wer Richard Löwenthal kennt, weiß, daß er sich auch in Zukunft nicht anders zu verhalten gedenkt. Die Zahl derer, die auf sein Urteil hören, ist groß. Sie wünschen ihm und sich selbst, daß Richard Löwenthal noch viele Gelegenheiten wahrnimmt, zu zeigen, wo er und für was er steht.

Heinrich August Winkler

I.
Von Berlin nach Kuba
Das Duell Chruschtschow-Kennedy (1961/62)

Chruschtschows Berlinkrise, die 1958 begann und erst mit dem Debakel seiner kubanischen Raketenkrise endete, wird hier als Ausdruck eines sowjetischen Offensivkonzeptes dargestellt, das sich über Berlin hinaus auf die Sprengung des atlantischen Bündnisses und besonders des Bündnisses zwischen den USA und der Bundesrepublik richtete. Zugleich war dies Konzept in seinen Methoden von denen Stalins wesentlich verschieden, teils auf Grund tatsächlich veränderter weltpolitischer Bedingungen, teils auch auf Grund von Illusionen, die in Chruschtschows stärkerer »ideologischer« Gläubigkeit wurzelten.

Während der Beginn dieser Offensive auf das eher konzeptlose Bemühen Präsident Eisenhowers um Verständigung getroffen war, entwickelte sein Nachfolger Kennedy von seinem Amtsantritt 1961 an allmählich ein Gegenkonzept, das von der Tendenz des verstorbenen John Foster Dulles zur weltweiten Ausweitung der militärischen Verpflichtungen der USA und von der Gegentendenz mancher liberaler Intellektueller zur allgemeinen Einschränkung dieser Verpflichtungen gleich weit entfernt war und sich auch in militärischen Entscheidungen nach politischen Kriterien orientierte.

Das Scheitern von Chruschtschows Offensive an Kennedys Widerstand in Berlin und Kuba war nicht nur ein außenpolitischer Rückschlag der Sowjetunion. Es war das Ende einer illusionären Einschätzung der damaligen sowjetisch-amerikanischen Kräfteverhältnisse. Zugleich zeigte die Zuspitzung des sowjetisch-chinesischen Konflikts in der Richtung zum offenen Bruch, daß auch Chruschtschows Einschätzung des weltrevolutionären Potentials und der »natürlichen«

Interessengemeinschaft kommunistischer Staaten illusionär gewesen war. Eine ganze Theorie über eine neue Phase der »allgemeinen Krise des Kapitalismus« verschwand in der Versenkung.

1. Von Stalin zu Chruschtschow

Neue Züge der sowjetischen Weltpolitik

Die Ironie der Geschichte wollte es, daß auf den Beginn der sich jetzt ihrem Ende nähernden Ära Eisenhower fast unmittelbar der Tod Stalins folgte. Im gleichen Augenblick also, da das führende Land des Westens sich zu einem langen, wenn auch unruhigen Verdauungsschlaf niederlegte und so kaum noch in der Lage war, auf äußere Ereignisse zu reagieren – von einem Versuch, selbst etwas Neues in die Wege zu leiten, ganz zu schweigen –, in eben diesem Augenblick hatte sein Hauptgegner die Chance, sich aus der erstickenden Stagnation zu lösen, die der alte *»Woschd«* ihm auferlegt hatte. Eisenhowers Nachfolger sieht sich heute einem Sowjetstaat gegenüber, der nicht nur militärisch sehr viel stärker und wirtschaftlich sehr viel gereifter ist als Stalins Rußland, sondern auch den Umfang und den Stil seines Eingreifens in die Weltpolitik auf bemerkenswerte Weise erweitert und verändert hat. Die Sowjetunion ist heute eine sich ihrer Stärke bewußte Weltmacht, deren Ziele ehrgeiziger, deren Vorgehen elastischer und deren politische Konzeption ideologischer ist, als es unter dem vorsichtigen, starren und zynischen Georgier möglich gewesen wäre.

Die Veränderungen sind so gewaltig, daß nur wenige unter uns sich ihrer völlig bewußt sind – obwohl wir alle sie irgendwie wahrnehmen und in der einen oder anderen Weise darauf reagieren. Das eigentlich Erschreckende an den westlichen Diskussionen über die sowjetische Außenpolitik ist aber gerade die Konzentration auf die jeweiligen »dramatischen« Zickzackbewegungen der Taktik Chruschtschows, während man die historischen Veränderungen in der politischen Strategie der Sowjets mehr oder weniger übersieht. Vielleicht ist es unvermeidlich, daß die Ströme westlicher Druckerschwärze nur dann ins Fließen geraten, wenn es zu erklären gilt, warum Stalins unruhig umherschweifender Nachfolger in den Verhandlungen mit den westlichen Staatsmännern an einem Tag die Freundschaftshand herausstreckt, am nächsten seine Zunge. Dieses Thema ist jedoch an sich nicht sehr bedeutungsvoll, wenn man bedenkt, daß Chruschtschows Bemühungen um eine jeweilige Minderung oder Verschärfung der internationalen Spannungen – eine etwas stärkere Hervorhebung der »friedlichen Koexistenz« oder des »Kalten Krieges« – sich in denselben relativ engen Grenzen halten wie die nicht minder »dramatischen« taktischen Kehrtwendungen Stalins in der Vergangenheit.

Wie Stalin hält auch Chruschtschow nichts von einem echten Frieden, d. h. von dauerhaften internationalen Abmachungen, die den Eindruck des unversöhnlichen Konflikts mit der nichtkommunistischen Welt verwischen könnten. Wie Stalin ist auch Chruschtschow nicht gewillt, es auf einen echten Krieg ankommen zu lassen – er beharrt jedoch darauf, den Konflikt mit allen friedlichen oder gewalttätigen Mitteln mit Ausnahme des Krieges fortzuführen. Weder die Wasserstoffbombe noch die berühmte Erklärung, daß ein Krieg nicht länger »schicksalhaft unvermeidlich« sei, haben daran irgend etwas zu ändern vermocht.

In diesem Zusammenhang ist es vielleicht an der Zeit, für »Onkel Joe« ein gutes Wort einzulegen und den Ruf dieses großen Geschichtsfälschers vor den neuen Fälschungen zu retten, die von den Lobrednern seines Nachfolgers bewußt oder unbewußt in die Welt gesetzt werden. Zwar ist es richtig, daß Stalin die leninistische Lehre von der Unvermeidbarkeit imperialistischer Kriege nicht revidiert hat – er ist jedoch andererseits bei seinem Vorgehen nie von der Annahme ausgegangen, daß *für die Sowjetunion* ein Krieg unvermeidlich sei: er glaubte, einen Konflikt durch geschickte Diplomatie so abwenden zu können, daß nur die Imperialisten gegeneinander Krieg führen würden – eine Überzeugung, die in ihm die trügerische Hoffnung weckte, er könne sogar einer Auseinandersetzung mit Hitler aus dem Wege gehen, und der er nichtsdestoweniger in seiner letzten Schrift im Herbst 1952 noch einmal Ausdruck verlieh. Was sein praktisches Verhalten betrifft, so hat er die kommunistische Herrschaft in der ihm vom Westen eingeräumten militärischen Einflußsphäre ebenso rücksichtslos verwirklicht, wie Chruschtschow sie heute aufrechterhält. War jedoch damit das Risiko eines Krieges verbunden, trat Stalin immer den Rückzug an – in der Mandschurei und in Persien, in Griechenland und in Berlin. Selbst in dem einen Fall (Korea), wo er ganz offensichtlich (und zwar auf Grund einer begreiflichen Fehleinschätzung des Gegners) für den

Ausbruch eines Krieges gegen den Westen verantwortlich gemacht werden muß, war er in der Lage, ein unmittelbares militärisches Eingreifen der Sowjetunion zu vermeiden. Man hat heute allgemein vergessen, daß Stalin es genauso gut wie sein Nachfolger verstand, durch zeitlich wohlabgestimmte Presseerklärungen über Rußlands Sehnen nach friedlicher Koexistenz und sein Verlangen, sich allein dem Wiederaufbau und der Wohlfahrt der Sowjetvölker zu widmen, im Westen periodisch Wellen hoffnungsfroher Erregung hervorzurufen. Andererseits hat er die Partei unaufhörlich im Geist der Wachsamkeit und des Mißtrauens gegen die westlichen »Imperialisten« erzogen – auch während des Zweiten Weltkriegs, als er mit dem Westen militärisch verbündet war. Nein, der eigentliche Unterschied zwischen der sowjetischen Außenpolitik damals und heute liegt gewiß nicht in der grundsätzlichen Einstellung zu ihren Hauptgegnern, den industriell hochentwickelten Ländern des Westens.

Der Schritt in die Weltpolitik

Nach meiner Ansicht besteht die tatsächliche Veränderung – und es handelt sich um einen Wandel von historischen Ausmaßen – in Chruschtschows sehr viel kühnerer Konzeption von der aktiven Einflußsphäre der Sowjetunion und in der Bewertung der vom Kommunismus unabhängigen revolutionären Bewegungen, die heute in der Sowjetunion als unterstützungswürdig angesehen werden. Wenn Stalin auch sein Land zu einer potentiellen Weltmacht umwandelte und seine langfristigen Ziele wie seine Propaganda sich auf die ganze Welt bezogen, so ist er doch niemals als Weltmacht *aufgetreten*: er hat niemals die Macht und das Prestige der Sowjetunion zum politischen Handeln außerhalb der geographisch zusammenhängenden Gebiete Europas sowie des Mittleren und Fernen Ostens eingesetzt. Innerhalb dieser Region hat er die Sphäre seiner unmittelbaren Herrschaft je nach den vorliegenden realen oder scheinbaren Chancen auszudehnen gesucht, indem er den Widerstand seiner Gegner gegen das Vorrücken der sowjetischen Machtgrenzen auf die Probe stellte und (wie z. B. in China in den zwanziger Jahren und in Westeuropa sowohl vor wie nach dem Zweiten Weltkrieg) die Entwicklung außerhalb seiner Machtsphäre durch eine Kombination von diplomatischen Manövern und kommunistischem Druck im Innern zu beeinflussen suchte. Er hat jedoch niemals in Zweifel gezogen, daß die seinem Eingreifen vorbehaltene Einflußsphäre zu jedem gegebenen Zeitpunkt durch das Vorhandensein einer oder mehrerer »feindlicher« Sphären begrenzt war – wobei die vom Feind beherrschten Gebiete zu seinen Lebzeiten immer erheblich größer waren als sein eigenes Imperium.

Chruschtschow dagegen hat eine wahrhaft weltweite Politik entwickelt; er fühlt sich stark genug, das Gewicht der sowjetischen Diplomatie zusammen mit der entscheidenden Deckung durch das militärische Potential der Sowjets auf jedem Krisenherd des Globus – unabhängig von aller geographischen Nachbarschaft – voll in die Waagschale zu werfen. Ihm genügt es nicht, das Bewußtsein der Völker überall in der Welt durch seine Propaganda zu erreichen, um das zukünftige Geschehen mitbestimmen zu können – es geht ihm darum, den Lauf der Dinge schon heute in seine Richtung zu drängen, indem er jede Regierung dazu zwingt, bei ihren Maßnahmen die sowjetische Reaktion zu berücksichtigen. Während er unnachgiebig an seiner eigenen Einflußsphäre festhält und sie wie sein Vorgänger mit vorsichtigem, aber unaufhörlichem Druck zu erweitern sucht, nutzt er andererseits jede Gelegenheit, um in Krisen weit außerhalb seiner Grenzen einzugreifen – sei es am Suez-Kanal oder auf Kuba, im Kongo oder in Algerien –, um auf diese Weise seine Gegner des Gefühls der Sicherheit in ihren eigenen Einflußgebieten zu berauben.

Die Wandlung der sowjetischen Außenpolitik kann mit der früher liegenden Abkehr der Vereinigten Staaten von ihrem traditionellen Isolationismus (der seinerzeit eine *regionale* Machtpolitik niemals ausschloß) und ihrer bewußten Anerkennung »weltweiter Verpflichtungen« verglichen werden; im Fall der Sowjetunion dürfte die entsprechende Formulierung etwa »Pflichten einer weltweiten Solidarität im Kampf gegen den Imperialismus« lauten. Die von Chruschtschow eingeführten Änderungen spiegeln jedoch nicht nur seine Erkenntnis des gewachsenen sowjetischen Machtpotentials und des weltweiten Konflikts mit den Vereinigten Staaten wider, sie fußen auch auf einer neuen Konzeption vom politischen Gebrauch der Macht im Zeitalter der Atomraketen, auf der Aussicht auf kommunistische Revolutionen außerhalb der geographischen Nachbarschaft des Sowjetblocks und auf dem Charakter der in die Weltpolitik eintretenden »Dritten Welt« der ehemals kolonialen, bündnisfreien Entwicklungsländer.

Für Stalin war der Vormarsch der kommunistischen Revolution noch unmittelbar abhängig von der (gewöhnlich auf dem Wege einer militärischen Besetzung erfolgenden) geographischen Ausweitung des von der Sowjetunion kontrollierten Gebietes. Außerhalb dieses Raumes konnten sich Volksfrontregierungen für die Sowjetdiplomatie als nützlich erweisen, doch durften sie sich nicht der Hoffnung hingeben, den Sozialismus eigenständig zu erkämpfen. Wo immer schließlich kommunistische Parteien den Versuch unternahmen, ohne sowjetische Unterstützung durch einen Bürgerkrieg an die Macht zu kommen – in Jugoslawien, China und, wenn auch erfolglos, in Griechenland –, hat Stalin sich offenbar gegen ein derartiges Unterfangen gewandt und sich im Falle eines Erfolges eher unangenehm berührt als erfreut gezeigt. Seine berühmte Anweisung an die sowjetischen militärischen Ratgeber im Spanischen Bürgerkrieg: »Der Aufenthalt im Schußfeld der Artillerie ist verboten«, konnte zwar nur unter Schwierigkeiten buchstäblich befolgt werden, war jedoch für sein Denken charakteristisch: ihm ging es nicht darum, Positionen außerhalb der Reichweite seiner eigenen Kanonen einzunehmen – außerhalb der Grenzen einer wirkungsvollen sowjetischen Macht inmitten einer feindlichen Umwelt. Für Chruschtschow dagegen, der in seiner programmatischen öffentlichen Rede auf dem 20. Parteitag der KPdSU auf das Vorhandensein eines »sozialistischen Weltsystems« und die Rechtmäßigkeit »verschiedener Wege zum Kommunismus« hinwies, sind kommunistische Revolutionen außerhalb der für sowjetische Truppen zugänglichen Gebiete im Prinzip sowohl denkbar wie wünschenswert; er schließt auch nicht die Möglichkeit aus, daß einer dieser Wege, wie etwa in Kuba, zur Evolution eines ursprünglich nicht-kommunistischen Regimes unter dem zweifachen Druck sowjetischer Unterstützung und westlicher Feindschaft führen könnte. Diese Revolutionen können natürlich nur überleben, wenn die Sowjetmacht ihnen eine Unterstützung gewährt, etwa in der Form von Waffenlieferungen, wirtschaftlichen Krediten und Raketendrohungen: auf diese Weise kann ohne Besetzung oder auch nur geographische Nähe eine Abhängigkeit vom Ostblock geschaffen werden. Daraus ergibt sich nun allerdings nicht, daß Chruschtschow mehr als Stalin dazu bereit wäre, die Existenz der Sowjetunion in einem Krieg mit Atomraketen aufs Spiel zu setzen – nur zum Schutz einer Revolution in einem weit entfernten Land. Bis zum heutigen Tage war Chruschtschow immer sehr darauf bedacht, seine Drohungen nur auf Situationen zu beschränken, in denen er wie in Kuba oder Suez kaum Gefahr lief, sie in die Tat umsetzen zu müssen. Dagegen legte er eine lobenswerte Zurückhaltung an den Tag, sobald amerikanische Truppen sich in dem Konfliktgebiet aufhielten, wie z. B. in der Libanonkrise des Jahres 1958. Und doch waren seine Drohungen nicht reine Propaganda: wie seine Wirtschaftshilfe für Nasser und Kassem, für Castro und Sekou Touré hatten sie einen realen politischen Gehalt, stand hinter ihnen die Absicht, den Widerstand dieser Regierungen gegen westliche Repressalien oder Angebote zu stärken und Präzedenzfälle für den sowjetischen Anspruch zu schaffen, gegebenenfalls in traditionell westlich kontrollierten Gebieten wie dem Mittleren Osten, Afrika und Lateinamerika intervenieren zu dürfen. Ja, man kann heute feststellen, daß die Langstreckenraketen, mit ihrer Fähigkeit, Landesgrenzen zu überwinden und die Kriegshandlungen von den bisher gegebenen geographischen Fesseln zu befreien (so wie die ersten Waffenlieferungen an Nasser die geographische Barriere des Bagdad-Paktes übersprangen), für Chruschtschows neuen diplomatischen Stil ebenso symbolisch sind wie die erdgebundene Artillerie für den Stalins.

Die Bedeutung der neuen Staaten

Für Stalin konnte es in dem grundlegenden Konflikt der »zwei Lager« keine Neutralen geben: alle nicht-kommunistischen Staaten (ja sogar unabhängige und auf unorthodoxe Weise kommunistische Länder wie Titos Jugoslawien) waren grundsätzlich seine Gegner. Dabei konnte es sich manchmal als notwendig erweisen, gewisse Manöver zu vollziehen, um die Gegner auseinanderzubringen, ja vielleicht sogar zeitweilige Bündnisse mit einer Gruppe von Gegnern gegen eine andere einzugehen. Die ersten neuen Nationen, die unter der Führung von Indien nach dem Zweiten Weltkrieg ihre Unabhängigkeit errangen, wurden nach dem stalinistischen Dogma als Teil des imperialistischen Systems, ihre Neutralität als Fassade angesehen. War nicht die Tatsache, daß man Indien ohne Blutvergießen die Unabhängigkeit gewährt und daß es sich für ein Verbleiben im Commonwealth entschieden hatte, ein unwiderlegbarer Beweis für diese Theorie? Solange nicht in diesen Ländern kommunistische Parteien unter sowjetischer Führung die Macht übernommen hatten – und das schien außerhalb der unmittelbaren Anraingebiete Rußlands und Chinas so gut wie unmöglich –, mußten ihre »bürgerlich-nationalistischen« Regierungen durch eine Vielzahl von wirtschaftlichen und klassenegoistischen Interessen an die imperialistischen Mächte gebunden sein; wohl konnte sich die Möglichkeit ergeben, einige von ihnen im Rahmen spezifischer Streitfragen gegen bestimmte Gruppierungen imperialistischer Mächte aufzubringen, doch diese Spekulation unterschied sich im Prinzip nicht von den diplomatischen Chancen, die sich durch Interessenkonflikte zwischen den alten imperialistischen Mächten eröffneten.

Chruschtschow dagegen hat sich nicht nur prinzipiell dazu bekannt – und zwar in der gleichen programmatischen Rede vor dem 20. Parteitag –, daß die neuen Nationen in ihrer Außenpolitik wahrhaft unabhängig geworden seien, er hat auch das Bestreben, diese bündnisfreien, ehemals kolonialen Länder mit dem Sowjetblock in einer »Friedenszone« zusammenzuschließen und sie für einen gemeinsamen Kampf gegen die westlichen »Kolonialisten« zu gewinnen, zu einem Hauptaxiom seiner Diplomatie in den Vereinten Nationen und anderswo gemacht. Offensichtlich hat er im Gegensatz zu Stalin nur sehr wenig Vertrauen darauf, daß der Block der Westmächte ernsthaft durch einen inneren Interessenkonflikt gespalten werden könnte, wenn er auch weiterhin alles unternimmt, einzelne besonders exponierte Mitgliedsstaaten zu isolieren, einzuschüchtern und herauszulösen – heute Iran, morgen Norwegen und übermorgen die Bundesrepublik. Ja, es ist sogar einigermaßen erstaunlich, wie wenig Anstrengungen er darauf verwandt hat, die zeitweilig höchst realen Spannungen auszunützen, die sich während der Suezkrise zwischen der anglo-französischen und amerikanischen Politik ergeben hatten. Er glaubt jedoch felsenfest daran, daß es im Laufe der Zeit möglich sein wird, eine immer größere Zahl von bündnisfreien Ex-Kolonialstaaten für die sowjetische Form des Anti-Imperialismus zu gewinnen – auch wenn sie von nicht-kommunistischen Regierungen geführt werden. Darüber hinaus scheint er sich sogar der Hoffnung hinzugeben, daß die äußere Zusammenarbeit in einer solchen weltweiten »Einheitsfront« auch diejenigen Kräfte innerhalb der ehemals kolonialen Länder stärken werde, die für eine Nachahmung des sowjetischen Wirtschaftsmodells eintreten, und daß dieses Anwachsen des kommunistischen Prestiges jede Mißachtung der Interessen örtlicher kommunistischer Parteien in der ersten Phase durch die Sowjetdiplomatie mehr als ausgleichen und letztlich zu einer dauerhaften Konsolidierung dieses Bündnisses beitragen werde – in dem Maße nämlich, wie die Kommunisten in die nationalen Regierungen eintreten und sie schließlich kontrollieren.

Schon bevor diese der neuen Politik zugrunde liegenden Hypothesen von Chruschtschow 1956 *ex cathedra* verkündet wurden, hatte die sowjetische und chinesische Politik in der Praxis ein ganzes Arsenal neuer Methoden der Einflußnahme auf die ehemals kolonialen Länder entwickelt – von Missionen des guten Willens, Abkommen über Koexistenz und Unterstützung der Bandung-Konferenz bis zu Kreditvergaben und Waffenlieferungen. (Es ist eine merkwürdige Tatsache, daß die Chinesen bereits 1954, als Malenkow und Molotow noch an der Spitze der sowjetischen Regierung standen, als Pioniere dieser neuen Politik auftraten: Zhou En-lai bereiste Indien und Burma vor Chruschtschow und unterzeichnete mit Nehru die »Fünf Prinzipien der Koexistenz«. Seitdem ist China jedoch der für diese Politik notwendigen taktischen Zurückhaltung müde geworden, während Chruschtschows Rußland diese Richtung weiterhin verfolgt.) Diese Freundschaftsbesuche und Hilfsabkommen dienen nicht allein dem propagandistischen Zweck der Massenbeeinflussung oder nur dazu, den örtlichen prosowjetischen Elementen überzeugende Argumente zu liefern, sondern haben in erster Linie den Zweck, die bündnisfreien Regierungen in denjenigen spezifischen Fragen festzulegen, die sie mit dem Westen in einen Konflikt bringen (indem man z. B. Indonesiens Anspruch auf das holländisch kontrollierte Neu-Guinea oder Afghanistans territoriale Forderungen an Pakistan unterstützt). Schließlich sollen diese Freundschaftsbekundungen auch eine Richtung der wirtschaftlichen Entwicklung begünstigen, die dem sowjetisch-chinesischen Weg der Priorität schwerindustrieller Investitionen folgt und wegen der damit verbundenen maximalen Opfer auch eine Übernahme der sowjetisch-chinesischen Methoden auf politischem Gebiet nahelegt.

Der Überbau dieser neuen politischen Strategie besteht darin, daß Chruschtschow sich in einem unvergleichlich größeren Maße der Vollversammlung der Vereinten Nationen bedient. Stalins Grundeinstellung zu den Vereinten Nationen war immer defensiver Natur: sein Bestreben ging von Anfang an dahin, mit Hilfe des Vetorechtes der Organisation nicht allein die Handlungsfreiheit, sondern selbst die Diskussionsfreiheit zu beschneiden. Er benutzte die UN für Angriffe gegen die westliche Politik nur, um für die westliche Kritik an seinem Vorgehen in Persien, Osteuropa und der Mandschurei Vergeltung zu üben. Immer wieder sah er sich gezwungen, für die nationale Souveränität und gegen die Einmischung der UN Stellung zu nehmen: sei es anläßlich der Untersuchung der Ostblock-Hilfe für die griechischen Kommunisten, anläßlich der Berliner Blockade, des Korea-Krieges oder bei Behandlung der Deutschland-Frage. Chruschtschow hat sich natürlich auch während der Ungarn-Krise in einer ähnlichen Situation befunden. Mit dem zahlenmäßigen Anwachsen der neuen, ehemals kolonialen Mitgliedsstaaten der UN in den letzten Jahren jedoch fing er an, die Vollversammlung immer mehr als ein Mittel anzusehen, um die Unterstützung der bündnisfreien Nationen in bestimmten Fragen zu gewinnen. Seine Politik in den Vereinten Nationen wurde immer aktiver und erreichte ihren Höhepunkt in seinem persönlichen Auftreten in den Sitzungen – in seinem Bemühen, die Neutralen in die Abrüstungsverhandlungen einzubeziehen und bei seinen Vorschlägen für eine Reform der UN-Exekutive.

Stalin: der doktrinäre Zyniker

Die Veränderungen in Umfang und Stil der sowjetischen Außenpolitik stellen natürlich weitgehend eine Reaktion auf die Wandlungen im internationalen Gleichgewicht der Mächte dar. Man kann jedoch die besondere Art dieser Reaktion nicht verstehen, wenn man nicht die Unterschiede in der persönlichen Entwicklung und ideologischen Anschauung Stalins und Chruschtschows berücksichtigt.

In ihren unmittelbaren Beziehungen zu ihren westlichen Gegnern haben die Sowjets auf vier eng miteinander zusammenhängende Veränderungen reagiert: erstens das Wachstum des Territoriums und Machtpotentials des Sowjetblocks, das Rußland bereits zu Stalins Lebzeiten zu einem ernsthaften Rivalen der Vereinigten Staaten machte; zweitens die westliche Reaktion auf die Machtausdehnung der Sowjets – die Schaffung eines Systems militärischer Bündnisse in Friedenszeiten und das allgemeine Anwachsen des Gefühls von einer Einheit des Westens, das ernsthafte Konflikte innerhalb des »imperialistischen Lagers« erheblich unwahrscheinlicher werden läßt als ehedem und das die west-östliche Auseinandersetzung auf die ganze Welt ausgedehnt hat. Die dritte Tatsache ist das »Gleichgewicht des Schreckens«, das durch die Herstellung von Wasserstoffbomben in beiden Lagern entstanden ist; die vierte ist die Entwicklung der interkontinentalen Raketen.

Gerade der dritte Faktor, das »Gleichgewicht des Schreckens«, bildet die Grundlage für die gewöhnlich falsch verstandene Lehre

Chruschtschows, nach der ein Krieg nicht mehr schicksalhaft unvermeidlich sei. Die Bedeutung dieser Doktrin liegt nicht etwa darin, daß die Sowjetunion jetzt endlich einen Weltkrieg ernsthaft vermeiden will: sie hat einen Krieg schon immer zu vermeiden gesucht. Der eigentliche Sinn liegt vielmehr darin, daß sie sich von nun an nicht mehr ernsthaft vor einem Weltkrieg fürchten muß, daß sie von nun an bei ihren örtlichen, die Interessen des Westens nicht vital berührenden Vorstößen nicht mehr mit einer massiven Vergeltung zu rechnen braucht – obwohl ihre Gegner heute geeinter zusammenstehen als je zuvor. Spätestens während des Genfer Gipfeltreffens des Jahres 1955 haben die Führer der Sowjetunion und der Vereinigten Staaten erkannt, daß *beide* Seiten sich der Tatsache des bestehenden »Gleichgewichts des Schreckens« bewußt waren und daß ein absichtlich provozierter Weltkrieg damit zutiefst unwahrscheinlich geworden war. Zugleich wurde Chruschtschow sich aber auch bewußt, daß diese Tatsache ihm zusätzliche Möglichkeiten für örtliche Vorstöße einräumte – unter der Voraussetzung, daß es ihm gelänge, entsprechende Methoden der indirekten Aktion bei begrenztem Risiko zu entwickeln. Die im Februar 1956 verkündete neue Lehre bezeichnet also nicht einen Zuwachs an friedlicher Vorsicht, sondern an militanter Dynamik. (Im Gegensatz zu einer im Westen weitverbreiteten Annahme haben die chinesischen Kommunisten sich auch niemals gegen diese Auffassung gewandt. Sie waren nur darum besorgt – und sind es noch –, daß die kommunistische Unterstützung in den »gerechten Kriegen« der kolonialen Befreiung etwa im Interesse der »friedlichen Koexistenz« eingeschränkt würde; während Chruschtschow freie Hand behalten möchte, je nach der Situation den Akzent auf das eine oder das andere zu verlagern.) Im Herbst des gleichen Jahres konnte Chruschtschow dann gleichzeitig die Ungarische Revolution niederschlagen und England mit Raketendrohungen überhäufen – eben *weil* er sicher war, daß ein Krieg nicht mehr »schicksalhaft unvermeidlich« war, eben weil er also dem »Gleichgewicht des Schreckens« vertraute.

Die andere Gruppe der Veränderungen, denen die Sowjets mit ihrer neuen Politik zu begegnen suchen, betrifft das Hervortreten eines »Dritten Lagers« der ehemals kolonialen Länder. Zum erstenmal seit vielen Jahren sehen sich die kommunistischen Machthaber mit einer Weltrevolution konfrontiert – die allerdings nicht notwendigerweise und nicht allgemein ihren Vorstellungen von einer gesellschaftlichen Umwälzung entspricht. Entsprechend ihrer Voraussage bedeutet diese Revolution das Ende des kolonialen Imperialismus. Aber in vielen, wenn auch keinesfalls in allen Fällen ist diese Entwicklung ohne blutige Konflikte mit den Kolonialmächten vonstatten gegangen – in manchen Fällen haben die Kolonialmächte sogar selbst zur Beschleunigung dieses Prozesses beigetragen. Obwohl die meisten neuen Staaten sich mit den gleichen Problemen des wirtschaftlichen Aufbaus herumschlagen müssen, die auch die Sowjets zu bewältigen hatten, sind viele ihrer führenden Staatsmänner nicht bereit, die Lösung mit den radikalen und schmerzlichen Methoden zu erzwingen, die das kommunistische Vorbild aufweist. Nur wenige der unterentwickelten Gesellschaften verfügen über eine Kapitalistenklasse oder ein nennenswertes Proletariat. Nur wenige ihrer der nationalistischen Intelligenz entstammenden Führer fühlen sich von der westlichen parlamentarischen Demokratie oder dem sowjetischen Kommunismus besonders angezogen. Wenn also ein nach Quadratkilometern und Bevölkerungsziffern sehr bedeutender Teil der Welt sich heute in einem Prozeß der Umwandlung von nie dagewesenem Tempo befindet, so scheint die Dynamik dieses Vorgangs sich nicht in den von den Sowjets erwünschten Bahnen zu bewegen – zumindest nicht, bevor die Kommunisten dies durch ihr Dazwischentreten erzwungen haben. Daher muß die weltweite Intervention ihnen heute nicht nur leichter, sondern auch dringlicher als je zuvor erscheinen.

Die sowjetischen Führer von heute sehen sich also Gefahren und Möglichkeiten gegenübergestellt, die sich grundlegend von denen unterscheiden, mit denen Stalin während des größten Teils seiner politischen Laufbahn zu tun hatte. Stalins Erfahrungen als Machthaber waren bestimmt durch die sowjetische Isolation in einer feindlichen Umwelt, durch den Alpdruck der Einkreisung: er glaubte ehrlich daran, daß die kapitalistischen Mächte sich, wenn es ihnen nur gelänge, sich zu einigen, sofort auf den Sowjetstaat stürzen würden. Eine doppelte Ironie der Geschichte wollte es, daß er im Zweiten Weltkrieg nur gerettet wurde, weil seine Gegner sich nicht entsprechend seinen Erwartungen verhielten, und daß er unmittelbar nach dem Krieg durch eigenes Verschulden die von ihm so gefürchtete allumfassende antikommunistische Koalition ins Leben rief. Bis zu seinem Lebensende suchte er verzweifelt nach Mitteln, aus dieser selbstgeschaffenen Einkreisung auszubrechen. Selbst das Entstehen neuer kommunistischer Staaten – ob Satelliten oder unabhängig – im Umkreis der Sowjetunion erfüllte ihn eher mit Furcht vor verräterischen Verschwörungen als mit Befriedigung darüber, daß die Periode der Isolation schließlich ein Ende gefunden hatte.

Chruschtschow dagegen kam erst an die Macht, als die neue Situation bereits vorhanden war, und konnte sie daher unvoreingenommen in Betracht ziehen. Er ging von dem Vorhandensein einer Vielzahl kommunistischer Staaten aus. Obwohl er noch keineswegs das Problem gelöst hat, wie angesichts dieser Vielzahl die Einheit aufrechterhalten werden kann, ist er doch fest davon überzeugt, daß in der Auseinandersetzung mit der nichtkommunistischen Welt die Existenz eines »sozialistischen Weltsystems« ein wichtiges Element der Stärke bedeutet. Im Bewußtsein der gewachsenen Macht Rußlands hat er die Zwangsvorstellung des Isoliertseins sowie die Furcht vor einem kapitalistischen Angriff verloren. Er hat die neuen Möglichkeiten für eine weltweite Initiative erkannt, die sich aus dem »Gleichgewicht des Schreckens« und dem Auftauchen des bündnisfreien »Dritten Lagers« ergeben. Diese neue Perspektive wurde schließlich mit der alten konfrontiert, als Chruschtschow ausdrücklich Mikojans Bemerkung billigte, daß man nicht länger von einer kapitalistischen Einkreisung sprechen könne, da nicht mehr eindeutig feststehe, wer eigentlich wen einkreise.

Stalins Ansichten waren weitgehend bedingt durch die Enttäuschung jener frühen Hoffnungen auf eine sich unmittelbar an die bolschewistische Machtergreifung anschließende »Weltrevolution« – das Scheitern der revolutionären Welle beim Versuch, auch auf die industrialisierten Staaten überzugreifen. Rußland war zum Zeitpunkt von Stalins Machtantritt das einzige Land, in dem sich der Kommunismus durchgesetzt hatte. Hier liegt der eigentliche Grund nicht nur dafür, daß Stalin sich so einseitig auf den Aufbau der industriellen Stärke Rußlands konzentrierte, sondern auch für seine spätere Überzeugung, daß der Kommunismus sich nur dort ausbreiten könne und dürfe, wo die Grenzen des sowjetischen militärischen Herrschaftsbereichs vorrückten. Sein Nachfolger ging jedoch von dem historischen Sieg des chinesischen Kommunismus aus, wie von den kommunistischen Siegen in Jugoslawien und Vietnam: er konnte sich daher sehr viel leichter zu der Einsicht durchringen, daß die Zukunft der kommunistischen Revolution bei den unterentwickelten Ländern liege und daß auch im »Dritten Lager« die Chancen des Kommunismus positiv zu beurteilen seien.

Dieser Vergleich soll das größte Paradox im politischen Denken Chruschtschows erklären helfen: in seinen Doktrinen sehr viel weniger starr als Stalin, wird er doch von einem weit zuversichtlicheren Glauben an die Stärke der kommunistischen Idee getragen. Seine Einstellung zu den verschiedenen nationalen Revolutionen der neuen Länder kennt keine Bindungen an irgendwelche doktrinären Regeln, *welcher* Weg zur kommunistischen Machtübernahme der richtige sei; seine Erfahrung hat ihn gelehrt, daß Dogmen in erster Linie dazu da sind, von vornherein bestimmte Handlungsweisen für unmöglich und für verboten zu erklären. Daher widersetzt er sich auch den Bemühungen seiner chinesischen Verbündeten, ihn auf den richtigen Pfad zurückzuführen. Sehr viel mehr als Stalin und ebenso fest wie die Chinesen ist er jedoch davon überzeugt, daß es in einer revolutionären Welt überall *irgendeinen* Weg zur kommunistischen Macht geben muß – und besonders in den ehemals kolonialen Ländern. Um diese Entwicklung zu fördern, ist er bereit, auch zu unorthodoxen Taktiken zu greifen, das Wohl der örtlichen kommunistischen Parteien zeitweilig der Forderung nach einer Konsolidierung und Ausweitung einer »nationalen« anti-imperialistischen Revolution unterzuordnen, ja, es sogar im Interesse der sowjetischen Außenpolitik für kurze Zeit aufs Spiel zu setzen (wie es Stalin in den zwanziger Jahren mit China getan hatte, was ihm die Chinesen noch heute zum Hauptvorwurf machen). Alle diese Opfer bringt er jedoch in dem Glauben, daß die kommunistische Bewegung auf diesem Umweg nur noch schneller zu ihrem Endziel gelangen wird. War Stalin ein doktrinärer Zyniker, so ist Chruschtschow ein beweglicher Gläubiger.

Wenn wir feststellen, daß Chruschtschows Politik als Reaktion auf die veränderten Realitäten unserer zeitgenössischen Weltlage entstanden ist, so wollen wir damit nicht behaupten, daß man sie vollkommen realistisch nennen kann. Wenn Stalins größter persönlicher Fehler in seinem geradezu pathologischen Mißtrauen gegenüber allen außerhalb seiner unmittelbaren Kontrolle stehenden Kräften lag, so ist Chruschtschows entscheidende Schwäche offensichtlich seine übermäßige Zuversicht. Sie erklärt sich zum Teil aus seiner persönlichen Veranlagung, zum Teil aber auch daraus, daß nach der paralysierenden Starre der letzten Lebensjahre Stalins nunmehr die Energien einer Großmacht freigesetzt wurden. Drittens ist sie aber auch auf den merkwürdigen Zufall zurückzuführen, daß die neuen sowjetischen Initiativen in dem großen Wettstreit mit dem Westen und besonders mit den Vereinigten Staaten in einem Zeitraum ergriffen wurden, in dem die westliche Politik sich durch außergewöhnliche Phantasielosigkeit auszeichnete – als Folge des Fehlens einer amerikanischen Führung in der nunmehr ablaufenden Eisenhower-Ära. Bis zum heutigen Tag hat Chruschtschow einen aktiven Kampf gegen einen schläfrigen Gegner geführt – wie er vor einem wachen Feind besteht, ist noch nicht abzusehen.

Und doch war auch diese Zeit für ihn nicht nur durch Erfolge, sondern auch durch Mißerfolge gekennzeichnet. Die Raketendrohungen haben bisher noch keinen einzigen Stützpunkt aus den Angeln zu heben vermocht. Zwei Jahre des Nervenkrieges um Berlin haben noch nicht die Früchte getragen, die Chruschtschow nach seinem Besuch in Camp David schon in greifbarer Nähe glaubte. Der unmittelbare Druck auf den Westen unter dem Schutz des atomaren Patts hat daher kaum größere Ergebnisse gezeitigt als in der Vergangenheit: solange die Sowjets sich bewußt mit einem beschränkten Risiko begnügen, werden sie sich wahrscheinlich auch mit begrenzten Erfolgen abfinden müssen.

Erheblich größer war der Erfolg der neuen Politik bei den bündnisfreien Ex-Kolonialländern; er hat entscheidend dazu beigetragen, den politischen und militärischen Griff des Westens in wichtigen Regionen der Welt zu lockern. Chruschtschows neue Strategie hat gewissen politischen Schritten der Sowjetunion die Unterstützung gewisser neuer Nationen eingebracht – besonders von Indonesien, Teilen der arabischen Welt und Ghana. Einen vollständigen Rückhalt hat die Sowjetunion aber nur in wenigen Fällen gefunden – etwa in Kuba und Guinea. Noch sind die Sowjets weit davon entfernt, den umfassenden »anti-imperialistischen« Block kommunistischer und ehemals kolonialer Staaten, das strategische Ziel Chruschtschows, erreicht zu haben. Es gibt auch keinen Grund, warum dem Ostblock dies gelingen sollte – solange der Westen den bündnisfreien Staaten seine Hilfe angedeihen läßt und solange diese Nationen in der Lage sind, die ihren eigenen Interessen gemäße Politik einzuschlagen.

Chruschtschows neue Weltpolitik hat den Sowjetstaat zu einem eindrucksvolleren Gegner des Westens gemacht, als er zu Stalins Lebzeiten war. Doch noch immer behindern ihn seine ideologischen Scheuklappen, und noch immer fehlt ihm die Geheimwaffe, der auf seiten des Westens eine Kombination von Stärke, Überzeugung und realistischer Beweglichkeit nicht gewachsen wäre.

2. Weltgleichgewicht und Weltmission

Der Rollenwandel der Vereinigten Staaten

»Das Kräfteverhältnis hat sich verändert.« Dieser Satz, eine Lieblingswendung Chruschtschows seit dem Herbst 1957, kehrte in erhellendem Zusammenhang in dem Bericht wieder, den er über seine Wiener Begegnung mit Präsident Kennedy erstattete: er benützte ihn, um den Gedanken beiseitezuschieben, daß die Westmächte ihre Rechte in Berlin mit Gewalt behaupten könnten. Die Vorstellung vom veränderten Kräfteverhältnis bildet in der Tat den Schlüssel zu jener allseitigen Versteifung der sowjetischen Politik, die der gegenwärtigen weltpolitischen Krise zugrunde liegt. Es ist eine Vorstellung, die auf Tatsachen beruht – Tatsachen, aus denen man gewiß recht verschiedenartige Schlußfolgerungen ziehen kann, denen jedoch jede ernsthafte westliche Politik ins Auge sehen muß. Die Vereinigten Staaten haben erst seit dem Amtsantritt der neuen Administration angefangen, sich mit diesen Tatsachen auseinanderzusetzen, und das Stimmengewirr, das aus Washington zu uns herüberdringt, läßt erkennen, wie schwer die Aufgabe ist.

Die Verschiebung des Kräfteverhältnisses hat sich auf zwei Ebenen vollzogen: auf der militärischen und auf der politischen. Militärisch ausschlaggebend ist die neue Verwundbarkeit der USA gegenüber einem Angriff mit thermo-nuklearen Fernwaffen. Als das »Gleichgewicht des Schreckens« ursprünglich dadurch hergestellt wurde, daß beiden Seiten die Herstellung von Wasserstoffbomben gelang, war es zunächst noch eine recht ungleiche Balance: die beschränkte Reichweite aller vorhandenen Bombenträger begünstigte die Amerikaner, die über eine Kette von Luftstützpunkten rund um den Sowjetblock und in verhältnismäßiger Nähe der entscheidenden wirtschaftlichen Zentren des voraussichtlichen Gegners geboten. Daraus ergab sich, daß das Territorium der Sowjetunion für die neue Waffe genauso verwundbar war wie das der exponierten Verbündeten Amerikas, während das Gebiet der USA für sie zunächst unerreichbar blieb. Unter der Leitung von John Foster Dulles suchte die amerikanische Politik diesen Vorteil durch den ständig weiteren Ausbau ihres Bündnisringes um das sowjetische Lager zu konsolidieren, und im übrigen verließ sie sich, um ihre gefährdeten Alliierten gegen jede Art von Angriff zu schützen, auf die Drohung mit »massiver Vergeltung«.

Als Rußland 1957 die ersten Sputniks um den Erdball schickte und damit seine Fähigkeit zum Abschuß interkontinentaler Raketen demonstrierte, war es um diese Politik geschehen; von diesem Augenblick an war das Ende der Unverwundbarkeit Amerikas vorauszusehen. Sobald einmal solche Raketen von ausreichender Zielsicherheit in genügender Zahl bereitgestellt waren, war es unvermeidlich, daß das »Gleichgewicht des Schreckens« tatsächlich ausgeglichen wurde; von diesem Augenblick an mußte der Abschreckungseffekt einer amerikanischen Atom-Vergeltung im Falle lokaler Angriffe auf periphere Alliierte viel von seiner Glaubwürdigkeit verlieren, jedenfalls soweit es um Angriffe ging, die nicht offensichtlich lebenswichtige Sicherheitsinteressen der USA selber gefährdeten. Auch wenn die Amerikaner ihrerseits gleichwertige Fernwaffen entwickelten, konnte das ihren früheren Vorteil nicht wieder herstellen; viel eher mochte es dazu führen, daß die Vereinigten Staaten, wenn sie einmal weniger auf vorgeschobene Basen für ihre Bomber und Raketen angewiesen waren, der militärischen Bedeutung ihrer exponierten Verbündeten weniger Gewicht beimaßen.

Dieser Ausgleich des militärischen Kräfteverhältnisses erfolgt nun in Wechselwirkung mit einer Erschütterung des politischen Gleichgewichts, die sich gleichzeitig durch den Auftrieb revolutionärer Bewegungen in den unterentwickelten Gebieten der Welt vollzog. Selbst zu einer Zeit, da die atomare Überlegenheit Amerikas noch offenkundig war, hatte es sich als unmöglich herausgestellt, sie politisch auszunützen, um etwa die kommunistisch dirigierten Guerillas in Französisch-Indochina am Siege zu hindern; sie gegen nichtkommunistische Aufstände ähnlichen Typs einzusetzen, war ohnedies nie in Frage gekommen. Doch in dem Maße, wie das Bild der amerikanischen Suprematie verblaßte, begannen Volkserhebungen – meist solche nicht-kommunistischen Ursprungs – eine Reihe jener oligarchischen Regime zu stürzen oder mindestens zu gefährden, die Washington aus militärischen Gründen gestützt hatte, und ihre Nachfolger legten oft (obwohl nicht durchwegs) neutralistische Tendenzen an den Tag. Das beschleunigte die Schwächung des amerikanischen Bündnissystems, während sich gleichzeitig den Kommunisten neue Chancen dafür eröffneten, Einfluß auf die innen- und außenpolitische Entwicklung der neuen Regime zu gewinnen.

Die gegenwärtige weltweite sowjetische Offensive nützt diese beiden Verschiebungen im Kräfteverhältnis bewußt aus. Gewiß hat sich Chruschtschow nicht Mao Ze-dongs krude Formel zu eigen gemacht, daß »der Ostwind nun stärker als der Westwind« wehe, und schon gar nicht hat er daraus die abenteuerliche Folgerung gezogen, daß er sich nun direkt und offen in lokale Kriege stürzen dürfe, ohne sich der Gefahr eines nuklearen »Aufschaukelns« dieser Kriege auszusetzen. Doch er hat sich darauf festgelegt, revolutionäre Kriege weit offener als früher zu unterstützen. Er sucht dem Westen in Berlin durch militärisch-politische Erpressung einen Rückzug an lebenswichtiger Stelle aufzuzwingen, wobei er freilich eine Taktik wählt, die es ihm ersparen soll, den ersten Schuß abzufeuern. Und er hat den Grundsatz verkündet, daß er künftig keinem internationalen Organ, dem die Bewältigung von Krisen mit friedlichen Mitteln obliegt, die Möglichkeit veto-freier Aktion einräumen wird – also den Grundsatz der »freien Hand« für Moskaus Weltpolitik.

Damit stehen die Vereinigten Staaten heute vor den bedeutsamsten Entscheidungen seit 1947 – dem Jahr, als sie Stalins Nachkriegsoffensive in Europa mit der Truman-Doktrin und dem Marshall-Plan beantworteten. Während jedoch Truman auf Grund des westlichen Atom-Monopols Stalins Herausforderung aus einer Position klarer letztlicher Überlegenheit entgegentreten konnte, muß Kennedy auf Grund der atomaren Parität mit der Herausforderung Chruschtschows in einer Welt fertigzuwerden suchen, die sich im unstabilen Gleichgewicht befindet.

In der Debatte, die gegenwärtig in Amerika innerhalb und außerhalb der Regierungskreise geführt wird, geht es daher um nichts geringeres als um das Bedürfnis, die Rolle der Vereinigten Staaten in einer solchen Welt unstabilen Gleichgewichts neu zu definieren und dafür zu sorgen, daß diese Definition von der ganzen Nation verstanden und gebilligt wird. Davon hängt letzten Endes die Entscheidung über jede der konkreten Fragen ab: wie weit Amerikas weltweite Verpflichtungen aufrechterhalten werden sollen; welche relative Bedeutung der Anwendung militärischer und diplomatischer, ökonomischer und revolutionärer Mittel in den verschiedenen Regionen und Konflikten zuzumessen sei; welche Lasten vom amerikanischen Volk getragen und welche Risiken eingegangen werden müssen.

Nun muß man sich vor Augen halten, daß dieses Volk überhaupt erst in der jüngsten Geschichte dazu gekommen ist, die Notwendigkeit irgendeiner ständigen weltpolitischen Rolle für die Vereinigten

Staaten zu akzeptieren. Amerika wuchs zu industrieller Größe auf in einem behüteten Mißtrauen gegen alle Machtpolitik. Während die älteren Großmächte eine außenpolitische Tradition ausgebildet hatten, bevor sie demokratische Institutionen besaßen, rückte Amerika erst im demokratischen Zeitalter zum Großmachtstatus auf. In zwei Weltkriegen konnte das Sträuben der Amerikaner gegen entschiedene Parteinahme nur dadurch überwunden werden, daß man sie überzeugte, sie würden nicht nur für ein nationales Interesse, sondern für das Gute gegen das Böse kämpfen, und daß man in ihnen die Hoffnung erweckte, das Böse werde ein- für allemal zermalmt werden. Nach dem Ersten Weltkrieg hatten sie sich von der Weltbühne zurückgezogen, als sie sich in dieser Hoffnung getäuscht sahen; während des Zweiten hatte ihr Präsident aufrichtig geglaubt, einen dauerhaften Frieden auf einer Übereinkunft mit Stalin begründen zu können, und er hatte daher geplant, binnen zweier Jahre nach Kriegsende alle amerikanischen Truppen wieder nach Hause zurückzubringen. Der Entschluß von 1947, den Kommunismus auf lange Sicht »einzudämmen«, war daher die erste Gelegenheit, bei der sich Amerika ernsthaft auf die Übernahme einer ständigen Weltmacht-Rolle einließ; erst die Billigung der Truman-Doktrin, des Marshall-Plans und des Atlantik-Paktes – nicht schon das Kriegsbündnis und die Zustimmung zur Charta der Vereinten Nationen – markierten die endgültige Abwendung von der isolationistischen Tradition.

Ein solcher Bruch mit der Vergangenheit hätte gewiß nicht durch den »ideologischen« Widerwillen gegen den Kommunismus allein bewirkt werden können. Er wurde nur möglich, weil die Tatsache der Stellung Amerikas als Weltmacht endlich ins nationale Bewußtsein eingesunken war. Es hatte zweier Weltkriege, der Atombombe und des Anblicks der europäischen Nachkriegs-Verwüstung (und der britischen Nachkriegs-Schwäche) bedurft, bis Regierung und Volk der USA erkannten, daß das Überleben einer nicht-despotischen Weltordnung in erster Linie von ihnen abhing. Nun aber entdeckten sie sich selbst mit naivem Erstaunen als die führende Großmacht der Welt, und neuer Stolz auf diese Suprematie machte es ihnen psychologisch möglich, die Bürden und Gefahren einer weltweiten Verantwortung auf sich zu nehmen.

Die Initiatoren der neuen Politik hatten klar gesehen, daß die »Eindämmung« eine Kombination ökonomisch konstruktiver und militärisch defensiver Maßnahmen erforderte, und der Erfolg des

Marshall-Plans legt eindrucksvolles Zeugnis für ihre Einsicht ab. Aber als dem Scheitern der sowjetischen Blockade Berlins das Einfrieren der militärischen Grenzen in Europa, die Explosion der ersten russischen Atombombe und schließlich die Aggression in Korea folgte, da nahm die Gefahr eines unmittelbaren militärischen Angriffs zunehmend vom Denken der verantwortlichen amerikanischen Politiker Besitz. Bevor Stalin starb, hatte er noch seine Gegner mit seinen eigenen Zwangsvorstellungen von militärischer Gewaltanwendung angesteckt.

Ein anderer Faktor verstärkte noch diese Tendenz. Wo Stolz auf die eigene Macht sich mit weitverbreitetem Mangel an außenpolitischer Erfahrung verbindet, liegt die Illusion der Allmacht immer nahe, und diese Illusion kann leicht von den Widersachern der regierenden Partei ausgenützt werden – sei es, um weitere ökonomische Anstrengungen als unnötig zu verlästern, sei es, um jede außenpolitische Niederlage auf Fehler der Regierung, wenn nicht gar auf »Verrat« an hoher Stelle zurückzuführen. So argumentierten in der Tat die Republikaner, als sie die demokratische Administration beschuldigten, sie habe China an die Kommunisten »verloren«, und als sie versprachen, die sowjetische Herrschaft in Osteuropa ohne Gegenkonzessionen, durch das bloße Gewicht westlichen Rüstungsdrucks »zurückzurollen«.

Tatsächlich sorgte der republikanische Wahlsieg von 1952 und die Übernahme des Außenministeriums durch John Foster Dulles dafür, daß die amerikanische Konzentration auf die militärische Gefahr des Kommunismus den Tod Stalins und die auf ihn folgenden Veränderungen in der politischen Strategie der Sowjets überdauerte. Kein Versuch wurde unternommen, die Krise des Sowjetblocks nach Stalins Tod auszunützen, um den damals noch bestehenden Vorteil Amerikas in einen politischen Vormarsch umzumünzen. Nicht einmal die Aufstände in der DDR (1953) und in Ungarn (1956) konnten die Amerikaner zu einem Angebot bewegen, einige ihrer vorgeschobenen militärischen Positionen gegen die Schaffung eines nicht-kommunistischen neutralen Gürtels einzutauschen. Starr blieben die Vereinigten Staaten in der Defensive und dachten nur daran, die Dauer ihrer militärischen Überlegenheit zu verlängern, indem sie sich überall in der nicht-kommunistischen Welt eingruben. Unter dem Schirm der »massiven Vergeltung« zeugten Stützpunkte neue Stützpunkte, Pakte weitere Pakte, ohne Rücksicht auf das demokratische Mandat und die politische Stabilität jener Regierungen, die dazu gebracht werden konnten, sie zu unterschreiben. Die letzten Jahre des kurzlebigen »amerikanischen Jahrhunderts« wurden so in dem zwangsläufig fruchtlosen Bemühen vergeudet, die »Maginot-Linie« gegen Angriffe stalinistichen Stils zu verlängern – auch als Chruschtschow schon begonnen hatte, sie durch seinen neuen politischen Bewegungskrieg zu überspringen.

Es dauerte einige Zeit, bis Natur und Folgen der Verschiebung im Kräfteverhältnis offenkundig wurden. Die sowjetischen Langstreckenraketen mußten erst produziert und in Position gebracht werden. Die Amerikaner mit ihrem zeitweiligen Rückstand in der Raketentechnik brauchten zunächst, während sie diesen Rückstand aufholten, tatsächlich weitere Stützpunkte (für Mittelstreckenraketen) auf dem Territorium ihrer Verbündeten; manche sahen daher irrtümlich diese (zeitweilige) Zurückgebliebenheit und nicht die (permanente) neue Verwundbarkeit Amerikas als den Kern des Problems an. Die Sowjets begannen den amerikanischen Widerstandswillen auf die Probe zu stellen, indem sie an Punkten ihrer eigenen Wahl neue Krisen auslösten, waren indessen noch vorsichtig genug, einen ernsthaften Zusammenstoß zu vermeiden und die Krisen immer wieder durch Vorschläge für Gipfelkonferenzen zu unterbrechen, die in der Sprache der Koexistenz gehalten waren. Nur hatte diese Sprache nun ihre Funktion geändert. In den ersten Jahren nach Stalins Tod hatte sie als Mittel gedient, um internationale Spannungen zu verringern, gefährdete sowjetische Stellungen dadurch zu konsolidieren und den Ring der feindlichen Allianzen aufzulockern; nun wurde sie zur Begleitmusik offensiver Forderungen: sie sollte den westlichen und besonders den amerikanischen Widerstandswillen in eben dem Augenblick einlullen, da die Sowjets diesen Willen auf die Probe stellten. So wurde das erste Halbjahres-Ultimatum über Berlin zunächst durch einen Versuch abgelöst, substantielle Zugeständnisse für einen Verzicht auf die Drohung einzuhandeln; dann wurde der Druck in periphere Regionen verschoben, und schließlich hat Moskau jetzt die ursprüngliche Drohung in noch präziserer Form erneuert – offensichtlich in der Meinung, daß die Übergangszeit nun abgelaufen sei und daß die neue amerikanische Administration mit den vollen Konsequenzen des unstabilen Gleichgewichts konfrontiert werden müsse.

Im Prinzip war sich die Regierung Kennedys dieses Problems von Anfang an bewußt, und der öffentlichen Meinung Amerikas ist es nicht nur durch die Bemühungen der Regierung, sondern ebensosehr durch die Niederlage in der Schweinebucht von Kuba und den Rückzug in Laos vor Augen geführt worden. Tatsächlich hatte die Diskussion über die veränderte Rolle der Vereinigten Staaten in der Welt von heute schon vor dem Wiener Treffen eingesetzt. In ihrem Mittelpunkt steht die Frage, ob die USA versuchen sollten, alle ihre weltweiten Bündnisverpflichtungen auch in der neuen Situation aufrechtzuerhalten – und wenn ja, mit welchen Mitteln. In jeder möglichen Antwort auf diese Fragen drückt sich auch eine Auffassung über Eigenart und Aufgabe der amerikanischen Weltmacht aus.

Da gibt es zunächst eine Schule, die unter dem Banner »Kein Rückzug!« ihre Entschlossenheit bekundet, alle überseeischen Bündnispflichten einzulösen – wenn nötig mit dem Einsatz amerikanischer Truppen. Zu ihr gehören die meisten republikanischen Sprecher und Kommentatoren. Aber auch manche Demokraten sympathisieren mit ihr aus Heimweh nach vergangener Größe. Ihre Verfechter nehmen die Veränderung im Kräfteverhältnis nicht zur Kenntnis und sind nicht weit davon entfernt, an die Illusion der Allmacht zu appellieren. Sie tadeln den Präsidenten nicht deshalb, weil er das kubanische Abenteuer zugelassen hat, sondern nur wegen seiner Weigerung, den Invasionstruppen amerikanischen Fliegerschutz zu gewähren. Sie zeigten sich geneigt, amerikanische Truppen an der Seite thailändischer Soldaten in Laos einzusetzen, um die Kommunisten und ihre »neutralistischen« Verbündeten zu bekämpfen, da die Hilfe für die königlich-laotischen Streitkräfte durch Waffenlieferung und Ausbildung nicht genügte, das Regime zu sichern; sollte das zu einer offeneren und massiveren Intervention nordvietnamesischer Einheiten führen, so würden sie eben Nordvietnam bombardieren. Kurz, sie glauben (oder geben vor zu glauben), daß der Kommunismus überall dort, wo er zu siegen droht, durch amerikanische Militärmacht zurückgeworfen werden könne und müsse.

In dieser Konzeption wird die amerikanische Weltmission ganz einfach mit der weltweiten Ausdehnung der amerikanischen Militärmacht gleichgesetzt; jeder positive demokratische Inhalt – im Unterschied von einem rein negativen Antikommunismus – ist daraus verschwunden, da die Art des Regimes, dem der amerikanische Rückhalt zuteil werden soll, oder der Wille der betroffenen Völker gar keine Rolle mehr spielt. Aber gleichzeitig ist auch etwas anderes verschwunden: die realistische Einschätzung der tatsächlichen Macht Amerikas. Denn es ist offenkundig, daß die Vereinigten Staaten gar nicht über die Landtruppen verfügen, die notwendig wären, um erfolgreich in jeden Konflikt – etwa an der Peripherie des kommunistischen Chinas – einzugreifen. Offenbar liegt solchen Vorschlägen die unausgesprochene Annahme zugrunde, daß das bloße Auftauchen irgendwelcher amerikanischer Truppen an irgendeinem Punkt schon genügen werde, um die andere Seite durch die darin liegende Gefahr eines Atomkrieges abzuschrecken. In einer Weltlage, in der die USA im Prinzip genau so verwundbar wie Rußland und verwundbarer als China geworden sind, ist diese Annahme in ihrer allgemeinen Form nicht überzeugend.

Genau die entgegengesetzte These vertritt die zweite Schule: sie geht von der Tatsache des veränderten Kräfteverhältnisses aus und zieht daraus den Schluß, daß Amerika seine militärischen Bündnispflichten außerhalb Westeuropas drastisch beschneiden und seine Politik allgemein darauf umstellen solle, an Stelle seiner gegenwärtigen asiatischen Verbündeten »neutralistische« Regime zu unterstützen. Walter Lippmann, der am nachdrücklichsten und am konsequentesten zugunsten einer solchen Lösung argumentiert hat, ist gelegentlich so weit gegangen, diese asiatischen Alliierten *en bloc* als »Satellitenregierungen« zu bezeichnen und eine Parallele zwischen ihrer »unvermeidlichen« Preisgabe und der Auflösung der britischen und der französischen Kolonialreiche zu ziehen.

Diese Schule, der viele »liberale« Intellektuelle, aber wenig Leute mit eigener Erfahrung in den betroffenen asiatischen Ländern beipflichten, scheint einerseits zu glauben, daß es in keinem unterentwickelten Land eine volkstümliche Basis für aktiven Widerstand gegen den Kommunismus geben könne, andererseits geht sie von der Voraussetzung aus, daß in allen diesen Ländern »neutralistische« Alternativen zum Sieg des Kommunismus existieren müßten und daß die Sowjets wie die Chinesen gern bereit sein würden, diese »Neutralisten« in aller Zukunft regieren zu lassen. Sie ist daher unzufrieden damit, daß die amerikanische Regierung das antikommunistische Regime in Südvietnam unterstützt, und würde am liebsten mit dem Sowjetblock nicht nur über die Neutralisierung von Laos, sondern auch von Thailand und Südvietnam – aber natürlich auch von Nordvietnam verhandeln.

Dieser Analyse liegt eine Reihe faktischer Irrtümer zugrunde. Gewiß gibt es einige asiatische Länder, denen ein Bündnis mit dem Westen von unpopulären Regierungen gegen den Willen ihrer Völker aufgedrängt worden ist und die unter einer nationalistischen, auf einen neutralen Kurs festgelegten Regierung bessere Aussichten hätten, der kommunistischen Wühlarbeit zu widerstehen. Aber es gibt auch andere, deren Völker aus bitterer Erfahrung antikommunistisch sind und eine amerikanische Garantie wünschen, und deren proamerikanische Regierungen – wie die viel geschmähte Regierung Diem des bedrängten Südvietnam – sich redliche Mühe geben, eine fortschrittliche Wirtschafts- und Sozialpolitik zu betreiben, wenn auch mit unzureichenden Methoden und vor allem mit unzureichenden administrativen Kadern. Es stimmt auch nicht, daß wahrhaft unabhängige neutralistische Alternativen zum Kommunismus in jedem Lande und zu jeder Zeit existieren (auch wenn es natürlich überall einzelne Neutralisten gibt): in Ländern, die durch einen Bürgerkrieg gespalten sind, werden die Neutralisten zwischen den Mühlsteinen genau so zermahlen wie seinerzeit die wohlmeinenden chinesischen Demokraten in den ersten Nachkriegsjahren oder wie neuerdings die Gefolgsleute des Prinzen Souvanna Phouma in Laos.

Aber der Hauptfehler, den Lippmann und seine Gesinnungsgenossen begehen, ist nach meiner Ansicht nicht so sehr faktischer wie methodischer Natur, und sie teilen diesen Fehler mit ihren politischen Antipoden von der »Keinen Fußbreit zurück«-Brigade: beide geben sich keine Rechenschaft darüber, daß in der Welt von heute die amerikanischen Verpflichtungen nicht mehr durch eine bloße Aufzählung von Amerikas formellen Militärpakten definiert werden können. Laos hat gezeigt, daß militärische Garantien für ein Land, dessen eigene Streitkräfte nicht willens sind, eine kommunistische Rebellion zu bekämpfen, gar nicht eingelöst werden *können*. Aber ebenso richtig ist es umgekehrt, daß eine Pflicht zum Schutz eines Landes, dessen Volk seine Unabhängigkeit verteidigen will, nicht wirklich erlischt, wenn dieses Land technisch neutral wird – weil die Erhaltung seiner Neutralität und Unabhängigkeit angesichts sowjetischen oder chinesischen Drucks in letzter Instanz doch von seiner Fähigkeit abhängt, daß es auf westliche und insbesondere amerikanische Hilfe bauen kann. Die Ablösung eines westlichen Bündnisses durch einen neutralen Status braucht daher das reale Ausmaß der amerikanischen Verpflichtungen gar nicht einzuschränken; eher mag sie in einigen Fällen dadurch, daß sie zur inneren Stabilität beiträgt, deren Einlösung erleichtern. Denn wollten die USA heute Ländern, die einen Willen zur Erhaltung ihrer Freiheit bekunden, die kalte Schulter zeigen, so würde die Welt nicht lange im unstabilen Gleichgewicht bleiben, sondern die

Waage würde sich bald entscheidend zugunsten des kommunistischen Blocks neigen.

Kennedy selber hat – nach eingehender Debatte – eine dritte Position bezogen, die er sowohl in seiner Kongreß-Botschaft vor der Abreise nach Wien als auch in seinem Bericht über die Wiener Gespräche mit Chruschtschow umrissen hat. Er erkennt die Verschiebung des Kräfteverhältnisses an und glaubt nicht, daß die »massive Vergeltung« weiterhin ausreicht, jede Art von Angriff irgendwo auf der Welt »abzuschrecken«. Aber er hält an der weltweiten Verpflichtung der Vereinigten Staaten fest, den Widerstand der Völker gegen den Kommunismus in allen Erdteilen zu unterstützen. Er hat aus Kuba und Laos die Lehre gezogen, daß dort, wo es einen solchen Volkswiderstand nicht gibt, auch die militärische Intervention von außen fruchtlos bleiben muß; und er überläßt den Nationen, die ihre Unabhängigkeit wahren wollen, die freie Wahl, ob sie glauben, das am besten in der Neutralität oder in einem Bündnis mit den Vereinigten Staaten erreichen zu können. Doch zugleich bietet er solchen Nationen jede Art von Unterstützung an – von Rat und Kapitalhilfe zur fortschrittlichen Lösung ihrer sozialen Probleme bis zur Militärhilfe und selbst zu direktem militärischem Beistand gegen kommunistische diplomatische Erpressungen oder von außen geschürten Partisanenkrieg. Die allgemeine Maxime dieser Politik ist, all denen zu helfen, die willens sind, sich selber zu helfen – und zu verteidigen.

Das Ausmaß amerikanischer Intervention, das diese Politik ins Auge faßt, liegt irgendwo zwischen den Extremen der beiden anderen Schulen. Aber ihre Konzeption liegt auf einer anderen Ebene: sie geht darauf aus, Krisen durch konstruktive wirtschaftliche und politische Maßnahmen zu vermeiden, und nicht nur darauf, ihnen mit militärischen Mitteln entgegenzutreten, wenn sie einmal da sind. Vor allem aber ist sie nicht nur auf die Kriterien herkömmlicher Machtpolitik abgestellt, sondern sie beruft sich ebenso auf demokratische Grundsätze. Von einem traditionellen Standpunkt aus mag dagegen eingewendet werden, daß eine solche Konzeption den rein militärischen Verpflichtungen der USA keine präzis voraussehbaren Grenzen setzt. Aber das fordert die Antwort heraus, daß der eventuell notwendige militärische Einsatz einer Weltmacht innerhalb der heutigen Welt, die sich in revolutionärer Bewegung befindet, nicht mehr im voraus durch ihre vertraglichen Verpflichtungen allein definiert werden kann.

Die Kennedy-Politik ist also in ihrem Wesen »ideologischer« als beide anderen Alternativen. Aber gerade deswegen ist sie realistischer, insofern sie der Natur des gegenwärtigen internationalen Konfliktes besser entspricht. Sie verkündet, daß zwar das Kräfteverhältnis sich geändert habe, nicht aber die geschichtliche Wahl, vor der die Menschheit steht, und sie sprengt die Grenzen, die ein Jahrzehnt ausschließlich militärischen Verteidigungsdenkens gezogen hat, indem sie die Dynamik der Idee mobilisiert, daß Fortschritt in Freiheit möglich sein müsse. So definiert sie – wie einst 1947 – die Weltrolle Amerikas weder als Expansion seiner militärischen Herrschaft noch als Bewahrung einer begrenzten militärischen Sicherheit, sondern als das weltweite Offenhalten einer Alternative zu dem geschlossenen kommunistischen System.

Die hier aufgezeigten Positionen waren bereits bezogen, als Chruschtschow die Deutschland- und Berlin-Frage wieder an die Spitze der internationalen Tagesordnung rückte. Bis dahin ging es hauptsächlich um unterentwickelte Länder mit einem sozialrevolutionären Potential; die Fragen, die im Vordergrund der Debatte standen, waren die Zukunft Lateinamerikas nach dem kubanischen Fiasko und die Südostasiens nach dem Kollaps in Laos. Aber offensichtlich hat Chruschtschow Berlin als das Ziel seiner größten Anstrengungen ausersehen, das labile Kräfte-Gleichgewicht umzustürzen und eine neue sowjetische Überlegenheit zu etablieren. Und bereits nimmt die Reaktion der amerikanischen Öffentlichkeit auf ähnlichen Linien Gestalt an.

Die »harte« Schule, die von keinem Rückzug etwas wissen will, lehnt Verhandlungen über Berlin und Deutschland überhaupt ab. Sie schlägt vor, man solle die Sowjets ruhig ihren »Friedensvertrag« mit ihrem ostdeutschen Satelliten abschließen lassen, solle sie rechtzeitig warnen, daß der Westen die Legalität eines solchen Vertrages nicht anerkennen und die eigenen Rechte in Berlin als davon nicht betroffen ansehen werde, und solle jeden Versuch Ulbrichts, die Transportwege Berlins – wie z. B. die zivilen alliierten Luftlinien – zu beeinträchtigen, mit Gewalt beantworten. Die Schwäche dieser Methode liegt darin, daß sie den Sowjets die Initiative für Verhandlungen und dem Westen die Initiative fürs Schießen überläßt; sie kann dazu führen, daß die Weltmeinung – und selbst die öffentliche Meinung alliierter Länder – in einen Zustand gerät, der es im kritischen Moment politisch unmöglich macht, zu den angedrohten militärischen Gegenmaßnahmen zu greifen. Durch seinen Nervenkrieg sucht Chruschtschow ja die Welt gerade davon zu überzeugen, daß der Westen keine andere Wahl habe, als entweder vor seinen Forderungen zu kapitulieren oder einen unpopulären Krieg zu beginnen. Eine Politik, die diese Alternative zu akzeptieren scheint, kann schwerlich als Gipfel der Weisheit angesehen werden.

Die »weiche« Schule möchte aus der Verpflichtung gegenüber Berlin heraus, genauso wie aus anderen Bündnispflichten. Wie ihre »harten« Gegner sieht sie das Problem vorwiegend militärisch, aber sie ist nicht bereit zu kämpfen. Sie tritt daher für Verhandlungen ein, die darauf ausgehen sollten, Chruschtschows doppeltes Verlangen nach Anerkennung der DDR und nach deren Beteiligung an der Ausarbeitung eines neuen Sonderstatuts für Berlin zu akzeptieren, aber im Austausch dafür neue internationale Garantien für die Unabhängigkeit und innere Freiheit der Inselstadt einzuhandeln. Die Schwäche eines solchen Vorgehens liegt ebenfalls auf der Hand. Erstens hat das bloß bedingte Angebot einer Anerkennung der DDR genau denselben politischen Effekt wie die Anerkennung selbst: sie macht klar, daß der Westen sich mit dem permanenten Bestand dieses Staates abzufinden gedenkt, und entzieht ihm damit jede Verhandlungswaffe. Und zweitens erhält dieses Regime damit die Möglichkeit, auf seinen Maximalforderungen für das neue Berliner Statut zu bestehen: es wird nicht nur jedes Arrangement für ganz Berlin (im Sinne der Vorschläge von Senator Mansfield) zurückweisen, sondern fordern, daß alle konstitutionellen Bindungen Westberlins an die Bundesrepublik gelöst werden – Bindungen, von denen die Gemeinsamkeit der Gesetzgebung, Währung und Besteuerung und damit die ökonomische Lebensfähigkeit Berlins abhängt. Darüber hinaus wird Ulbricht, wie er bereits angekündigt hat, dann unweigerlich verlangen, daß der Flüchtlingsstrom durch eine Kontrolle der Luftlinien eingedämmt wird. Das Resultat kann also, auch in diesem Falle, nichts anderes sein als entweder ein demoralisierender Zusammenbruch der westlichen Position oder eine Kraftprobe in letzter Minute – eine Kraftprobe jedoch, bei der wir uns dann im voraus der Grundlage beraubt hätten, die Legitimität der DDR in Frage zu stellen.

Im Augenblick, da dieser Artikel geschrieben wird, hat die Regierung Kennedy ihre Politik noch nicht endgültig formuliert; sie hat nur zu erkennen gegeben, was sie ganz sicher nicht tun will. Aber man kann sich schon eine Antwort auf Chruschtschows Memorandum vorstellen, die der allgemeinen Linie Washingtons entsprechen würde. Eine solche Antwort würde einmal darin bestehen, daß Amerika seine eigenen Vorschläge für einen deutschen Friedensvertrag macht, um damit die Welt zu überzeugen, daß keineswegs nur die Sowjets allein verhandlungswillig seien. Sie würde ferner die Weigerung enthalten, alliierte Rechte in Berlin (und die Rechte der Berliner selber) preiszugeben, solange Deutschland weiter geteilt bleibt. Und sie würde drittens für den Fall einer Kraftprobe Druck mit Gegendruck beantworten (wofür viele nichtmilitärische Möglichkeiten bestehen) und nur auf Gewalt mit Gewalt reagieren.

Chruschtschows Verlangen nach einem deutschen Friedensvertrag hat zwei Aspekte: den Wunsch nach einer internationalen Übereinkunft über Deutschlands permanente Grenzen und nach gewissen ständigen Beschränkungen der deutschen Rüstung einerseits, den Druck auf eine endgültige westliche Anerkennung der Spaltung Deutschlands anderseits. Die erste dieser Forderungen entspricht ernsthaften Befürchtungen der osteuropäischen Völker und begegnet in der öffentlichen Meinung neutraler wie alliierter Länder vieler Sympathie; sie ist grundsätzlich ein möglicher Gegenstand von Verhandlungen. Die zweite dagegen, die interalliierten Vereinbarungen ebenso zuwiderläuft wie demokratischen Grundsätzen, könnte nur dazu führen, die Rechtslage Berlins als die einzige »Anomalie« übrig zu lassen, ganz wie Chruschtschow es schon heute behauptet.

Im Laufe solcher Verhandlungen hätten die Sowjets eine Chance, entweder – wie sie das im Sommer 1955 taten – das Prinzip der deutschen Einheit zu akzeptieren oder aber wirklich annehmbare Garantien für die Rechte der Alliierten in Berlin und die Freiheit der Berliner vorzuschlagen. Wenn sie diese Möglichkeit jedoch nicht ergreifen und ihre gegenwärtigen Pläne für einen Separatvertrag mit der DDR wie ihre unannehmbaren Berlin-Forderungen weiterverfolgen sollten, so hätte der Westen immerhin seinen Willen gezeigt, den Frieden zu sichern, und dabei freie Hand für angemessene Gegenmaßnahmen gegen jeden Druck der DDR auf Berlin erhalten. Die DDR ist wirtschaftlich zur Zeit beinahe so verwundbar wie Berlin – sie hängt immer noch von einem beträchtlichen Handel mit Westdeutschland ab, um ihre Industrie in Gang zu halten, außerdem macht sie gerade jetzt infolge der landwirtschaftlichen Kollektivierung eine Vesorgungs- und Agrarkrise durch – und politisch weit verwundbarer als Berlin. Ein offener Konflikt mit den Westmächten würde schwerlich zur Konsolidierung eines Regimes beitragen, das bereits Millionen von

Bürgern durch Flucht nach dem Westen verloren hat und sie in wachsendem Maße weiter verliert. Selbstverständlich können wir die Möglichkeit nicht ausschließen, daß dieses erbärmliche Regime in seiner Verzweiflung zur Gewalt greifen und einen Krieg auslösen wird. Aber wir haben keinen Grund, uns selbst damit zu ängstigen, daß wir Chruschtschows These hinnehmen, der Westen werde entweder kapitulieren oder den ersten Schuß abfeuern müssen. Wir besitzen Mittel genug, um beides zu vermeiden.

Eine solche Politik – die Initiative für Verhandlungen über legitime Ziele zu ergreifen, Grundsatz-Kompromisse abzulehnen, eine notwendige Kraftprobe primär mit wirtschaftlichen und politischen Waffen durchzukämpfen und zugleich bereit zu sein, im äußersten Falle Gewalt gegen Gewalt zu setzen – entspräche der Weltrolle der USA, wie sie in der neuen Administration aufgefaßt wird. In einem gewissen Sinne ist dieses neue Selbstverständnis ebenso eine Reaktion auf die weltweite, ideologisch inspirierte Offensive Chruschtschows, wie seinerzeit die Konzentration der amerikanischen Politik auf das rein Militärische eine Reaktion auf die militärischen Zwangsvorstellungen Stalins darstellte. Sollten wir also, wie kürzlich ein britischer Kommentator, darüber klagen, daß die Welt durch die Auseinandersetzung zweier »gleich enger Ideologien« an den Rand der Katastrophe gebracht werde? Oder sollten wir nicht vielmehr in solchen Kommentaren einen traurigen Beleg dafür sehen, wie weit der »moralische Neutralismus« der britischen Intelligenz bereits gediehen ist – jene Haltung, die zwar das westliche Bündnis als Notwendigkeit für das Überleben Englands betrachtet, aber nichts davon wissen will, daß es zwischen den beiden Lagern irgendeinen Unterschied von universeller, die ganze Menschheit betreffender Bedeutung gebe?

Der betreffende Autor war beunruhigt durch Kennedys Zuversicht in den schließlichen Sieg der Freiheit, die er mit Chruschtschows Zuversicht in den Sieg des Kommunismus gleichsetzte. Aber während der Begriff des Kommunismus für Chruschtschow einfach das sowjetische System kommunistischer Parteiherrschaft umschreibt, braucht Kennedy den Begriff der Freiheit keineswegs als Synonym für das amerikanische Wirtschaftssystem oder auch nur für den amerikanischen Typ der Demokratie; er meint damit im Gegenteil das Recht aller Nationen, auf jeder Stufe ihrer Entwicklung ihr eigenes System selbst zu bestimmen – ob es nun kapitalistisch oder sozialistisch, volldemokratisch oder (wie in manchen Entwicklungsländern) provisorisch diktatorial sei. In diesem Sinne ist Freiheit eben *nicht* eine »enge Ideologie«, sondern bezeichnet einfach die Alternative zu der doktrinären Endgültigkeit totalitärer Systeme, das Offenhalten der Straße für die schöpferische Weiterentwicklung menschlicher Gesellschaften.

Natürlich könnte Kennedy sich nicht für Freiheit der Entwicklung in diesem Sinne einsetzen, wenn er nicht davon überzeugt wäre, daß hier auch die wirklichen Interessen der amerikanischen Weltmacht liegen. Aber die echte Parallele, die man hier heranziehen kann, ist nicht die zu dem Verhältnis von Macht und Ideologie im zeitgenössischen Kommunismus, sondern die zu der historischen Rolle Englands in seinem Kampf gegen kontinentale Despoten. Als Großbritannien Philipp II. und Ludwig XIV. bekämpfte, als es sich mit Europas gekrönten Häuptern gegen Napoleon verbündete, aber bald nach dessen Niederlage auch gegen die Heilige Allianz Front machte, und schließlich als es Hitler widerstand, da diente es gewiß seinem nationalen Interesse, die Entstehung einer despotischen Über-Macht vor seiner Tür zu verhindern. Aber es hat damit auch die »Freiheiten Europas« bewahrt, die Chance seiner vielfältigen, schöpferischen und wahrhaft europäischen Entwicklung.

Heute ist Großbritannien gleichermaßen durch die Erschöpfung nach dem Kampf gegen Hitler und durch den Verlust seines Weltreiches geschwächt und daher nicht einmal mehr an der Spitze einer Koalition in der Lage, dem despotischen Riesen unserer Zeit von gleich zu gleich gegenüberzutreten. Und doch war es noch einmal die britische Staatsführung, die am Ende des Zweiten Weltkrieges noch vor der amerikanischen der neuen Gefahr inne wurde. Als die Vereinigten Staaten dann 1947 die traditionelle Rolle Englands übernahmen, handelten sie aus einem ähnlichen Impuls, in dem nationales Interesse und freiheitliches Bekenntnis zusammenwirkten. Es ist das Bewußtsein dieser Rolle, das Kennedy aufs Neue zu erwecken sucht.

3. Ende einer Offensive – Ende einer Illusion

»Der Erste Weltkrieg und die Oktoberrevolution haben die allgemeine Krise des Kapitalismus eingeläutet. Die zweite Etappe dieser Krise entwickelte sich mit dem Zweiten Weltkrieg und den sozialistischen Revolutionen in einer Reihe europäischer und asiatischer Länder. *Jetzt ist der Weltkapitalismus in eine neue, dritte Etappe dieser Krise eingetreten, deren Hauptkennzeichen ist, daß ihre Entfaltung nicht auf einem Weltkrieg beruhte.*« – Parteiprogramm der KPdSU von 1961.

Die kubanische Raketenkrise des Oktobers 1962 ist weithin als ein möglicher Wendepunkt der sowjetischen Außenpolitik begrüßt worden. Wenn sie sich als solcher erweist – und im Augenblick gibt es dafür starke Anzeichen, aber noch nicht zwingende Beweise – so wird das nicht die Folge einer bedeutenden Veränderung im Kräfteverhältnis sein, sondern des Endes einer großen Illusion im Kreml: jener Illusion, die ihren knappsten Ausdruck in den oben zitierten Sätzen aus dem Programm der KPdSU von 1961 gefunden hat.

Nach der Vorstellung dieses Zitats entwickelt sich die »allgemeine Krise des Kapitalismus« in separaten Etappen, die durch erhebliche Zwischenräume getrennt sind: Die Krisen entsprechen den akuten Phasen kommunistischer Machtausdehnung, die Zwischenräume den notwendigen Atempausen zur Konsolidierung des Erreichten. Die Ankündigung einer neuen, dritten Etappe der allgemeinen Krise (die zuerst in ähnlichen Worten in der Moskauer Deklaration der 81 kommunistischen Parteien vom Dezember 1960 erfolgte) besagte demgemäß, daß eine Lage entstanden sei, in der große Ausdehnungen des kommunistischen Machtbereichs verwirklicht werden könnten, die an Bedeutung der Machteroberung in Rußland nach dem Ersten und in Osteuropa und China nach dem Zweiten Weltkrieg vergleichbar sein würden – und diesmal ohne einen neuen Weltkrieg. Das war die Kalkulation hinter der weltweiten, aber stets sorgfältig kontrollierten politischen Offensive der Sowjets; das ist die Illusion, die in Kuba ihr Grab gefunden zu haben scheint.

Tatsächlich waren die Illusion und die auf sie gegründete offensive Strategie schon einige Jahre älter als die theoretische Formel von der »dritten Etappe der allgemeinen Krise des Kapitalismus«: sie lassen sich vom Herbst 1957 datieren, als Chruschtschow die Nachfolgekämpfe in der Sowjetunion zu seinen Gunsten entschieden und die Entstalinisierungskrise in Osteuropa überwunden hatte, und als die Lancierung der ersten Sputniks die Ankunft der interkontinentalen Rakete und damit die Erreichung eines effektiven nuklearen Gleichgewichts des Schreckens ankündigte. Von diesem Zeitpunkt an waren die sowjetischen Bemühungen der Nach-Stalin-Zeit um die Verringerung der internationalen Spannungen und die Konsolidierung der Nachkriegseroberungen durch eine bewußte Politik der Schaffung von Krisen in verschiedenen Teilen der Welt in der Hoffnung auf bedeutende revolutionäre Gewinne ersetzt worden. Der Unterschied zwischen dieser sowjetischen Offensivstrategie der letzten fünf Jahre und jener, die von den chinesischen Kommunisten befürwortet wurde, lag nur in der sowjetischen Entschlossenheit, die Risiken jeder einzelnen Operation unter strikter Kontrolle zu halten und die Schaffung von Krisen durch Verhandlungsangebote abzulösen, so oft das für diesen Zweck nötig schien. Doch jede der Krisen wurde in der bestimmten Erwartung ausgelöst, die ihr folgenden Verhandlungen würden in substantiellen Gewinnen für die Sache des Kommunismus resultieren.

Es wäre ein Irrtum, zu glauben, diese optimistischen Erwartungen hätten auf keiner solideren Grundlage beruht als auf Chruschtschows überschäumendem Selbstvertrauen oder einer vagen allgemeinen Überzeugung von der unwiderstehlichen Kraft der Sache der Revolution. Chruschtschow war bei Beginn seiner Offensive der Erbe einer vierzigjährigen Tradtion sowjetischer Außenpolitik, die eindeutig auf dem Grundsatz beruhte, daß revolutionäre Vorstöße nicht beliebig nach dem eigenen Fahrplan unternommen werden konnten, sondern nur, wenn die »objektiven Bedingungen« eine günstige Gelegenheit boten. Er hatte also offenbar präzise Gründe, an eine solche günstige Gelegenheit zu glauben – nur beruhten diese Gründe auf Fehleinschätzungen.

Der *erste* dieser Gründe war natürlich die Erreichung einer »qualitativen Parität« in Kernwaffen. Die Entwicklung thermonuklearer Bomben durch die USA und die USSR war die Grundlage dafür gewesen, daß beide Seiten auf der Genfer Gipfelkonferenz von 1955 die Überzeugung gewannen, keine von ihnen würde absichtlich einen Weltkrieg herbeiführen, und daß Chruschtschow auf dem 20. Parteitag im folgenden Jahr verkünden konnte, ein solcher Krieg sei nicht mehr »schicksalhaft unvermeidlich«. Nun hatte die Erfindung der Interkontinentalrakete die Vereinigten Staaten grundsätzlich ebenso verwundbar für thermonukleare Angriffe gemacht, wie die Sowjetunion und die ihr näherliegenden amerikanischen Verbündeten es schon waren, und damit den letzten *qualitativen* Vorsprung Amerikas beseitigt; entsprechend hatte sie die Glaubwürdigkeit der amerikanischen Verpflichtungen verringert, exponierte westliche Positionen gegen den Druck einer überlegenen lokalen Konzentration von sowjetischen Streitkräften durch die Drohung mit »massiver Vergeltung« zu schützen. Zwar war Chruschtschow nicht bereit, diese Verpflichtungen durch direkte militärische Angriffe auf Amerikas geographisch entfernte Verbündete auf die Probe zu stellen – doch er suchte nun deren Vertrauen in den amerikanischen Schutz durch einen Wechsel von Drohungen gegen sie mit Vorschlägen für einen sowjetisch-amerikanischen Dialog zu untergraben. Im Maße, wie die »massive Vergeltung« an Glaubwürdigkeit verlor, ohne daß den Amerikanern andere Mittel zur Erfüllung ihrer Bündnispflichten offen zu stehen schienen, erwartete Chruschtschow, die westlichen Bündnisse würden dieser Strategie zum Opfer fallen: Die Lähmung durch das nukleare Patt sollte die gleiche Rolle spielen wie sie die Lähmung durch die Erschöpfung der unmittelbaren Nachkriegszeit für die damalige Ausdehnung des kommunistischen Machtbereichs gespielt hatte.

Ein *zweiter* Grund des sowjetischen Selbstvertrauens war das revolutionäre Potential der Entkolonisierung. Als in den späten vierziger Jahren der größte Teil Asiens aus der Kolonialherrschaft entlassen wurde, hatte Stalin die Bedeutung des Vorgangs nicht mehr verstanden und die Beziehungen der Sowjetunion mit den neuen nationalistischen Regimen völlig falsch gehandhabt. Doch nach seinem Tod hatten sowohl Moskau wie Peking eine entschlossene und geschickte Wendung zu einer Politik der respektvollen Anerkennung der Unabhängigkeit der neuen Staaten vollzogen und ihnen sowohl wirtschaftliche Hilfe wie Unterstützung in allen Konflikten mit den »Imperialisten« angeboten. Die Suezkrise hatte überdies erregende Perspektiven für eine Diplomatie der »antiimperialistischen Einheitsfront« gerade in dem Augenblick eröffnet, als eine zweite große Welle der Entkolonisierung in Afrika begann: Schien doch Suez die These zu bestätigen, daß selbst für Länder, die ihre »formelle« Unabhängigkeit friedlich errungen oder schon lange besessen hatten, neue Konflikte mit den großen kapitalistischen Unternehmungen im Kampfe dieser traditionell benachteiligten Nationen um ihre wirtschaftliche Unabhängigkeit unvermeidlich waren – und wo sollten sie verläßliche Verbündete in diesem Kampf finden, wenn nicht im Sowjetblock? Die sowjetische

Führung glaubte, daß unter dem Schirm des nuklearen Patts keine gefährliche, direkte Intervention zugunsten solcher »nationalen Befreiungsbewegungen« nötig sein würde: Es würde genügen, ihnen Waffen und Berater zu schicken, und jede massive imperialistische Intervention durch die bloße Drohung einer bewaffneten Gegenintervention abzuschrecken. Doch koloniale und nachkoloniale Revolutionen, die mit solcher Hilfe siegten, würden sich als ein mächtiger Hebel erweisen, um das weltpolitische Machtgleichgewicht zum sowjetischen Vorteil zu verschieben – und zwar ohne jede Herausforderung des militärischen »Gleichgewichts des Schreckens«.

Nun war es freilich klar, daß Revolutionen, die in fernen Ländern und ohne die direkte Intervention der sowjetischen Streitkräfte den Sieg errangen, nicht zu »Satellitenregierungen« führen würden – auch nicht, wenn sie unter kommunistische Führung kamen. Doch Chruschtschow – und dies war der *dritte* Faktor in seinem optimistischen Kalkül – hatte mit Stalins Auffassung gebrochen, daß die Schaffung von solchen der Sowjetunion strikt untergeordneten Satellitenregimen die einzige sichere Form kommunistischer Expansion sei. Aus der jugoslawischen und zumal aus der chinesischen Erfahrung hatte er die Lehre gezogen, daß kommunistische Parteien ihre eigenen Wege zur Macht gemäß den nationalen Bedingungen finden müßten, und daß zwischen unabhängigen und gleichberechtigten kommunistischen Staaten eine natürliche Interessenharmonie bestünde; Zhou Enlais Erfolg in Bandung mit der These, die kommunistischen Mächte seien die wahren Vorkämpfer der afro-asiatischen Solidarität, und Mao Ze-dongs Hilfe für die Sowjetunion bei der Überwindung der osteuropäischen Entstalinisierungskrise schienen diese optimistische Theorie zu bestätigen. Die Herausbildung einer Mehrzahl unabhängiger kommunistischer Staaten verhieß so in Chruschtschows Augen nicht nur das Ende der langen Periode der »kapitalistischen Einkreisung« einer isolierten Sowjetunion, sondern die Entstehung eines »Sozialistischen Commonwealth«, das zu einer unbegrenzten, harmonischen Expansion durch neue unabhängige Revolutionen fähig sein werde.

Als *vierter* und letzter Faktor müssen noch Chruschtschows Hoffnungen genannt werden, durch seine inneren Reformen eine spektakuläre Verbesserung sowohl der wirtschaftlichen Leistungsfähigkeit wie der politischen Anziehungskraft des sowjetischen Regimes zu erreichen, und zwar sowohl in der Sowjetunion selbst wie in Osteuropa. Zwar hat seine Losung der »friedlichen Koexistenz« niemals einen grundsätzlichen Verzicht auf die Anwendung von und die Drohung mit Gewalt zugunsten einer *ausschließlichen* Konzentration auf wirtschaftlichen Wettbewerb bedeutet; doch sie hat immer solchen Wettbewerb, einschließlich einer echten Anstrengung zur Hebung des Lebensstandards der Völker der UdSSR und der Satelliten, als *ein* wichtiges Element mit umfaßt. Denn Chruschtschow glaubte, die vorhandene sowjetische industrielle und militärische Basis, einmal kombiniert mit der eindrucksvollen Verbesserung der industriellen und landwirtschaftlichen Produktivität, die er von seinen Reformen erwartete, würde ihm gleichzeitig erlauben, ein nukleares Gleichgewicht und ein konventionelles Übergewicht in der Rüstung aufrechtzuerhalten, Freunde unter den blockfreien neuen Staaten durch substantielle Entwicklungskredite zu gewinnen, und den Wohlstand seiner eigenen Untertanen durch schnelles Anwachsen der Produktion an Lebensmitteln und Konsumgütern zu heben.

Schließlich sollten alle diese Faktoren sich durch ihre Wechselwirkung gegenseitig verstärken. So würde etwa die Entkolonisierung ernste wirtschaftliche Schwierigkeiten für die »imperialistischen« Mächte schaffen und damit sowohl ihre internationale Rivalität wie ihre inneren Klassenkonflikte verschärfen; damit würde aber der Zusammenhalt des westlichen Bündnisses und seine Fähigkeit, dem Druck des Sowjetblocks zu widerstehen, geschwächt werden. Die Verbesserung des Lebensstandards im Sowjetblock und seine Verschlechterung im Westen würden als Anschauungsunterricht auf die neuen Nationen wirken, die vor der Wahl ihres Entwicklungsweges standen. Wiederum würden außenpolitische und wirtschaftliche Erfolge die harmonische Zusammenarbeit unter den kommunistischen Staaten ebenso erleichtern, wie politische und ökonomische Rückschläge die Einheit ihrer Gegner untergruben.

Mit all dem hat die sowjetische Führung zu keiner Zeit die chinesische These übernommen, wonach das »sozialistische Lager« bereits eine klare Überlegenheit über die Stärke seiner Gegner erreicht habe oder »der Ostwind stärker als der Westwind« sei. Doch die sowjetische Analyse lief eindeutig darauf hinaus, daß solche Überlegenheit in einer greifbaren Zukunft und ohne Weltkrieg gewonnen werden könne: Das nukleare Gleichgewicht könne, durch eine revolutionäre Strategie begrenzten und kontrollierten Risikos, zugleich ausgenutzt und umgangen werden. Aus dynamischer Sicht waren die Kräfte des Sozialismus bereits der entscheidende Bestimmungsfaktor der Grundtendenz der Epoche geworden; und die Formel von der »dritten Etappe der allgemeinen Krise des Kapitalismus« lenkte die Erwartung auf historische Siege binnen weniger Jahre.

Ein Blick auf die Ereignisse von 1957 bis Ende 1962 zeigt deutlich, daß die weltweite Offensive, der die obige Analyse zugrunde lag, ihre Hauptziele nicht erreicht hat; und auch die Analyse selbst ist in ihren Grundzügen nicht bestätigt worden. Die meisten Gründe, die Chruschtschow für sein Selbstvertrauen anführte, enthalten in der Tat größere oder kleinere Teilelemente von Wahrheit, und die betrachtete Periode umfaßt auch einige lokale kommunistische Erfolge – so in der inneren Entwicklung von Kuba und Laos. Doch das Gesamtbild ist von dem kommunistischen Entwurf radikal verschieden. Anstelle eines siegreichen kommunistischen Durchbruchs finden wir einen hartnäckigen politischen Grabenkrieg zwischen Ost und West; fortgesetzte blockfreie Entwicklung der neuen, ex-kolonialen Staaten statt ihrer fortschreitenden Annäherung an den Sowjetblock; ungleich ernstere Rivalitäten und Konflikte zwischen den kommunistischen Mächten als innerhalb des westlichen Bündnisses; und überraschende wirtschaftliche Vitalität unter den von der Entkolonisierung »geschädigten« Westmächten neben einer enttäuschend langsamen Verbesserung der Lebensbedingungen im Sowjetblock.

Während einer Reihe von Jahren schienen die kolonialen und nachkolonialen Befreiungsbewegungen anfänglich die stärkste Bestätigung der kommunistischen Hoffnungen zu bringen. Während der Periode, die unmittelbar auf den Suezkonflikt folgte, schien Nassers Ägypten zum Abgleiten in einseitige wirtschaftliche Abhängigkeit vom Sowjetblock bestimmt zu sein; und Kairo wurde zum Sitz der »Afro-Asian Peoples' Solidarity Organization«, die auf Initiative der kommunistischen Mächte gegründet worden war. Die Revolution Kassems im Irak 1958 verursachte große Besorgnis im Westen, und während der ersten Monate des neuen Regimes wuchs der kommunistische Einfluß schnell. Später, im gleichen Jahr, wurde Guinea die erste afrikanische Kolonie Frankreichs, die in offenem Konflikt mit der Metropole für sofortige Unabhängigkeit stimmte, und französische wirtschaftliche Repressalien führten zu einer starken, pro-sowjetischen Orientierung des neuen Staates. 1959 erwies sich Castros Sieg in Kuba nicht nur als Vorspiel zu revolutionären Maßnahmen, die stark an kommunistischen Vorbildern orientiert waren, sondern zu scharfen Konflikten erst mit amerikanischen Kapitalinteressen und dann mit der US-Regierung, die wiederum zu einer raschen Zunahme der wirtschaftlichen Abhängigkeit Kubas vom Sowjetblock und zu der Proklamierung sowjetischen »Schutzes« für das Regime im Jahre 1960 führten. Während des gleichen Jahres trugen die Ereignisse im ehemals belgischen Kongo – vor allem die Proklamierung einer »Sezession« Katangas mit der Unterstützung belgischer und britischer Bergbau-Interessen, und die Ermordung des Nationalistenführers Patrice Lumumba im Gebiet von Katanga, die ihn in den Augen nicht nur der Kommunisten, sondern auch der Panafrikaner zum Märtyrer des antikolonialen Kampfes machte – zum Anwachsen einer militant antiwestlichen Stimmung in vielen der gerade entstehenden neuen Staaten Afrikas bei. Schließlich wurde auch der anhaltende Kolonialkrieg in Algerien nicht nur zu einer ständigen Quelle der Schwäche für Frankreich und der Spannungen im westlichen Bündnis, sondern auch der anti-westlichen und pro-kommunistischen Sympathien unter afroasiatischen Nationalisten.

Doch auf nahezu all diese vom kommunistischen Standpunkt aus vielversprechenden Entwicklungen folgten alsbald Enttäuschungen. Schon 1958 gelang es Nasser, sich der sowjetischen Umarmung so weit zu entziehen, daß er mit der nicht-kommunistischen Linken Syriens eine syrisch-ägyptische Fusion arrangieren konnte, um eine anscheinend bevorstehende kommunistische Machtergreifung in Syrien zu verhindern; und eine brutale Unterdrückung der syrischen Kommunisten durch Nasser folgte. Kassem im Irak bediente sich anfänglich der Unterstützung der dortigen Kommunisten gegen eine vergleichbare Fusion; doch sobald er sein Regime konsolidiert hatte, wies er ihre Ansprüche auf einen Anteil an der Regierungsmacht im Sommer 1959 scharf zurück und schränkte ihre Betätigungsfreiheit drastisch ein. Guineas Kooperation mit der Sowjetunion dauerte länger, endete aber 1961 plötzlich nicht nur auf Grund von Klagen über die Qualität sowjetischer Lieferungen, sondern auf Grund der Entdeckung der Versuche sowjetischer und französischer Kommunisten, guineanische kommunistische Kader in Rivalität zur regierenden Parti Démocratique de Guinée zu organisieren. Im Kongo führte 1961 die Wendung der neuen amerikanischen Administration unter Kennedy zur aktiven Unterstützung der territorialen Einheit des Landes zur schnellen Isolierung der pro-kommunistischen Gruppen um Gizenga und zur Reorientierung vieler afrikanischer Führer von anti-westlichen

Haltungen zu echter Neutralität. Selbst in Algerien ist auf die endgültige Erringung der Unabhängigkeit und die Errichtung des Regimes der siegreichen Befreiungsfront zunächst ein Verbot der kommunistischen Partei gefolgt. Nur in Kuba wurde die offizielle Orientierung des Castro-Regimes auf den Sowjetblock durch das Scheitern einer amerikanisch-organisierten Invasion von Emigranten in der Schweinebucht Anfang 1961 noch verstärkt und erreichte ihren logischen Schlußpunkt mit der Fusion der Überreste von Castros ursprünglicher Aufstandsbewegung mit der kommunistischen Partei, der Errichtung eines »leninistischen« Einparteienregimes und der Proklamation einer »sozialistischen« Republik – mit zunächst erheblicher Ausstrahlung auf »anti-Yankee« orientierte linke Bewegungen in vielen Teilen Lateinamerikas.

Die Enttäuschung der anfänglichen kommunistischen Hoffnungen in so vielen Fällen zeigt ein zu deutliches Muster, als daß sie sich durch eine bloße Serie von Zufällen erklären ließe: sie deutet auf einen Grundirrtum in der kommunistischen Analyse hin. Es trifft zu, daß in exkolonialen oder halbkolonialen Ländern, die eine geplante, unabhängige Modernisierung anstreben, Konflikte mit mächtigen ausländischen Kapitalgruppen häufig auftreten müssen. Doch daraus folgt noch nicht, daß die westlichen Regierungen notwendig die betroffenen Kapitalinteressen in solchen Konflikten ohne Rücksicht auf die politischen Folgen stützen werden, und daß daher der Kampf um einen unabhängigen Entwicklungsweg notwendig von sowjetischer Unterstützung gegen die »Imperialisten« abhängt. Ebensowenig stimmt es, daß die Entwicklungsländer, wenn sie das Modell des klassischen, »liberalen« Kapitalismus als unter ihren Bedingungen unanwendbar ablehnen, keine andere Alternative als das Modell des sowjetischen Kommunismus haben. Im Gegenteil haben die nationalistischen Führer im allgemeinen herausgefunden, daß sie sich leisten können, Hilfe zugleich vom Westen und vom Osten zu akzeptieren und die dadurch gewonnene Manövrierfreiheit zum Suchen nach einem eigenen, undoktrinären Entwicklungsweg zu benutzen. Die Sowjetunion greift diese Haltung zwar in ihrer Propaganda an und prophezeit ihr unvermeidliches Scheitern; doch sie gibt ihre Durchführbarkeit stillschweigend zu, indem sie den »bürgerlich nationalistischen« Regimen, die sie so bitter kritisiert, weiter beträchtliche Entwicklungskredite gewährt.

Natürlich läßt sich in diesem Stadium nicht voraussagen, ob alle oder auch nur die meisten dieser nationalistischen Regime mit den von ihnen praktizierten eklektischen wirtschaftspolitischen Methoden ihre Modernisierungsziele erreichen werden; doch das ist ein langfristiges Problem. In der Gegenwart kommt es darauf an, daß im Gegensatz zu den kommunistischen Erwartungen die Entkolonisierung den Sowjets nicht dazu verholfen hat, im Laufe einiger weniger kritischer Jahre einen entscheidenden Durchbruch zu erzielen.

Chruschtschows Glaube an eine prästabilierte Harmonie der Interessen unabhängiger kommunistischer Mächte, die aus unabhängigen Revolutionen hervorgegangen sind, hat sich von Grund auf als falsch erwiesen. Wir brauchen hier nicht die Entwicklung der sowjetisch-chinesischen Differenzen von den ersten erkennbaren Anzeichen 1958 bis zu dem mühsamen Kompromiß zu rekapitulieren, das auf der Moskauer Konferenz der kommunistischen Parteien Ende 1960 erreicht wurde. Doch seither ist der Konflikt noch bitterer geworden. Albaniens Parteinahme für China hat die Sowjetführer veranlaßt, zu den härtesten Mitteln wirtschaftlichen und diplomatischen Drucks zu greifen, um wenigstens in Osteuropa die ideologische Konformität zu wahren; umgekehrt haben die chinesischen Führer, indem sie Albanien gegen diesen Druck in Schutz nahmen und das Andenken Stalins gegen Chruschtschow verteidigten, deutlich gemacht, daß sie nicht mehr darauf aus sind, von der gegenwärtigen sowjetischen Führung mehr Unterstützung zu bekommen, sondern eher ihren Sturz herbeizuführen – ein Unternehmen, dessen Aussichten sie offenbar überschätzen. Das Ergebnis ist, daß zwar das Bündnis der zwei führenden kommunistischen Regierungen und Parteien formal noch erhalten bleibt, aber beide sich nicht nur in offenem, weltweiten Wettkampf um die Kontrolle anderer kommunistischer Staaten und Bewegungen befinden, sondern ihre jeweilige Außenpolitik ohne jede Rücksicht auf ihr nominelles Bündnis und oft in direktem Gegensatz zueinander führen.

Daraus folgt, daß Moskau nicht mehr auf die Stärke Pekings und der von ihm geführten Staaten und Parteien, und in der Tat auf die keiner kommunistischen Regierung, die nicht unter seiner direkten imperialen Kontrolle steht, als Hilfskräfte für die Führung seiner weltweiten Offensive rechnen kann. Dies wurde zuerst deutlich, als Chruschtschow Anfang 1960 ausdrücklich seine Nichtbeteiligung an den Streitigkeiten Chinas mit Indien und Indonesien demonstrierte, die seine Bemühungen um die Gewinnung von Einfluß in diesen Ländern behinderten. Im vergangenen Jahr hat China zwei der kleineren kommunistischen Staaten Asiens – Nordkorea und

Nordvietnam – unter seinen Einfluß gebracht (während Moskau die äußere Mongolei als Satelliten behielt), und hat zugleich begonnen, eine eigene Pufferzone aus halb abhängigen, nicht-kommunistischen Neutralen wie Nepal, Kambodia und Burma aufzubauen. Wichtiger noch, China hat durch eine Demonstration seiner militärischen Überlegenheit eine erhebliche Anstrengung gemacht, Indien als ein mögliches Gegengewicht gegen den chinesischen Einfluß in Asien auszuschalten. Die Sowjets haben nicht nur diese Aktion kritisiert, weil sie ihre eigenen freundlichen Beziehungen mit der indischen Regierung schädige und den Einfluß des Westens in Indien begünstige, sondern sind ihr praktisch durch Fortsetzung der wirtschaftlichen Hilfe an Neu-Delhi entgegengetreten. Gleichgültig, ob die versprochenen sowjetischen Jagdflugzeuge ebenfalls an Indien geliefert werden, ist es offensichtlich, daß in der gegenwärtigen Situation *jede* Art von Hilfe indisches Potential für den Widerstand gegen China freisetzt. Weit entfernt, Indien für eine gemeinsame Front gegen den Westen zu gewinnen, müssen die sowjetischen Führer jetzt ihr Bündnis mit China bis an den Rand des Bruches strapazieren, nur um Indien blockfrei zu halten.

Dies ist nicht der Ort, eine Bilanz der Wirkungen zu versuchen, die Chruschtschow bisher mit seinen Wirtschaftsreformen in der USSR und in Osteuropa erzielt hat. Doch ist es offenbar, daß die Ergebnisse zwar erheblich, aber weit hinter seinen Erwartungen zurückgeblieben sind – und hinter dem Tempo des Fortschritts, das seine weltweite politische Offensive erfordern würde. Die sowjetische Landwirtschaft hat nach der Rekordernte von 1958 Chruschtschows hochgespannte Hoffnungen nicht weiter erfüllt und hat sich auch nicht entfernt der in seinem »Sieben-Jahr-Plan« vorgesehenen Wachstumsrate angenähert; und dieser Fehlschlag war um so empfindlicher, weil die Nachfrage nach sowjetischem Getreide aus den kommunistisch regierten Staaten Osteuropas stetig anwuchs. Auch im Bereich der industriell produzierten Konsumgüter ist der Fortschritt langsam, unstetig und in Qualität und Auswahl unbefriedigend gewesen. Gewiß muß ein Teil dieser Enttäuschungen dem Umstand zugeschrieben werden, daß einige der ursprünglichen Planziele mit keiner denkbaren Wirtschaftspolitik erreichbar waren; doch in wichtigen Hinsichten war das Versagen auch die Folge der tatsächlich verfolgten Politik. Denn einerseits waren die Wirtschaftsreformen zu beschränkt im Ansatz und zu inkonsequent in der Durchführung, um die notwendige stetige und allseitige Steigerung der industriellen und landwirtschaftlichen Produktivität zu bewirken, und andererseits hat die dadurch verursachte Begrenzung im Anwachsen des Sozialprodukts der Führung harte Entscheidungen über Prioritäten aufgezwungen – Entscheidungen, die angesichts der von der offensiven weltpolitischen Strategie hervorgebrachten Zunahme der internationalen Spannungen in den letzten Jahren notwendig zugunsten der Rüstung und der »Entwicklungshilfe« ausgefallen sind.

Im Ergebnis sind Rußland und der ganze Sowjetblock bisher unfähig geblieben, ernsthaft mit der Anziehungskraft westlicher Lebensstandards zu konkurrieren – und der unerwartet kräftige Aufschwung des westeuropäischen Gemeinsamen Marktes hat dieses Zurückbleiben noch augenfälliger gemacht. So gewiß die Sowjets die *politische* Bedeutung des westeuropäischen Integrationsprozesses von jeher ernst genommen hatten – vor allem wegen der zunehmend engen Zuammenarbeit zwischen der Bundesrepublik und Frankreich und wegen des zunehmenden Gewichts der Bundesrepublik im westlichen Bündnis –, so gewiß hat der *wirtschaftliche* Erfolg dieser Entwicklung sie überrascht. Daß Staaten, die zu den Hauptverlierern der Entkolonisierung gehören, sich als fähig erwiesen, ihren Arbeitern eine stetige Zunahme des Lebensstandards zu sichern, ist bisher von der kommunistischen Theorie nicht verdaut worden; doch es hat bereits scharfe politische Meinungsverschiedenheiten zwischen den Parteiführungen der konsequent »anti-europäischen« Kommunisten Frankreichs und der italienischen Kommunisten hervorgerufen, die zusammen mit ihren Gewerkschaften um einen »europäischen Lebensstandard« für die italienischen Arbeiter kämpfen. Der britische Antrag um Aufnahme in den Gemeinsamen Markt ist gleich unbequem für die kommunistische Theorie von den wachsenden Widersprüchen im »imperialistischen Lager« und für die praktischen Bedürfnisse der sowjetischen Diplomatie. Kurz, die Sowjets sind auf diesem ganzen Gebiet weit entfernt von einem planmäßigen Vormarsch, sondern sind zunehmend gezwungen worden, auf die vom Westen mit Erfolg ergriffenen Initiativen zu reagieren.

Doch diese eindrucksvollen Errungenschaften der Konsolidierung Westeuropas wären nicht möglich gewesen, wenn der erste Faktor in Chruschtschows strategischem Kalkül – die politische Ausnutzung der sowjetischen »Parität« in nuklearen und Überlegenheit in konventionellen Waffen – in den vergangenen fünf Jahren die ihm zugewiesene Rolle gespielt hätte. Wie im Falle des revolutionären Potentials der Entkolonisierung enthielt die sowjetische Analyse auch hier wichtige Teilelemente der Wahrheit – aber sie irrte, soweit sie die Fähigkeit des Westens unterschätzte, auf die Herausforderung realistisch und flexibel zu reagieren.

So kann kein Zweifel bestehen, daß die neue Verwundbarkeit der Vereinigten Staaten für Massenvernichtungswaffen tatsächlich die Glaubwürdigkeit der amerikanischen Verpflichtungen reduziert, die exponierten Verbündeten der USA gegen jeden Angriff auf ihr Territorium notfalls auch mit Kernwaffen zu verteidigen. Die Bemühungen der USA, die eignen konventionellen Streitkräfte und die ihrer Verbündeten so zu verstärken, daß die Schwelle des Einsatzes von Kernwaffen erhöht wird, beweisen ebenso wie die diversen Projekte, in Europa eine »unabhängige« nukleare Einsatzkraft unter französischer Führung oder eine »integrierte« derartige Kraft unter dem Oberkommando der NATO zu schaffen, daß das Vertrauen in die Automatik amerikanischer Vergeltungsschläge nicht mehr absolut ist und daß deren Abschreckungseffekt durch eine Grenzzone des Zweifels verringert ist. Diese Situation hat innerhalb des westlichen Bündnisses zu langwierigen Diskussionen, wiederholten Meinungsverschiedenheiten und sogar zu gelegentlichen Ausbrüchen gegenseitigen Mißtrauens geführt; doch die Spannungen haben sich niemals dem Punkt genähert, an dem sie den Bestand des Bündnisses bedroht oder seine Handlungsfähigkeit gelähmt hätten.

Es scheint drei Gründe zu geben, aus denen heraus der Westen imstande war, diese Probe zu bestehen. Der erste ist, daß die Vereinigten Staaten durch die Aufrechterhaltung erheblicher eigener Streitkräfte in dem am meisten gefährdeten Teil Europas, durch die Verstärkung sowohl ihrer nuklearen wie ihrer konventionellen Waffen zumal in den letzten zwei Jahren, und durch die im Frühjahr 1962 erneuerte Versicherung ihrer Entschlossenheit, auf jeden Angriff auf *lebenswichtige* Positionen in Europa mit Kernwaffen gegen ausgewählte militärische Ziele zu antworten, die Glaubwürdigkeit ihrer Garantien erneut verstärkt haben. Der zweite Grund ist, daß selbst jene westeuropäischen Staatsmänner, die am wenigsten zum blinden Vertrauen in amerikanische Garantien neigen, fest davon überzeugt sind, daß angesichts sowjetischen Druckes auch ein unzureichender amerikanischer Schutz dem totalen Fehlen solchen Schutzes bei weitem vorzuziehen ist. Der dritte Grund aber ist, daß das eigene Verhalten der Sowjets zeigt, daß die amerikanische Abschreckung *trotz* der neuen Grenzzone des Zweifels wirksam geblieben ist. Die Sowjetunion kann es sich nicht leisten, ihre Hand auf West-Berlin zu legen oder den Zugang zu dieser Stadt durch militärische Aktion zu unterbrechen, solange sie glaubt, daß sie mit einer derartigen Aktion ein ernstes Risiko der Auslösung eines Nuklearkrieges eingehen würde; und dies Risiko bleibt auch dann ernst, wenn etwa die Wahrscheinlichkeit eines amerikanischen nuklearen Vergeltungsschlages »nur« als eine von 60 oder 70, statt von 90 oder 100 Prozent eingeschätzt wird. Darum die unaufhörlichen Versuche, die westliche Haltung durch formelle diplomatische Schritte, durch inoffizielle Verbreitung von Gerüchten im Gespräch, und durch kleinere einseitige Aktionen und Zwischenfälle abzutasten, darum auch die langdauernden Wechselbäder von Drohungen und Verhandlungsangeboten, von Ultimaten und ihrer Zurücknahme, von Maximal- und Minimalforderungen in der Berlinfrage.

Denn es war in der Tat in Berlin, wo der sowjetische Versuch zum Aufbrechen des westlichen Bündnisses durch militärischen Druck entscheidend auf die Probe gestellt wurde. Es hat andere, mehr periphere Proben gegeben – etwa den Druck auf die Türkei nach dem syrischen Umsturz von 1957, die anfängliche sowjetische Unterstützung für das chinesische Bombardement von Quemoy 1958, die Bemühungen, die Stationierung amerikanischer Mittelstreckenraketen in Europa zu verhindern, die Versuche, Iran durch Erpressung aus dem CENTO-Bündnis herauszudrängen, und die Drohnoten, die 1960 im Anschluß an die Affäre um das amerikanische Spionageflugzeug »U 2« an Norwegen, die Türkei und Pakistan gesandt wurden. Keine dieser Proben hat greifbare Resultate erbracht, aber keine ist auch mit so viel Hartnäckigkeit verfolgt worden wie der Angriff auf die westliche Position in Berlin und auf den gesamtdeutschen Anspruch der Bundesrepublik. Denn Erfolg hier war in der Sicht der Sowjetunion lebenswichtig, wenn ihr eigenes ostdeutsches Protektorat stabilisiert und die Tendenz zur Konsolidierung Westeuropas rückgängig gemacht werden sollte; hier begünstigte auch die geographisch gegebene Schwäche der westlichen Position die Ausnutzung der lokalen militärischen Stärke der Sowjets als Mittel politischen Druckes, und hier war, wie sie wußten, das Prestige der Vereinigten Staaten so tief engagiert, daß ihre lokale Niederlage sich auf die Haltung ihrer Verbündeten rund um die Erde hätte auswirken müssen.

Die Tatsache, daß die Westmächte trotz all ihrer Bemühungen um eine Verhandlungslösung nicht bereit waren, die wesentlichen sowjetischen Forderungen betreffend Berlin zu akzeptieren – sei dies nun offen oder unter dem Deckmantel eines »Kompromisses« – hat daher den Wert der ganzen sowjetischen Druckstrategie in Frage gestellt und Chruschtschow gezwungen, zwischen ihrer Preisgabe oder ihrer Verfolgung unter kühnerer Mißachtung der Risiken zu wählen. Während des größten Teils des Jahres 1962 signalisierten die sowjetische Rückkehr zu den Maximalforderungen auf Abzug der westlichen Garnisonen, die sichtbare Zunahme sowjetischer militärischer Vorbereitungen in Ostdeutschland, die Häufung von Zwischenfällen an der im August 1961 errichteten Mauer zwischen dem West- und Ostteil der Stadt und die Weigerung, ebendiese Zwischenfälle auf Vier-Mächte-Basis zu diskutieren, den Willen Moskaus, einen Durchbruch selbst um den Preis eines höheren Risikos zu erzwingen.

Das war die Situation, in der die sowjetischen Führer zu einem neuen, waghalsigen Mittel griffen: Sie versuchten, das nukleare Gleichgewicht durch die überraschende Aufstellung sowjetisch kontrollierter Mittelstreckenraketen in Kuba umzustürzen. Auf die Bekanntgabe eines Militärabkommens mit Kuba am 2. September 1962 folgte am 11. September die berühmte Erklärung, in der die Sowjetregierung sich zur Verteidigung der Insel gegen einen angeblich bevorstehenden Angriff der Vereinigten Staaten verpflichtete, und gleichzeitig ihre nächsten Bemühungen zur Lösung des Berlinproblems bis nach den im November fälligen amerikanischen Kongreßwahlen verschob. Heute ist offenkundig, daß die sowjetische Führung tatsächlich die operative Aktionsfähigkeit der neuen Raketenstellungen in Kuba abwarten wollte, um die nächsten Verhandlungen über Berlin – und vermutlich alle künftigen Verhandlungen mit den USA – unter diesem Druck zu führen. Als das Manöver vorzeitig entdeckt und durch entschlossene amerikanische Aktion vereitelt wurde, wurden dem Kreml zwei Lehren überzeugend demonstriert: Daß das bestehende nukleare Gleichgewicht nicht hinreichte, um die Vereinigten Staaten zu lähmen, und daß Versuche, es durch einen Überraschungscoup umzustoßen, mit der Gefahr eines unakzeptablen Risikos verbunden waren.

Wir haben gesehen, daß das Vertrauen auf die angeblich lähmende Wirkung des nuklearen Gleichgewichts auf die Gegenseite ein Kernstück der sowjetischen Theorie war, wonach in der gegenwärtigen Phase die Gelegenheit für eine historisch bedeutsame Ausdehnung der Macht des Kommunismus ohne einen neuen Weltkrieg bestünde. Daraus folgt, daß das Scheitern des kubanischen Abenteuers, zusätzlich zu dem hartnäckigen Patt in der

Berlinfrage, das durch dies Abenteuer hätte überwunden werden sollen, ein schwerer Schlag für Chruschtschows nunmehr fünf Jahre alte Illusion gewesen sein muß. Überdies kam der Schlag zu einem Zeitpunkt, als auch die Enttäuschung der anderen Hoffnungen, die jener Illusion zugrunde lagen, einen kritischen Punkt erreicht hatte. Man kann in der Tat sagen, daß anstelle der erwarteten Wechselwirkung von Faktoren, die eine bedeutende sowjetische Machtausdehnung begünstigten, nunmehr eine Wechselwirkung sowjetischer Rückschläge zu beobachten ist.

So hat die Enthüllung der Art und Weise, in der Castro erst als eine Schachfigur der sowjetischen Diplomatie benutzt und dann durch seine »Beschützer« preisgegeben wurde, unter den linksgerichteten Nationalisten Lateinamerikas erkennbar sowohl das Prestige des »Fidelismus« wie die Illusionen über den sowjetischen Imperialismus ihres Glanzes beraubt: während manche kommunistische und fidelistische Gruppen sich nun Peking zugewandt haben, haben andere linke Führer jeden Gedanken an künftige Zusammenarbeit mit Kommunisten beliebiger Observanz angeekelt aufgegeben. Und dieser Rückschlag für die sowjetischen Chancen, in der westlichen Hemisphäre »nationale Befreiungsbewegungen« auszunutzen, fällt mit dem Schaden zusammen, der dem sowjetischen Einfluß in Indien und anderen neutralen afro-asiatischen Ländern durch Pekings Entschluß zugefügt wurde, die Inder in einer umfassenden militärischen Operation zu demütigen.

Wiederum haben der sowjetische Rückzug aus Kuba und die chinesische Aggression gegen Indien die sowjetisch-chinesischen Beziehungen zu einem Punkt zugespitzt, an dem beide Verbündete die Hoffnung einer Wiederherstellung der Gemeinsamkeit zu für sie jeweils akzeptablen Bedingungen aufgegeben zu haben scheinen; jede Seite ist jetzt nur noch bemüht, der anderen die Verantwortung für den schließlichen Bruch zuzuschieben. Pekings Anklagen gegen ein sowjetisches »München« in der Kubafrage, seine Ermutigung für Castros Widerstand gegen die sowjetisch-amerikanische Einigung, und sein Entschluß, diese Auffassung (ebenso wie die Sache der albanischen Partei) öffentlich auf allen kommunistischen Parteitagen der jüngsten Zeit zu verteidigen, zeigen eine ebenso vollständige Unempfindlichkeit für mögliche sowjetische Reaktionen wie seine Politik in Indien. Die einzige Begrenzung, die Peking seinem polemischen Stil noch auferlegt, ist, daß es im Augenblick den öffentlichen Gebrauch solcher Worte wie »Renegat« und »Verräter« noch auf »die modernen Revisionisten unter

Titos Führung« beschränkt; ihre Ausdehnung auf Chruschtschow ist bisher noch den Albaniern und der nichtöffentlichen Information der chinesischen Parteikader vorbehalten. Umgekehrt haben die Sowjets eine ähnlich vollständige Unempfindlichkeit für Pekings Reaktion nicht nur in ihrem Rückzug von Kuba und ihrer fortgesetzten Hilfe für Indien gezeigt, sondern auch in Chruschtschows demonstrativ herzlichem Empfang für Tito im Kreml (in glattem Widerspruch zu der ideologischen Verurteilung des »Jugoslawischen Revisionismus« in der Moskauer Deklaration von 1960) und in seinen neuesten bitteren und sarkastischen Gegenangriffen gegen »abenteuerliche« Kritiker der sowjetischen Politik, denen er vorwirft, sie hätten die Albanier zu ihren Verleumdungen angestiftet und neigten zu einem Wortradikalismus, der die Realitäten des Nuklearzeitalters mißachte. In der Praxis gehen beide Seiten bereits von der Voraussetzung aus, daß es nicht mehr ein kommunistisches »Lager« gibt, sondern zwei.

Schließlich scheint die fortgesetzte Unfähigkeit des sowjetischen militärischen Drucks, einen bedeutenden internationalen Durchbruch zu erzielen, auf der einen und der Erfolg der wirtschaftlichen Integration Westeuropas auf der anderen Seite im Kreml ein geschärftes Bewußtsein von der Notwendigkeit wirksamerer Reformen der Planungsmaschinerie in der Sowjetunion und den Staaten des »Comecon«, aber auch von den Kosten ausgelöst zu haben, mit denen die Aufrechterhaltung einer vergeblichen weltpolitischen Offensive mit den entsprechenden internationalen Spannungen und Rüstungsbedürfnissen für die Hebung des Wohlstands im eigenen Bereich verbunden ist. Nach allen Regeln leninistischer Dialektik sollten die sowjetischen Führer inzwischen erkannt haben, daß die »dritte Etappe der allgemeinen Krise des Kapitalismus« nicht eingetreten ist, daß ihre Offensive gescheitert ist, weil sie auf Illusionen beruhte, und daß die tatsächliche Weltlage von ihnen eine Anstrengung fordert, die Spannungen zu verringern, zunächst die eigenen Positionen zu konsolidieren und sich so lange auf die Verbesserung der Lebensbedingungen im eigenen Machtbereich zu konzentrieren, bis sich realere und weniger riskante Gelegenheiten für weitere Expansion ergeben.

Es gibt in der Tat eine Reihe von Anzeichen, daß eine solche Wendung in Moskau mindestens erwogen wird – noch nicht in der Form eindeutiger Veränderungen der Politik, aber doch von Veränderungen des Tons, der Atmosphäre und selbst des »Fahrplans«.

Doch eine echte strategische Wendung wird im gegenwärtigen Stadium nicht leicht durchzusetzen sein, wie ein kurzer Rückblick auf ähnliche Wendungen in der Vergangenheit zeigt.

Das Ende der revolutionären Krise in Europa, die dem Ersten Weltkrieg folgte, wurde von Lenin im Winter 1920/21 klar erkannt. Doch die Politik der »Normalisierung« der Beziehungen mit der kapitalistischen Welt, die er damals begann, wurde bald unterbrochen, als die deutsche Krise von 1923 neue Hoffnungen in Moskau weckte: erst als Stalin 1924 die »relative Stabilisierung des Kapitalismus« verkündete, wurde sie eindeutig akzeptiert. Schon 1928 proklamierte er aber, daß diese Phase ihrem Ende entgegengehe, und daß eine »dritte Periode« revolutionärer Chancen vor der Tür stehe. In gewissem Sinne war jene »dritte Periode« das echte Vorbild der gegenwärtigen »dritten Etappe der allgemeinen Krise«: Denn obwohl die 1929 ausbrechende Weltwirtschaftskrise die Voraussage zu bestätigen schien, brachte sie keine kommunistischen Erfolge und endete mit der Machtergreifung Hitlers und der Zerschlagung der stärksten kommunistischen Partei in Europa. Es scheint jedoch festzustehen, daß Stalin damals – im Gegensatz zu Chruschtschow in den letzten Jahren – die Illusion, die er propagierte, nicht wirklich teilte. Er richtete jedenfalls seine Außenpolitik nicht an ihr aus, und scheint eine »linksradikale« Linie in der Komintern nur propagiert zu haben, um sie von Führern zu »säubern«, die mit seiner damaligen innerpolitischen »Rechtsopposition« um Bucharin sympathisierten. Immerhin dauerte es bis 1934/35, ehe die Illusionen über die »dritte Periode« offiziell begraben wurden und die Aufmerksamkeit auf die Rettung der Sowjetunion durch Ausnutzung des Konflikts zwischen Hitlers »Achse« und den Westmächten konzentriert wurde.

Nach dem Zweiten Weltkrieg wurde das sowjetische Vordringen in Europa um 1948/49 eindeutig gestoppt, und die kommunistische Machtergreifung in China wurde um die gleiche Zeit vollendet. Aber die naheliegende Wendung zur Konsolidierung wurde nicht sofort verwirklicht: Illusionen über die Situation in Asien verwickelten die dortigen Kommunisten in eine Reihe erfolgloser Aufstände mit ihrem Höhepunkt im Koreakrieg, während in Osteuropa die Jagd nach »Titoisten« jahrelang jede rationale Politik verhinderte. Obwohl die Notwendigkeit zu einer Verringerung der Spannungen gegen Ende der Herrschaft Stalins anscheinend erkannt wurde, wurde die Wendung zu einer »Atempause« im Ernst nur während des Interregnums durchgeführt, das seinem Tod folgte: und sie endete, wie wir gesehen haben, sobald Chruschtschow sich endgültig durchgesetzt hatte.

Es scheint also, daß die Hinnahme einer »Pause« für ein Parteiregime, das an seine weltweite Mission glaubt, immer schwierig ist – und vielleicht um so schwieriger, je größer seine tatsächliche Macht auf der weltpolitischen Bühne schon ist. Wir können daher nicht darauf rechnen, daß die fällige Wendung rasch vollzogen wird; noch weniger sollten wir erwarten, daß Chruschtschow und sein Regime in dem Sinne »den kalten Krieg beenden«, daß sie auf ihre langfristigen, weltweiten Ziele verzichten. Doch auch eine Wendung auf Grund der Einsicht, daß »einstweilen« kein bedeutender Fortschritt in der Richtung auf diese Ziele erreichbar ist – daß die Koexistenz immerhin *für eine Periode* auf den Respekt für den Bereich nicht-kommunistischer Macht gegründet sein muß, um eine Konzentration der Kräfte auf Verbesserungen im Innern in einer Atmosphäre internationaler Entspannung zu ermöglichen – auch eine solche Wendung würde in der Praxis eine wirkliche Veränderung bedeuten: Sie würde gemeinsame diplomatische Anstrengungen zur Verringerung der Gefahr eines Nuklearkrieges erlauben, und sie könnte eine Chance eröffnen, den Rüstungswettlauf anzuhalten und die Energien beider Seiten auf einen Wettbewerb in vorwiegend konstruktiven anstatt primär militärischen Anstrengungen zu lenken.

Und schließlich: Auch wenn eine solche »Atempause« bewußt als zeitlich begrenzt begonnen würde – und das würde sie unter Chruschtschow –, so könnte sie im heutigen Stadium eine langfristigere Wirkung haben, als ihre Initiatoren beabsichtigten. Die Aussichten dafür würden einmal von der Fähigkeit des Westens abhängen, ernste interne Konflikte und politische Fehlschläge zu vermeiden, die den Sowjets neue Gelegenheiten zur Offensive bieten könnten: zum anderen von der im Augenblick noch unabsehbaren Entwicklung der Zerfallstendenzen in dem bisherigen kommunistischen Block, die eine solche Wendung noch verstärken würde; und vor allem, und in Wechselwirkung mit diesen beiden Faktoren, von der Evolution des Sowjetregimes selbst. Eine Periode der internationalen Entspannung und der Konzentration auf den inneren Fortschritt muß notwendig jene modernen Kräfte in der sowjetischen Gesellschaft stärken, die keinen Bedarf für eine ideologische Parteiherrschaft haben, die auf den Dauerkonflikt mit der nicht-kommunistischen Welt festgelegt ist. Der Schreiber dieser Zeilen vermag zwar nicht den Optimismus derjenigen zu teilen, die erwarten, daß die neuen gesellschaftlichen Kräfte die Grundauffassungen der herrschenden Partei verändern werden; doch er muß sich fragen, ob solche Kräfte nicht eines Tages genug Stärke und Selbstvertrauen haben werden, um eine der periodischen Nachfolgekrisen des Regimes zur Einschränkung des Einflusses der Partei und zur Beendigung ihrer totalen Herrschaft zu nutzen. Je länger die Periode relativer Ruhe dauert, desto stärker werden die Kräfte der Veränderung wachsen – und desto hoffnungsvoller die Aussicht, daß wie einst der Stalinismus vor ihm, so auch der »Chruschtschowismus« seine eigenen Totengräber hervorbringen wird.

II.
Zwischen Bipolarität und Pluralismus (1963/64)

Der sowjetisch-chinesische Bruch, der nach jahrelang sich verschärfenden politischen und ideologischen Auseinandersetzungen im Sommer 1963 offiziell wurde, und die gleichzeitige Einigung der Sowjetunion mit den USA und Großbritannien über ein begrenztes Verbot der Atomversuche, die als Signal einer von Kennedy nach der Kubakrise initiierten und von Chruschtschow akzeptierten Ost-West Entspannung verstanden wurde, warfen in der zeitgenössischen Diskussion die Frage auf, ob die seit etwa 1947 die Weltpolitik bestimmende bipolare Aufteilung der Welt zwischen Ost und West im Verschwinden begriffen sei oder nur in wichtigen Punkten modifiziert würde.

Der Aufsatz über den »weltpolitischen Szenenwechsel« entwickelt die Diskussion dieser Frage aus der unmittelbaren Analyse der neuen Situation heraus. Der Vortrag über Bündnissysteme und nationale Interessen entwickelt theoretisch die Gründe, die zu einer »bipolaren« Welt mit relativ großer Stabilität der Bündnisse in Friedenszeiten geführt haben, und argumentiert, warum die Sonderstellung der beiden Supermächte, ihr langfristiger Konflikt und ihre Rolle als Zentren für Bündnisse auch in einer Welt andauern werden, in der das Auftreten neuer, unabhängiger Akteure das Gesamtbild verändert: Die Bipolarität bestimmt nicht mehr das Ganze der Weltpolitik, aber sie bleibt ihr zentrales Phänomen.

1. Weltpolitischer Szenenwechsel

Der kommunistische Mächteblock, dessen ideologisch motivierter Expansionsdruck die weltpolitische Konstellation der Nachkriegszeit bestimmt hat, ist in zwei ungleiche Teile zerbrochen. Gleichzeitig hat die Sowjetunion sich gezwungen gesehen, die weltweite Offensive, die sie im Herbst 1957 in der Erwartung begann, in wenigen Jahren einen entscheidenden Durchbruch ohne Weltkrieg zu erzielen, erfolglos abzubrechen und eine Phase der Entspannung im Ost-West-Konflikt einzuleiten. Beide Entscheidungen wurden endgültig in jenen Julitagen des Jahres 1963 in Moskau sichtbar, als die ideologische Diskussion zwischen den Parteidelegationen der sowjetischen und chinesischen Kommunisten ergebnislos vertagt wurde, und als die diplomatische Verhandlung zwischen den Regierungsvertretern der Sowjetunion, der Vereinigten Staaten und Großbritanniens zur Einigung über ein partielles Abkommen zur Einstellung nuklearer Versuchsexplosionen führte – ein Abkommen, das die Führer des kommunistischen China prompt als »schmutzigen Betrug« an den Völkern der Welt denunzierten.

Die weltpolitische Szene scheint mit einem Schlage völlig verwandelt, und die Spieler selbst zeigen Anzeichen von Ungewißheit, wieweit ihre Rollen sich verändert haben. Auch unter jenen Beobachtern, die beide Ereignisse seit Monaten kommen sahen – die Wendung in der sowjetischen Strategie gegenüber dem Westen seit dem Fehlschlag von Chruschtschows kubanischem Abenteuer im vergangenen Herbst, und den russisch-chinesischen Bruch mindestens seit dem offenen Gegeneinander der beiden kommunistischen Mächte im gleichzeitigen indisch-chinesischen Grenzkonflikt – gehen die Meinungen über die Tragweite des Wandels weit auseinander. Die einen sehen die Ereignisse des Sommers 1963 bereits als den Anfang vom Ende des »Kalten Krieges«: an Stelle des bipolaren Kräftefeldes, in dem sich die Bündnissysteme der kommunistischen und antikommunistischen Staaten um die thermonuklearen Giganten, um Moskau und Washington als Führungsmächte gruppierten, beginne nun ein neues, weltpolitisches Konzert einer Pluralität vollsouveräner Großmächte zu treten, die sich, ohne Rücksicht auf Ideologien und nur ihren realpolitischen Interessen folgend, von Fall zu Fall in wechselnden Kombinationen mit- und gegeneinander verbinden würden, wie einst in den klassischen Zeiten der Gleichgewichtspolitik. Aus dieser Sicht ist das Moskauer

Atomabkommen bereits der erste Schritt einer Verständigung der angelsächsischen Mächte mit den Sowjets, der Bruch Pekings mit Moskau das Vorbild für die notwendige Verselbständigung eines gaullistischen Kontinentaleuropa gegenüber Washington – eine Umschmelzung der erstarrten Fronten, die von englischen Neutralisten und kontinentalen Chauvinisten aus entgegengesetzten Motiven, aber mit gleichem Enthusiasmus begrüßt wird.

Auf der anderen Seite fehlt es nicht an Stimmen, die bezweifeln, daß sich überhaupt etwas Wesentliches geändert habe. Sie warnen, der sowjetisch-chinesische Bruch sei nicht unwiderruflich und beende jedenfalls nicht die Feindschaft beider kommunistischen Mächte gegen die nicht-kommunistische Welt; und sie sehen die sowjetische Wendung von der Politik der Krisenschaffung durch nukleare Erpessung zur Entspannungspropaganda als bloßen Trick, um das unveränderte Ziel der Auflösung des westlichen Bündnissystems leichter erreichen zu können. Angesichts der veränderten weltpolitischen Szenerie klammern diese Ideologen der stationären Defensive sich um so hartnäckiger nicht nur an das bewährte atlantische Bündnissystem, sondern auch an die Taktik eines Metternichschen Immobilismus, der Ablehnung aller neuen Vorschläge, die zu einer Auflockerung der Fronten führen könnten. Je nach der Deutung von Ursachen und Tragweite des weltpolitischen Wandels ergeben sich so radikal verschiedene Konsequenzen für die Zukunft unseres westlichen Bündnissystems und die Politik jedes seiner Mitgliedstaaten in der neuen Situation.

Zunächst: die beiden Ereignisse, die den weltpolitischen Szenenwechsel hervorgebracht haben, sind miteinander weniger eng verknüpft, als es auf den ersten Blick scheinen mag. Der Bruch zwischen Moskau und Peking ist nicht die Ursache der sowjetischen Wendung zur Entspannung, und die Wendung wiederum war allenfalls ein letzter zusätzlicher Anstoß für den seit langem heranreifenden Bruch. Beide sind die Ergebnisse von Entwicklungsketten, die im wesentlichen voneinander unabhängig verlaufen sind, auch wenn sie sich an einigen Punkten überschneiden. Vor allem aber: so gewiß beide Ereignisse wichtig sind, so gewiß sind sie von ganz ungleichem Rang. Die Wendung Chruschtschows von der Offensive zur Entspannung ist nicht weniger ernst, aber an sich auch nicht tiefgehender als ähnliche Wendungen der sowjetischen Außenpolitik, wie sie von Lenin 1921, von Stalin 1934/35 und von Stalins Erben 1953/54 vorgenommen wurden. Das Auseinanderbrechen des sowjetisch-chinesischen Blocks ist ein einmaliger Vorgang – das Ende der weltweiten kommunistischen Bewegung, wie wir sie seit über 40 Jahren gekannt haben, und der Anfang der Auflösung des leninistischen Weltbildes.

Es ist freilich das historisch geringere Ereignis – die strategische Wendung Chruschtschows –, das unser aller Existenz unmittelbar berührt, weil es das Risiko eines Atomkrieges sofort verringert. Diese Wendung entspringt weder einer Bereitschaft der sowjetischen Führung, ihren unversöhnlichen Gegensatz zur nichtkommunistischen Welt aufzugeben, noch ist sie ein bloßer Trick: sie ist das Ergebnis einer Niederlage, richtiger einer Reihe von Mißerfolgen, die eine Neueinschätzung des weltpolitischen Kräfteverhältnisses durch die sowjetische Führung erzwungen haben. Vom ersten Sputnik bis Kuba, vom Herbst 1957 bis zum Herbst 1962, beruhte die sowjetische Außenpolitik auf der Erwartung, es müsse angesichts der neuen Verwundbarkeit der Vereinigten Staaten für interkontinentale Raketen möglich sein, durch eine Kombination von nuklearer Erpressung und Unterstützung kolonialer Revolutionen den Zerfall des westlichen Bündnissystems herbeizuführen und zugleich die Harmonie der alten und neuen kommunistischen Mächte im gemeinsamen Vormarsch zu wahren; unter dem Schutz des atomaren »Gleichgewichts des Schreckens« sollte so ein entscheidender Durchbruch durch das politische Gleichgewicht der Mächtegruppen erzielt werden.

Ich habe im Anschluß an die Kuba-Krise – in dem Aufsatz »Der gescheiterte Durchbruch«, erschienen im *Monat* im Dezember 1962 – zu zeigen versucht, warum sich weder die sowjetischen Hoffnungen auf ein Einmünden des revolutionären Prozesses der Entkolonisierung in den Strom der kommunistischen Weltrevolution noch auf die Zerschlagung des westlichen Bündnissystems durch nukleare Erpressung ohne Weltkriegsrisiko verwirklicht haben, und daß das Abenteuer der Stationierung von Mittelstreckenraketen auf Kuba die Merkmale eines verzweifelten Versuchs trug, durch einen Überraschungscoup den Durchbruch zu erzwingen, der am Punkt des entscheidenden Einsatzes, in Berlin, trotz jahrelanger Anstrengungen nicht gelungen war. Der Fehlschlag in Kuba erzwang die Aufgabe einer Offensive, deren Kosten und Risiken auf einen bedrohlichen Höhepunkt getrieben worden waren, ohne die erwarteten Ergebnisse zu erzielen. Schon im Januar dieses Jahres zeigte Chruschtschows Rede auf dem Ostberliner SED-Parteitag, daß die von den Amerikanern in der Kuba-Krise bewiesene Entschlossenheit ihn veranlaßt hatte, auch die politische Belagerung Westberlins aufzugeben; der Jubel, mit dem die Berliner im Juni Präsident Kennedy begrüßten, bezeugte ihr Verständnis dieses Zusammenhanges.

Daß es Chruschtschow nicht möglich war, in diesen Jahren der Offensive die Harmonie mit seinem chinesischen Verbündeten zu wahren, ist zweifellos einer der Faktoren für den Mißerfolg der ganzen Offensivkonzeption gewesen – aber eben nur einer unter mehreren und nicht der materiell entscheidende: Chinas Bündnishilfe war für Chruschtschows Unternehmungen in jenen Jahren nicht unentbehrlich, und Chinas Querschüsse haben seine taktische Beweglichkeit wohl vermindern, aber nicht dauernd lähmen können. Umgekehrt hat die fortgesetzte Notwendigkeit, der chinesischen Kritik am angeblich allzu kompromißbereiten Charakter der sowjetischen Diplomatie in der kommunistischen Weltbewegung entgegenzutreten, die sowjetische Wendung von der Offensive zur Entspannungsdiplomatie sicher erschwert: hatten die Sowjets sich vorher gegen den Vorwurf mangelnden revolutionären Kampfwillens zu verteidigen, weil sie die Risiken der Offensive durch die Diplomatie der Koexistenz zu beschränken suchten, so mußte ein Versuch der Fortsetzung dieser Diplomatie ohne unmittelbar offensive Ziele, eben eine Entspannungspolitik, sie dem Vorwurf offenen Prinzipienverrats aussetzen. Indem Chruschtschow mit der Unterzeichnung des partiellen Versuchsstops die Wendung sichtbar vollzog, nahm er diese Konsequenz in Kauf – weil die Wendung unvermeidlich geworden und weitere Rücksicht auf Peking ohnehin sinnlos war.

In der sowjetischen Außenpolitik sind solche Wendungen seit Lenins Zeiten immer dann erfolgt, wenn die bolschewistischen Führer erkannten, daß eine Phase wirklicher oder vermeintlicher Chancen revolutionärer Expansion vorüber war. Die Pausen können lange dauern (Stalin hat in den 15 Jahren von Lenins Tod bis zum Ausbruch des Zweiten Weltkrieges keinen eigentlichen Expansionsversuch gemacht), ohne daß das Parteiregime deswegen seine expansiven Ziele aufgeben müßte (Stalin hat die Chancen einer Erweiterung der kommunistischen Machtsphäre, die sich 1939/40 und wieder 1945/47 ergaben, rücksichtslos ausgenutzt). Die Pausen der Expansion dienen der Konsolidierung des Erreichten, dem Ausbau der eigenen wirtschaftlichen und militärischen Machtbasis, vor allem auch der diplomatischen Bemühung um die Spaltung der potentiellen Gegner in einander entgegengesetzte Gruppierungen.

Auch in der gegenwärtigen sowjetischen Wendung sind diese Ziele erkennbar. Das politisch noch immer notleidende Ulbricht-Regime soll konsolidiert, die Kosten des Rüstungswettlaufs verringert, die Modernisierung des Wirtschaftssystems in der Sowjetunion und im sowjetisierten Osteuropa vorangetrieben, das westliche Bündnissystem, das durch Druck nicht gesprengt werden konnte, soll durch Entgegenkommen gelockert werden. Doch neben diese Elemente tritt in der heutigen Weltlage das echte gemeinsame Interesse der führenden Atommächte an der Verringerung des Risikos eines Weltkrieges. Diese Gemeinsamkeit ist nicht mehr neu; sie ist Sowjets wie Amerikanern schon seit dem Genfer Gipfeltreffen von 1955 voll bewußt und hat in den vergangenen Jahren dazu beigetragen, den *Formen* der sowjetischen Offensive Grenzen zu setzen. Doch nur im Zeichen der Entspannung ist es möglich, aus ihr konstruktive Konsequenzen im Sinne gemeinsamer Bemühungen zur Schließung des »Atomklubs« und zur Rüstungsbegrenzung zu ziehen. Solche partiellen Gemeinsamkeiten heben den Gegensatz der gesamtpolitischen Ziele der Supermächte nicht auf – so gewiß die Sowjets sie zu nutzen suchen, um zwischen die USA und deren kontinentaleuropäische Verbündete einen Keil zu treiben.

Der Bruch zwischen Moskau und Peking ist nicht die Folge dieser neuesten Wendung Moskaus; lange vorher, gerade in den Jahren von Chruschtschows weltweiter Offensive, hat er sich vorbereitet. Er ist, und gerade darin liegt seine einmalige geschichtliche Bedeutung, das Ergebnis von Interessenkonflikten, die in der grundverschiedenen nationalen Situation der beiden kommunistischen Mächte wurzeln – deren Austragung aber auf Grund der Beherrschung beider Staaten durch totalitäre Parteien, die sich durch eine gemeinsame Ideologie legitimierten, die Form eines unheilbaren dogmatischen Schismas und gegenseitiger Bannflüche angenommen hat.

Der Unterschied der Situation der beiden kommunistischen Mächte ist in der Tat radikal. Wirtschaftlich ist er gekennzeichnet durch den Gegensatz zwischen einem hochentwickelten Industrieland und einem armen Agrarland, das unter schwerstem Bevölkerungsdruck noch um die Anfänge seiner Industrialisierung zu kämpfen hat. Militärisch entspricht dem der Gegensatz zwischen einer thermonuklearen Weltmacht, deren Abschreckungswaffen sie gegen jeden Angriffskrieg sichern und deren Existenz nur noch von der ungewollten Eskalation lokaler Konflikte bedroht werden kann, und einer regionalen Militärmacht, die zwar durch die straffe Organisation ihrer Menschenmassen für ihre gleich unterentwickelten asiatischen Nachbarn eine schwere Bedrohung darstellt, eine militärische Auseinandersetzung mit hochindustriellen Großmächten aber mangels einer breiten, modernen Rüstungsbasis nicht wagen kann. Diplomatisch schließlich ist die Sowjetunion in der Lage, ihre Taktik zwischen Krisenschaffung und Entspannung, zwischen dem Anheizen von lokalen Konflikten, Manövern in den Vereinten Nationen und Gipfelkonferenzen zu variieren, während China zwar selber Konflikte hervorrufen kann, für ihre diplomatische Beilegung aber bisher auf die Vermittlung seiner sowjetischen Verbündeten angewiesen war.

Aus dieser Verschiedenheit der Situation ergab sich einerseits, daß China von Rußland in unvergleichlich höherem Maße materiell abhängig war als umgekehrt, und daß daher Moskau weit weniger bereit war, um chinesischer Interessen willen materielle Opfer und politisch-militärische Risiken auf sich zu nehmen, als es Peking notwendig schien. Aus ihr folgte andererseits, daß beide Mächte immer wieder in Meinungsverschiedenheiten über die Zweckmäßigkeit dieser oder jener Strategie gegenüber den gemeinsamen Feinden gerieten: über den relativen Nutzen revolutionärer Kolonialkriege und diplomatischer Koexistenzmanöver, die den Sowjets als notwendige Ventile zur Kontrolle des Risikos, den Chinesen aber als Versuchung zu opportunistischen Kuhhändeln erschienen; über den Sinn von Kapitalhilfe an starke, nichtkommunistische Neutrale wie Indien oder Ägypten, deren Wohlwollen Moskau zur Beeinflussung der Vereinten Nationen und indirekt zum Druck auf die Politik des Gegners brauchte, während Peking in ihnen Rivalen um den Einfluß auf die koloniale und exkoloniale Welt sah; vor allem über Vorteil und Gefahr des direkten diplomatischen Dialogs zwischen Moskau und Washington, auf den die Sowjets in keiner Phase verzichten konnten, in dem die Chinesen aber stets die Gefahr einer Einigung auf ihre Kosten witterten. Und schließlich ergab sich aus dem ungleichen Kräfteverhältnis und dem mangelnden diplomatischen Spielraum Pekings auch dessen Unfähigkeit, in den Streitfragen einen wirksamen Druck auf die sowjetische Außenpolitik mit normalen diplomatischen Methoden auszuüben.

Dagegen mußte die Erfahrung der ersten Entstalinisierungskrise in der Sowjetunion und in Osteuropa, in der Chruschtschow 1956/57 die intakte Autorität Mao Ze-dongs zur Konsolidierung der sowjetischen (und seiner eigenen) Vormachtstellung im Block eingesetzt hatte, Peking den Gedanken nahelegen, der einseitigen materiellen Abhängigkeit Chinas von den Sowjets könne eine ideologische Abhängigkeit in umgekehrter Richtung entsprechen. Die natürliche Neigung der Parteiregime, ihre Differenzen ideologisch zu formulieren, wurde so durch den Glauben der Chinesen verstärkt, ideologische Kritik vor dem Forum der kommunistischen Weltbewegung sei ihr einzig wirksames Druckmittel; seit dem Winter 1959/60 nahm so der verborgene Interessenkonflikt die Form eines immer offeneren ideologischen Disputs an. Doch im Streit unter totalitären Verbündeten ist öffentliche ideologische Kritik eine vergiftete Waffe: Die Legitimität beider Partei- und Staatsführungen hängt ja an ihrer »richtigen« Auslegung der Ideologie, und keine kann sich daher der ideologischen Kritik der andern beugen, ohne ihr Recht auf Herrschaft im eignen Lande in Frage zu stellen.

Von dem Augenblick der Eröffnung des Dogmenstreites verhärtete sich daher der sowjetische Widerstand gegen alle chinesischen Forderungen. Seine Geschichte seit 1960 besteht einerseits aus sowjetischen Versuchen, den Chinesen die ideologische Waffe aus der Hand zu schlagen – sei es durch »Entideologisierung« des Streites auf der Grundlage pragmatischer Toleranz für unvermeidliche Meinungsverschiedenheiten, sei es durch die Forderung nach disziplinierter Unterwerfung unter den Mehrheitswillen; andererseits aus den verbissenen Anstrengungen der Chinesen, den Streit nicht nur in die kommunistische Weltbewegung, sondern (wie im Falle Albaniens) auch in den europäischen Sowjetblock und schließlich die KPdSU selbst hineinzutragen, mit immer unverhüllteren Angriffen auf die Person Chruschtschows, die am Vorabend der letzten Moskauer Diskussion in der radikalen Kritik des chinesischen Zentralkomitees am »Revisionismus« des sowjetischen Parteiprogramms von 1961 gipfelten. Doch Monate vorher zeigte das praktische Verhalten beider Mächte, daß sie an die Möglichkeit einer Einigung, die sie im Wettbewerb um die kommunistische Weltbewegung noch anzustreben vorgaben, nicht mehr glaubten und entschlossen waren, die eigne Außenpolitik ohne Rücksicht auf den »Partner« zu verfolgen: die chinesischen Versuche, den sowjetischen Raketenabzug aus Kuba moralisch unmöglich zu machen, und die Fortsetzung der sowjetischen Wirtschaftshilfe an Indien während seines militärischen Konflikts mit China sprachen eine überzeugendere Sprache als alle Vorschläge zur Einstellung der öffentlichen Polemik und zur Vorbereitung gemeinsamer Konferenzen.

Es ist mehr als fraglich, ob die Interessengegensätze der beiden Mächte allein zu dem heutigen Bruch geführt hätten; bei allem Ernst erschienen sie als von untergeordneter Bedeutung, verglichen mit dem gemeinsamen Gegensatz zur nicht-kommunistischen Welt. In nicht-ideologischen Bündnissen der Vergangenheit, wie in unserem westlichen Bündnissystem heute, sind Teilgegensätze von vergleichbarem Ausmaß wieder und wieder durch Kompromisse überbrückt worden. Das entscheidend Neuartige des Vorgangs ist gerade, daß jenes ideologische Band, das nach Meinung der Kommunisten die Aufrechterhaltung der Einheit hätte garantieren sollen, solche pragmatischen Kompromisse unmöglich gemacht hat – daß ein ernster, aber an sich beherrschbarer Interessenkonflikt eben dadurch unlösbar wurde, daß er die Form eines Dogmenstreits annahm. Das Zerbrechen des kommunistischen Blocks hat erwiesen, daß ein ideologisches Bündnis unabhängiger totalitärer Staaten für die Austragung der nationalen Teilgegensätze unter den Partnern weniger Spielraum bietet als ein Bündnis von Staaten mit verschiedenartigen politischen und ökonomisch-sozialen Systemen, das auf deren nackte, »realpolitische« Interessen gegründet ist.

Das Zerbrechen des kommunistischen Blocks und das Schisma der kommunistischen Weltbewegung sind Fakten. Ob das sowjetisch-chinesische Bündnis formal gekündigt wird oder trotz aller gegenseitigen Beschimpfungen als eine Art Rückversicherungsvertrag (etwa für den Fall einer massiven Landung Tschiang Kaischeks auf dem Festland mit amerikanischer Unterstützung) erhalten bleibt; ob wir schon in naher Zukunft zwei rivalisierende kommunistische Weltkonferenzen oder gar Weltorganisationen haben werden – das sind gewiß wichtige Teilfragen, aber sie berühren den Grundtatbestand nicht mehr. Entscheidend ist, daß sich zwei verschiedene kommunistische »Lager« gebildet haben, die sich gegenseitig ihr Territorium und ihre internationale Anhängerschaft streitig machen und ihre Außenpolitik in völliger Unabhängigkeit voneinander betreiben. Ob sie in einem gegebenen, internationalen Konflikt auf der gleichen Seite stehen werden, hängt nur noch von ihrer jeweiligen Interessenlage ab – es ist nicht mehr von vornherein an dem gemeinsamen Bekenntnis zum »Kommunismus« abzulesen.

Der einfache Grundriß der bipolaren Welt des »Kalten Krieges«, der schon durch das schnelle Anwachsen von Zahl und Rolle der exkolonialen, blockfreien Staaten modifiziert worden war, kompliziert sich damit noch weiter. Doch die Frage, ob der Konflikt des engeren Sowjetblocks mit dem von den Vereinigten Staaten geführten Bündnissystem die Hauptachse der Weltpolitik bleibt oder ob sich heute eine Mehrzahl von gleichrangigen Machtgruppen in gleichartigen, ideologiefreien Interessenkonflikten gegenüberstehen, ist mit dieser Feststellung noch nicht entschieden. Um sie zu beantworten, müssen wir uns auf die beiden Hauptfaktoren besinnen, die zur Entstehung der bipolaren Nachkriegswelt geführt haben.

Der eine dieser Faktoren ist die Veränderung der wirtschaftlichen und geographischen Voraussetzungen selbständiger Großmachtpolitik durch die moderne Waffentechnik. Die industriellen Anforderungen moderner Rüstung – sowohl zum Aufbau des notwendigen Arsenals und der notwendigen Reproduktionskapazität wie zum Schritthalten mit der rasend schnellen Fortentwicklung der Rüstungstechnik – übersteigt die Leistungsfähigkeit aller einzelnen souveränen Staaten mit Ausnahme der zugleich volkreichsten und industriell entwickeltsten. Die Tiefenverteidigung im motorisierten konventionellen Krieg erfordert Räume kontinentalen Ausmaßes, die Abschreckung eines atomaren Angriffs eine genügend weite Streuung der Vergeltungswaffen, um nach einem überraschenden Vernichtungsschlag noch mit furchtbarer Wirksamkeit zurückschlagen zu können. Die Sonderrolle der Vereinigten Staaten und der Sowjetunion als der beiden Supermächte der Nachkriegszeit hätte sich aus diesen technischen Fakten auch unabhängig von allen ideologischen Erwägungen ergeben.

Die totalitären Ideologien – vorübergehend der Nationalsozialismus, weit dauerhafter der Kommunismus – haben jedoch gleichzeitig die Natur der Bündnisse transformiert. Von außen oktroyierte Parteiregime bleiben im Interesse ihrer innerpolitischen Selbstbehauptung an das Bündnis mit der Schutzmacht gekettet, ob diese nun Besatzungsmacht ist oder nicht; für solche Satellitenstaaten ist das Verlassen ihres »ideologischen Blocks« nur auf Grund einer erfolgreichen Revolution möglich. In der Abwehr der totalitären Expansion schließen sich in erster Linie demokratische, zum Teil aber auch rückständig-autoritäre Staaten zu ideologisch oft heterogenen, doch bemerkenswert dauerhaften Bündnissen zusammen. Die bipolare Welt des »Kalten Krieges« ist das Ergebnis des Zusammentreffens beider Faktoren – das Ergebnis der Tatsache, daß eine der zwei technisch-geographischen Supermächte der Nachkriegszeit von einer totalitären Partei mit expansiver Zielsetzung regiert wird.

Es ist für die Bewertung des gegenwärtigen weltpolitischen Szenenwechsels entscheidend, daß keine der genannten Grundvoraussetzungen der bipolaren Feldstruktur verschwunden ist. Der technisch-geographisch bedingte Machtvorsprung der beiden Führungsmächte USA und UdSSR bleibt unverändert und auf absehbare Zeit uneinholbar. Chinas Bruch mit der Sowjetunion ist nicht die Folge einer relativen Erstarkung Chinas, sondern seiner wachsenden Unzufriedenheit mit seiner fortdauernden materiellen Abhängigkeit. So gewaltig eine Macht von Chinas Volkszahl und Territorium auf modernem industriellem Niveau wäre, so ungeheuer weit ist China von der Erreichung eines solchen Niveaus entfernt – und der Bruch mit den Sowjets schneidet es von der einzig denkbaren Quelle für Kapitalhilfe ab. Auf seinem heutigen Niveau, weniger industrialisiert als das Rußland von 1917 und kaum erholt vom bitteren Scheitern des ersten gewaltsamen Versuchs zur Industrialisierung aus eigner Kraft, mag China für seine unterentwickelten blockfreien Nachbarn eine furchtbare Drohung sein – schon gegenüber dem amerikanisch geschützten Formosa bleibt es ein Papiertiger. Erst recht ist China auf absehbare Zeit nicht in der Lage, das Territorium der Sowjetunion zu bedrohen; auch ein paar chinesische Atombomben würden daran nichts ändern, solange China nicht über die breite industrielle Basis moderner Rüstung verfügt. China gefährdet heute den Einfluß der Sowjetunion in einigen asiatischen Ländern und die ideologische Autorität der sowjetischen Führer in der kommunistischen Weltbewegung; doch für den eigentlichen Machtbestand der Sowjetunion und ihr osteuropäisches Imperium bleibt der Westen die einzige potentielle Gefahr. Noch einmal: Chruschtschows Wendung zur Entspannung entspringt nicht der Furcht vor China, sondern der erfolgreichen Abwehr seiner Offensive durch den Westen.

Ganz Ähnliches gilt auch für die Vision einer selbständigen kontinentaleuropäischen Großmachtpolitik unter französischer Führung. Auch die Selbständigkeitsbestrebungen Präsident de Gaulles sind nicht die Folge einer realen machtpolitischen Erstarkung Europas im Verhältnis zu den Vereinigten Staaten, sondern eines wachsenden Unbehagens in der unveränderten Abhängigkeit Europas vom Schutz durch die amerikanische Vergeltungswaffe. So verständlich dies Unbehagen angesichts der Verwundbarkeit Amerikas für interkontinentale Raketen ist, so unrealistisch bleiben aus geographischen und finanziellen Gründen die Pläne zum Aufbau einer selbständigen europäischen Abschreckungswaffe, die angesichts des einzuholenden Vorsprungs der Supermächte weder in absehbarer Zeit stark genug werden könnte, um einen Präventivschlag zu überleben, noch mit dem weiteren Fortschritt der Rüstungstechnik Schritt halten könnte. Eine französische Atomwaffe kann im Rahmen des atlantischen Bündnisses (und bestenfalls bei der Beeinflussung der gemeinsamen strategischen Planung) ihre beschränkte Funktion haben; sie kann nicht zur Grundlage einer Großmachtpolitik außerhalb dieses Bündnisses werden.

So wenig wie die militärisch-technische ist schließlich bisher die ideologische Grundlage der Bipolarität verschwunden. Chruschtschows Sowjetunion bleibt ein totalitärer Einparteistaat; der Sowjetblock ohne China bleibt ein ideologischer Block. Die Wendung zur diplomatischen Entspannung geht mit verschärfter propagandistischer Bekämpfung jeder »ideologischen Koexistenz«, jeder Duldung westlicher Ideen im eigenen Lager einher; der Bruch mit China ist gerade deshalb erfolgt, weil Mao die Rolle der Sowjetunion als ideologisches Zentrum des Weltkommunismus angriff. Von seiner missionarischen Ideologie getrieben, bleibt das Parteiregime der Sowjetunion eine ständige Bedrohung für die Sicherheit und Freiheit der nicht-kommunistischen Welt, bleibt es der Gefängniswärter der zwangsweise sowjetisierten Völker Osteuropas – in der Phase der Pause und Entspannung nicht weniger als in der Phase des akuten, offensiven Drucks.

Der Konflikt zwischen den demokratischen Staaten des Westens und dem Sowjetblock hat für eine Phase von noch unbekannter Dauer an aktueller Explosivität verloren. Er hat schon seit der Entfesselung neuer Kräfte im Prozeß der Entkolonisierung und erst recht seit dem sowjetisch-chinesischen Bruch endgültig aufgehört, die *einzig* bedeutsame Achse der Weltpolitik zu sein. Doch er bleibt noch immer ihre *Haupt*achse: die Grundsituation der Bipolarität kann nicht verschwinden, solange die Sowjetunion von einem ideologisch motivierten Parteiregime regiert wird.

Aber können wir uns mit dieser Feststellung begnügen? Das Zerbrechen des sowjetisch-chinesischen Blocks, der Beweis der Unmöglichkeit, die politische Einheit unter souveränen Staaten auf der Grundlage der gemeinsamen kommunistischen Ideologie aufrechtzuerhalten, ist ein Wendepunkt in der Geschichte dieser Ideologie. Der Wettstreit zwischen Moskau und Peking um die Beherrschung der kleineren kommunistischen Staaten und der Trümmer der kommunistischen Weltbewegung vollzieht sich in bitterem ideologischen Kampf. Kann dieser Zerfallsprozeß ohne Wirkung auf die Substanz der Ideologie selbst, kann er auf die Dauer ohne Rückwirkung auf den Charakter und die Triebkräfte des sowjetischen Regimes bleiben?

Es liegt in der Natur des dogmatischen Schismas, daß Differenzen, die zunächst nur der ideologische Ausdruck konkreter tagespolitischer Gegensätze waren, von beiden Seiten in einen systematischen Zusammenhang gebracht werden, bis sich zwei geschlossene Lehrgebäude gegenüberstehen. In den letzten Monaten hat dieser Prozeß rapide Fortschritte gemacht: vor unseren Augen vollzieht sich der Zerfall des leninistischen Weltbildes in eine europäisch-industrielle und eine kolonialrevolutionäre Version – fast könnte man sagen: in seine marxistischen und seine nicht-marxistischen Bestandteile.

Marx sah die Herbeiführung der kommunistischen Ordnung als die Mission des Proletariats der entwickelten Industrieländer. Lenin transformierte die Marxsche Revolutionstheorie durch den Versuch der Anwendung auf das halbentwickelte, überwiegend bäuerliche Rußland; und als seinem Siege in Rußland keine proletarischen Revolutionen in den Industrieländern folgten, entdeckte er die nationalen Revolutionen der kolonialen und halbkolonialen Völker als wichtige Verbündete des Sowjetstaats und der proletarischen Weltrevolution im Kampf gegen die »imperialistischen« Mächte. Heute, im Zeichen des sowjetisch-chinesischen Konflikts, beginnt diese von Lenin geschaffene Klammer sich zu lösen: die neuesten Dokumente der chinesischen Kommunisten bezeichnen den anti-imperialistischen Kampf der Völker Asiens, Afrikas und Lateinamerikas als den Brennpunkt des Weltgeschehens und als entscheidend für den schließlichen Sieg des Proletariats der alten Industrieländer, und die Sowjets antworten mit Warnungen vor der Geringschätzung des proletarischen Klassenkampfes und vor der nationalistischen Isolierung der antikolonialen Bewegung von der industriellen Hauptmacht des »Sozialismus«.

So ist es gewiß kein Zufall, daß die sowjetische Parteiführung gerade im vergangenen Herbst eine vergessene Leninsche Formulierung vom Primat der ökonomischen Aufgaben nach der Machtergreifung ausgegraben hat. Doch das Zusammentreffen einer solchen ideologischen Akzentverschiebung mit der tiefen historischen Enttäuschung am Zerbrechen der Einheit des Weltkommunismus muß in den Köpfen der modernen sowjetischen Elite Denkprozesse auslösen, die auf die Dauer über die Absichten der Initiatoren der heutigen Wendung weit hinausgehen. Solche Entwicklungen können nicht kurzfristig zur Preisgabe der expansiven ideologischen Zielsetzung führen – dazu ist die Legitimation des Parteiregimes zu eng mit der Idee der Weltrevolution verbunden. Doch sie können auf längere Sicht zugleich mit der Ideologie den Glauben an die Notwendigkeit des Primats des Parteiapparats in einer Weise untergraben, deren Folgen sich in einer künftigen Nachfolgekrise zeigen mögen.

Angesichts des weltpolitischen Szenenwechsels muß die Politik des Westens sowohl die Grundelemente in Rechnung stellen, die unverändert geblieben sind, wie die Tendenzen und Möglichkeiten eines weitergehenden Wandels. Sie muß davon ausgehen, daß die unveränderte grundsätzliche Feindschaft des Sowjetregimes und der Sowjetblocks nach wie vor, auch in der Phase der Pause, das entscheidende Gegenwartsproblem für alle westlichen Demokratien darstellt und die ungeschwächte Aufrechterhaltung des atlantischen Bündnisses erfordert. Aber sie muß zur Kenntnis nehmen, daß – großenteils auf Grund des erfolgreichen westlichen Widerstands der vergangenen Jahre – die konkrete Auseinandersetzung neue Formen annimmt, die kurzfristig eine wesentliche Verringerung der Krisen- und Kriegsrisiken und der Rüstungslasten ermöglichen und vielleicht sogar zu einem langfristigen Wandel in der Natur des heutigen Gegners beitragen können. Kurzum, sie muß sich gleichzeitig der Gefahren wie der Chancen der neuen Situation bewußt sein.

Die Gefahren bestehen vor allem darin, daß die Sowjets mit dem Sonnenschein der Entspannung das erreichen könnten, was der kalte Wind ihrer Drohungen nicht vermocht hat: die legale Konsolidierung der deutschen Teilung und den Zerfall des atlantischen Militärbündnisses. Die Chancen liegen militärisch auf dem Gebiet der Vereinbarungen über spezifische Formen der Rüstungsbeschränkung, wirtschaftlich und geistig im teilweisen Abbau der Schranken, welche die Menschen in der Sowjetunion und in Osteuropa vom Westen trennen, und damit in der indirekten Förderung von Reformen im sowjetischen Lager, die günstige Voraussetzungen für einen künftigen grundsätzlichen Wandel schaffen würden. Dabei liegt es in der Natur einer solchen Phase der Auflockerung und Entspannung, daß mit einer bloß abwehrenden oder auch abwartenden Haltung weder ihre Gefahren vermieden noch ihre

Chancen genutzt werden können. Im politischen Bewegungskrieg, in den wir eingetreten sind, ist der Immobilismus die schlechteste denkbare Taktik; aller Erfolg hängt an der Initiative.

Auf militärischem Gebiet heißt das, daß die Funktionsfähigkeit des atlantischen Bündnisses nur erhalten bleiben kann, wenn *neue* Wege gefunden werden, um seine Formen mit der Beschränkung der Risiken und Rüstungskosten durch Ost-West-Vereinbarungen in Einklang zu bringen. Der nukleare Versuchsstop wird nur dann kein Sprengstoff für die NATO sein, wenn die Vereinigten Staaten aus der Anerkennung Frankreichs als »vierte Atommacht« die Konsequenz technischer Hilfe für deren Aufbau ziehen – nicht weil dieser Aufbau objektiv sinnvoll wäre, sondern weil er unvergleichlich mehr Schaden anrichtet, wenn er sich im Konflikt mit Frankreichs Verbündeten vollzieht. Doch die Zulassung Frankreichs zum Atomklub wird nur dann nicht zu einer endlosen Kette neuer Gefahren führen, wenn die Bundesrepublik sich bereiterklärt, unter gewissen Bedingungen dauernd auf die atomare »Gleichberechtigung« im Sinne selbständiger nationaler Verfügung über Atomwaffen (und nicht nur, wie unter den bestehenden Verträgen, auf ihre selbständige Produktion) zu verzichten und sich mit der Gewißheit strategischer Mitbestimmung über ihren Einsatz im Bündnisfall zu begnügen.

Unter gewissen Bedingungen: die dauernde Sonderstellung der Bundesrepublik auf atomarem Gebiet, verglichen mit Frankreich oder Großbritannien, ist nur als Beitrag zur Entspannung im Interesse des Offenhaltens der Chancen der deutschen Wiedervereinigung zu rechtfertigen. Die erste und selbstverständliche Bedingung für diesen Beitrag ist daher die fortgesetzte Weigerung der Alliierten, die Teilung Deutschlands durch Anerkennung des Regimes der Sowjetzone zu legitimieren, und die Fortsetzung ihrer Bemühungen um eine schließliche Lösung der deutschen Frage auf der Grundlage der Selbstbestimmung. Die zweite Bedingung ist die volle Berücksichtigung der deutschen Sicherheitsinteressen bei der Entscheidung über alte und neue militärische Entspannungspläne. Das schließt Vorschläge vom Typus des Rapacki-Plans – eine »atomwaffenfreie Zone« in Mitteleuropa – eindeutig aus, weil unter solchen Umständen die Bundesrepublik gegen einen Angriff überlegener konventioneller Streitkräfte nicht zu verteidigen (und die amerikanische Garnison auf ihrem Territorium nicht zu halten) wäre. Aber es schließt durchaus nicht alle Formen militärischer Entspannung in Europa aus.

Im Gegenteil: Chruschtschows neuer Vorschlag der gegenseitigen Stationierung von Inspektionsposten auf Flugfeldern, Bahn- und Straßenknotenpunkten als Sicherheit gegen überraschende Konzentrationen konventioneller Streitkräfte (der eine Neuauflage eines alten amerikanischen Vorschlags darstellt) liegt mindestens so sehr im Interesse Westdeutschlands und Frankreichs wie des Sowjetblocks. Im Zeichen der nuklearen Verwundbarkeit der USA ist gerade die Sorge, ein massiver konventioneller Angriff auf Westeuropa werde nicht automatisch die amerikanische nukleare Vergeltungswaffe ins Spiel bringen, ein Hauptgrund der Selbständigkeitsbestrebungen de Gaulles und der Spannungen innerhalb der Nato; alles, was die Wahrscheinlichkeit eines solchen konventionellen Angriffs verringert, trägt somit gleichzeitig zur Sicherheit Westeuropas und zum Zusammenhalt der Nato bei. Die westliche Politik sollte die Chance solcher konventioneller Entspannungsmaßnahmen in Europa daher ebenso aktiv erkunden, wie die Chance der Etablierung atomfreier Zonen in *den* Regionen, in denen *keine* Streitkräfte der Atommächte stationiert sind – jedenfalls in Afrika und Lateinamerika, vielleicht auch im Nahen Osten.

Politisch sollte der Westen sich in der deutschen Frage nicht mehr mit der bloßen Nichtanerkennung des Zonenregimes begnügen, sondern zu positiven Vorschlägen für die Erörterung eines gesamtdeutschen Friedensvertrages übergehen. Die Erfolgsaussichten in dieser Richtung sind gewiß gering, solange Chruschtschow die Sowjetunion regiert. Doch es ist wichtig, die Frage in der öffentlichen Diskussion zu halten und immer wieder vor aller Welt klarzustellen, daß nicht der Westen eine wirkliche »Bereinigung der Folgen des Zweiten Weltkrieges« verhindert. Auch hier liegt unser Interesse darin, aus einem Immobilismus herauszukommen, der nur den sowjetischen Verteidigern des status quo der Teilung Deutschlands und Europas hilft.

Wirtschaftlich und kulturell schließlich kommt es darauf an, die Chance der Entspannung zu nutzen, um ein Maximum an Kontakten mit den Ländern des Sowjetblocks zu entwickeln. Die Sowjets brauchen die Pause unter anderem, um innerhalb des Blocks die Planungsmethoden zu reformieren und die Arbeitsteilung strikter zu integrieren. Je stärker wir den Osthandel entwickeln, desto anschaulicher wird den verantwortlichen Stellen im Block die Notwendigkeit von Reformen demonstriert, die dem einzelnen Betrieb erhöhten Spielraum zur Anpassung an Nachfrage und Kosten geben, desto weniger wird aber eine Entwicklung zur »Block-

Autarkie« ermutigt; es liegt im Interesse des Westens, die Kanäle des Handels über die Blockgrenzen hinweg offenzuhalten. Daß bei intellektuellen Kontakten das System der monopolistischen Ideenkontrolle nur verlieren kann, haben die Ereignisse der letzten Jahre wieder und wieder gezeigt; indem wir solche Kontakte fördern, tragen wir direkt zum langsamen Heranreifen eines grundsätzlichen Wandels bei, in der Sowjetunion selbst nicht weniger als in Osteuropa.

Wir können nicht wissen, wie lange die Pause dauern wird, und in wie weiter Ferne eine grundsätzliche »Entideologisierung« des sowjetischen Systems noch liegen mag. Wir dürfen es nicht wagen, in der Phase der Entspannung unsere Sicherheit und Einheit aufs Spiel zu setzen. Doch wir können und müssen diese Phase nutzen, um nicht nur unmittelbar die Risiken des Atomzeitalters nach Möglichkeit zu verringern, sondern auch nach unsern Kräften zu jenem tiefgehenden Wandel im Lager des Gegners beizutragen, der allein eines Tages den wirklichen Frieden bringen kann.

2. Bündissysteme und nationale Interessen

Das Thema »Bündnissysteme und nationale Interessen« ist von brennender Aktualität und zugleich von großer grundsätzlicher theoretischer Bedeutung deswegen, weil sich in den letzten Jahrzehnten der Charakter der Bündnissysteme gegenüber denen, die man in der klassischen Lehre von den internationalen Beziehungen kannte, wesentlich verändert hat.

Hätte man die Frage »Bündnissysteme und einzelstaatliche Interessen« *vor* der Zeit der letzten Weltkriege, vor der Zeit der modernen revolutionären Diktaturen aufgeworfen, so hätte sie wenig Probleme geboten. Es war jahrhundertelang selbstverständlich, daß die Triebkraft der internationalen Beziehungen die Staatsräson der einzelnen souveränen Staaten war, und daß diese im Verfolg ihrer Staatsinteressen (oder, seit der Französischen Revolution, nationalen Interessen) Bündnisse schlossen und Bündnisse auflösten, wie es diesen ihren staatlichen Interessen entsprach. Der souveräne Staat war die Quelle aller politischen Macht; die Nation war im Zeitalter des Nationalstaates der seiner Wirksamkeit nach oberste politische Wert. Bündnisse wurden von solchen souveränen Staaten geschlossen, wenn sie zeitweise gemeinsame Interessen hatten – gegen gemeinsame Gefahren, zur Ausbeutung gemeinsamer Chancen; waren die Gefahren beseitigt, war der gemeinsame Gegner geschlagen, war die Chance ausgenützt, so lösten die Bündnisse sich auf und es bildeten sich neue Konstellationen. Es gab niemals den geringsten Zweifel, noch bis in die Zeit der Bündnisse vor dem Ersten Weltkrieg hinein, daß das Interesse des souveränen Einzelstaates der Bündnistreue absolut übergeordnet war. Und die Beweglichkeit der internationalen Politik, das Funktionieren des Gleichgewichtsmechanismus, in dem sich mehrere Staaten immer gegen denjenigen zusammenschlossen, der überstark zu werden drohte, beruhte gerade auf diesem absoluten Vorrang des einzelstaatlichen Interesses vor jedem vorübergehenden Bündnis.

Es ist offenkundig, daß sich an dieser Situation des selbstverständlichen Vorranges des einzelstaatlichen Interesses vor dem vorübergehenden Bündnis und der darauf beruhenden Fluidität der internationalen Politik in den letzten Jahrzehnten etwas Grundsätzliches geändert hat. Zwei Faktorenreihen scheinen nach allgemeiner Ansicht dafür im wesentlichen verantwortlich zu sein. Die eine Faktorenreihe entspringt der modernen Waffentechnik und den wirtschaftlichen und geographischen Voraussetzungen, an die sie gebunden ist. In dem gleichen Maße, wie es mit der Entwicklung der modernen Waffentechnik notwendig wurde, eine breite moderne industrielle Basis zu haben, um sich selbst verteidigen zu können, erweiterte sich die Kluft zwischen den Großmächten und den kleineren Einzelstaaten mehr und mehr, bis schließlich nur noch zwei Übermächte alle technischen Voraussetzungen selbständiger Weltpolitik besaßen. Der klassische Gleichgewichtsmechanismus beruhte nicht zuletzt darauf, daß eine Mehrzahl von annähernd gleich starken Mächten vorhanden war, unter denen das »Konzert« funktionieren konnte. Von dem Augenblick an, wo durch die Entwicklung der Technik einerseits und, fügen wir hinzu, durch den Abbau der alten Kolonialreiche andererseits die Anzahl der wirklich allen Aufgaben der modernen Politik technisch und geographisch gewachsenen Mächte sich mindestens zeitweise auf zwei reduzierte, von diesem Augenblick an waren die Voraussetzungen des Gleichgewichtsmechanismus klassischen Stils nicht mehr vorhanden. Dies gilt verstärkt seit der Entwicklung der modernen Atomwaffen- und Raketentechnik; denn seither ist nicht nur eine außerordentlich breite industrielle Basis für die Entwicklung und ständige laufende Fortentwicklung dieser Waffen erforderlich, es ist auch eine außerordentlich ausgedehnte geographische Basis erforderlich, um im Kriegsfalle einen Überraschungsschlag des Gegners überleben und danach noch vernichtend zurückschlagen zu können, d. h. aber, um einen solchen Angriff wirksam abschrecken zu können. Diese Tatsache der mindestens zeitweisen Reduktion der echten Weltmächte auf eine Zweizahl, der grundsätzlichen Reduktion auf eine sehr verminderte Zahl, bedeutet, daß die Möglichkeit der völlig selbständigen Vorsorge für die eigene Sicherheit und damit die Möglichkeit der völlig unabhängigen Wahrnehmung der eigenen Interessen für die überwiegende Mehrzahl der Staaten verschwunden ist. Das ist die eine Faktorenreihe.

Die andere Faktorenreihe, die zur Aufhebung des klassischen Mechanismus geführt hat, sind die totalitären Revolutionen unserer Zeit, die Entstehung von Staaten, die von ideologischen totalitären Parteien beherrscht sind und die sich daher grundsätzlich andersartig zur Umwelt einstellen, als die Mächte des klassischen Staatensystems dies taten. Auch die klassischen Großmächte haben Machtpolitik getrieben, haben an ihren Grenzen entstehende Vakuen auszufüllen gesucht, haben Gelegenheiten benutzt, ihre Macht zu vergrößern; aber sie alle fühlten sich als Teil eines historisch entstandenen Staatensystems, innerhalb dessen ihrer Machtausdehnung Grenzen gesetzt waren. Diese Einsicht beruhte nicht nur auf z. T. unbewußten gemeinsamen kulturellen Voraussetzungen, sondern auch auf der Erfahrungstatsache, daß auf Grund des Gleichgewichtsmechanismus keiner dieser Staaten auf die Dauer überstark werden konnte, daß keiner von ihnen allein die Weltherrschaft erreichen und sich daher realistisch das Ziel der Weltherrschaft setzen konnte. Staaten, die von totalitären revolutionären Parteien beherrscht sind, gehen nicht von dieser Erfahrung aus: Sie fühlen sich nicht als Teil des bestehenden Staatensystems, sondern sehen sich im grundsätzlichen Gegensatz zu diesem System. Sie glauben, es teils mit kriegerischen, teils mit revolutionären Mitteln als Ganzes umstürzen und eine völlig neue Weltordnung nicht nur im Sinne der inneren Gesellschaftsordnung, sondern auch im Sinne einer Neuen Ordnung der internationalen Beziehungen an die Stelle des bestehenden Staatensystems setzen zu können.

Dadurch aber werden solche Staaten einerseits zu Zentren von Bündnissen besonderer, ideologischer Art, und andererseits zum Anlaß für die Entstehung von Abwehrbündnissen besonderer Art. Die revolutionäre Schaffung von Regimen, die von einem solchen ideologischen Imperium abhängig sind, führt zur Entstehung von Staaten, deren Regierung für ihre innerpolitische Machtbehauptung auf die äußere Schutzmacht angewiesen ist: Das sind die Satellitenstaaten unserer Zeit. Das bedeutet, daß der Bündniszusammenhang zwischen solchen Staaten und ihren Schutzmächten ein sehr viel intimerer und sehr viel schwerer auflösbarer ist, als das bei den klassischen Bündnissen unter souveränen Staaten – selbst zwischen Staaten verschiedener Größenordnungen – der Fall war.

Mehr noch, indem eine totalitäre Macht einen ideologischen Block schafft, einen Block, dessen Kohäsion über die Verfolgung der einzelstaatlichen Interessen, über zeitweise gemeinsame Interessenkonstellationen hinaus geht, zwingt sie alle von ihr bedrohten Staaten, auch Staaten höchst heterogenen Charakters, in einer Bündniskoalition zusammen, die so lange dauern muß wie die von der ideologischen Weltmacht drohende Gefahr. Hitler schuf kurzfristig Satelliten und zwang eine kurzfristige heterogene Koalition zusammen, eine Koalition aus den Westmächten und der Sowjetunion. Die Sowjetunion selbst hat durch ihren Druck eine z. T. nicht minder heterogene Koalition zusammengezwungen, die ebenso viel langfristiger ist wie der Bestand des Sowjetregimes.

In der Zeit nach dem Ende des Zweiten Weltkriegs sind nun diese beiden Faktorenreihen zusammengetroffen: Die Entwicklung der Waffentechnik mit dem Übrigbleiben nur zweier Weltmächte auf der einen Seite, die Tatsache, daß eine dieser beiden Übermächte eine ideologische totalitäre Macht mit weltweitem Anspruch ist, auf der anderen Seite. Die Konsequenz davon ist die *bipolare Struktur der Weltpolitik*, die um 1949 eindeutig konstituiert war. Ich nenne bipolar eine Welt, in der die beiden Bündnissysteme – das ideologische und das ideologisch bedingte, obwohl in sich heterogene Gegensystem – alle anderen Staaten zur Stellungnahme, zur Orientierung an dieser Weltachse zwingen, und in der dem einzelnen Mitgliedsstaat der beiden Blöcke auch dann, wenn er kein Satellit ist, nur noch eine beträchtlich verringerte Bewegungsfreiheit, verglichen mit dem klassischen Modell der Gleichgewichtspolitik, bleibt.

In früheren Zeiten war es normal, daß ein Nationalstaat, ein Einzelstaat, dessen Teilinteressen in seinem Bündnissystem ungenügend berücksichtigt wurden, dieses System verlassen oder zu verlassen drohen konnte, ja, daß er im Verfolg seiner eigenen Interessen auf die Seite der Gegner seiner bisherigen Verbündeten übergehen konnte. Eine solche Beweglichkeit ist in der bipolaren

Welt eine extreme Ausnahme geworden. Es ist heute für den Staat, der in der ideologischen Bindung oder unter der ideologischen Drohung steht, fast unmöglich, sein Bündnissystem zu verlassen, und völlig unmmöglich, auf die andere Seite überzugehen, es sei denn, daß dieser Übergang als Folge einer innenpolitischen Revolution stattfindet; und umgekehrt kann schon die bloße Gefahr eines solchen innenpolitischen Regimewechsels zum Anlaß außenpolitischer und unter Umständen direkter militärischer Intervention der Führungsmacht des Blockes werden.

Wir haben damit eine weitaus verringerte Chance der Bewegungsfreiheit der Einzelstaaten, abgesehen von den beiden Führungsmächten, für die Vertretung ihrer besonderen nationalen Interessen. Der einzelne Staat als solcher ist nicht mehr die entscheidende Quelle der politischen Macht. Die entscheidende Quelle der Macht sind die Führungsmächte der beiden Blöcke geworden. Damit ist aber auch der Gedanke des Nationalinteresses nicht mehr eindeutig der oberste politische Wert. Ich will nicht so weit gehen, ich will auch die weitere Erörterung nicht so weit vorwegnehmen, zu behaupten, daß nunmehr allgemein die Ziele der totalitären Ideologien oder die antiideologische Idee der Bewahrung der Freiheit der Entwicklung und der Abwehr der ideologischen Expansion die obersten politischen Werte geworden wären. Aber sicher ist es so, daß die Frage der Rangordnung der Werte sich in der bipolaren Welt neu gestellt hat, und daß die Vertretung spezifisch nationaler Interessen zwar keineswegs aus der internationalen Politik verschwunden, aber im Vergleich zum klassischen Mechanismus außerordentlich erschwert worden ist.

Damit aber stellt sich erst das eigentliche Problem von »Bündnissystemen und nationalen Interessen«, das in der klassischen Zeit noch kein Problem war: Es stellt sich das Problem, wie nationale Sonderinteressen, die aus der Welt nicht verschwunden sind, in einer Situation vertreten werden können, in der der klassische Mechanismus ihrer Vertretung, die Freiheit des Verlassens und des Wechselns der Bündnisse, nicht mehr funktioniert, und in der die effektive Souveränität des Einzelstaates durch die Begrenztheit der nationalen Hilfsquellen verglichen mit den Anforderungen der Selbstverteidigung und durch die Bindung im Rahmen der ideologischen oder antiideologischen Blöcke faktisch eingeschränkt ist. Auf diese Frage gibt es verschiedene mögliche Antworten. Die eine mögliche Antwort ist, die bipolare Blockbildung als permanent und den nationalen Einzelstaat als eine verschwindende Größe zu sehen, zu glauben, daß die geschilderte Tendenz der Entwicklung mit Notwendigkeit in die Richtung der Aufhebung der einzelstaatlichen Souveränität – sei es durch zentralistische Unterordnung unter die Führungsnation im Ostblock, sei es durch voll-föderativen Zusammenschluß im Westen – gehen müsse, und daß die rechtliche Souveränität des Einzelstaates nur noch ein juristisches Überbleibsel in einer sich tatsächlich bereits unwiderruflich wandelnden Welt sei. Die entgegengesetzte These, wie sie am prononciertesten etwa von General de Gaulle vertreten wird, ist, daß die bipolare Gruppierung unserer heutigen Welt etwas Vorübergehendes sei, daß die dauernde geschichtliche Kraft doch von den Nationalinteressen wenigstens einiger großer historischer Nationen ausgehe, wenn auch nicht von allen, und daß daher die Tendenz der Entwicklung dahin gehen müsse, das nukleare Monopol der beiden Großmächte zu brechen und die starre ideologische Gegenüberstellung aufzulösen. Ich selbe neige zu einer dritten Auffassung: ich glaube, daß wir wenigstens noch für einige Zeit in einer Welt werden leben müssen, in der die Blöcke bestehen, in der aber die nationalen Interessenverschiedenheiten real und nicht ohne weiteres durch Unterordnung oder Föderation auslöschbar sind, und daß daher die Probleme, die heute vor uns stehen, die Probleme eines gewissen institutionalisierten Pluralismus nicht anstelle der Blöcke, sondern innerhalb der Blöcke sind.

Ich will zunächst die zentralistische, bzw. im Westen die föderalistische These etwas überprüfen. Die Auffassung, daß die nationalen Interessen der Einzelstaaten in gewissem Sinne überlebt sind, hat eine besondere Überzeugungskraft hier in West- und Mitteleuropa, in der Heimat des modernen Nationalismus und in dem Teil der Welt, aus dem der ärgste Paroxysmus des Nationalismus hervorgegangen ist. Es ist keine Frage, daß die nationalen Leidenschaften in diesem Teil der Welt in eine Periode gesunder Erschöpfung eingetreten sind. Die Tendenzen zur Entstehung überstaatlicher Bindungen, die über bloße Bündnisbildungen hinausgehen, sind hier zweifellos am stärksten. Wir haben heute nicht nur auf Grund der Tendenz der bipolaren Blöcke zur Permanenz im westlichen Bündnis als Ganzem ein gemeinsames militärisches Oberkommando in Friedenszeiten und gewisse gemeinsame wirtschaftliche Institutionen. Wir haben darüber hinaus in einem Teil des westlichen Bündnisses die überstaatlichen Institutionen der Europäischen Wirtschaftsgemeinschaft.

Aber gleichzeitig mit dieser Tendenz bleiben auch heute ganz reale und noch immer vitale, lebenswichtige Unterschiede der nationalen Situation unter einigen Gruppen der im westlichen Bündnis vereinigten Länder bestehen. Ich sehe hier ganz ab von denjenigen Staaten, die sozusagen am Rande des um die Vereinigten Staaten gruppierten Bündnissystems stehen, jenen Staaten, die etwa im Rahmen des nahöstlichen Paktsystems oder des südostasiatischen Paktsystems aus Gründen gemeinsamer Gefährdung mit den Vereinigten Staaten verbunden sind, aber sonst wenig mit ihnen und mit uns an kulturellen Traditionen, an wirtschaftlichem Entwicklungsniveau, an politischen Institutionen gemeinsam haben. Aber selbst innerhalb der eigentlichen relativ homogenen Kerngruppe des westlichen Bündnissystems, die aus den hoch entwickelten Industriestaaten Westeuropas und Nordamerikas mit gemeinsamem westlich-christlichem Hintergrund und gemeinsamen demokratischen Institutionen besteht, gibt es nach wie vor wesentliche Unterschiede des Nationalinteresses.

Ich brauche nur auf drei dieser Unterschiede hinzuweisen, von denen einer im Verschwinden ist. Der Unterschied, der im Verschwinden ist, der aber in der Vergangenheit zu außerordentlich ernsten Auseinandersetzungen im westlichen Bündnissystem geführt hat, bezieht sich auf die Interessenlage der alten Kolonialreiche im Vergleich zu denjenigen Industrieländern, die keine Kolonien im rechtlichen Sinne des Wortes hatten. Wir wissen alle, wie stark die politischen Meinungsverschiedenheiten zwischen den Vereinigten Staaten einerseits, Frankreich und England andererseits, von rückständigeren Kolonialmächten zu schweigen, in den vergangenen Jahren gewesen sind.

Ein zweiter außerordentlich vitaler, gerade in den letzten Jahren vital gewordener Unterschied bezieht sich auf die Verschiedenheit der Verteidigungslage, den geographisch bedingten Unterschied zwischen der Lage der Vereinigten Staaten einerseits, Westeuropas andererseits. Man kann ihn am kürzesten dahin zusammenfassen, daß die Vereinigten Staaten ernsthaft und vital nur in einem Nuklearkrieg geschädigt werden können, während Westeuropa auch von einem konventionell bleibenden Krieg furchtbare Verwüstungen, langfristige Verarmung und den Verlust der Freiheit zu befürchten hätte. Es ist ganz augenscheinlich, daß dieser Unterschied der Situation, unabhängig davon, welche Folgerungen man daraus zieht, so groß ist, daß er nicht einfach durch eine Auslöschung der nationalen Souveränitäten in einer Föderation mit einem Sprung zu überbrücken wäre.

Und ich will auch einen dritten Unterschied der Situation anführen, der ganz speziell uns hier in Deutschland betrifft, die Tatsache der Teilung Deutschlands, die Tatsache also, daß für Deutschland als Nation die Frage der Freiheit der 17 Millionen in der sowjetischen Besatzungszone ein vitales nationales Interesse ist, nicht aber für Deutschlands Verbündete. Für manche Verbündeten der Bundesrepublik ist der Gedanke einer Wiedervereinigung Deutschlands der Gedanke an ein Deutschland, das als Partner zu stark werden könnte. Für andere, insbesondere die Vereinigten Staaten, ist es der Gedanke an eine Möglichkeit, die eine wesentliche Veränderung im Kräfteverhältnis zwischen Westen und Osten bewirken und daher u. U. wünschenswert sein könnte. Aber für keinen von ihnen ist die deutsche Wiedervereinigung in demselben Sinne ein zentrales Ziel nationaler Politik, wie sie es für die Bundesrepublik sein muß. Daraus allein folgt nach meiner Überzeugung, daß der Unterschied der nationalen Situation zwischen der Bundesrepublik und ihren Verbündeten zu groß ist, um in einer echten Föderation mit vollem Verschwinden der Souveränität überbrückt und ausgelöscht werden zu können. Es ist mir unverständlich, wie man gleichzeitig die Wiedervereinigung in noch so ferner Zeit, unter noch so unbestimmten Umständen ernsthaft als politisches Ziel anstreben und die Föderation im vollen Sinne vorher verwirklichen wollen kann.

Wenn ich im Vorhergehenden einige Grenzen der föderativen Auslöschung der nationalstaatlichen Unabhängigkeit aufgezeigt habe, so will ich jetzt die entgegengesetzte Auffassung betrachten – die nationalistische Auffassung von der Tendenz zum Verschwinden der Bipolarität und zur Wiederherstellung eines Konzerts einer Mehrzahl großer historischer Nationen. Diese Auffassung beruht auf einigen Faktoren, die in der tatsächlichen Entwicklung der Weltpolitik insbesondere seit etwa 1956/57 mit wachsender Deutlichkeit sichtbar geworden sind. Da ist zunächst die Tatsache, daß das nukleare Monopol der beiden Weltmächte als striktes Monopol im Verschwinden ist, und daß selbst auf seinem Höhepunkt die Aktionsfreiheit dieser Übermächte durch das »Gleichgewicht des Schreckens« unter ihnen beschränkt war – mit dem Resultat, daß sich in beiden Bündnissen neben der Abhängigkeit der kleineren Staaten von ihren Schutzmächten doch auch eine gewisse Abhängigkeit der Führungsmächte von ihren exponierten Verbündeten, eine Art von »Vetomacht der Schwachen«, herausgebildet hat. Da ist weiter die Tatsache, daß es unter den neu entstandenen, exkolonialen Staaten bedeutende Mächte gibt, die eindeutig eine Tendenz zur selbständigen, blockfreien Politik zunächst im lokalen und regionalen, darüber hinaus potentiell aber auch im weltpolitischen Maßstab zeigen. Da ist drittens die Tatsache, von der wir so oft in den letzten Jahren gehört haben, der wirtschaftlichen Wiedererstarkung Westeuropas und damit der potentiellen politischen Gewichtserhöhung eines künftigen vereinigten Westeuropas im Verhältnis zur amerikanischen Führungsmacht. Und da ist viertens die Tatsache der interessenmäßig bedingten »ideologischen« Spaltungstendenzen im kommunistischen Block, die ja nicht nur bedeuten, daß China den Anspruch auf selbständige Weltpolitik erhebt, sondern auch bedeuten, daß davon bestimmte Rückwirkungen auf den Charakter der sowjetischen Weltpolitik ausgehen. Die Erwartung der Auflösung der Blöcke, die Erwartung der Rückkehr zu einem Konzert der großen historischen Nationen, wie sie von de Gaulle vertreten wird, beruht nicht zuletzt auf der Annahme einer zunehmenden »Entideologisierung« der sowjetischen Politik, auf der Annahme, daß die Sowjetunion in der neuen Situation mehr und mehr dazu zurückkehren werde, spezifisch russische Großmachtpolitik zu betreiben und daß damit ganz neue weltpolitische Konstellationen möglich werden müßten.

Wenn wir diese Argumente, diese Erwartungen kritisch überprüfen, so scheint mir, daß an ihnen allen »etwas dran« ist. Es ist wahr, daß das nukleare Monopol im Verschwinden ist. Es folgt aber nicht daraus, daß der Abstand zwischen den beiden Führungsmächten und den übrigen traditionellen oder kommenden Großmächten sich notwendig verringert. Das Tempo der Entwicklung der Waffentechnik und der Vorsprung dieser beiden Übermächte sowohl im Aufbau der industriellen Basis wie der atomaren Vorräte ist so gewaltig, daß ich selbst für ein wirtschaftlich vereinigtes Westeuropa eine reale Chance des Gleichziehens in absehbarer Zeit nicht sehen kann. Noch weniger kann ich sie für China sehen. Wenn man sich überlegt, wie ungeheuer groß die Schwierigkeiten der Industrialisierung Chinas sind, das auf einem weit niedrigeren Niveau begonnen hat als die Sowjetunion 1917, das ein weit volkreicheres Land ist mit einem stürmischen Bevölkerungszuwachs, das daher ungeheure Probleme der Kapitalbildung hat, die über die der vergangenen Jahrzehnte der sowjetischen Entwicklung weit hinausgehen; wenn man sich überlegt, was auf der anderen Seite alles zu einer modernen Nuklearmacht gehört, nämlich nicht ein paar Atomexplosionen, sondern eben die breite waffentechnische und industrielle Basis – so sehe ich die Tendenz zur echten Verringerung des Abstandes zwischen den beiden Führungsmächten und den nachkommenden Mächten im Westen und Osten nicht. Ich glaube, daß die Rolle dieses Faktors in der Wirklichkeit wesentlich geringer ist als in den Hoffnungen und Ansprüchen der Mächte, die nachzukommen suchen.

Der zweite Faktor, den ich in derselben Weise prüfen möchte, bezieht sich auf die Tendenz zur »Entideologisierung« der sowjetischen Außenpolitik. Es ist richtig, daß die moderne Sowjetgesellschaft als Gesellschaft eines modernen Industrielandes, wenn auch mit enormen rückständigen agrarischen Enklaven, ihrer heutigen Struktur nach ein ideologisches Regime dieser Art nicht mehr »braucht«. Es ist richtig, daß in dieser Gesellschaft daher ein gewisser sozialer Druck, ein Widerstand gegen die ideologische Parteiherrschaft entsteht, mit dem das Regime sich auseinandersetzen muß. Es ist auch richtig, daß der Zerfall der kommunistischen Weltbewegung, das Aufbrechen der nationalen Gegensätze zwischen den Interessen Rußlands und Chinas in ideologischer Form zu schweren Rückschlägen für das Ansehen der Ideologie in der Sowjetunion selbst führen muß. Aber es ist nach allem, was wir von der Natur solcher Regime wissen, nicht denkbar, daß dieses Einparteiregime, das sich durch seine ideologischen Ziele legitimiert, auf diese Ideologie verzichten kann, solange es an der Macht bleibt. Eine Tendenz zur »Entideologisierung« der sowjetischen Weltpolitik besteht nur insofern, als eine Tendenz zur historischen Zurückdrängung, zum schließlichen Absterben des Parteiregimes besteht. An eine solche Tendenz glaube ich langfristig; ich glaube, daß sie sich eines Tages in einer der Nachfolgekrisen, die die einzigen politischen Krisen dieses Regimes sind, durchsetzen kann. Aber solange das Regime das ist, das wir heute kennen, das totalitäre Regime einer ideologischen Partei, so lange wird die Tendenz zu einer ideologischen Weltpolitik, zum Zusammenhalt eines Blocks mit diesen ideologischen Zielen, selbst wenn dieser Block um China vermindert werden sollte, weiter bestehen; und so lange wird daher als lebensnotwendige Reaktion darauf die Bipolarität der Weltpolitik weiterbestehen.

Mit anderen Worten, ich sehe nicht die Tendenz zu einer kurzfristigen oder graduellen Auslöschung der Bipolarität. Ich sehe die Wahrscheinlichkeit, daß wir, solange dieses Parteiregime in der Sowjetunion herrscht, in einer bipolaren Welt weiterleben, unsere Verteidigung gegen diese ideologischen Ziele weiter gemeinsam organisieren müssen, und daß daher der Primat des Bündnisgrundes, die Verteidigung der Freiheit, über alle einzelstaatlichen Interessen, über alle nationalen Interessen auch im Westen weiter bestehen wird. Der Primat des Bündnis*grundes* – nicht notwendig der Primat einer bestimmten *Form* des Bündnisses; und hier liegt vielleicht der Unterschied gegen die »klassische« Zeit der Bipolarität, als die Vorherrschaft der Führungsmächte absolut überwältigend war. Sie ist nicht mehr überwältigend; was sich entwickelt, das ist auf Grund der geschilderten, von den Nationalisten z. T. richtig gesehenen Faktoren eine gewisse Tendenz zum Pluralismus *innerhalb* der Blöcke. Das heißt aber, daß der Zusammenhalt der Blöcke, die Bestandsfähigkeit der Blöcke, die Zukunft der Blöcke nicht zuletzt davon abhängen wird, welcher von ihnen Institutionen entwickeln kann, die einem solchen relativen Pluralismus der Teilinteressen innerhalb der Blöcke einen gewissen Bewegungsspielraum geben.

Dies ist die Frage, die ich im folgenden zuerst für den Osten und dann für den Westen überprüfen möchte. Der kommunistische Block hat in Stalins Zeiten mit einer völlig zentralistischen Konzeption begonnen. Stalin wollte keine gemeinsamen Institutionen des Blocks; das einzige Recht zur Interessenvertretung, das er anderen kommunistischen Staaten zugestand, war das Recht, bei der Führungsmacht direkt für ihre Interessen zu plädieren. Jede gemeinsame Institution hätte die totale Abhängigkeit, die totale Unterordnung der Einzelmächte unter die Führungsmacht verringert. Jede gemeinsame Institution war daher unter Stalin zur Atrophie verurteilt. Weder das Kominform noch das sogenannte Comecon, der Rat für gegenseitige Wirtschaftshilfe, haben unter Stalin reale Funktionen ausgeübt. Es gab noch nicht den Warschauer Pakt; die militärische Unterordnung unter die Sowjetunion wurde für jeden Satellitenstaat direkt gesichert. Es gab keine Form der Repräsentation innerhalb des Blocks.

Dieses System des totalen Zentralismus ist schon zu Stalins Lebzeiten im Falle Jugoslawiens gescheitert, hat dort zu dem ersten Fall des Ausbruchs aus dem Block geführt, und hat in den Beziehungen mit China bedeutende Spannungen erzeugt. Es gehört zu den grundlegenden Neuerungen der Erben Stalins und insbesondere N. S. Chruschtschows, daß sie versucht haben, die Beziehungen innerhalb des Blocks auf eine neue Basis zu stellen. Er hat versucht, das kommunistische China als gleichberechtigten, unabhängigen Partner anzuerkennen, und hat 1954 den Bündnisvertrag mit China in diesem Sinne revidiert. Er hat versucht, das aus dem Block ausgebrochene Jugoslawien auf dieser Basis der gleichberechtigten Partnerschaft für den Block zurückzugewinnen. Und er hat gleichzeitig den eigentlichen Satelliten zwar nicht Gleichberechtigung und Unabhängigkeit, wohl aber wesentlich größere interne Autonomie und ein gewisses Maß von Repräsentation innerhalb des Blocks angeboten.

Die Reformen im Block, die Chruschtschow durchgeführt hat, gingen in der Richtung, eine gewisse Bewegungsfreiheit der Einzelinteressen zuzulassen – z. T. mehr als er ursprünglich wollte, weil ihm auf Grund der Autoritätskrise der Entstalinisierung mehr abgezwungen wurde. Aber der Kernpunkt für den künftigen Zusammenhalt des kommunistischen Blocks war ja nicht, wie weit die Autonomie innerhalb des osteuropäischen Imperiums gehen würde, wo die echte Satellitenabhängigkeit letzten Endes erhalten blieb, insofern alle diese Regime ohne den Schutz der Führungsmacht sich innerpolitisch nicht aufrechterhalten könnten; der Kernpunkt war die Frage der sowjetisch-chinesischen Beziehungen, d. h. die Frage, wie auf der Basis der Unabhängigkeit und der Gleichberechtigung Großmächte mit verschiedenen Interessen zusammenarbeiten könnten. Und hier verließ sich Chruschtschow auf eine kommunistische Form des aus der Entwicklung des westlichen außenpolitischen Denkens sattsam bekannten naiven Harmoniedogmas: Er glaubte, unter kommunistischen Staaten, unter Staaten, die von kapitalistischen Ausbeutern frei sind, könnte es keine ernsten Interessenkonflikte geben, und etwa auftretende Teilkonflikte müßten sich auf Grund der gemeinsamen Ideologie relativ leicht überbrücken lassen.

Was sich seit 1958 in wachsendem Maße herausgestellt hat, ist, daß die Verschiedenheiten der Interessenlage Chinas und der Sowjetunion viel zu ernst sind, um eine so einfache Überbrückung zuzulassen. Diese Verschiedenheiten beruhen zunächst einmal auf dem ungeheuren Unterschied in den Voraussetzungen der Macht. Hier ein hoch entwickeltes modernes Industrieland, – dort ein armes übervölkertes Entwicklungsland. Hier eine nukleare Weltmacht, die sich für ihre Sicherheit auf ihre eigene Abschreckungswaffe verlassen kann, – dort ein Land, das zwar im regionalen asiatischen Maßstab eine für seine Nachbarn erschreckende Großmacht darstellt, das aber vom Standpunkt der Weltpolitik entscheidend von der Lieferung moderner Waffen seitens des sowjetischen Verbündeten oder von dessen direkter Unterstützung abhängig ist.

Hier eine Weltmacht mit Beziehungen nach allen Seiten, mit direktem diplomatischem Kontakt mit dem Hauptgegner, mit einem kontinuierlich geführten weltpolitischen Spiel, – dort ein Land, das von einem großen Teil der Welt – insbesondere vom Hauptgegner, von den Vereinigten Staaten – diplomatisch isoliert ist, und mit ihm einen direkten territorialen Konflikt um Formosa hat.

Aus dieser Verschiedenheit der Interessenlagen ergaben sich zwangsläufig Gegensätze der Interessen, Gegensätze zunächst einfach um das Ausmaß, in dem die Sowjetunion China Hilfe leisten soll, darum also, daß sowjetische Kapitalhilfe für den Aufbau der chinesischen Industrie, sowjetische Waffenhilfe für den Schutz Chinas und die Entwicklung seiner modernen Militärmacht, sowjetische diplomatische Hilfe für die Verfolgung seiner unmittelbaren Ziele in der Prioritätsskala Chinas zwangsläufig einen weitaus höheren Platz einnimmt als in der Prioritätsskala der Sowjetunion. Es ergab sich zweitens ein Gegensatz der Sicherheitskonzeptionen. Für die Sowjetunion, die sich auf Grund ihrer Kernwaffen und Fernraketen gegen jeden beabsichtigten Angriff der anderen Seite sicher fühlt, ist die einzige Gefahr für ihre Existenz die Gefahr der Eskalation, der unvorhergesehenen Steigerung lokaler Konflikte zu einem nuklearen Weltkonflikt. Lokale Konflikte, wenn sie von der Sowjetunion auch keineswegs abgelehnt werden und manchmal bewußt hervorgerufen und ausgenutzt werden, müssen daher nach sowjetischer Auffassung immer der »Generallinie der friedlichen Koexistenz« untergeordnet werden, d. h. sie müssen unter Kontrolle gehalten werden, um eine solche Entwicklung über einen bestimmten Risikopunkt hinaus zu verhindern. Vom Standpunkt Chinas, das sich nicht grundsätzlich gegen einen Angriff gesichert fühlt, das aus seiner kommunistischen Ideologie heraus die Imperialisten noch immer als zum Angriff potentiell entschlossen sieht und über keine eigene Abschreckungswaffe verfügt, sind lokale Konflikte im Gegenteil der beste Weg, um die Kräfte des Gegners zu zersplittern und ihn nicht zum Generalangriff kommen zu lassen. Sie haben daher gegenüber der Diplomatie der Koexistenz in chinesischer Sicht Priorität.

Ein dritter Gegensatz betrifft die Rolle der Diplomatie selbst. Für die sowjetische Politik gehörte auch in den Jahren der weltweiten Offensive das Bemühen um Gipfelkonferenzen, das immer neue direkte Herantreten an die Führungsmacht der Gegenseite notwendig ins Spiel, genauso wie die Drohungen an der Peripherie. Sie konnte abwechselnd den vorgeschobenen Verbündeten der Vereinigten Staaten sagen, daß sie von den Vereinigten Staaten nicht mehr wirksam geschützt werden könnten und deshalb das Bündnis auflösen sollten, und den Vereinigten Staaten sagen, daß sie doch diese Störenfriede fallen lassen sollten, um zu einer weltweiten Verständigung zu kommen. Für China ist eine solche Doppelgleisigkeit in der Weltpolitik, ein solcher Wechsel zwischen lokalem Vorstoß und Gipfeldiplomatie nicht möglich; sooft daher die Sowjets in eine Phase der Gipfeldiplomatie eintreten, befürchtet China regelmäßig eine Verständigung auf seine Kosten.

Schließlich besteht ein vierter Gegensatz im Verhältnis der beiden kommunistischen Großmächte zu den exkolonialen neutralen Staaten. Das ist nicht in erster Linie ein Gegensatz der Doktrin, als ob China etwa freundliche Beziehungen nur mit kommunistischen Mächten wollte; China schafft sich durchaus seine eigenen, nicht kommunistischen Pufferstaaten, wie z. B. in Nepal, in Kambodscha, z. T. bereits in Burma, – aber China sieht keinen Nutzen darin, mächtig werdenden, wirklich unabhängigen neutralen Staaten Wirtschaftshilfe zu geben, die es selbst besser brauchen könnte: Es ist nicht einverstanden, wenn die Sowjetunion Hilfe nicht nur an kleine abhängige Puffer, sondern an Staaten wie Indien oder die Vereinigte Arabische Republik gibt. Für die Sowjetunion dagegen, die ihr diplomatisches Spiel in einem weltweiten, kontinuierlichen Feld spielt, wo jede Veränderung in der Stellung einer Figur die Situation aller andern Figuren beeinflußt, lohnt es sich auch, auf den Hauptgegner, die Vereinigten Staaten, dadurch indirekten Druck auszuüben, daß sie wichtige Neutrale in dieser oder jener Einzelfrage – etwa in Bezug auf ihre Abrüstungsvorschläge oder in der deutschen Frage – auf ihre Seite zu ziehen sucht; daher ist das ständige Umwerben der unabhängigen Neutralen für die Sowjets genauso sinnvoll und notwendig wie für den Westen.

Soweit der Katalog von Interessengegensätzen. Es ist offensichtlich, daß diese Gegensätze ihrer Natur nach zwar wichtig sind, besonders für China in seiner Position einseitiger materieller Abhängigkeit von den Sowjets, daß sie aber im Vergleich zu dem gemeinsamen Gegensatz des Blocks zur nicht-kommunistischen Welt als relativ sekundär erscheinen. Und dennoch hat die zuerst verdeckte und dann immer offenere Austragung dieser Gegensätze in den vergangenen fünf Jahren nicht etwa zu einem stabilen Kompromiß oder zu einer Reihe von Kompromissen geführt, sondern zu einem »ideologischen« Konflikt von stetig wachsender Bitterkeit. Der Grund liegt meiner Meinung nach darin, daß China angesichts der Unmöglichkeit, seine einseitige materielle Abhängigkeit zu kompensieren, indem es etwa nach dem »klassischen« Rezept mit dem Verlassen des Bündnisses drohte, sich zur Geltendmachung seiner Interessen im Rahmen des Bündnisses auf die ideologische Waffe angewiesen sah – darauf also, die Sowjets vor dem Forum der kommunistischen Weltbewegung des Mangels an revolutionärer Solidarität, des opportunistischen Prinzipienverrats anzuklagen.

Aber das ist eine ungemein gefährliche, vergiftete Waffe im Streit unter herrschenden totalitären Parteien mit gemeinsamer Doktrin, weil ja in einem solchen Regime die Fähigkeit zur »richtigen« Auslegung der Doktrin die eigentliche Herrschaftslegitimation der Führung ist: Wer die Führung der Bruderpartei öffentlich ideologischer Abweichungen anklagt, der bestreitet damit nicht nur ihr Recht zur Bestimmung der gemeinsamen Außenpolitik und zur Führung der Weltbewegung, sondern letzten Endes auch ihr Recht zur Herrschaft im eigenen Land. Darum die Versuche der Sowjets, noch auf der kommunistischen Weltkonferenz von Ende 1960 formell auf die führende Rolle in der Weltbewegung zu verzichten, um auf diese Weise den Streit zu entideologisieren und China diese gefährliche Waffe aus der Hand zu winden; darum aber auch das Scheitern aller Kompromißversuche, seit die chinesische Führung sich entschlossen zeigte, den ideologischen Kampf weiterzuführen. Denn während bei einem reinen Interessenkonflikt pragmatische Kompromisse mit Rücksicht auf höhere gemeinsame Interessen immer möglich sind, gibt es keinen Kompromiß zwischen Rechtgläubigkeit und Ketzerei, zwischen dem ideologischen Legitimitätsanspruch einer totalitären Führung und der ideologisch begründeten Leugnung dieses Anspruchs.

Das Ergebnis ist, daß sich seit dem offenen Aufbrechen der Gegensätze anläßlich des XXII. Parteitags der KPdSU im Herbst 1961 in zunehmendem Tempo zwei kommunistische Lager in der Weltpolitik und zwei einander bekämpfende, fraktionelle Zentren in der kommunistischen Weltbewegung herausgebildet haben. Zwischen diesen beiden Lagern hat das traditionelle Bündnis allenfalls noch die Bedeutung einer Art Rückversicherungsvertrag; man kann annehmen, daß es etwa in dem unwahrscheinlichen Falle eines mit amerikanischer Unterstützung unternommenen massiven Angriffs Tschiang Kai-scheks auf das chinesische Festland noch funktionieren würde. Aber die beiden Lager versuchen gar nicht mehr, ihre Weltpolitik im allgemeinen zu koordinieren, ja sie scheuen sich nicht im geringsten, einander in höchst kritischen Augenblicken direkt entgegenzutreten und Schwierigkeiten zu bereiten, wie das Verhalten Chinas während der Kubakrise und der Sowjets während des indisch-chinesischen Konflikts im Herbst 1962 gezeigt hat.

Es stellt sich also heraus, daß die gemeinsame Ideologie des kommunistischen Blocks sich keineswegs als eine Garantie der Überwindung von nationalen Interessengegensätzen in seinem Innern erwiesen hat. Im Gegenteil: sobald in einem solchen »ideologischen Block« sich die nationalen Interessen einer Pluralität unabhängiger Mächte geltend machen, erweist sich die Tendenz zur ideologischen Austragung der Interessengegensätze als ein Hindernis für pragmatische Kompromisse und damit als eine spezifische Gefahr für die Erhaltung der Einheit des Blocks. Vom Standpunkt der Frage, die wir uns hier gestellt haben, der Frage nach der Vereinbarkeit des Fortbestands der Blöcke mit der pluralistischen Austragung nationaler Teilinteressen in ihrem Innern, hat der kommunistische Block eben wegen seiner ideologischen Natur die Belastungsprobe sehr schlecht bestanden.

Und nun zum Schluß ein Wort über die Chancen einer Lösung dieser Probleme im Westen. Der Westen hat hier zwei Vorteile gegenüber dem kommunistischen Block. Das eine ist, daß er nicht in diesem Grade in die Gefahr der Ideologisierung seiner internen Streitigkeiten kommt. Ich sage: »nicht in diesem Grade«, denn man kann auch die Art von Streitigkeiten, die wir haben, ideologisieren und damit verschärfen, wenn man aus dem Führungsrecht der Führungsmacht oder aus der nationalen Souveränität ein ideologisches Prinzip macht, anstatt die konkreten Streitfragen pragmatisch zu diskutieren. Aber im großen und ganzen ist die Tendenz zur Ideologisierung auf Grund der Natur des Westens wesentlich geringer. Der andere Vorteil, ein Vorteil von Geburt an, besteht darin, daß der Westen sofort mit repräsentativen Institutionen zur Koordination der Teilinteressen angetreten ist. Die NATO und die OEEC und die spätere OECD sind auf dem Prinzip der einstimmigen Gestaltung der Politik aufgebaut worden, das, wo echte Teilsouveränitäten bestehen, nach wie vor das einzig mögliche Prinzip der Koordination bleibt. Der Westen hat dafür Formen gefunden, die dieses Prinzip der Einstimmigkeit in der Gestaltung der Politik, d. h. den Zwang zum Kompromiß, mit der Schaffung gemeinsamer ständiger Exekutivorgane, wie des Oberkommandos der NATO, kombinierten.

Aber das hat nicht gehindert, daß sich im westlichen Bündnis ernste Krisen gezeigt haben. Insbesondere hängt dieses Bündnis, gerade weil es weniger ideologisch ist, weil es nicht von einem positiven gemeinsamen ideologischen Ziel getrieben wird, in seinem Zusammenhalt stärker von der Intensität des äußeren Drucks ab. Die erste große Krise im westlichen Bündnis zwischen 1953–56 fiel mit der Schwächeperiode des kommunistischen Blocks und der Sowjetunion nach Stalins Tod zusammen, und das ist kein Zufall. Ich glaube tatsächlich, daß die damalige Krise, die in den Ereignissen von Suez gipfelte, die bisher größte Krise des westlichen Bündnisses gewesen ist. Ich teile nicht die verbreitete Auffassung, daß die Konfusion im westlichen Bündnis heute größer sei als je zuvor: z. Zt. von Suez war sie viel ärger. Der Gegensatz zwischen den alten Kolonialmächten einerseits, die damals die Führungsmacht nicht konsultierten und sie über ihre Absichten bis zum letzten Moment irreführten, und den Vereinigten Staaten andererseits, die im echten weltpolitischen Gesamtinteresse des Bündnisses, nämlich um ein Hineinjagen der gesamten blockfreien Nationen in den Ostblock zu verhindern, eine scharfe Gegenstellung gegen das Suezabenteuer einnehmen mußten, – dieser Gegensatz war weit schärfer als alles, was wir in der gegenwärtigen Krise des westlichen Bündnisses erleben. Wir haben heute noch Nachzügler dieser Art von Gegensatz, ich denke z. B. an die Rückzugsgefechte der kolonialen Mächte in Katanga, aber im ganzen ist das Problem der Entkolonialisierung in seiner geschichtlichen Lösung begriffen.

Der Gegensatz heute dreht sich primär um die europäische Politik selbst, um die Verteidigung Europas, vielleicht potentiell um den künftigen Weg zur Befreiung Osteuropas. Wenn der Gegensatz in dieser neuen Form akut geworden ist, so möchte ich sagen, daß ich nicht glaube, daß das in erster Linie an der Erstarkung Europas liegt. Es gibt eine Erstarkung Westeuropas relativ zu den Vereinigten Staaten auf wirtschaftlichem Gebiet und, soviel ich bisher sehen kann, nur auf wirtschaftlichem Gebiet; und ich glaube, daß die politische Relevanz dieser wirtschaftlichen Erstarkung, die Relevanz für die Verteidigungsfrage oft weit überschätzt wird. Der wirkliche Grund, warum neue Gegensätze aufgetreten sind, liegt vielmehr in der erhöhten Verwundbarkeit der Vereinigten Staaten seit der Aufstellung von interkontinentalen Raketen und in dem dadurch bedingten Akutwerden des Unterschiedes der geographischen Verteidigungssituation, von dem ich vorhin gesprochen habe. Er liegt mit anderen Worten nicht in einer real wachsenden

Unabhängigkeit Westeuropas von der Führungsmacht, sondern im wachsenden Unbehagen über die fortbestehende Abhängigkeit. In diesem Sinne sind die Faktoren der gegenwärtigen Krise im westlichen Bündnis denen der Krise im kommunistischen Bündnis vergleichbar: ich glaube, daß auch China stärker abhängig geblieben ist als es erwartete, und daß es gerade dagegen rebelliert, und das ist auch mit Westeuropa trotz der französischen Atombombe der Fall. Weltpolitisch gesprochen sind die wirklichen »Papiertiger« der Gegenwart Mao Ze-dong und de Gaulle – mit dem Unterschied natürlich, daß Mao Ze-dong im regionalen asiatischen Maßstabe alles andere als ein Papiertiger ist.

Die Entwicklung dieser neuen Auseinandersetzungen innerhalb des westlichen Bündnisses auf Grund der Verwundbarkeit der Vereinigten Staaten, auf Grund des Akutwerdens der geographischen Verschiedenheiten der Situation verlangt offenbar nach neuen institutionellen Lösungen. Ich glaube nicht, daß solche Lösungen unmöglich sind; ich glaube aber, daß sie nur innerhalb gewisser Grenzen möglich sind. Wenn es wahr ist, daß wir auf absehbare Zeit mit der Erhaltung der Bipolarität rechnen müssen, daß also eine Vertretung von Teilinteressen einzelner Nationen oder Nationengruppen einstweilen nur *innerhalb* des Bündnissystems möglich ist, dann folgt daraus auch, daß diese Vertretung von Teilinteressen, obwohl sie heute stärker hervortritt als früher, an bestimmte Grenzen gebunden bleibt. Um nur ein Beispiel zu nehmen, keine repräsentative Institution, kein Kompromiß, keine Serie von Auseinandersetzungen kann die Unumgänglichkeit des strategischen Oberbefehls der Führungsmacht in einem Militärbündnis, solange das Bündnis notwendig ist, aus der Welt schaffen.

Aber das bedeutet, daß, solange die bipolare Konstellation in der Welt fortbesteht, – und das hängt am Charakter des Sowjetregimes und an nichts sonst – die Hauptquelle aller Macht die Stärke der Führungsmacht bleibt. Die anderen Verbündeten, die ihre eigenen nationalen oder gruppenmäßigen Sonderinteressen stärker zur Geltung bringen wollen, können nur durch gemeinsame Institutionen auf die Ausübung dieser Macht erhöhten Einfluß erringen. Das scheint mir heute die konkrete Aufgabe in der Gestaltung des westlichen Bündnisses zu sein; doch der Unterschied zwischen selbständiger Macht und erhöhtem Einfluß auf die Führungsmacht – das genau bleibt in der bipolaren Welt nach meiner Überzeugung die Grenze der Vertretung nationaler Interessen.

III.
Krisen der Großmächte (1965–1968)

Die Neugruppierung der Großmächte in einem Dreieck, das durch das auf absehbare Zeit wesentlich schwächere weltpolitische Machtpotential Chinas verglichen mit den beiden Supermächten ungleichseitig gemacht wird, wurde durch kritische Strukturveränderungen des sowjetischen und chinesischen Regimes und durch ideologisch bedingte Fehlentwicklungen in den Vereinigten Staaten und China kompliziert.

Die Arbeit über das Absterben der russischen Revolution sucht zu zeigen, daß die Sowjetunion im Laufe der Ära Chruschtschow in eine nachrevolutionäre Periode eingetreten war, und daß sein Sturz auf seine Versuche zurückzuführen ist, die Rolle eines dynamischen, volkstümlichen Führers unter Bedingungen zu spielen, die der Entwicklung einer bürokratischen Oligarchie mit festen Verfahrensregeln günstiger sind. Der Sieg dieser Oligarchie könnte auch eine rationalere und berechenbarere, weniger ideologische und weniger sprunghafte Außenpolitik einleiten.

Der seinerzeit viel diskutierte Aufsatz über Amerikas Irrweg in Vietnam stellte 1965 die These auf, daß eine politische *Unterstützung Südvietnams durch die USA im Widerstand gegen kommunistische Gewalt von innen und außen zwar legitim, aber für Amerika nicht lebenswichtig war, und daß daher der drohende Zusammenbruch eines Regimes, das sich als unfähig erwiesen hatte, die Gegner der kommunistischen bewaffneten Aktion zu einer soliden politischen Kraft zu formieren, nicht durch amerikanischen* militärischen *Einsatz von außen verhindert werden konnte oder sollte. Er suchte auch zu zeigen, daß der Entschluß Präsident Johnsons zur direkten bewaffneten Intervention auf der Fehleinschätzung beruhte, der Vietnam-*

krieg sei der Beginn einer Großoffensive Chinas in Südostasien, für die in der Tat sowohl der Wille wie die Macht fehlten, und warnte vor den Konsequenzen dieser »ideologischen« Politik für den inneren Zusammenhalt der USA und für den Zusammenhalt des atlantischen Bündnisses.

Die Studie über Maos letzte Revolution hat schon im Frühjahr 1967 die verhängnisvolle Rolle des spätmaoistischen, ideologischen Kampfes gegen ökonomische Rationalität für China in einer Weise analysiert, die sich seither voll bestätigt hat. So hat sowohl die amerikanische wie die chinesische Politik dieser Jahre es der Sowjetunion erleichtert, sich von dem doppelten Schock der kubanischen Niederlage und des Bruchs mit China relativ schnell zu erholen. Der vierte Aufsatz ist ein Auszug aus einer umfangreicheren Abhandlung über den »Prager Frühling« und die sowjetische Invasion der Tschechoslowakei im August 1968. Der volle Text ist in englischer Sprache unter dem Titel »The Sparrow in the Cage« (»Der Spatz im Käfig«) erschienen. Der hier abgedruckte einleitende Abschnitt behandelt die Entwicklung der sowjetischen Europapolitik von Chruschtschows Sturz bis zur tschechoslowakischen Krise. Die Sowjetunion nutzt in dieser Zeit zunächst die Präokkupation der Amerikaner (mit Vietnam) und der Chinesen (mit ihrer Kulturrevolution) aus, um Moskaus Einfluß in Europa zu konsolidieren und hier die Initiative zurückzugewinnen. Von 1967 an aber fiel die Sowjetunion unter dem Eindruck der ersten Anfänge der neuen deutschen Ostpolitik vorübergehend wieder in eine defensive Verkrampfung zurück. Die Invasion der Tschechoslowakei stellt den Höhepunkt jener Erstarrungsphase dar, die dem schließlichen Übergang zur Entspannung unmittelbar vorausging.

1. Vom Absterben der Russischen Revolution

Zu Chruschtschwows Sturz durch die Parteioligarchie

Der Sturz von Nikita Sergejewitsch Chruschtschow, nach elf Jahren als erster Sekretär und sieben Jahren als unbestrittener Führer der sowjetischen kommunistischen Partei, durch das Präsidium und Zentralkomitee dieser Partei ist ein Ereignis ohne Vorbild in der Geschichte der modernen Parteidiktaturen. Die Absetzung Benito Mussolinis durch den faschistischen Großrat im Juli 1943 – die formale Analogie, an die man am ersten denken könnte – erfolgte unter dem Druck der militärischen Niederlage, als alliierte Truppen bereits auf italienischem Boden standen; und selbst damals wurde sie nur durch die Querverbindungen der innerparteilichen Gegner des Diktators mit dem König und den Führern einer Armee ermöglicht, die niemals unter die effektive Kontrolle der herrschenden Partei gebracht worden war – also durch die Tatsache, daß die faschistische Herrschaft über Italien niemals im vollen Sinne »totalitär« gewesen war. Im Gegensatz dazu erfolgte Chruschtschows »Rücktritt« ohne jede akute äußere Krise der Sowjetmacht; und soweit die Streitkräfte und die Sicherheitsdienste bei seiner Ausschaltung eine Rolle gespielt haben – worüber es viel Spekulationen in der Presse des Westens, aber kaum verläßliche Fakten gibt –, können sie das nur im Rahmen ihrer formellen Unterordnung unter die Partei als alleinigen Träger der politischen Macht getan haben. Schließlich hatte Chruschtschow seine ungeteilte Führerrolle im Laufe der Jahre von 1953 bis 1957 eben als Vorkämpfer der unteilbaren Vormacht der Partei in der Sowjetunion errungen. Nun verstieß ihn gerade *die* Institution, deren Sieg zu sichern er damals entscheidend beigetragen hatte.

Daß sie es konnte, war dennoch eine Überraschung – nicht nur für Chruschtschow selbst, sondern auch für westliche Beobachter des politischen Systems der Sowjetunion. Wir wußten natürlich, daß einer der Unterschiede zwischen Chruschtschows Führerrolle und der persönlichen Despotie Stalins eben darin bestand, daß Chruschtschow *innerhalb* des institutionellen Mechanismus der Parteiherrschaft operieren mußte; wir wußten auch, daß er weit davon entfernt war, über seine Kollegen die einzigartige Autorität Lenins zu besitzen. Anzeichen, daß in den leitenden Parteiorganen Widerstand gegen seine politischen Vorschläge ungestraft möglich war und sich gelegentlich auch durchsetzen konnte, hatten sich im Laufe der Jahre angesammelt, und die Tatsache wurde nicht ernstlich bestritten. Doch dem stand gegenüber, daß er im Laufe weniger Jahre alle potentiellen Rivalen von Gewicht und Ansehen – Beria und Malenkow, Molotow, Schukow und Bulganin – besiegt, daß er zusätzlich zum Amt des ersten Sekretärs der Partei den Vorsitz über ihr neugeschaffenes Büro für die russische föderative Republik und schließlich die Rolle des Regierungschefs der Sowjetunion gewonnen hatte; und daß er vorsichtig genug gewesen war, für jede dieser

Rollen verschiedene Stellvertreter zu ernennen, und sogar seine vermuteten »Kronprinzen« im Sekretariat von Zeit zu Zeit auszuwechseln.

Aus diesen Tatsachen hatten viele westliche Beobachter, den Schreiber dieser Zeilen eingeschlossen, gefolgert, daß Chruschtschow wohl von Zeit zu Zeit widerstrebenden Mehrheiten im Parteipräsidium nachgeben müsse, daß seine Stellung aber stark genug sei, um die Bildung einer seiner allgemeinen Linie systematisch opponierenden Fraktion zu verhindern, und die Anstifter etwaiger Versuche in dieser Richtung aus der Führung zu entfernen. Demgegenüber hatte eine andere Schule westlicher Sowjetologen die sichtbaren Inkonsequenzen und Zickzacks der sowjetischen Politik als Beweis einer systematischen Herausforderung von Chruschtschows Führungsrolle durch eine Fraktion »konservativer« Gegner seiner Reformmaßnahmen gedeutet.

Doch der tatsächliche Ausgang hat keine von beiden Auffassungen bestätigt. Wohl gibt es viele Anzeichen, daß Chruschtschows Politik im Winter und Frühjahr 1962/63 tatsächlich von einer konservativen Gruppe um F. R. Koslow ernstlich herausgefordert wurde, doch ist es nun klar, daß er jene kritische Phase erfolgreich überstanden und anschließend seine Stellung durch die Aufnahme von Breschnew und Podgorny ins Sekretariat, die beide seine Politik loyal unterstützten, erneut verstärkt hatte. Überdies ist er am Ende keineswegs von seinen damaligen konservativen Kritikern abgelöst worden, sondern von den Männern, die er selbst als seine Nachfolger vorgesehen hatte und die sich beeilt haben, ihr Bekenntnis zu den Beschlüssen der drei Chruschtschowschen Parteitage und zu dem von den Pekinger Dogmatikern bitter bekämpften, »revisionistischen« Programm von 1961 zu erneuern. Dies legt den Schluß nahe, daß der wesentliche Grund für Chruschtschows Sturz nicht eine bedeutende Meinungsverschiedenheit über seinen außen- oder innenpolitischen Kurs, sondern vielmehr der institutionelle Streit um die Machtverteilung zwischen dem Führer und den höchsten statutarischen Organen der herrschenden Partei war. Tatsächlich scheint die Parteibürokratie einen Grad von oligarchischer Solidarität entwickelt und ein Maß von kollektiver Kontrolle durchgesetzt zu haben, wie wir es bisher aus keinem totalitären Staate kennen.

Im Rückblick ist es möglich, zu der Auffassung zu kommen, daß ein erheblicher Teil der inneren Geschichte der Ära Chruschtschow sich um diese institutionelle Streitfrage gedreht hat. Als Chruschtschow Stalins Willkürherrschaft nicht nur wegen ihrer Gesetzlosigkeit und Grausamkeit, sondern auch wegen der Mißachtung des Parteistatuts und der mangelnden Bereitschaft anklagte, politische Entscheidungen regelmäßigen Tagungen der Parteikongresse, des Zentralkomitees und des Politbüros vorzulegen, hatte er damit effektiv der Parteibürokratie ein doppeltes Versprechen gegeben: daß er nicht die Geheimpolizei auf sie hetzen und daß er sie statutengemäß konsultieren würde. Indem Chruschtschow den Primat der Partei über die anderen Machtapparate durchsetzte, mit deren Hilfe Stalin ihren Einfluß begrenzt hatte, war er von der Parteimaschine zunehmend abhängig geworden. Diese Abhängigkeit und jene Versprechen waren der Preis, den er für seinen Aufstieg an die Spitze der Macht als Exponent der herrschenden Partei hatte zahlen müssen; und viele seiner späteren Handlungen, von der Übernahme der Ministerpräsidentschaft im März 1958 angefangen, lassen sich am besten als Teil seines Bemühens verstehen, sich aus den Fesseln zu befreien, die er sich damit selbst angelegt hatte.

Eines der Merkmale von Chruschtschows Führungsstil war seine Neigung, an »das Volk« gegen »die Bürokraten« zu appellieren, und es wäre ganz falsch zu glauben, daß mit den »Bürokraten« nicht auch die »Apparatschiki« der Partei gemeint waren – zumindest in den späteren Jahren. Dies anti-oligarchische Element war besonders deutlich in Chruschtschows Erziehungsreform – einer Maßnahme, die auf besonders starken Widerstand stieß.

Die frühen Konflikte über die Behandlung der geschlagenen »parteifeindlichen Gruppe« sollten im gleichen Licht gesehen werden. Es gibt erhebliche Anzeichen dafür, daß auf dem 21. Parteitag Anfang 1959 ein erfolgloser Versuch unternommen wurde, Malenkow, Molotow und Kaganowitsch aus der Partei mit der möglichen Absicht auszuschließen, sie später für ihre Mitschuld an Stalins Verbrechen vor Gericht zu stellen. Die Ansicht, daß Chruschtschow etwas derartiges wünschte, erscheint höchst plausibel im Lichte seiner veröffentlichten Äußerungen auf dem vorhergehenden Plenum des Zentralkomitees im Dezember 1958. Doch daraus folgt keineswegs, daß die erfolgreichen Gegner dieses Versuchs, zu denen der größte Teil des Präsidiums gehört zu haben scheint, politische Gegner der Entstalinisierung waren: unter ihnen ragte Mikojan hervor, der als allererster auf dem 20. Parteitag Stalin öffentlich kritisiert hatte, und Suslow, der – trotz häufiger entgegenstehender Behauptungen – die stalinistische Vergangenheit nicht weniger konsequent kritisiert hat, aber einen großen Teil seines Ansehens in der Parteioligarchie seiner wachsamen Verteidigung der Parteiinstitutionen gegen die Tendenz zu einem »Persönlichkeitskult« für Chruschtschow zu verdanken scheint. So scheint die Erklärung dafür, daß Chruschtschow 1959 der Ausschluß seiner geschlagenen Rivalen mißlang, nicht in fraktionellem Widerstand gegen die Entstalinisierung, sondern in der kollektiven Opposition des Präsidiums gegen Maßnahmen gelegen zu haben, die Chruschtschow die gefährliche Waffe der »Säuberung« in die Hand hätten geben können.

Weiter versuchte Chruschtschow vom Dezember 1958 an, seine Abhängigkeit vom Zentralkomitee dadurch zu verringern, daß er dessen Sitzungen in halböffentliche Vorstellungen verwandelte, zu denen Hunderte oder sogar Tausende außenstehende »Experten« für das jeweilige Hauptthema eingeladen wurden – Kolchosenvorsitzende und Agronomen, industrielle Betriebsleiter und Techniker, Wirtschaftsfachleute, Naturwissenschaftler oder Vertreter der Literatur. Teile der ZK-Sitzungen blieben zwar den Mitgliedern und Kandidaten vorbehalten, und ihre Debatten blieben geheim; doch Protokolle der erweiterten Sitzungen wurden veröffentlicht – einschließlich der häufigen Zwischenrufe Chruschtschows, wenn andere Parteihierarchen sprachen. Diese Verwässerung der Sitzungen des Zentralkomitees lief auf eine ernste Abwertung ihres beratenden Chrakters hinaus; das Versprechen, alle wichtigen Entscheidungen regelmäßigen Tagungen vorzulegen, wurde formell eingehalten – doch deren Einfluß auf die Politik wurde geschickt untergraben.

So war es unvermeidlich, daß das kleine Präsidium, das allein vor dem grellen Licht demagogischer Publizität geschützt blieb, zum eigentlichen Brennpunkt für den oligarchischen Widerstand gegen die Tendenz zu einem persönlichen Regime des ersten Sekretärs wurde. Im Gegensatz zum so viel zahlreicheren Zentralkomitee waren die Mitglieder des Präsidiums jeweils für bestimmte Sektoren der Partei- oder Staatsangelegenheiten verantwortlich und hatten auch praktische Erfahrungen auf anderen Gebieten. Im Gegensatz zum Sekretariat wiederum war das Präsidium kein reines Exekutivorgan für die disziplinierte Durchführung von Beschlüssen anderer, sondern ein politisches Entscheidungsorgan von Mitgliedern mit gleichem Stimmrecht. Dennoch wurde es oft durch öffentliche politische Reden des ersten Sekretärs herausgefordert, der die Entscheidungen des Präsidiums vorwegzunehmen suchte, indem er schon vorher seine Auffassungen verteidigte und andere

Standpunkte angriff. In den letzten zwei Jahren seiner Amtszeit hatte Chruschtschow sogar begonnen, einige der politischen Memoranden veröffentlichen zu lassen, die er den Mitgliedern des Präsidiums vor kritischen Sitzungen zugeleitet hatte – was den Lesern erlaubte, nicht nur seine Initiativen zu bewundern, sondern auch aus dem Unterschied zwischen diesen Memoranden und den späteren Beschlüssen das Ausmaß des Widerstandes gegen sie abzulesen.

Doch der Hauptschlag, den Chruschtschow sowohl gegen den oligarchischen Zusammenhalt der Parteibürokratie im allgemeinen wie gegen die Autorität des Präsidiums im besonderen richtete, war zweifellos die dramatische Umorganisation der Partei vom November 1962: Ihre Teilung in getrennte industrielle und landwirtschaftliche Sektoren von der Basis bis zur Ebene der nationalen Republiken, und die gleichzeitige Schaffung eines neuen Organs für Partei- und Staatskontrolle mit erheblichen Vollmachten. Es gab natürlich auch andere Gründe für diese Maßnahme: Wie noch zu zeigen sein wird, diente die Umorganisation auch dem Bemühen, die Parteiherrschaft in einer Periode der Konzentration auf die nicht-revolutionären Aufgaben des wirtschaftlichen Aufbaus zu bewahren, indem man sie diesen Aufgaben anpaßte und ihre Legitimation auf das wirtschaftliche Gebiet verschob. Doch gleichzeitig lief die Umorganisation auf eine allgemeine Beschränkung der Rolle der formell gewählten und zu politischen Beschlüssen berechtigten Partei*komitees* zugunsten neuer, auf Management eingestellter *»Büros«* für Industrie und Landwirtschaft hinaus, die von oben ernannt wurden und dem zentralen Parteisekretariat verantwortlich waren.

Überdies mußte die durchgehende Schaffung neuer Organisationseinheiten zu massenhaftem Stellenwechsel des Personals der Parteibürokratie auf allen Ebenen führen, wobei wiederum die Auswahl in den Händen des Sekretariats liegen würde. Und schließlich sollte der Leiter des neuen Komitees für Partei- und Staatskontrolle, das alle Beschwerden der Bevölkerung gegen die Staats- und Parteibürokratie sammeln und die schuldig Befundenen nach eigenem Ermessen säubern sollte, A. N. Schelepin sein – ein Mitglied des Sekretariats, der im Zusammenhang seiner neuen Arbeit auch den Posten eines stellvertretenden Ministerpräsidenten bekam, ohne gleichzeitig ein Mitglied des Parteipräsidiums zu werden. Es gab keinen Präzedenzfall dafür, daß ein Mann gleichzeitig dem Sekretariat und der Sowjetregierung angehörte, ohne einen Sitz im Parteipräsidium zu haben – und dies zeigte deutlich

Chruschtschows Wunsch, den Chef des neuen Kontrollorgans als seinen persönlichen Untergebenen zu behalten – außerhalb der Debatten des höchsten politischen Organs. Die Absicht, dies Organ zu umgehen, war in der Tat so greifbar, daß während der entscheidenden Sitzung des Zentralkomitees nur zwei Präsidiumsmitglieder außer Chruschtschow – Podgorny und Woronow – zugunsten von dessen Vorschlag sprachen.

Aber Chruschtschows geplanter »Parteistreich« ist nie voll durchgeführt worden. In den Monaten, die dem Plenum vom November 1962 folgten, wurde zwar die Teilung der Parteiorganisation in industrielle und landwirtschaftliche Sektoren verwirklicht; doch es gelang dem Präsidium, sowohl die personellen Umbesetzungen wie die Vollmachten des neuen »Komitees für Partei- und Staatskontrolle« erheblich zu beschränken. Während der gleichen Zeit wurde eine Kampagne für die Verstärkung der Parteikontrolle über die sowjetische Literatur und Kunst, die Chruschtschow selbst mit in Gang gesetzt hatte, für den bisher ernstesten Gegenangriff auf den ersten Sekretär benutzt, dessen Glanz bereits durch seine wiederholten Mißerfolge in der Landwirtschaft, der Außenpolitik und der internationalen kommunistischen Bewegung getrübt war. Diesmal betraf der Angriff den *Inhalt* seiner Politik und nicht nur die institutionelle Frage: er war von Forderungen nach einer Einstellung der Entstalinisierung begleitet, und Chruschtschow wurde in die Lage versetzt, sein eigenes Verhalten in der Stalinzeit rechtfertigen zu müssen. Es scheint jedoch, daß seine Gegner zu weit gingen, und im Frühjahr 1963 war Chruschtschow in der Lage, eine Fraktion zurückzuschlagen, deren Linie den realen Interessen der Sowjetunion nicht entsprach, und die Billigung seiner Haltung in der Frage des Atomversuchsstops und der Befreiung der sowjetischen Politik vom chinesischen Druck durchzusetzen.

Immerhin war die Warnung sichtbar genug gewesen: Chruschtschow konnte, trotz der politischen Rückschläge auf verschiedenen Gebieten, noch immer die Rolle des Führers behalten – aber er konnte angesichts dieser Rückschläge nicht mehr seine persönliche Macht vergrößern und sich von institutionellen Kontrollen befreien. Doch sobald die gute Ernte von 1964 eine günstigere Atmosphäre schuf, scheint er erneut eine Erweiterung seiner persönlichen Macht versucht zu haben. So rief er Ende September, während Vorbereitungen für eine Novembersitzung des Zentralkomitees schon im Gange waren, ein gemeinsames Treffen des Parteipräsidiums, des Ministerrats, der Chefs der verschiedenen Planungsorgane, der Provinzsekretäre der Partei und der Leiter der regionalen Wirtschaftsräte, aber ohne die übrigen Mitglieder des Zentralkomitees zusammen, und benutzte diese ganz »irreguläre« Versammlung, um seine Vorschläge für einen langfristigen Wirtschaftsplan in einer höchst populären, konsumfreundlichen Richtung zu lancieren.

Der Bericht über diese Rede, der mit einigen Tagen Verspätung am 2. Oktober in der »Prawda« erschien, war unvollständig und spiegelte so den Konflikt wider, der damals im Gange gewesen sein muß. Es war Chruschtschow zwar gelungen, die statutarischen Parteiorgane vor ihrer Entscheidung unter einen gewissen öffentlichen Druck zu setzen, doch dieser Teilerfolg trug keine Frucht. Es mag sogar just diese Aktion gewesen sein, zusammen mit Gerüchten über einen Plan Chruschtschows, seinen Schwiegersohn mit einer neuen Umorganisation der Landwirtschaft zu beauftragen, die schließlich seinen Sturz herbeiführte – einen Sturz nicht durch die Gegner seiner Politik allein, sondern durch eine Einheitsfront der Oligarchie zur Verteidigung satzungsgemäßer Entscheidungsverfahren.

Kaum war Chruschtschow aus dem Wege, da beeilten sich die Sieger denn auch schon, rückgängig zu machen, was von der Umorganisation des Novembers 1962 übrig war: Sie beschlossen, die separaten industriellen und landwirtschaftlichen Parteiorganisationen wieder auf territorialer Basis zu vereinigen; sie behielten die notwendigen personellen Umbesetzungen der kollektiven Entscheidung der Präsidiums vor; und sie beförderten Chruschtschows Günstling Schelepin, der vermutlich im kritischen Augenblick zu ihnen übergegangen war, zur Mitgliedschaft im Präsidium – und brachten so den Kontrolleur unter Kontrolle.

Aber so gewiß diese Interpretation der Politik der Ära Chruschtschow als eines zähen, doch letztlich vergeblichen Kampfes des Führers um den Ausbruch aus den institutionellen Grenzen seiner Macht im Lichte des Endes plausibel erscheint, so gewiß bleibt sie für sich allein unbefriedigend. Wir müssen weiter fragen: Wie konnte ein totalitäres System, das von seiner Entstehung an auf die Führung *eines* Mannes eingerichtet war, und das immer noch deutlich die sichtbare Verkörperung seiner Autorität in einer Person brauchte – wie konnte ein solches System einen oligarchischen Zusammenhalt hervorbringen, der sich wieder und wieder als stark genug erwies, die ehrgeizigen Pläne eines Führers von Chruschtschows vitaler Energie und demagogischer Begabung zu durchkreuzen? Für eine Antwort auf diese Frage müssen wir unseren Blick über die Mechanik der Institutionen der Herrschaft hinaus auf die grundlegenden Veränderungen in der gesellschaftlichen und politischen Dynamik des sowjetischen Gesamtsystems richten – Veränderungen, die von künftigen Historikern einmal als das Hauptergebnis der Chruschtschowschen Übergangsperiode angesehen werden mögen.

Der Ausgangspunkt dieser Veränderung war die Preisgabe des Massenterrors als Herrschaftsmittel. Stalin hatte verstanden, daß totalitäre Herrschaft auf die Dauer nur durch immer neue »Revolutionen von oben« aufrechterhalten werden konnte – durch den rücksichtslosen Gebrauch der Staatsmacht zur Umwälzung der Gesellschaft in Richtung auf das ideologische Ziel, und zur Verhinderung des Gerinnens ihrer Struktur in eine feste, stabile Form. 1937 hatte er dies *arcanum regni* in seiner berüchtigten These ausgedrückt, daß der Klassenkampf notwendig schärfer werden müsse, je weiter der sozialistische Aufbau fortschreite. 1952 hatte er in seiner letzten Schrift über »Ökonomische Probleme des Sozialismus in der UdSSR« darauf bestanden, daß der Übergang zur höheren Stufe des Kommunismus nicht durch eine bloße Verbesserung der Produktivität und der organisatorischen Effizienz erreicht werden könne, sondern eine neue strukturelle Umwälzung zur Verwandlung der Kolchosbauern in staatliche Arbeiter erfordere. Wenn diese nächste Drehung der Schraube der immer neuen Revolution eine neue Massenanwendung von Gewalt erfordert hätte, so würde Stalin davor nicht zurückgeschreckt sein.

Doch die ökonomischen Unkosten wiederholter gewaltsamer Umwälzungen, die während der Periode der forcierten Industrialisierung Rußlands erträglich gewesen waren, mußten als nicht mehr akzeptabel erscheinen, sobald eine industriell reife Sowjetunion im Wettbewerb mit andern reifen Industrieländern um weitere Fortschritte der Produktivität zu kämpfen hatte. Durch ihre Auflösung der meisten Arbeitslager und ihre Maßnahmen zur Hebung der Einkommen der Kolchosbauern und der ungelernten Arbeiter hatten Stalins Erben bewußt das Schwergewicht ihrer Antriebshebel vom Zwang auf Anreize verschoben. Mit seiner Verwerfung der Stalinschen Lehre von der zunehmenden Verschärfung des inneren Klassenkampfes und der Stalinschen Praxis der Blutsäuberungen hatte Chruschtschow ein Ende der Rolle des Massenterrors als eines Kernelements des sowjetischen politischen Systems proklamiert.

Diese Abkehr von massiver Gewaltanwendung als Herrschaftsmethode bedeutete zunächst in Chruschtschows Denken noch keinen Verzicht auf weitere revolutionäre Veränderungen in der gesellschaftlichen Struktur der Sowjetunion. Er war zugleich ein Advokat der Modernisierung *und* ein gläubiger Ideologe, und hielt den ideologischen Imperativ, der staatlich dirigierte gesellschaftliche Umwälzungen forderte, für vereinbar mit dem ökonomischen Imperativ eines stetigen Wachstums der Produktion unter dem Antrieb materieller Anreize: War nicht dies die einzig mögliche Rechtfertigung für das Unternehmen, gleichzeitig den Primat einer ideologischen Partei wiederherzustellen und auf die Modernisierung ihrer Herrschaftsmethoden zu drängen? Als Chruschtschow Ende 1958 auf die Herausforderung der chinesischen »Volkskommunen« mit der Entwicklung seiner eigenen Vorstellungen für den »Aufbau des Kommunismus« reagierte, betonte er, daß dies Ziel nur auf Grundlage der fortgeschrittensten Technik erreichbar sei; doch er hielt zugleich an Stalins These fest, das Verschwinden des strukturellen Unterschieds zwischen Kollektivgütern und Staatsgütern sei eine Vorbedingung für die Erreichung der »höheren Stufe«.

Freilich sah er den konkreten *Weg* nach vorne völlig anders. Denn während Stalin einen zentral organisierten Naturaltausch zwischen den Kolchosen und der staatlichen Industrie als Mittel zur Überwindung des Restes kollektivwirtschaftlicher Unabhängigkeit vorsah, glaubte Chruschtschow an die Notwendigkeit, die Produktivität der Kolchosen gerade dadurch zu heben, daß alle ihre Kosten und Einkommen endlich in Rubeln vergleichbar gemacht würden; so stärkte er faktisch ihre Unabhängigkeit, indem er ihnen ermöglichte, die Bestände der Maschinen-Traktoren-Stationen zu erwerben, und indem er ihre verschiedenartigen Verpflichtungen zu Naturallieferungen durch Verkäufe an den Staat zu einem einheitlichen Preis ablöste. Dennoch bestand er in seiner Rede auf dem 21. Parteitag Anfang 1959 und noch auf dem Dezemberplenum des Zentralkomitees im gleichen Jahr auf strukturellen Veränderungen der Kolchosen als Erfordernis des Übergangs zum Kommunismus, und insbesondere auf konkreten Maßnahmen nicht nur zur Ersetzung der Entlohnung der Kolchosbauern nach der »Arbeitstag-Rechnung« durch feste monatliche Barvorschüsse, sondern zur Einschränkung der privaten Landstücke und Viehbestände der Bauern und zu ihrer Umsiedlung in »Agrarstädte«, in denen die privaten Landstücke ganz verschwinden würden.

In der Praxis jedoch erwiesen sich die von Chruschtschow propagierten Strukturveränderungen als unvereinbar mit einem stetigen Anwachsen der landwirtschaftlichen Produktivität. Überall, wo die Bauern »überredet« wurden, ihr privates Vieh der Kolchose zu verkaufen, waren die Ergebnisse so entmutigend, daß den ersten Erfolgsmeldungen über solche Verkäufe alsbald Warnungen an die örtlichen Parteifunktionäre folgten, die Anwendung von unzulässigem Druck zu vermeiden. Die Erfordernisse ökonomischer Rationalität und ideologischer Umwälzung standen so offenbar im Konflikt miteinander, und eine Wahl mußte getroffen werden. Das neue Parteiprogramm von 1961 enthielt die Antwort: Hier erschienen die Verringerung und schließliche Abschaffung der privaten Landstücke und Viehbestände nicht mehr als konkrete Aufgaben für die Aktion der Partei, sondern wurden lediglich als langfristige Resultate einer Zunahme der Produktivität der Kolchosen erwartet, die den Bedarf der Bauernfamilien für eigene Privatproduktion beseitigen würde. So wurde die Aufgabe des »Aufbaus des Kommunismus« erstmals nicht als die Durchsetzung struktureller Umwälzungen, sondern lediglich als der Kampf um quantitative Verbesserungen von Produktivität und Lebensstandard definiert.

Das Parteiprogramm von 1961 markierte somit das Ende der Festlegung der sowjetischen Kommunisten auf die Erzwingung immer neuer »Revolutionen von oben« in der sowjetischen Gesellschaft. In der Tat war eine Festlegung auf die Beendigung solcher Revolutionen in der politischen These des Programms impliziert, der Sowjetstaat habe nach dem Verschwinden aller feindlichen und ausbeuterischen Klassen aufgehört, eine »Diktatur des Proletariats« zu sein, und sei ein »Staat des ganzen werktätigen Volkes« geworden – mit andern Worten, der These vom Ende des Klassenkampfes innerhalb der Sowjetunion. Im Gegensatz zu Chruschtschows urpsrünglicher Vorstellung hatte es sich als unmöglich erwiesen, die gesellschaftliche Struktur weiterhin gemäß ideologisch vorgegebenen Plänen umzuwälzen, *ohne* Massenterror anzuwenden; und zum ersten Mal seit der Konsolidierung einer totalitären Parteiherrschaft in Rußland hatte sich so die ökonomische Dynamik der sowjetischen Gesellschaft als stärker gezeigt denn die ideologische Dynamik des totalitären Systems. Das Programm lief auf eine Zusicherung an alle Sowjetbürger hinaus, daß sie künftig ihrem Tagewerk ohne Furcht vor der Erzwingung weiterer gesellschaftlicher Umwälzungen durch die Partei würden nachgehen können: Es kündigte, wenngleich in der Sprache marxistisch-leninistischer Umschreibungen, das Absterben der Revolution an. Insofern hatten die Chinesen recht, als sie es als ein »revisionistisches« Dokument verdammten.

Doch gleichzeitig diente das Programm keineswegs dem Zweck, das Absterben der Einpartei-Herrschaft zu verkünden. Im Gegenteil erhob es den Anspruch, daß diese Herrschaft, die nun von einer »Partei des ganzen Volkes« ausgeübt werde, nicht mehr diktatorischen Charakter habe, und daß die »führende Rolle« der Partei selbst die volle Verwirklichung des Kommunismus und das Verschwinden des Staates überleben werde. Tatsächlich sollte das Herrschaftsmonopol der Partei unbegrenzt aufrechterhalten werden, wenn auch unter einem anderen Titel – und das, obwohl die ursprüngliche Rechtfertigung dieser Herrschaft durch die revolutionäre Umwälzung der Gesellschaft ihre Geltung verloren hatte. Damit tauchte das Problem auf, für die Aufrechterhaltung der kommunistischen Parteiherrschaft in der Sowjetunion eine neue Legitimation zu finden. Diese Notwendigkeit ließ sich auch nicht umgehen, indem der internationale Aspekt der revolutionären Aufgabe der Partei stärker betont wurde, denn auch auf diesem Gebiet hatte Chruschtschows Bemühung um eine Wiederbelebung des Leninismus mit einer Desillusionierung geendet: 1962 waren seine Hoffnungen auf einen revolutionären Durchbruch in der Weltpolitik endgültig im Karibischen Meer versunken, und gleichzeitig hatte der Verlauf des sowjetisch-chinesischen Konflikts jeden Zweifel daran beseitigt, daß nicht jeder Erfolg einer kommunistischen Revolution zum Nutzen von Ruhm und Größe der Sowjetunion ausschlagen müsse. Die KPdSU hatte nach dem Verlust ihrer internationalen Autorität zwingende Gründe gehabt, ihren Anspruch auf eine weltrevolutionäre Führerrolle just in dem Augenblick aufzugeben, als sie anerkannte, daß ihre revolutionäre Rolle im eignen Land ihr Ende erreicht hatte.

Chruschtschows Lösung für das Problem einer neuen Legitimation der Parteiherrschaft war seine 1962 verkündete Doktrin des Primats wirtschaftlicher Aufbauaufgaben, gestützt durch die gelegen kommende Entdeckung eines bisher unpublizierten Texts von Lenin, und dramatisiert durch seine radikale Umorganisation der Partei nach Produktionsaufgaben. Wenn die Partei nicht mehr anstreben konnte, die Gesellschaft nach ihrem Willen umzuwälzen, so mußte sie sich als der Gesellschaft nützlich erweisen; wenn ihre Funktionäre nicht zunehmend als phrasendreschende Parasiten angesehen werden wollten, so mußten sie sich als wirksame Schrittmacher des ökonomischen Fortschritts bewähren – und die Parteiorganisation mußte umgebaut werden, um sie dazu zu befähigen und sogar zu zwingen. Der Kreis hatte sich in der Tat geschlossen: Statt daß die Struktur der Gesellschaft gemäß den Ideen der Partei umgewälzt wurde, sollte nun die Struktur der Partei gemäß den angeblichen Bedürfnissen der Gesellschaft umgewälzt werden. Doch das war eher eine Scheinlösung als eine echte Lösung des Problems; denn die *Apparatschiki* der Partei waren für die Lösung strikt ökonomischer Aufgaben oft nicht qualifiziert und wenig bereit zu der notwendigen Umstellung, während die wirklichen Bedürfnisse nicht eine Zunahme von produktionsorientierten Bürokraten, sondern eine größere Freiheit der Betriebsleiter von bürokratischer Einmischung erforderten – wie es die Nachfolger Chruschtschows erkannt zu haben scheinen.

Wenn wir nun im Lichte dieser Veränderung der Entwicklungstendenzen des Sowjetsystems auf Chruschtschows hartnäckigen, doch letzten Endes erfolglosen Kampf gegen die oligarchischen Tendenzen des Parteiapparates zurückblicken, so wird der tiefste Grund seines Scheiterns deutlich: Chruschtschow wollte die Rolle eines dynamischen Führers in einer Phase spielen, in der die totalitäre Dynamik des kommunistischen Regimes sich totlief. Einer Bürokratie, die von den historischen Schrecken des Stalinismus erschöpft war und mehr und mehr nach Stabilität und Routine verlangte, bot er neue Experimente und eine Wiederbelebung des Glaubens an. Er wollte die Rolle eines milderen, wohlwollenden Robespierre spielen, als die Zeit für das *Directoire* schon gekommen war.

So gewiß Chruschtschow durch seine Abwendung von Stalins Methoden geholfen hat, der neuen Entwicklung den Weg zu bahnen, so gewiß war er nicht ihr bewußter Architekt und Dirigent – und letzten Endes wurde er ihr Opfer. Der Widerstand, auf den er stieß, war keineswegs durchweg von Heimweh nach der stalinistischen Vergangenheit motiviert – nicht selten entsprach er mehr dem Zug der neuen Zeit als seine eigenen Vorschläge. Es war ein Verdienst der Parteioligarchie, daß sie sein Versprechen zur Beendigung des Terrorregimes begrüßte (und teilweise forderte), aber sich weigerte, ihn seine Kritik der Vergangenheit als Waffe zur Säuberung seiner Rivalen einsetzen zu lassen. Seine Kollegen scheinen auch von Anfang an Zweifel an seinen Plänen für die Einschränkung der privaten Landstücke der Kollektivbauern und ihre Umsiedlung in »Agrarstädte« gehegt zu haben: Die Entschließung des

21. Parteitags war in diesen Punkten wesentlich vorsichtiger als sein Referat, und die Landstücke sind seither in ihrem vor-Chruschtschowschen Umfang wiederhergestellt worden. Allgemein mögen die der Routine verhafteten Bürokraten eher bereit gewesen sein, dem Rat wissenschaftlicher Fachleute in Fragen der Pflanzenbiologie und der landwirtschaftlichen Betriebsführung zu folgen, als ein nach eigener Meinung charismatischer Führer, der in immer neuen Kampagnen Wunder zu erzielen suchte – ob es sich um die Erweiterung des Maisanbaus, das Umpflügen jungfräulicher Böden oder die Verringerung der Brachezeiten handelte.

Auf der andern Seite war Chruschtschow aufrichtig und konsequent in seiner Überzeugung, daß eine moderne Parteidiktatur nur überleben könne, solange sie eine Triebkraft dynamischen Wandels blieb; und sobald er sich mit der Tatsache ausgesöhnt hatte, daß solcher Wandel der Gesellschaft nicht mehr nach ideologischen Rezepten aufgezwungen werden konnte, suchte er der Tendenz des Regimes zur Erstarrung in bürokratischer Trägheit entgegenzutreten, indem er sich zunehmend zum Sprecher für echte gesellschaftliche Bedürfnisse machte – für die Forderungen nach mehr Nahrungsmitteln, mehr und besseren Konsumgütern, besseren Wohnungen usw. Doch je mehr er seinen Kampf um mehr persönliche Autorität und um eine ständige »Zirkulation der Eliten« mit diesen populären Forderungen verknüpfte, desto mehr muß seine rastlose Aktivität der gesamten Parteibürokratie als eine Bedrohung *ihrer* Herrschaft erschienen sein.

Als Chruschtschow an die Macht kam, war er entschlossen gewesen, sowohl die Institutionen des Regimes wiederherzustellen wie dessen dynamischen Glauben neu zu beleben; am Ende war es die wachsende Starrheit der wiederhergestellten Institutionen, die über seinen dynamischen Glauben siegte. Dieser Widerspruch, der für die gegenwärtige Phase des kommunistischen Regimes in der Sowjetunion grundlegend ist, mag wohl seine Wurzeln in der Logik langfristiger totalitärer Herrschaft haben. Der Totalitarismus läßt sich entweder durch die Institutionen der Einparteiherrschaft, einschließlich des Organisations- und Informationsmonopols, oder durch die Dynamik der »permanenten Revolution von oben« definieren – jener immer neuen gesellschaftlichen Umwälzungen, die von der politischen Macht im Blick auf ein – unerreichbares – ideologisches Ziel erzwungen werden. In der Theorie läßt sich zeigen, daß die Dynamik der »permanenten Revolution« solcher Institutionen bedarf, und daß die Institutionen nur durch diese Art dynamischer Zielsetzung gerechtfertigt werden können. In der Praxis aber erfordert die Aufrechterhaltung der Dynamik einen Führer mit unbegrenzter Macht, der sich wohl der Institutionen bedient, aber über ihnen schwebt und sie oft sogar desorganisiert, um seine persönliche Macht zu sichern (wie Stalin und Hitler es taten), während die Institutionen nur wieder stabil werden im Maße, wie das angebliche *perpetuum mobile* sich totläuft und oligarchische Erstarrung einsetzt.

Der Sturz Chruschtschows bedeutet, daß dieses Stadium in der Sowjetunion eingetreten ist. Die formale Kontinuität des Parteiregimes bleibt ungebrochen, doch die Erosion der ideologischen Dynamik ist weit vorgeschritten. Die neuen Männer sind objektiv und subjektiv nicht in der Lage, die Revolution fortzusetzen; sie müssen zufrieden sein, ihre Ergebnisse zu verwalten. Mit allen notwendigen Vorbehalten über historische Analogien läßt sich doch sagen, daß der Vergleich, den Trotzki zu Unrecht auf Stalins Herrschaft anwandte, auf das *Directoire* der Nachfolger Chruschtschows viel besser zu passen scheint – ein Regime »thermidorianischer« Bürokraten. In dem Maße, wie die Revolution abstirbt, sind ihre Erben auf die konservative Rolle beschränkt, ihre Institutionen zu stabilisieren und die eigenen oligarchischen Privilegien zu verteidigen. Kein Herausforderer ihrer Herrschaft ist außerhalb ihrer Reihen in Sicht. Aber vielleicht ist die Hoffnung nicht allzu optimistisch, daß ihr Regime berechenbarer und der Bindung an rechtliche Regeln näher, und nicht nur weniger inspiriert und inspirierend sein könnte, als das ihrer Vorgänger – und daß es dadurch endlich eine Chance für das stille Heranreifen neuer Köpfe und neuer Kräfte geben mag, die eines Tages aus der Schale einer abgestorbenen Tradition hervorbrechen könnten.

---

2. Amerikas Irrweg in Vietnam

Die Rolle des Vietnamkriegs in der Gesamtpolitik der USA

Die Vereinigten Staaten sind jetzt in Vietnam in einen offenen Krieg auf dem Festland Asiens verwickelt. Präsident Johnsons Administration hatte einen solchen Krieg nicht geplant; sie ist in ihn hineingeschlittert unter dem Druck der Ereignisse, d. h. der unvorhergesehenen Konsequenzen der bisherigen amerikanischen Politik in dieser Region. Doch einmal am Kreuzweg angekommen, hat die gegenwärtige amerikanische Führung bewußt einen neuen Kurs in der Weltpolitik eingeschlagen und eine Doktrin zu seiner Rechtfertigung entwickelt: Sie hat nicht nur ihren Einsatz in Vietnam vergrößert, sondern sich auf ein umfassenderes langfristiges Engagement zur militärischen Eindämmung Chinas auf dem Festland Asiens festgelegt. Diese grundsätzliche Entscheidung bestimmt jetzt die amerikanische Reaktion auf die neue internationale Konstellation, die der sowjetisch-chinesische Konflikt geschaffen hat; sie verschiebt damit den Schwerpunkt der amerikanischen Außenpolitik und verändert ihre Methoden – mit vielleicht verhängnisvollen Konsequenzen für alle Teile der Welt.

Bei unserem Versuch, die Ursachen und Wirkungen dieses bedeutsamen Wandels des offiziellen amerikanischen Konzepts zu analysieren, wollen wir uns zuerst bemühen, zwischen dem Ursprung der amerikanischen Verstrickung in Vietnam und den neuen Vorstellungen zu unterscheiden, die Präsident Johnson und seine Berater dazu geführt haben, in dieser Verstrickung zu verharren und sie auszudehnen, bevor wir die Richtigkeit dieser Vorstellungen überprüfen.

In der amerikanischen Diskussion über die Strategie des Kalten Krieges hat es, abgesehen von den Randgruppen der Rechtsextremisten und der »Fellow Travellers«, seit langem drei Hauptrichtungen gegeben. Eine Schule, die am wirksamsten von Walter Lippmann vertreten wurde, trat dafür ein, die Vereinigten Staaten sollten ihre Verpflichtungen auf die Verteidigung von Gebieten beschränken, die für ihre eigene Sicherheit von lebenswichtiger Bedeutung sind. Die entgegengesetzte Tendenz, die ihren deutlichsten Ausdruck in der Praxis des verstorbenen John Foster Dulles fand, bestand und besteht darin, überall Militärbündnisse mit antikommunistischen Regierungen zu suchen, gleichgültig, ob diese Regierungen populär und stabil waren und ob ihre Völker sich von den Kommunisten bedroht fühlten. Die mittlere Richtung, der die Präsidenten Truman und Kennedy mit gelegentlichen Abweichungen folgten, akzeptierte die weltweite Natur des Konflikts mit den kommunistischen Mächten und suchte mit ihnen überall um *politischen* Einfluß zu konkurrieren, war aber zu *militärischer* Unterstützung nur für politisch lebensfähige Regierungen bereit, die um sie gegen eine echte Bedrohung ersuchten. Meine eigene Meinung ist immer gewesen, daß sowohl Lippmanns Rezept einer Verringerung der Verpflichtungen wie die »Paktomanie« von Dulles das Problem zu ausschließlich von der militärischen Seite her betrachteten und den ideologischen und politischen Charakter des Konflikts unterschätzten; daß die Anwendung des ersten zu unnötigen Rückzügen geführt hätte, während die zweite zu unnötigen Niederlagen der Vereinigten Staaten führte, als schwache verbündete Regierungen in Irak und Laos zusammenbrachen; und daß der Mittelweg eines weltweiten politischen Wettbewerbs mit militärischer Unterstützung nur dort, wo eine gesunde Basis in der Bevölkerung vorhanden war, den Realitäten der Lage am besten entsprach.

Die Entscheidung der Vereinigten Staaten im Jahr 1954, das Genfer Abkommen, das den Kolonialkrieg in Indochina beendete, nicht zu unterzeichnen, und ihre spätere Unterstützung der Weigerung der süd-vietnamesischen Regierung Ngo Dinh Diems, die in diesem Abkommen vorgesehenen gesamtvietnamesischen Wahlen durchzuführen, waren ebenso wie die parallele Initiative der USA für den SEATO-Pakt Schulbeispiele der Dullesschen Politik. Damals erschien Vietnam als ein einzigartig ungünstiger Boden für den politischen Kampf gegen den Kommunismus: Es war das einzige Land der Erde, dessen Volk seine Freiheit von kolonialer Herrschaft unter kommunistischer Führung erkämpft hatte, und ist es bis heute geblieben. Ho Chi Minhs Kommunisten und die von ihnen geführte Front waren die einzige organisierte politische Kraft von Bedeutung im Lande; und das Bestehen mehrerer Privatarmeen im Süden, die von bewaffneten Sekten zu bewaffneten Banden reichten, schien für Diems Aussichten zum Aufbau eines lebensfähigen Staates wenig Gutes zu verheißen.

Dennoch erwies sich, was zunächst nur ganz wenige amerikanische Experten vorausgesagt hatten, daß Diem eine Chance hatte. Er war ein Patriot von notorischer Integrität, der mit der früheren Kolonialmacht nicht kollaboriert hatte, und die Privatarmeen beugten sich nach dem Abzug ihrer französischen Hintermänner schnell seiner Autorität. So gelang es ihm anfangs, einen friedlichen und geordneten, wenn auch autoritären Staat aufzubauen; und ein Zufluß von Massen von Flüchtlingen aus dem Norden, von denen viele wie Diem gläubige Katholiken waren, bezeugte seine relative Anziehungskraft. Diese anfänglichen Erfolge der Regierung des Südens, verstärkt durch die moralische Wirkung der Flucht von Hunderttausenden aus dem Norden, veranlaßten viele frühere westliche Kritiker der amerikanischen Haltung in Genf jetzt die amerikanische Unterstützung des Südens zu bejahen; in den Vereinigten Staaten selbst wurde sie nun von den Vertretern des »Mittelweges« ebenso wie von den Anhängern von Dulles akzeptiert und wurde zur gemeinsamen Politik beider großer Parteien.

Doch mit den Jahren wurden die Schwächen Diems und seines Regierungssystems zunehmend sichtbar. Mit seiner Vorstellung einer wohlwollenden Autokratie entfremdete er sich den modern denkenden Intellektuellen; er konnte keine nennenswerte politische Kraft zu seiner Unterstützung schaffen – und wollte keine oppositionelle dulden. Er begriff die Notwendigkeit einer Landreform, aber nicht die einer Teilnahme der Bauern an ihrer Durchführung: Es sollte eine geordnete, bürokratische Operation sein – doch es fehlte an Beamten von der notwendigen Unabhängigkeit und Integrität, um sie gegen die Grundbesitzer durchzusetzen. Je mehr die unterdrückte Kritik sich in Konspiration verwandelte, desto mehr verließ Diem sich auf die politische Polizei unter seinem Bruder Nhu, und begann jedem kritischen Rat zu mißtrauen. Der Verfall des Regimes beschleunigte sich, als die Kommunisten die Chance erkannten, die seine wachsende Isolierung ihnen bot, und den Guerrillakampf wieder aufnahmen. Es gibt keinen Zweifel, daß die Entscheidung zum Neubeginn des Bürgerkrieges in Hanoi getroffen wurde; doch durchgeführt wurde sie in erster Linie von Kommunisten, die im Süden geblieben waren und auf ihre Stunde gewartet hatten. Munition und heimkehrende Kader aus dem Norden halfen gewiß, besonders nach der Öffnung des Transportwegs durch Laos. Doch wichtiger für ihren Erfolg war die aktive Unterstützung durch einen Teil der Bauern – und das Fehlen ebenso aktiver Unterstützung für die Regierung in vielen Kampfgebieten. Sechs Jahre nach der Schaffung des unabhängigen Südvietnam waren die Kommunisten dort noch immer die einzige, solid organisierte politische Kraft. Das war das Ausmaß von Diems Scheitern.

Inzwischen waren Kennedy und seine Administration im Amt. Sie verstanden, daß die Dinge in Vietnam schlecht gingen, aber auch, daß es dort immer noch viele entschiedene Gegner der Kommunisten gab, und daß die Armee ernstlich gegen den Vietcong kämpfte. Sie zogen den Schluß, die Hilfe für Diem zu verstärken und ihn gleichzeitig zu Reformen zu drängen. Als Diem sich zunehmend halsstarrig zeigte, wurde er schließlich gewarnt, er setze die amerikanische Unterstützung aufs Spiel. In diesem Augenblick wurde er durch eine militärische Verschwörung – nicht die erste, die versucht worden war – gestürzt, und Diem und Nhu wurden umgebracht. Trotz des Schocks über den Doppelmord wurde der Führungswechsel nicht nur in den USA, sondern allgemein in der Öffentlichkeit der westlichen Demokratien in der Hoffnung begrüßt, daß nun der Weg für ein Regime auf breiterer Basis offen sei: »No Nhus is good news« schrieb der »Economist«. Doch binnen kurzer Frist enthüllte die Instabilität des neuen Militärregimes mit seinen bitteren persönlichen Rivalitäten die Wahrheit: Der Sturz Diems hatte die begrenzte politische Legitimität der Regierung von Südvietnam noch weiter geschwächt.

1964 wurde es klar, daß der Bürgerkrieg in Südvietnam von den Gegnern der Kommunisten ebenso eindeutig verloren war, wie der Bürgerkrieg auf dem chinesischen Festland verloren gewesen war, als Präsident Truman entschied, weitere Hilfe für Tschiang Kaischeks Streitkräfte sei nutzlos. Es gab keine einheimische Kraft mehr, die fähig gewesen wäre, die Lage zu stabilisieren – geschweige denn, den Vietcong zu besiegen. Hanoi, das inzwischen unter überwiegend chinesischem Einfluß stand, verstärkte seine Unterstützung für den Vietcong in der Erwartung eines baldigen militärischen Sieges. Dem Präsidenten Johnson fiel nun die bittere Wahl zu, die politische Niederlage hinzunehmen und ihre Begrenzung und Verschleierung durch Verhandlungen zu versuchen, oder eine massive militärische Intervention Amerikas anzuordnen – in der Hoffnung, so den politischen Ausgang des Bürgerkrieges umzukehren. Es kann kaum überraschen, daß er zögerte, bis die amerikanischen Wahlen ihm die Autorität eines direkt gewählten Präsidenten gegeben hatten. Als er im Februar 1965 zum erstenmal Bombenabwürfe auf Nordvietnam (ohne den Anlaß direkter Vergeltung für spezifische nordvietnamesische Angriffe auf amerikanische Streitkräfte) autorisierte, erschien sein Handeln vielen Kritikern als impulsive Improvisation. Tatsächlich sollte die Eröffnung abgestufter Feindseligkeiten gegen Nordvietnam sich als erster Akt einer voll überlegten Politik direkter, massiver militärischer Intervention erweisen.

Es hat Zeit gebraucht, bis die vollen Konsequenzen und die wirklichen Motive dieser Entscheidung klar wurden. Die häufige Klage amerikanischer Kritiker, daß ihre Regierung das Volk falsch informiere, trifft im großen ganzen nicht auf die Berichterstattung über die laufenden Ereignisse in Vietnam zu, die mittlerweile einigermaßen wahrheitsgetreu ist. Sie beruht auf dem weitverbreiteten Eindruck, daß die politischen *Ziele* der amerikanischen Intervention durch eine Flut von einander widersprechenden offiziellen Erklärungen mehr verdunkelt als geklärt worden sind. Um die Substanz von dem Wortschwall zu trennen, beginnt man am besten mit der Betrachtung der einzigen Alternative zu direkter Intervention, die Johnson zu diesem Zeitpunkt noch offen war.

Wie ich schon andeutete, würde diese Alternative in dem Bemühen um Verhandlungen auf der Grundlage des stillschweigenden Hinnehmens einer politischen Niederlage in Vietnam bestanden haben. Das hätte eine Konferenz bedeutet, auf der die »Nationale Befreiungsfront von Südvietnam«, der politische Arm des Vietcong, offiziell teilgenommen hätte, während gleichzeitig auf der Vertretung der Regierung von Saigon zu bestehen gewesen wäre; die Verfahrensprobleme einer solchen Konferenz sind von der Konferenz über Laos im Jahre 1962 bekannt. Das Ergebnis wäre im besten Fall eine Koalitionsregierung mit Einschluß der Kommunisten gewesen – wieder wie in Laos, aber vermutlich in für diese günstigeren Proportionen. Amerikanische und nordvietnamesische Truppen hätten abziehen müssen, was im Falle der Nordvietnamesen schwer zu überprüfen gewesen wäre, trotz aller Arrangements für die Kontrolle des Abzuges, die man hätte vereinbaren können. Innerhalb einer begrenzten Zeit nach Beendigung der Kämpfe würde die neue Regierung dann Wahlen durchführen, denen vermutlich eine Volksabstimmung über die Vereinigung mit dem Norden folgen würde; und angesichts des Ausgangs der Kämpfe und der resultierenden Machtverhältnisse scheint die Erwartung berechtigt, daß die Vereinigung gebilligt würde. Kurzum, das kommunistische Ziel eines geeinten, kommunistischen Vietnam würde erreicht; doch es würde erreicht nicht durch militärischen Sieg, sondern als Ergebnis formell demokratischer Verfahren, mit einer Verzögerung, die es erlauben würde, die aktiven Gegner der Kommunisten von ihrer Rache zu retten, und in einem Rahmen, der die Abhängigkeit eines kommunistischen Vietnams von China verringern und vielleicht sogar die Form eines internationalen Abkommens über seine militärische Neutralität annehmen würde. Dies scheint im ganzen die Art von Lösung gewesen zu sein, an die General de Gaulle dachte, als er eine internationale Konferenz über Vietnam vorschlug – außer, daß seine Art, sie vorzuschlagen, den Eindruck erweckte, eine solche Konferenz könne ohne amerikanische Zustimmung zustande kommen.

Präsident Johnsons Weigerung, diese Art von Lösung ins Auge zufassen, beruht *nicht* auf einer wesentlich anderen Einschätzung des gegenwärtigen Kräfteverhältnisses in Südvietnam. Ihre Motive liegen vielmehr in einer neuen Vorstellung von der Bedeutung Vietnams in dem umfassenderen Konflikt zwischen den Vereinigten Staaten und dem kommunistischen China. Die US-Administration glaubt erstens, daß die Hinnahme einer politischen Niederlage eine Kapitulation vor indirekter, und zunehmend direkter, Aggression gegen »die unabhängige Nation Südvietnam« bedeuten würde, die von Hanoi durchgeführt und vom kommunistischen China dirigiert wird; zweitens, daß eine solche Kapitulation in ganz Südostasien das Vertrauen in amerikanischen Schutz untergraben und weiter indirekte chinesische Aggressionen ermutigen würde, bis zur Verwandlung der Region in eine unumstrittene chinesische Machtsphäre – mit unberechenbaren Rückwirkungen auf Indien und Japan; drittens, daß eine solche Kapitulation nicht notwendig ist, weil die USA die militärische Stärke haben, um beliebig lange mindestens einen Küstenstreifen Südvietnams zu halten und gleichzeitig dem Norden ernsten Schaden zuzufügen, und damit Peking und seinen Nachbarn sowohl zu beweisen, daß »indirekte Aggression« durch Bürgerkrieg nicht mehr Erfolg bringt als direkte Aggression wie in Korea, wie daß die Vereinigten Staaten um jeden Preis zu ihren Verpflichtungen in Asien stehen werden. Der primäre Zweck der direkten amerikanischen Intervention ist also nicht mehr, »dem vietnamesischen Volk zu helfen, sich selbst zu helfen«, obwohl der Präsident nie müde wird, dies zu wiederholen. Er ist vielmehr die Eindämmung der befürchteten chinesischen Expansion in ganz Südostasien durch das langfristige Engagement der amerikanischen Militärmacht – in jedem Umfang und für jede Dauer, die zur Erreichung des Zieles notwendig sein mag.

Die Johnson-Administration hat sich zur Übernahme der Hauptlast des Krieges in Vietnam um dieses Engagements willen entschlossen – ohne darüber im voraus Amerikas europäische Verbündete zu konsultieren, und ohne diese Politik dem amerikanischen Volk voll zu erklären. Auf der Basis dieses Konzepts hat sie abgestufte Feindseligkeiten gegen Nordvietnam eröffnet, ohne vorher an die Vereinten Nationen zu appellieren oder eine Kriegserklärung verfassungsmäßig beschließen zu lassen. Ich glaube, daß dies Konzept auf einer falschen Analyse der Erfolgsbedingungen für Partisanenkrieg und einer Fehleinschätzung der Gefahr beruht, die vom kommunistischen China droht, auf einem Fehlurteil über die Prioritäten des amerikanischen Nationalinteresses und die Grenzen der amerikanischen Militärmacht und auf einem Mangel an

Verständnis für die moralischen Wurzeln der Stärke des Westens im Konflikt mit den kommunistischen Diktaturen; ich glaube ferner, daß, wenn diese Politik nicht rechtzeitig korrigiert wird, sie unabsehbaren Schaden für das westliche Bündnis, für die Weltstellung der USA und selbst für ihre innere Stabilität bringen kann.

Das Beweismaterial zeigt zwingend, daß »indirekte Aggression« von Hanoi – Anweisungen und Kader, Losungen und Lieferungen – eine bedeutende Rolle in dem Feldzug des Vietcong gespielt hat; es ist nicht darin überzeugend, daß Hanois Rolle für den Erfolg des Vietcong *entscheidend* gewesen wäre. Ein Partisanenaufstand ist ein politischer Krieg, und sein Ausgang hängt von einer Kombination politischer und militärischer Faktoren ab. Die kommunistischen Guerrillas in Malaya hätten nicht ohne harte Kämpfe besiegt werden können, aber auch nicht, wenn Malaya nicht die Unabhängigkeit erlangt hätte, oder wenn die Masse des chinesischen Bevölkerungsteils unzufrieden genug gewesen wäre, um sie auf längere Sicht zu unterstützen. Die Hukbalahaps schuldeten ihre schließliche Niederlage nicht der geographischen Isolierung der Philippinen, sondern ihrer eigenen politischen Isolierung durch die Reformen Magsaysays. Umgekehrt verdankten die chinesischen Kommunisten ihren Erfolg im Kampf gegen die Japaner und ihren schließlichen Sieg über die Kuomintang nicht sowjetischer Hilfe, sondern dem Haß des Volkes auf die Japaner und dem politischen Zerfall der Kuomintang. Der entscheidende Grund für die Erfolge des Vietcong in Südvietnam war nicht die Hilfe aus dem Norden, sondern das Fehlen einer Alternative, einer anderen geschlossen organisierten und im Volke verankerten politischen Kraft. Im Partisanenkrieg gilt das Sprichwort: You cannot beat something with nothing.

Die Bedeutung dieser Frage liegt nicht in der Schuldzuteilung, sondern in dem Licht, das die Erfahrungen der Vergangenheit auf die künftigen Chancen Chinas werfen, »Befreiungskriege« in anderen Nachbarstaaten durch einen »Druck auf den Knopf« in Gang zu setzen – etwa durch Errichtung einer »subversiven« Radiostation in Grenznähe und Entsendung einiger speziell ausgebildeter Agenten. Die Sorgen der Regierung von Thailand über die Anfänge chinesisch inspirierter Guerilla-Aktivität unter den Stämmen des Nordostens soll bei der amerikanischen Entscheidung, durch direkte militärische Intervention »den Fäulnisprozeß anzuhalten«, eine wichtige Rolle gespielt haben: Würde nicht ein Erfolg in Vietnam die Vervielfachung derartiger Aktionen ermutigen? Doch

1948/49, als die Kommunisten ihren sehr viel größeren Sieg in China selbst errangen, wurde die »Knopfdruck-Strategie« von ihnen in Südindien, Burma, Malaya, Indonesien und den Philippinen probiert – und sie scheiterte überall. Nur Ho Chi Minhs Aufstand gegen die französische Kolonialverwaltung, der vorher, aus ernsten einheimischen Gründen und auf breiter volkstümlicher Basis, begonnen hatte, war schließlich siegreich. Noch einmal: Es war diese Führerrolle in einer echten antikolonialen Aufstandsbewegung, die den vietnamesischen Kommunisten eine einzigartige Stärke gegeben hat. In keinem Nachbarland existiert eine vergleichbare Kraft. Der Erfolg einer »indirekten Aggression« hängt von der politischen Schwäche des angegriffenen Regimes ab – sie kann nicht wie nach einem Fahrplan in einem Land nach dem anderen durchgeführt werden.

Der Gedanke, daß ein kommunistischer Erfolg in Vietnam automatisch eine Serie ähnlicher Machtübernahmen in ganz Südostasien in Gang setzen würde, bis alle Kegel gefallen sind (»Wenn wir nicht in Vietnam kämpfen, werden wir vielleicht in Hawaii kämpfen müssen«), muß also als ein künstlicher Alptraum angesehen werden. Doch er enthält ein wichtiges Stück Wahrheit: Ein amerikanischer Abzug aus Vietnam, unter welchen, das Gesicht wahrenden Bedingungen er auch ausgehandelt würde, würde gewiß einige der asiatischen SEATO-Mitglieder veranlassen, den Nutzen ihres Bündnisses mit Amerika zu überprüfen. Pakistan hat schon heute freundliche Beziehungen mit Peking, und Thailand würde wahrscheinlich einen Übergang zur Neutralität für seine innere Stabilität nützlicher finden, als es amerikanische Basen für seine Verteidigung wären. Die amerikanische Administration hat also recht mit der Annahme, daß ein ausgehandelter Abzug aus Vietnam der Anfang vom Ende der amerikanischen militärischen Präsenz auf dem südostasiatischen Festland (obwohl nicht in Korea, Japan, Formosa oder den Philippinen) sein könnte. Damit erheben sich zwei Fragen: Ist diese Präsenz für die Eindämmung der Expansion der chinesischen Kommunisten notwendig, und wie wichtig ist eine solche Eindämmung für die weltpolitische Rolle der Vereinigten Staaten?

Es trifft zu, daß das kommunistische China eine kämpferische revolutionäre Macht ist, die sowohl durch die kommunistische Ideologie wie durch ihre nationalistische Tradition auf die Ausdehnung ihres Herrschaftsbereichs gelenkt wird – und soweit es sich um Nachbarländer mit amerikanischen Basen handelt, auch durch offenkundige strategische Interessen. Es trifft auch zu, daß Peking speziell die letztgenannten Länder ständig auf die Aussichten einer »indirekten Aggression« durch revolutionären Guerillakrieg hin abklopft. Doch die Beobachtung der tatsächlichen Stärke und des tatsächlichen Verhaltens Pekings spricht nicht dafür, daß es in seiner gegenwärtigen Entwicklungsphase den Versuch unternehmen würde, neutrale Nachbarstaaten durch offene, direkte Aggression in Besitz zu nehmen. Selbst der Angriff auf Indien von 1962 war eine begrenzte Operation mit dem Ziel, den regionalen Hauptrivalen einzuschüchtern und zu demütigen – nicht, ihn der eigenen Herrschaft zu unterwerfen. Der Grund liegt klar zutage: In seinem schwierigen Frühstadium der Industrialisierung kann das kommunistische China wohl internationale Spannungen brauchen, aber keinen großen Krieg. Wenn also die Nachbarstaaten keine amerikanische Basen beherbergen und nicht einen Grad von Instabilität zeigen, der zu einem kommunistischen Umsturzversuch geradezu einlädt, wird Peking daher wahrscheinlich in der kommenden Periode ihre Neutralität respektieren. Damit nehme ich nicht ein unwahrscheinliches Maß an Bescheidenheit und Friedensliebe auf seiten der chinesischen Kommunisten an – ich nehme nur an, daß ihre Handlungen auf eine realistischere Einschätzung ihrer eigenen Stärke gegründet sein werden, als die Sprache ihrer Propaganda.

Ein neutrales Südostasien würde also zwar keine Bastion für die militärische Eindämmung Chinas sein, aber auch durchaus keine Machtsphäre Chinas werden, vorausgesetzt, daß das Interesse des Westens an der wirtschaftlichen und politischen Lebensfähigkeit dieser Länder erhalten bleibt und daß die großen nichtkommunistischen Nationen Asiens, Indien und Japan, dazu ermutigt werden, ihre natürliche Rolle in der Stärkung des Zusammenhalts der Region und als Gegengewicht zum chinesischen Einfluß zu spielen. In der Tat würde eine maximale Investition in die Entwicklung und Sicherheit des neutralen Indien wahrscheinlich einen ungleich wirksameren Beitrag zur Eindämmung der chinesischen Expansion in der gegenwärtigen Periode leisten als jede Anzahl amerikanischer Bündnisse mit schwachen Regierungen, deren Völker von der Neutralität träumen. Im Maße, wie China etwa erstarkt und bedrohlicher wird, mögen diese Völker eines Tages ein wirkliches Bedürfnis nach solchen Bündnissen fühlen: aber einstweilen erscheint die Ermutigung von Neutralität und regionalem Zusammenhalt als die wirksamste »Verhinderungsstrategie« mit beschränkten Kosten.

Und die Beschränkung der Kosten ist wichtig. Denn Südostasien ist schließlich weder ein Gebiet von lebenswichtiger Bedeutung für die amerikanische Sicherheit, noch von entscheidender Bedeutung im weltweiten machtpolitischen Gleichgewicht, und die militärische Stärke Amerikas, so groß sie ist, ist nicht unbegrenzt; sie muß unter den Weltgegenden in einer gewissen Proportion zur Bedeutung der Einsätze verteilt werden, die dort auf dem Spiele stehen. Wenn die USA jetzt darauf bestehen, eine militärische Präsenz auf dem asiatischen Kontinent aufrechtzuerhalten, so kann ihnen das nur um den Preis gelingen, in weitere Konflikte des vietnamesischen Typs hineingezogen zu werden. Denn das Risiko schwache südostasiatische Regierungen chinesisch-inspirierten Partisanenaufständen auszusetzen und der kommunistischen Propaganda unter den leidgeprüften Völkern der Region die Losung zu liefern, ihr Friede hänge von der Austreibung der »westlichen Imperialisten« ab – dieses Risiko liegt eher in der amerikanischen Präsenz als im amerikanischen Abzug. Je tiefer die Vereinigten Staaten in diesen Morast gezogen werden, um so eher wird das kommunistische China in der Lage sein, mit einem relativ beschränkten und indirekten Aufwand eigener Kraft einen steigenden Tribut an amerikanischem Blut und Gut zu verursachen; und Amerikas Handlungsfreiheit in andern Teilen der Welt wird entsprechend verringert werden.

Dies bringt mich zu den umfassenderen Risiken der gegenwärtigen Politik. Im Gegensatz zu vielen amerikanischen Kritikern sehe ich die Möglichkeit offener chinesischer Intervention und schließlicher nuklearer Eskalation *nicht* als solche Risiken an. Peking trägt Sorge, nicht die Zerstörung seines embryonalen Nuklearkomplexes durch amerikanische Bomben zu provozieren; und für die Sowjetunion ist ihre Passivität gegenüber dem Abwurf amerikanischer Bomben auf einen kommunistischen Staat zwar ideologisch peinlich, doch sie profitiert praktisch von der amerikanischen Verwicklung in Asien und konzentriert sich weise auf näherliegende Ziele. Ebenso wenig befürchte ich, daß – mit Ausnahme eines amerikanischen Großangriffs auf China – irgend etwas die beiden kommunistischen Hauptmächte effektiv wieder zusammenbringen könnte. Die Grundtatsache ist, daß der sowjetisch-chinesische Konflikt dem Westen erstmalig die Chance gegeben hat, im Umgang mit seinen beiden Hauptgegnern seine Prioritäten zu wählen. Die Tragödie ist, daß anstelle einer gemeinsamen, von weltweiten Gesichtspunkten bestimmten rationalen Wahl in Konsultation der Westmächte, die Amerikaner unter dem Druck der Ereignisse in Vietnam sich in eine einseitige Wahl haben treiben lassen.

Denn es ist unmöglich, daß dieses amerikanische Engagement auf dem asiatischen Festland für längere Zeit aufrechterhalten werden kann, ohne die amerikanische Teilnahme an der Aufrechterhaltung des Gleichgewichts mit der sowjetischen Stärke in Europa zu verringern. Die wirtschaftlichen und militärischen Hilfsquellen der Vereinigten Staaten mögen für diese Doppelaufgabe ausreichend sein; die psychologischen und intellektuellen Hilfsquellen sind es nicht. Schon heute fängt die amerikanische Öffentlichkeit an, China als den einzigen unversöhnlichen Feind und die Sowjetunion als einen potentiellen Verbündeten zu sehen, den man, wenn nötig, mit Konzessionen umwerben müsse; und auch die Administration, die sich natürlich der ungelösten Streitfragen mit der Sowjetunion in höherem Maß bewußt ist, wird durch ihre Überbeanspruchung in Vietnam dahin gedrängt, den Konflikt mit China als dringend und aktuell und den mit Rußland als ein schlafendes Problem anzusehen, das im Augenblick keine Aktion erfordert.

Aber dies ist ein Trugschluß. Denn während die Politik der chinesischen Kommunisten gegen die Vereinigten Staaten militant und unversöhnlich ist, wird ihre Macht, trotz jener Atomexplosionen, begrenzt bleiben, solange sie das Problem ihrer Industrialisierung nicht gelöst haben; und die von ihnen unmittelbar bedrohte Region ist auch nur von begrenzter Bedeutung für das weltpolitische Machtgleichgewicht. Die Sowjetunion macht umgekehrt zwar eine Entwicklung durch, die unter Umständen eine echte Lösung ihrer Konflikte mit dem Westen in absehbarer Zeit möglich machen *kann;* doch sie ist eine wirkliche Weltmacht, die den Vereinigten Staaten einstweilen in der wichtigsten von allen umstrittenen Regionen gegenübersteht – der Energiezentrale, die Europa heißt. Hier könnte die Untergrabung des Vertrauens der Westeuropäer in das amerikanische Bündnis zu einer folgenschweren Verschiebung im Machtgleichgewicht führen. Wenn die Vereinigten Staaten sich gegenwärtig auf die Erreichung eines stabilen europäischen Arrangements mit Rußland, anstelle der gegenwärtigen von Natur aus unstabilen Situation, konzentrierten, so könnten sie jeder künftigen chinesischen Herausforderung aus einer Position unangreifbarer Stärke gegenübertreten. Wenn sie jetzt ihre Energien an Chinas Peripherie verplempern, so könnten sie in Europa unwiederbringliche Verluste erleiden, ohne in Asien eine Entscheidung zu erreichen.

Als die Administration Johnsons vor ihrer kritischen Entscheidung stand, war die lokale Lage in Vietnam verzweifelt, doch die allgemeine Weltlage für die Vereinigten Staaten außerordentlich günstig. Seit der kubanischen Raketenkrise war ihre Stellung als größte Militärmacht der Welt unumstritten. Der sowjetisch-chinesische Konflikt hatte jede effektive Koordination der Politik der beiden kommunistischen Hauptmächte zerstört, und die Vereinigten Staaten waren frei, im Umgang mit beiden ihre Prioritäten zu wählen. Doch anstatt ihre Wahl im Lichte einer sorgfältigen Abwägung der auf der Tagesordnung stehenden Streitfragen zu treffen, scheinen sie auf den Druck an ihrer schwächsten Stelle reagiert zu haben; und die Methoden dieser Wahl erweisen sich als ebenso schädlich wie ihre Substanz.

Sie haben sich geweigert, die Realität zur Kenntnis zu nehmen, daß auch die größte Militärmacht in manchen Situationen politische Niederlagen akzeptieren muß – eine Realität, die Truman in China, Eisenhower im Irak und Kennedy in Laos anerkannte – und sich auf den Versuch festgelegt, eine politische Niederlage durch den Einsatz ihrer Militärmacht umzukehren. Die Folge ist, daß ein Scheitern nicht mehr als bloß politische, sondern als militärische Niederlage angesehen werden könnte – mit entsprechend ernsteren und wirklich unakzeptablen Folgen. Und selbst wenn es dem militärischen Einsatz gelingt, einen ausgehandelten Kompromiß herbeizuführen. wird dieser Kompromiß die öffentliche Meinung Amerikas spalten, weil er nicht wirklich jene »Unabhängigkeit Südvietnams« sichern kann, die als Zweck der Intervention proklamiert wurde.

Die USA sind ein großes, langfristiges Engagement auf dem asiatischen Festland eingegangen, das ihre Teilnahme an den Problemen Europas verringern muß und zu einer Verringerung ihrer dort stationierten Truppen führen kann, ohne ihre europäischen Verbündeten vorher zu konsultieren. Damit haben sie das Vertrauen dieser Verbündeten in einem kritischen Augenblick untergraben: Die Zahl der Westeuropäer, die den Zweifeln General de Gaulles an Amerikas Verläßlichkeit zustimmen, ist erheblich angewachsen. So gewiß die meisten von ihnen weiter anerkennen, daß sie keine Alternative zum atlantischen Bündnis haben, so gewiß sind die Bande dieses Bündnisses erneut geschwächt worden – zum gemeinsamen Schaden Westeuropas und der Vereinigten Staaten.

Sie haben das Territorium eines fremden Staates gewiß nicht

ohne Provokation, aber ohne Kriegserklärung bombardiert, im Widerspruch zur Charta der Vereinten Nationen und in offener Mißachtung der Weltmeinung – ein Schritt, der keiner Aktion einer westlichen Macht seit dem unseligen Suez-Abenteuer vergleichbar ist. Damit haben sie nicht nur die Vereinten Nationen weiter geschwächt und sich vielen neutralen Staaten entfremdet, sondern haben wahrscheinlich einige der Ergebnisse zerstört, die frühere amerikanische Administrationen mit ihrem Bemühen erreichten, die Sowjets zur Einhaltung gewisser »Grundregeln« in der Handhabung von Machtkonflikten zu erziehen.

Schließlich haben sie viele loyale amerikanische Bürger in einen Gewissenskonflikt gestürzt. Die Amerikaner, die heute gegen den Vietnamkrieg Stellung nehmen, sind gewiß eine Minderheit – doch sie sind nicht auf die üblichen Randgruppen von Pazifisten und Linksextremisten beschränkt; die meisten von ihnen, von Professoren und Studenten zu Männern der Kirchen und anderen Wortführern des Gemeindelebens, sind die gleiche Art von demokratischen Idealisten, die sich als das Rückgrat des Kampfes um viele liberale Ziele, von der Entwicklungshilfe bis zur Rassenintegration, bewährt haben. Die Tatsache, daß sie normalerweise nicht in der Lage sind, eine durchführbare alternative Politik vorzuschlagen, verringert nicht die symptomatische Bedeutung ihres Protests, denn sie repräsentieren primär eine moralische Reaktion auf einen ungewohnten offiziellen Zynismus, den man an Ort und Stelle erleben muß, um ihn für möglich zu halten. Die schnoddrige Verachtung, mit der viele inoffizielle Verteidiger der offiziellen Politik sich heute über solche »Sentimentalitäten« wie das Völkerrecht, die Meinung der Neutralen oder selbst die Wünsche der unglücklichen Bevölkerung Vietnams hinwegsetzen, ist in der Tat etwas Neues unter verantwortlichen Amerikanern; den europäischen Schreiber dieser Zeilen, der gerade ein Jahr in den Vereinigten Staaten verbracht hat, erinnerten sie in ominöser Weise an die berüchtigte »Realpolitik« des kaiserlichen Deutschland, während die Protestbewegung die demokratische Tradition Amerikas zu verkörpern schien. Doch es ist für eine große moderne Demokratie auf die Dauer nicht möglich, ihre Jugend dazu aufzurufen, für eine Sache zu kämpfen und zu sterben, die keine verständliche Beziehung zu ihren proklamierten Idealen hat. Jeder loyale Amerikaner wird bereit sein, die Sicherheit seines Landes zu verteidigen; doch ein Krieg gegen »den Kommunismus« in fernen Ländern wird nur als sinnvoll verstanden, wenn er deutlich ein Kampf für das Recht der Völker ist, ihre eigene Regierungsform zu bestimmen. Es ist nicht leicht zu nehmen, wenn die Führer eines freien Landes den Glauben ihrer Jugend an die Gerechtigkeit ihrer Sache untergraben.

Angenommen, die amerikanische Administration würde die Gefahren ihrer gegenwärtigen Politik erkennen – könnte sie den Kurs noch ändern? Ihre Sprecher weisen wahrheitsgemäß darauf hin, daß Peking hartnäckig Verhandlungen unter allen Bedingungen widerspricht und die Vietnamesen drängt, bis zum Abzug aller Amerikaner weiterzukämpfen – vermutlich nicht, weil die Chinesen einen solchen militärischen Sieg für wahrscheinlich halten, sondern weil ein langdauernder Krieg, den die Amerikaner auf dem Boden Asiens (aber außerhalb Chinas) führen, ihren politischen Zielen dient. Es ist auch wahr, daß die Regierung von Hanoi unter dem Druck der Chinesen auf diverse indirekte Verhandlungsangebote bisher nicht reagiert hat. In Ermangelung einer derartigen Reaktion gibt es nach Ansicht der Administration keine Alternative zum einseitigen Abzug, das heißt zu einer unakzeptablen militärischen Niederlage, als in Vietnam weiterzukämpfen.

In diesem Punkt hat die Administration recht. Nachdem die Vereinigten Staaten ihre Macht und ihr Prestige in einem schlecht gewählten Konflikt eingesetzt haben, können sie nicht einfach abziehen und die ihnen verbündeten vietnamesischen Führer und Truppen preisgeben, ohne katastrophale internationale Wirkungen hervorzurufen. Eine politische Niederlage, die der einzigartigen Geschichte Vietnams geschuldet wäre, hätte auf dieses Land beschränkt werden können – eine militärische Niederlage Amerikas könnte es nicht. Die praktische Frage ist also, was die Vereinigten Staaten, über die wiederholte Verkündung ihrer Bereitschaft zu Verhandlungen ohne Vorbedingungen hinaus, noch tun können, um die vermutlichen Befürworter solcher Verhandlungen in Hanoi gegen ihre Gegner zu stärken.

Man muß anerkennen, daß es auf Grund der bisher gemachten Fehler nur noch wenig Spielraum zwischen der heutigen Politik und einer nicht akzeptablen Kapitulation gibt. Doch gibt es noch einige Schritte, die von den Vereinigten Staaten zur Ermöglichung von Verhandlungen unternommen werden könnten, und also sollten. Sie könnten, während sie ihre Truppen in Südvietnam belassen, die Bombenabwürfe auf den Norden einstellen, die deutlich die Aussicht auf Verhandlungen mit Hanoi verringert haben, ohne viel militärische Wirkung zu erzielen. Sie könnten öffentlich klarmachen, daß sie bereit sind, den Vietcong oder die »Nationale

Befreiungsfront« auf einer Friedenskonferenz als Verhandlungspartner im eigenen Namen und nicht nur in einer diplomatischen Verkleidung zu akzeptieren. Vor allem könnten und sollten sie erklären, daß sie nicht auf die unbedingte Unabhängigkeit eines südvietnamesischen Staates, geschweige denn auf die Bewahrung der amerikanischen militärischen Präsenz auf seinem Gebiet festgelegt sind, sondern lediglich auf das Recht der Südvietnamesen, ihre Zukunft in Abwesenheit aller fremden Truppen selbst zu bestimmen. Kurz, sie könnten sich auch heute noch auf die Grundlage des Genfer Abkommens von 1954 stellen.

Wenn Verhandlungen auf solcher Grundlage zustande kommen, sollten sie auf die bestmöglichen Bedingungen für die Ermöglichung einer freien Entscheidung des Volkes und für die Wahrung der Sicherheit jener Vietnamesen zielen, die gegen die Kommunisten gekämpft haben. Wenn sie gelingen, wird der erste Schritt getan sein, um die USA zu einem erträglichen Preis von der Verwicklung in ein zu weitgehendes militärisches Engagement zu befreien.

Wenn andererseits die vietnamesischen Kommunisten Verhandlungen weiter verweigern, auch nachdem all die hier vorgeschlagenen amerikanischen Schritte unternommen wurden, würden die Amerikaner die Stellung halten müssen, bis ihre Gegner ihre Haltung ändern; und die weiteren Leiden des vietnamesischen Volkes würden dann allein von den Kommunisten zu verantworten sein. Doch auch in diesem Fall muß das weitere Konzept von der Rolle Amerikas in Südostasien revidiert werden – um eine zunehmende Verwicklung in Konflikte auf politisch ungünstigem Grund zu verhindern, um den neutralen Staaten Asiens zu erlauben, ihre natürliche Rolle als Gegengewicht zum kommunistischen Einfluß zu spielen, und um so die weltweite Handlungsfreiheit der Vereinigten Staaten wiederherzustellen.

Aus einer Antwort an Kritiker der hier vorgetragenen Thesen

Während in Vietnam die Agonie einer Nation andauert, ohne erkennbare Aussicht auf ein Ende, ob durch militärische Entscheidung oder durch Verhandlungen, haben eine Reihe von Kritikern inzwischen mehr Spalten mit »Löwenthals Irrtümern« gefüllt, als ich mit den Irrtümern Präsident Johnsons. In aller Bescheidenheit bin ich der Auffassung, daß dies von einem Mangel an Sinn für Proportionen zeugt und mich zu einer Antwort berechtigt.

Mr. Arnold Beichman nennt mich einen ehrlichen Mann, weil ich von den Schlußfolgerungen beunruhigt bin, die sich aus meiner Analyse ergeben, aber versuche, ihnen ins Auge zu sehen. Ich kann ihm das Kompliment zurückgeben, da er sich offenbar auf der anderen Seite des Dilemmas in einer ähnlichen Position befindet. Er »bezweifelt die Fähigkeit der USA, außerhalb der westlichen Welt einen politischen Krieg gegen die Kommunisten erfolgreich zu führen«; daher wählt er das hypothetische Beispiel eines kommunistischen Staatsstreichs gegen einen unpopulären Schah, um zu fragen, ob ich den »Iran bachab gehen lassen würde«, und folgert, daß die USA ihre Militärmacht zugunsten jeder Regierung einsetzen sollten, die von den Kommunisten bedroht wird – ohne Rücksicht auf die Unterstützung dieser Regierung durch das Volk. »Was«, so fragt er, »hat die Popularität einer Regierung mit der Frage zu tun, ob wir ihrem *Volk* helfen sollen, kommunistischer Subversion oder Invasion zu widerstehen?« Aber kommt es denn nicht darauf an, ob das Volk diese Art von Hilfe haben *will?*

Hier, glaube ich, kommen wir an den Kernpunkt unserer Debatte, bei dem es um die eigentliche Natur unseres Konflikts mit den kommunistischen Mächten geht. Für Professor Griffith zum Beispiel ist dieser Konflikt von der Art eines Weltkrieges: Sobald man in ihn verwickelt ist, steht das Überleben der Nation auf dem Spiel; und in einem Krieg kämpft man, um dem Feind ein strategisches Territorium zu versagen – ohne Rücksicht auf die Wünsche seiner Einwohner (wie sich die Amerikaner bemühten, die Japaner an der Besetzung Indochinas zu hindern – ohne Rücksicht auf die antifranzösischen Gefühle seiner Bevölkerung). Das amerikanische Repräsentantenhaus folgte kürzlich der gleichen Logik, indem es das Recht der Vereinigten Staaten proklamierte, gegen jeden Versuch der Errichtung einer kommunistischen Regierung in der westlichen Hemisphäre zu intervenieren, und damit eine nachträgliche Rechtfertigung für Präsident Johnsons Eingriff in San Domingo lieferte. Beichman beruft sich für diese Auffassung sogar auf Präsident Kennedys Vorgehen in der kubanischen Raketenkrise: Angesichts von Chruschtschows Raketen, so sagt er, »tat Kennedy, was für eine industrielle Militärmacht natürlich ist: Er drohte mit dem Gebrauch dieser Macht und bemühte sich nicht, erst eine ›politische Kraft mit organisiertem Zusammenhalt und volkstümlicher Basis‹ in Kuba aufzubauen.«

An diesem Punkt wird der Trugschluß greifbar. Kuba wurde zur Bedrohung der Sicherheit der Vereinigten Staaten, als die Raketen dort aufgestellt wurden; und weil diese Bedrohung bestand, war der Gebrauch der Macht Amerikas gerechtfertigt und notwendig. Doch sobald die Raketen entfernt waren, war das kommunistische Regime in Kuba nicht mehr eine klare und gegenwärtige Gefahr für Amerikas Sicherheit – nur noch eine potentielle; und eine potentielle Gefahr rechtfertigte in Präsident Kennedys Augen nicht den Gebrauch aktueller militärischer Mittel. Der Konflikt mit Kuba, wie auch mit anderen kommunistischen Regimen, ist seither weitergegangen; doch Professor Griffith zum Trotz ist dieser Konflikt jetzt von einem »echten« Krieg verschieden, weil das Überleben der Nation in ihm nicht mehr auf dem Spiel steht.

Die Begriffsverwirrung entsteht durch jene Vermischung von Machtpolitik und ideologischen Leidenschaften, die das Wesen des Kalten Krieges ausmacht. Die Sowjetunion und China sind beide Großmächte (von verschiedener Größenordnung), und beide stehen dem Westen in ideologischer Feindschaft gegenüber (in verschiedenem Grad). Doch so gewiß die kommunistische Ideologie sowohl ein Hauptmotiv wie eine der Waffen dieser Feindschaft ist, so gewiß ist es nicht diese Ideologie als solche, die das Überleben der fortgeschrittenen Länder des Westens bedroht. Eine Bedrohung unserer Sicherheit ergibt sich nur, wenn eine feindliche Großmacht entweder von einem Ort Besitz ergreift, der – durch seine strategische Lage oder unentbehrliche Hilfsquellen – an sich von lebenswichtiger Bedeutung ist, oder wenn sie eine Art von politischem Erfolg erzielt, der das weltpolitische Kräfteverhältnis indirekt aber entscheidend verändern würde (etwa durch Herbeiführung des Zerfalls des westlichen Bündnisses). Die Verhinderung beider Arten von Gefahren ist seit langem die Hauptaufgabe der Militärmacht und der Diplomatie des Westens, und vor allem Amerikas, wie zuletzt die Verhinderung der militärischen Einnistung der Sowjets in Kuba und ihres versuchten politischen Durchbruchs in Berlin illustrierten.

Der weltweite ideologische Konflikt besteht jedoch nicht nur aus solchen Fragen, wo es um Leben und Tod geht; und von derartigen Krisen abgesehen, ist er primär ein Wettbewerb um die Überzeugung von Menschen. Die Expansion totalitärer kommunistischer Regime in Ländern zu verhindern, wo die Sicherheit des Westens und das weltpolitische Machtgleichgewicht *nicht* direkt auf dem Spiele stehen, ist auch ein *legitimes* Interesse des Westens, zumal da, wo die Kommunisten mit den Mitteln des organisierten Terrors und des Bürgerkrieges operieren. Aber es ist nicht ein *vitales* Interesse des Westens, das ohne Rücksicht auf die Kosten und auf die Haltung der Völker, um deren Zukunft es geht, verfolgt werden muß. Die Vereinigten Staaten hatten mit Recht nicht gewünscht, daß das Regime Castros sich zum Kommunismus entwickle; doch nachdem es ihnen mißlungen war, dies zu verhindern, fanden sie, daß sie mit einem kommunistischen Kuba leben konnten, das nicht eine Bastion sowjetischer Militärmacht war – ganz wie sie seit 1954 mit einem kommunistischen Nordvietnam gelebt haben, und ganz wie sie auch mit einem kommunistischen Südvietnam leben könnten – besonders, wenn dieses aufhörte, von chinesischer Militärmacht abhängig zu sein.

Weit entfernt davon, mich zu der britisch-französischen Politik der Nichtintervention im spanischen Bürgerkrieg bekehrt zu haben, wie Mr. Griffith zu befürchten vorgibt, sehe ich also weiterhin sowohl den weltweiten politischen, ideologischen und wirtschaftlichen Wettbewerb gegen den Einfluß der Kommunisten wie die militärische Hilfe für Völker, die von kommunistischer Gewalt bedroht sind, als notwendige Elemente westlicher Politik an. Meine entscheidende Differenz mit meinen Kritikern beruht auf meinem Festhalten an der Auffassung, daß dort, wo es nicht um lebenswichtige Sicherheitsinteressen geht, der wesentliche Einsatz solchen Wettbewerbs nicht die Beherrschung eines Territoriums ist, sondern die Unterstützung eines Volkes. Das ist der Grund, warum in solchen Fällen militärische Intervention des Westens sinnlos ist, wenn sie nicht zur Unterstützung einer »geschlossenen politischen Kraft« erfolgt.

Ich teile auch nicht Beichmans pessimistische Auffassung von der allgemeinen Unfähigkeit der Amerikaner, den kommunistischen Mächten im politischen Kampf um nicht-westliche Gebiete entgegenzutreten. Seit der Entstehung des kommunistischen China sind Vietnam und Kuba die einzigen Länder gewesen, die unter kommunistische Herrschaft gekommen sind, trotz des beträchtlichen Aufwands an russischen und chinesischen Bemühungen zur Bekehrung der Dritten Welt. Diese Bemühungen sind im allgemeinen weder an militärischen Aktionen des Westens gescheitert (die sich nur in Korea und Malaya als notwendig erwiesen), noch an der Anziehungskraft der westlichen Demokratie oder der liberalen Wirtschaftssysteme (die oft in unterentwickelten Ländern unanwendbar sind), sondern an der Herausbildung einer großen Vielfalt von einheimischen nationalistischen oder selbst nationalrevolutionären Regimen, und an der zunehmenden Bereitschaft des Westens, einschließlich Amerikas, solche Regime trotz aller Verschiedenheit ihrer politischen und ökonomischen Institutionen und trotz ihrer anti-imperialistischen Proklamationen realistisch zu unterstützen. Die Zusammenarbeit mit solchen einheimischen Kräften der nationalen Mobilisierung und Modernisierung ist in der Tat die einzige Form des Wettbewerbs mit der politischen Kriegführung der Kommunisten, die dem Westen in der Dritten Welt offen steht. Man kann auch nicht dem amerikanischen Mangel an Erfahrung die Schuld an dem bedauerlichen Umstand geben, daß in manchen Ländern, darunter Vietnam, solche Kräfte nicht existieren. Doch wo ihr Fehlen einer einheimischen kommunistischen Bewegung einen entscheidenden Vorteil gibt, scheint es mir in dem heutigen Zeitalter eines zunehmenden kommunistischen Pluralismus ein weiserer Kurs, die Unabhängigkeit dieser Bewegung von den kommunistischen Großmächten durch Verständigung mit ihr zu ermutigen, als ihre Abhängigkeit von diesen Großmächten durch den Versuch zu zementieren, sie aus dieser Welt herauszubombem.

Mr. Beichman hat völlig recht, daß ich in der gegenwärtigen Weltlage für den Vorrang Europas eintrete. Der Grund ist aber nicht, daß ich Afrika und Asien für unwichtig hielte und grundsätzlich nur der Region »von San Francisco bis zum Ural« geopolitische Bedeutung zuerkenne. Es handelt sich nicht um Geschmackspräferenzen, sondern um Machtpotentiale – und diese sind dem Wechsel unterworfen. China *kann* eines Tages eine wirkliche Weltmacht werden, *wenn* es das enorme Problem seiner Industrialisierung zu lösen vermag. Rußland *kann* weniger gefährlich für die Interessen des Westens werden, *wenn* langfristige Veränderungen seiner inneren Struktur fortdauern und wenn es gelingt, die Erbschaft von Konflikt und Spannung entlang der Grenze, die Europa geteilt hat, zu liquidieren. Wenn diese Entwicklungen eintreten, mag China einmal zur Hauptgefahr für die nichtkommunistische Welt werden, und dann werde ich durchaus bereit sein, den weltpolitischen Vorrang Asiens anzuerkennen. Heute stößt China zwar die schrilleren Kriegsrufe aus – aber Rußland ist die größere Macht und bedroht lebenswichtigere Gebiete.

Mr. Griffith bestreitet freilich die Notwendigkeit einer Wahl: Er besteht darauf, daß Amerikas Stärke und Behauptungswillen voll ausreichen, um auf beiden Schauplätzen zugleich handlungsfähig zu sein. Ich hatte in meinem Artikel zugegeben, daß die wirtschaftlichen und militärischen Hilfsquellen der Vereinigten Staaten für diese doppelte Aufgabe ausreichen mögen, aber bezweifelt, daß ihre psychologischen und intellektuellen Hilfsquellen ihr gewachsen sind. Was ich im Sinne hatte, war das effektive Fehlen einer europäischen Politik der USA seit dem Amtsantritt Präsident Johnsons, und die kumulativen Wirkungen dieses Sachverhalts. Wenn Washington mehr Konsequenz sowohl in der Verfolgung konstruktiver Initiativen gegenüber den Sowjets wie in der Aufrechterhaltung eines gewissen Drucks auf sie gezeigt hätte, so hätten weder die destruktiven Aktivitäten Präsident de Gaulles im westlichen Bündnis noch ihre Ausnutzung durch Moskau sich bis zum heutigen Punkt entwickeln können.

Um mit der Frage der möglichen Politik in Vietnam zu schließen: Ein Entschluß, den Bombenabwurf auf Nordvietnam zu beenden, ist der Hauptbeitrag, den Washington schon lange zur Stärkung der »Verhandlungspartei« in Hanoi hätte leisten können; und dank der Enthüllungen in den von China und der Sowjetunion ausgetauschten polemischen Dokumenten wissen wir, daß sowohl Moskau wie Paris Washington schon vor Monaten darauf hingewiesen haben. Doch je stärker die Teilnahme der Nordvietnamesen an den Kämpfen ihrerseits eskaliert und je mehr Amerikaner von regulären Soldaten Nordvietnams getötet werden, um so schwerer wird ein solcher Schritt für Washington. Überdies könnte der Präsident eine Entscheidung für die Einstellung der Bombenabwürfe nur rechtfertigen, wenn er dem amerikanischen Volk deutlich erklärte, warum ein »militärischer Sieg« eine Chimäre ist – und wenn er es offen auf den politischen Rückschlag vorbereitet, den eine Rückkehr zum Genfer Abkommen von 1954 bedeuten würde. Es scheint, daß sein Widerstreben gegen solche Eingeständnisse seit langem das Haupthindernis gewesen ist, das wirksamen Schritten zur Beendigung des Krieges im Wege steht.

3. *Maos letzte Revolution*

Die »Kulturrevolution« und ihre internationalen Auswirkungen

Siebzehn Jahre nach der Proklamierung der Volksrepublik China hat ihr Gründer, Mao Zedong, die »Massen« aufgerufen, gegen ihre verfassungmäßigen Institutionen zu rebellieren, um die Revolution zu retten. Diese zentrale Paradoxie der Krise, die zur Zeit die Grundfesten des chinesischen kommunistischen Regimes erschüttert, bringt ihren einzigartigen Charakter zum Ausdruck. Doch sie ist nur eine von einer ganzen Reihe von Paradoxien.

Der Vorsitzende der herrschenden kommunistischen Partei und sein Verteidigungsminister, Lin Biao, der auch das Militärkomitee der Partei leitet, befinden sich in offenem Konflikt mit dem Oberhaupt des Staates, Liu Shaoqi, und dem Generalsekretär der Partei, Deng Xiaoping. Doch sie sind bisher nicht in der Lage gewesen, sie ihrer Ämter durch reguläre Entscheidungen der zuständigen Partei- und Regierungsorgane zu entheben, und nicht bereit gewesen, ihren Sturz durch einen militärischen Staatsstreich zu verkünden.

Die Gegner Maos, als deren Führer Liu Shaoqi und Deng Xiaoping genannt werden, werden als leitende Amtsträger bezeichnet, denen die Macht entrissen werden muß, weil sie »den kapitalistischen Weg beschritten haben«. Sie werden beschuldigt, in diversen Städten und Provinzen einen mächtigen Widerstand gegen Maos Politik zu leisten, Streiks und Sabotage, Panikkäufe und Geldabhebungen von den Banken zu organisieren und sogar gegenrevolutionäre bewaffnete Einheiten aufzubauen und gegen Maos Anhänger »weißen Terror« auszuüben. Aber diese mächtige Opposition ist während der ganzen Krise unfähig gewesen, in einer einzigen Zeitung oder Rundfunkstation ihre Ansichten zu äußern und ihre Sache zu verteidigen.

Die »Revolution« wird als »proletarisch« bezeichnet und richtet sich offiziell gegen die Gefahr einer »kapitalistischen Restauration«. Doch Mao und seine Anhänger haben in ihrem ganzen Verlauf nicht vermocht, einen einzigen Kapitalisten als Vertreter der Mächte der Finsternis vorzuführen, die sie bekämpfen. Überdies begann die Massenbewegung nicht in den Reihen des Proletariats, sondern unter dem Produktionsprozeß fernen Universitätsstudenten und Oberschülern; und die einzigen Fälle nachweislicher aktiver Opposition gegen die Bewegung betreffen den Massenwiderstand von Industriearbeitern.

Schließlich ist es der erklärte Zweck der Bewegung, dafür zu sorgen, daß die »Diktatur des Proletariats« weiter den Weg zur Vollendung des Kommunismus geht und daß China nicht »die Farbe wechselt«. Aber Mao hat seine Anhänger außerhalb der regulären Organisationen der kommunistischen Partei mobilisiert, die doch zur Ausübung der Diktatur des Proletariats geschaffen worden war, und hat ihre etablierten Organe durch neue, improvisierte Organisationen ersetzt. So sind die »Roten Garden« als Konkurrenz zum etablierten kommunistischen Jugendverband geschaffen worden, und dieser Verband ist aufgelöst und seine Veröffentlichungen eingestellt worden. Die »Revolutionären Rebellen« in den Fabriken Shanghais und anderer Städte wurden organisiert, um die von den Gewerkschaften aufgebaute »Arbeitermiliz« zu bekämpfen, und die Gewerkschaften sind ebenfalls aufgelöst worden. Von der Verwaltung der »Volkskommunen« auf dem Lande wird behauptet, sie sei in vielen Fällen in die Hände individualistischer Elemente aus den Reihen der ehemals wohlhabenden Bauern gelangt, und die »ehemaligen Klein- und Mittelbauern« werden aufgefordert, sie zu stürzen. Auf dem Höhepunkt der Bewegung wurden alle diese improvisierten Organisationen in jeder Provinz und Stadt aufgerufen, sich zusammenzuschließen, um an Stelle der Verwaltungsorgane und Parteikomitees »die Macht zu ergreifen« und sie durch neue revolutionäre Organe nach dem Vorbild der Pariser Kommune zu ersetzen.

Eine politische Erschütterung von solchen Ausmaßen kann offenbar nicht als ein bloßer Kampf um die Macht zwischen Individuen oder Fraktionen in der kommunistischen Führung erklärt werden. Es ist eine Selbstverständlichkeit, daß jeder politische Kampf ein Kampf um die Macht ist, und China ist keine Ausnahme davon. Es ist auch wahr, daß in einer Diktatur, die keine anerkannten verfassungsmäßigen Verfahren für einen Regierungswechsel kennt, die persönlichen Rivalitäten ehrgeiziger Führer oft mit einer Hemmungslosigkeit ausgetragen werden, die in rechtsstaatlichen Systemen unbekannt ist. Es ist auch zumindest plausibel, daß Maos Alter und Gesundheitszustand die Frage nach seiner Nachfolge aufgerollt haben – eine Frage, die nun zur Verschärfung der bestehenden Konflikte in der Führung des kommunistischen China beiträgt. Doch diese Führung wird nicht nur durch ihren Glauben an die gemeinsame Sache und durch Jahrzehnte gemeinsamer

Kämpfe und Opfer zusammengehalten: Ihre Mitglieder wissen auch, daß sie ihre gesamte persönliche Macht dem Sieg ihrer Partei schulden, und daß ihre Zukunft von der Zukunft dieser herrschenden Institution abhängt. Dies Wissen war der Grund, warum in den erbitterten Machtkämpfen, die dem Ende der Herrschaft Lenins und Stalins folgten und dem Sturz Chruschtschows vorausgingen, keiner der Kandidaten für ihre Nachfolge je gewagt hat, das Monopol der herrschenden Partei durch eine Mobilisierung von Massen außerhalb ihres organisatorischen Rahmens aufs Spiel zu setzen. Die Hauptakteure in dem gegenwärtigen chinesischen Drama haben aber gerade diesen kritischen Schritt getan. Das allein ist ein hinreichender und unwiderleglicher Beweis dafür, daß es ihnen um etwas Höheres geht, als um ihre persönliche Macht – daß sie wirklich glauben, daß die Zukunft ihrer Revolution auf dem Spiele steht.

Der Gegenstand des Konflikts

Um den Sinn dieser Krise zu verstehen, müssen wir also Maos These akzeptieren, daß es in dem Konflikt um nichts weniger geht als um die künftige Entwicklungsrichtung des kommunistischen China. Wir müssen seine ideologischen Proklamationen ernst nehmen – nicht in dem Sinne, daß wir sie zum Nennwert hinnehmen, sondern daß wir durch Entzifferung der Symbolsprache der Ideologie die zugrundeliegenden Streitfragen herauszuarbeiten versuchen. Die Maoisten wiederholen endlos, daß ihre Bewegung zur Verhinderung der Art von kapitalistischer Restauration organisiert worden ist, die angeblich in der Sowjetunion stattgefunden hat; daß sie sich gegen »eine Handvoll hochgestellter Amtsträger, die den kapitalistischen Weg beschritten haben« richtet; daß sie jene Überreste der bürgerlichen Idcologie ausrotten wollen, die mit Chinas neuer sozialistischer Basis unvereinbar seien. Was meinen sie damit?

Offenbar meinen sie nicht – außer für Zwecke der gröbsten Propaganda –, daß im heutigen China irgendeine unmittelbare Gefahr der Wiederherstellung des Privateigentums an den Fabriken besteht, oder auch nur, daß eine kapitalistische Restauration in diesem buchstäblichen Sinne in der Sowjetunion stattgefunden hat. Sie wissen genau, daß keine solche Klasse von kapitalistischen Eigentümern in der Sowjetunion, geschweige denn in China existiert. Doch sie sehen eine tödliche Gefahr für die Zukunft ihres Regimes in den Ideen, die Chruschtschow zuerst in dem neuen Programm der KPdSU verkündete, das auf deren 22. Parteitag 1961 angenommen wurde: Die Beendigung des Klassenkampfes im Innern der kommunistischen Staaten nach der erfolgreichen Liquidierung der alten Ausbeuterklassen, und die Ersetzung der planmäßigen Umwälzung der Gesellschaft mit Hilfe wiederholter gewaltsamer Revolutionen von oben (wie Stalin sie praktiziert hatte) durch eine evolutionäre Politik, die der Hebung der Produktivität und des Lebensstandards den Vorrang gibt. In den Augen Maos und seiner Anhänger bringt eine solche Politik zwei fundamentale Gefahren mit sich: Die Konsolidierung einer zunehmend mächtigen, privilegierten Oberschicht von Bürokraten und Spezialisten einerseits, die Ansteckung der Gesellschaft mit dem kapitalistischen Geist der materiellen Anreize andererseits. Sie sind überzeugt, daß diese Politik früher oder später, in einer oder der anderen rechtlichen Form, zur Aneignung der Produktionsmittel durch die »Neue Klasse« und zu ihrer Verwendung für privaten Profit führen muß.

Nach Maos Ansicht, die zuerst 1964 in seinem berühmten neunten und letzten Kommentar zu dem Offenen Brief des Zentralkomitees der KPdSU formuliert wurde, wird diese Gefahr einer kapitalistischen Restauration bis zum unmittelbaren Vorabend der Erreichung des vollen Kommunismus andauern, also in China »für fünf bis zehn Generationen oder ein oder mehrere Jahrhunderte«. Die Alternative, die Mao zuerst 1958 – zur Zeit des »Großen Sprungs nach vorn« und der »Volkskommunen« – entwickelte, ist eine Politik der »ununterbrochenen Revolution« – also nicht nur der ewigen Wachsamkeit, sondern des immer neuen, unversöhnlichen Kampfes gegen den immer neu erstehenden Klassenfeind. Die Formel hat einen trotzkistischen Klang, doch sie kann auch auf Stalins Praxis gegründet werden: Stalin wußte, daß eine Parteidiktatur sich nicht über eine lange Periode der Industrialisierung und der Entbehrungen hinweg behaupten kann, wenn sie nicht die Opfer, die sie von ihren Untertanen fordert, durch wiederkehrende Feldzüge gegen immer neue »innere Feinde« rechtfertigt. Im Februar 1937, auf dem Höhepunkt der großen Blutsäuberung, proklamierte Stalin sogar die Doktrin, daß der Klassenkampf sich mit den Fortschritten des sozialistischen Aufbaus verschärfen müsse, weil die besiegten Ausbeuter zu immer verzweifelteren Mitteln griffen. Von dem Augenblick an, als Maos Versuch einer Lockerung der Meinungskontrolle in der »Hundert-Blumen-Kampagne« von 1956/57 eine Flutwelle von Kritik an der kommunistischen Parteiherrschaft auslöste, ist Mao von der Wahrheit dieser Stalinschen Maxime überzeugt gewesen. Aber wo soll die Diktatur den notwendigen inneren Feind finden, wenn die Grundbesitzer und Kapitalisten einmal liquidiert und die Bauern kollektiviert und kommunalisiert sind? Mao hat ihn gefunden, wo Stalin ihn Mitte der dreißiger Jahre fand – in den Reihen seiner eigenen Partei- und Staatsbürokratie.

Das kommunistische Regime in China hat gegenwärtig eine Entwicklungsstufe erreicht, die politisch – obwohl noch keineswegs ökonomisch – mit dem Zustand des Sowjetregimes zur Zeit des 17. Parteitags von 1934, gerade nach dem Abschluß der Zwangskollektivierung, vergleichbar ist. In China lag 1966, wie damals in Rußland, die endgültige Machtergreifung 17 Jahre zurück – lang genug, um in der Zwischenzeit eine neue Elite von Bürokraten und Technokraten heranwachsen zu lassen, während die frühere Elite von Veteranen des revolutionären Kampfes alterte. (In China, mit seinen Jahrzehnten des Bürgerkriegs *vor* der Machtergreifung, ist sie noch älter.) Der Konflikt zwischen den revolutionären Veteranen und den bürokratischen Experten, der auf dieser Stufe unvermeidlich ist, stellt die Revolution vor ein schicksalhaftes Dilemma. Ein Sieg der Veteranen, von denen die meisten ihren egalitären Utopismus bewahrt haben, würde den industriellen Fortschritt des Landes aufs Spiel setzen. Doch ein Sieg der Bürokraten und Technokraten mit ihrer typischen Gleichgültigkeit gegenüber den revolutionären Prinzipien könnte ein echter »Thermidor« werden – ein Triumph der Nutznießer der Revolution über ihre Vorhut, mithin eine direkte Bedrohung der Herrschaft der »jakobinischen« Partei. Stalin fand eine schreckliche, aber wirksame Lösung für dies Dilemma: Während der Jahre der Moskauer Prozesse führte er seine Blutsäuberung so durch, daß sie *politisch* zugunsten der Bürokraten und Technokraten ausging, doch diese *institutionell* zähmte. Die alte Elite wurde nahezu ausgerottet; die neue wurde durch eine Anzahl ausgewählter Hinrichtungen eingeschüchtert – und dann in die Partei hineingetrieben. Der thermidorianische Staatsstreich wurde vermieden, weil die erfolgreichen »Thermidorianer« ihren Platz und ihre Disziplin in der radikal veränderten, ex-»jakobinischen« Staatspartei fanden.

Gegenwärtig steht Mao an dem gleichen Kreuzweg wie Stalin vor 30 Jahren – doch Stalins Lösung ist für ihn nicht annehmbar.

Was Mao als die »bürgerliche Entartung« der Sowjetunion ansieht – die Konzentration auf materiellen Erfolg und materielle Anreize, die Verwerfung »gleichmacherischer« Grundsätze für Einkommen und soziale Stellung, die Konsolidierung einer privilegierten Oberschicht – all dies hat ja nicht erst mit Chruschtschow begonnen, sondern mit Stalins Politik der späten 30er Jahre. Vermutlich versteht Mao dies besser, als er sich leisten kann, öffentlich zuzugeben. Er bleibt entschlossen, seinen Kurs auf das utopische Ziel auszurichten – die Anstrengungen und Opfer der Industrialisierungsperiode nicht auf differenzierte materielle Anreize, sondern auf kriegskommunistische Gleichheit und Genügsamkeit zu gründen, und den politischen Sieg der Bürokraten und Experten zu verhindern; und da die Veteranen der Bürgerkriegsgeneration zu alt werden, sucht er eine neue Elite *künstlicher Veteranen* aus den Reihen der jungen Generation zu erziehen. Das war es, was er meinte, als er 1964 von der Notwendigkeit sprach, »Millionen revolutionärer Nachfolger« auszubilden. Das war der Zweck seiner Losung, daß alle Volksschichten und alle Organisationen »von der Armee lernen« sollten: Sie sollten den Geist der militärischen Disziplin, Genügsamkeit und Gemeinschaft in das Wirtschaftsleben übertragen. Und das war sein Ziel, als er die jugendlichen »Roten Garden« unter der Obhut der Armee organisieren und ausbilden ließ.

Die Herausbildung der Fronten

Einmal zuvor hat Mao versucht, direkt in sein egalitäres Utopia hineinzuspringen – während der Schaffung der Volkskommunen 1958. Wie die sowjetischen Führer voraussagten, führte der Versuch zu ernsten Rückschlägen für die chinesische Wirtschaft. Der Grund liegt auf der Hand: Was Mao als ein Symptom kapitalistischer Entartung zu bekämpfen sucht, ist genau der Geist des Materialismus, der beruflichen Spezialisierung, der rechenhaften Rationalität in Produktion und Verteilung, ohne den keine moderne Industriegesellschaft entstehen kann – das Gespenst der Gegenrevolution, das Mao schlaflose Nächte verursacht, trägt die vertrauten Züge des *homo oeconomicus*. Maos Verwerfung dieses menschlichen Typus ist die Grundlage der Anziehungskraft des Maoismus für jene romantisch-radikalen Kritiker der modernen Gesellschaft und Kultur des Westens, denen Pekings primitiver Katechismus als ein letztes, fernes Echo jener leidenschaftlichen Kritik erscheint, die der junge Marx der Entfremdung des arbeitenden Menschen im Kapitalismus entgegenschleuderte. Doch die gleiche Verwerfung des *homo oeconomicus* stellt auch eine schwere Gefahr für die Zukunft Chinas dar. Denn kein Land vermag sein Entwicklungsproblem zu lösen und seine Produktion zu modernisieren, ohne die Anstrengung zu unternehmen, seine Menschen zu diesem Typus zu erziehen.

Es ist nicht überraschend, daß Maos Politik nach 1958 auf starken Widerstand in seiner eigenen Parteiorganisation stieß. Es ist seit langem bekannt, daß auf einer Tagung ihres Zentralkomitees in Lushan im August 1959 die ernsten Rückschläge in der industriellen und landwirtschaftlichen Produktion, die sich aus dem »Großen Sprung nach vorn« und aus den »Volkskommunen« ergaben, zu einem offenen Angriff auf Maos »Generallinie« durch eine »Rechtsopposition« führten, deren Sprecher Marschall Peng Dehuai war. Der Angriff wurde abgeschlagen und die Autorität Maos blieb formell erhalten; doch die praktischen Konsequenzen seines Utopismus wurden dann schrittweise korrigiert, sodaß eine allmähliche Erholung der chinesischen Wirtschaft möglich wurde. Heute wissen wir, daß auch diese pragmatischen Korrekturen nur in einem langwierigen Kampf gegen Maos starren Linksextremismus von einer Mittelgruppe unter dem neuen Staatsoberhaupt Liu Shaoqi und dem Parteisekretär Deng Xiaoping durchgesetzt wurden: Jetzt heißt es über diese Gruppe, daß sie während der Zeit ihres maßgebenden Einflusses eine Haltung öffentlicher Verehrung für Mao bewahrte, doch nur so, »wie ein verstorbener Vater bei seinem Begräbnis respektiert wird«. Noch während des 10. Plenums des Zentralkomitees im September 1962 wurde eine Rede Maos über die Notwendigkeit einer erneuten »Intensivierung des Klassenkampfes« nicht einmal veröffentlicht. Die Mehrheit der Parteiführung wollte ihn wohl als Symbol der gemeinsamen Sache erhalten, aber blieb entschlossen, seine Macht zur Anstiftung gefährlicher Experimente zu beschränken.

Auch hierfür existiert eine Art von Präzedenzfall im Rußland der dreißiger Jahre. Der sowjetische Parteitag von 1934, bekannt als der »Parteitag der Sieger«, der ein Programm für die Befriedung und Erholung des Landes nach den Schrecken der Zwangskollektivierung entwarf, zeigte einen deutlichen Wunsch, den »innerparteilichen Belagerungszustand« aufzuheben – mit andern Worten, das Klima willkürlicher Gewaltanwendung zu beenden, nun da die akute Gefahr für den Bestand des Regimes vorüber war, und die außerordentlichen Vollmachten, die Stalin sich im Zuge seiner »zweiten Revolution« angeeignet hatte, zugunsten eines normalen Funktionierens der statutenmäßigen Parteiorgane zu begrenzen. Der Kongreß entzog Stalin seinen Titel als »Generalsekretär« und verstärkte das kollektive Gewicht des Sekretariats, indem er in der Person Kirows einen Exponenten jener Oligarchie von *Apparatschiki* hinzuwählte, die Stalin konsequent gegen alle Kritiker seiner Politik unterstützt hatten, aber nun die Konsolidierung seiner Machtstellung zu einem persönlichen Despotismus zu verhindern wünschten. Wir wissen, wie Stalin es verstand, sich von diesen institutionellen Fesseln zu befreien: Er umging die legitimen Parteiorgane durch seine Kontrolle der Geheimpolizei. Er scheint die Ermordung Kirows durch einen oppositionellen Psychopathen selbst arrangiert zu haben – die Geheimpolizei hatte den Attentäter nach früheren Versuchen in sonst unerklärlicher Weise laufen lassen –, und nahm dann den Mord zum Vorwand, ein beispielloses Regime des innerparteilichen Terrors zu entfesseln. Die Blutsäuberung der folgenden Jahre, zu deren Opfern nebst den längst besiegten früheren Führern der innerparteilichen Opposition die Mehrheit der Delegierten des »Parteitags der Sieger« und der Mitglieder des von ihnen gewählten Zentralkomitees gehörten, diente so gleichzeitig der Verwandlung der KPdSU in eine bürokratische Staatspartei und der endgültigen Unterwerfung dieser Partei unter die persönliche Herrschaft des Despoten Stalin.

Maos Weg zur Kulturrevolution

Mao Zedong hat offenkundig völlig andere Methoden benutzt, um die institutionellen Fesseln zu brechen, die man *ihm* hatte auferlegen wollen. Im chinesischen Kommunismus haben die Sicherheitsorgane immer eine weit geringere und die Armee eine weit bedeutendere Rolle gespielt als in der Sowjetunion. Maos berühmter Ausspruch, daß »politische Macht aus den Läufen der Gewehre wächst«, spiegelt nicht nur die Erfahrung des Aufstiegs der chinesischen Kommunisten zur Macht durch Jahrzehnte des Bürgerkriegs wider, sondern auch die Erfahrung von Maos persönlichem Kampf um die Führung seiner Partei. Als Mao im Januar 1935 in Tsunyi, auf einer frühen Etappe des »Langen Marsches«, ohne die vorherige Zustimmung Moskaus von einer »erweiterten Tagung des Politbüros« (also einer Tagung von im Parteistatut nicht vorgesehener, mithin irregulärer Zusammensetzung) zum effektiven Parteiführer gewählt wurde, geschah dies mit Hilfe der militärischen Führer der kommunistischen Kampfeinheiten, die ihm persönlich ergeben waren. Danach dauerte es noch mehr als drei Jahre, bevor er von einer regulären Plenarsitzung des Zentralkomitees im Herbst 1938 als Parteivorsitzender bestätigt wurde.

Drei Jahrzehnte später gelang es Mao, die nächste Plenarsitzung des Zentralkomitees nach 1962 fast vier Jahre lang zu verschieben, während er einen zähen Kampf um die Rückgewinnung der effektiven Macht führte. Er tat dies einerseits durch ein enges Bündnis mit Marschall Lin Biao, dem Nachfolger Peng Dehuais an der Spitze der Armee – andererseits, indem er seine nach außen intakte Autorität gebrauchte, um Kampagnen zur »Umerziehung der Massen« im Geiste seiner Ideen zu organisieren. Anscheinend hatten seine Kollegen in der Parteiführung ihm die Behandlung ideologischer Fragen im allgemeinen und der doktrinären Aspekte des Konflikts mit Moskau im besonderen überlassen. Er nutzte diese Position, um allmählich den Akzent der Polemik von den Fragen der Außenpolitik Chinas und seiner internationalen revolutionären Strategie, in denen damals alle chinesischen Führer einig waren, auf die Probleme der angeblichen »kapitalistischen Entartung« der Sowjetunion zu verschieben.

So war im Sommer 1964 die These, daß eine Politik materieller Anreize, differenzierter Einkommen und professioneller Spezialisierung gefährlichen »Revisionismus« darstelle, und daß China in den Kapitalismus zurückfallen werde, wenn es diese Übel nicht ausrotte, wieder zur offiziellen Parteidoktrin geworden. Im Frühjahr 1965 wurden alle Rangabzeichen in der Armee abgeschafft, und die Losung »Lernt von der Armee« wurde zur wirtschaftspolitischen Doktrin. Im Herbst des gleichen Jahres eröffnete die Armeepresse mit Angriffen gegen den »kulturellen Revisionismus« eine faktische Gegenoffensive gegen die Mehrheit des Zentralkomitees. Gleichzeitig wurde der Generalstabschef Lo Ruiching, der Abweichungen eines »militärischen Professionalismus« entwickelt und sich auf die Seite der Gegner Maos gestellt hatte, in aller Stille abgesetzt. Im Frühjahr und Sommer 1966 erreichte die »Kulturrevolution« ihre ersten sichtbaren Erfolge mit der Säuberung einiger Kritiker Maos in der Presse und in der Parteiorganisation von Peking. Im August trat eine Plenarsitzung des Zentralkomitees – anscheinend in einer durch militärischen Druck bestimmten selektiven Zusammensetzung – zusammen, markierte das Scheitern der

Versuche der Gegner Maos, die beginnende Kampagne unter ihre Kontrolle zu bringen, und gab radikale maoistische Richtlinien für sie heraus. Die ersten Massendemonstrationen der »Roten Garden« in Peking folgten und brachten den sichtbaren Durchbruch.

Es bleibt die Frage: Warum hat Mao nicht versucht, eine schnelle und gründliche Säuberung der Partei »von oben« mit Hilfe der Armee durchzuführen? Warum hat er den langsamen und höchst riskanten Weg vorgezogen, den Druck »von unten« auf die Parteiorgane mit Hilfe neuer, improvisierter Organisationen schrittweise zu verstärken (selbst wenn diese Organisationen hinter der Bühne »von oben« mit Hilfe der Armee geplant und organisiert worden sind)? Sowohl taktische wie prinzipielle Gründe scheinen diese Entscheidung herbeigeführt zu haben. Auf der praktischen Ebene mußte Mao in Rechnung stellen, daß die Armee durchaus nicht einmütig und geschlossen hinter seinen utopischen Vorstellungen stand, wie die Fälle von Peng Dehuai 1959 und von Lo Ruiching 1965 gezeigt hatten. Es muß noch immer viele Offiziere geben, besonders in der jüngeren Generation und in den technischen Einheiten, die den militärischen Wert einer Vielzweckarmee bezweifeln, die so viel für ideologische Massenerziehung, Ausbildung von Milizen und landwirtschaftliche Produktionskampagnen eingesetzt wird, daß ihr nur wenig Zeit zur Verbesserung ihrer eigenen militärischen Leistungsfähigkeit bleibt. Gleich den zivilen Technokraten haben diese professionell orientierten Militärs die Neigung, moderne Ausrüstung und spezialisierte Ausbildung für wichtiger zu halten als das Studium der maoistischen klassischen Schriften.

Auf der grundsätzlichen Ebene darf man nicht vergessen, daß Mao im Gegensatz zu Stalin kein Zyniker ist, sondern an seine Idee der ununterbrochenen Revolution glaubt. Ein Führer, der den ideologischen Schwung seiner Bewegung erneuern will, indem er gegen die Gefahr einer bürokratischen Versteinerung ankämpft und die junge Generation mit seinem eigenen Glauben erfüllt, kann es sich nicht leisten, im rein bürokratischen Stil Befehle von oben zu geben, sondern muß das Wagnis einer Mobilisierung der Massen eingehen. Der *inhaltliche* Gegensatz zwischen Maos und Stalins politischen Entscheidungen hat auch die radikal verschiedene *Form* des Verlaufs der beiden Krisen bestimmt.

Doch es ist gerade diese Form, die den schließlichen Ausgang der gegenwärtigen Krise so ungewiß macht. Gewiß ist Maos Fixierung an die kriegskommunistische Utopie mehr als die individuelle Sturheit eines alternden Revolutionärs, dessen Weltbild von der Erfahrung wiederholter Triumphe über anscheinend unüberwindliche Hindernisse geformt worden ist. Sie findet ein Echo in der Stimmung vieler alter Veteranen aus der Zeit von Yenan und vieler junger Oberschüler und Studenten. Sie stellt auch eine späte und unbewußte Widerspiegelung des Widerstandes eines großen, ökonomisch unterentwickelten aber von tiefem Stolz auf seine kulturellen Traditionen erfüllten Volkes gegen jene teilweise Unterwerfung unter westlich bestimmte Einflüsse dar, ohne die eine wirksame Modernisierung nicht möglich ist. Doch die Opposition gegen Maos Versuch, an der Spitze einer neuen Massenbewegung absolute persönliche Macht zurückzugewinnen, umfaßt weit über die Reihen seiner Gegner innerhalb der Parteiführung hinaus Millionen der Menschen, denen er neue materielle Opfer aufbürden will, und eine wachsende Anzahl jener Staats- und Parteifunktionäre, denen die chaotische Mobilisierung der neuen Bewegung und der von ihr hervorgerufene Massenwiderstand als eine akute Gefahr für das Überleben des Regimes erscheint.

Zuerst hieß es, die Kulturrevolution werde vor den Fabriktoren Halt machen; aber die Feindseligkeit der Arbeiter und ihrer Organisationen zwang die Maoisten, sie anzugreifen – selbst auf die Gefahr hin, die Industrie zu desorganisieren. Jene Streiks und anderen Unterbrechungen von Produktion, Transport und Versorgung, jene Panikkäufe und Abhebungen von den Banken, die von der maoistischen Propaganda in Presse und Rundfunk der tückischen Sabotage oppositioneller Führer zugeschrieben werden, stellen mit viel größerer Wahrscheinlichkeit die explosiven, wahrhaft spontanen Reaktionen der Volksmassen auf die allgemeine Unsicherheit, die Furcht vor neuen Entbehrungen und die Autoritätskrise dar, die von den Maoisten selbst geschaffen worden sind. Ähnlich sind die Äußerungen bäuerlichen Widerstandes, von denen berichtet wird (z. B. die Aufteilung von Nahrungsmittelreserven) natürliche Reaktionen auf den Versuch, die Kulturrevolution auf das Land zu tragen und die Konzessionen zu widerrufen, die den Bauern nach dem Kommunendebakel gemacht wurden. Wenn die berichtete Revolte von Armee-Einheiten fern von den großen

Zentren Tatsache ist, so muß sie die Folge von Versuchen sein, die Armee im Dienst der »Revolution« gegen das Volk einzusetzen. Es ist nur logisch, daß bei jeder neuen Etappe der »Kulturrevolution« einige weitere Mitglieder der inneren Führung als Gegner Maos »entlarvt« wurden, daß die gleichen Zeitungsredaktionen wieder und wieder gesäubert werden mußten – weil mehr und mehr selbst von denen, die anfänglich auf Maos Seite standen, über die Konsequenzen des Prozesses erschraken: Die fortschreitende Radikalisierung der Bewegung und die fortschreitende Isolierung ihrer Führer verstärkten einander.

So wurde ein Punkt erreicht, an dem Mao im Namen des Kommunismus die kommunistische Parteiorganisation effektiv aufgelöst hatte. Doch so gewiß die Roten Garden und Revolutionären Rebellen – mit dem Segen Maos und der Unterstützung der Armee – imstande waren, in einer Reihe von Städten und Provinzen auf Kosten der etablierten Organe von Partei und Regierung »die Macht zu ergreifen«, so gewiß erwiesen sie sich schnell als unfähig, die Kontinuität der Produktion und die öffentliche Ordnung aufrecht zu erhalten. Die politische Anarchie im Zentrum erzeugte ökonomisches Chaos und führte selbst zu militärischen Rebellionen in peripheren Provinzen. Im Februar 1967 war es soweit, daß das Risiko eines Zusammenbruchs der Diktatur unter dem doppelten Ansturm der von Mao mobilisierten und der seinen Maßnahmen widerstehenden Massen nicht mehr ignoriert werden konnte. Die Beauftragung des Ministers für öffentliche Sicherheit, General Xie Fuqi, mit der Kontrolle der »Kommune« Peking, und die Auflösung einer Reihe von »Rebellengruppen« wegen mangelnder Disziplin zeigten den Wendepunkt an.

Tatsächlich ist Mao zur Anerkennung der Tatsache gezwungen worden, daß seine improvisierten Massenorganisationen ohne die aktive Mitarbeit wenigstens des Hauptteils der erfahrenen Partei- und Regierungskader weder in eine neue, disziplinierte Partei zusammenwachsen noch das Land verwalten können. Die Rebellen sind daher instruiert worden, daß die meisten dieser Kader »im Grunde zuverlässig« sind und in den Reihen der neuen Bewegung akzeptiert werden müssen – so spät sie sich auch melden mögen. Das Modell einer Verwaltung »nach Art der Pariser Kommune« ist aufgegeben. Die künftigen lokalen und regionalen Machtorgane sollen nicht auf Volkswahlen, sondern auf einem »Dreierbündnis« zwischen den neuen Organisationen der »revolutionären Massen«, der »zuverlässigen« Mehrheit der Partei- und Regierungskader, und dem Militär aufgebaut werden. Aber nur das Militär – der einzige Teil der Staatsmaschine, dessen Kommandostruktur nicht von Mao absichtlich untergraben worden ist – kann in dem Versuch der Integration dieser Elemente die entscheidende Rolle spielen. In jeder Stadt oder Provinz werden das Truppenkommando und vor allem der leitende politische Kommissar entscheiden, welche der alten zivilen Kader als »zuverlässig« akzeptiert werden können und welche der neuen »Rebellengruppen« als »kriminell« oder »gegenrevolutionär« aufgelöst werden müssen. Nach der Demontage der bürokratischen Struktur und dem Fiasko der ideologischen Schwarmgeisterei ist die kommunistische Macht in China wieder auf ihre Urquelle reduziert: die Läufe der Gewehre.

Der Zusammenbruch der zivilen politischen Kontrollinstanzen hat so Mao gezwungen, genau das zu tun, was er zu vermeiden wünschte – die Armee zum obersten Schiedsrichter in dem Kampf um die Zukunft Chinas zu machen. Doch wird die Armee bereit sein, eine Partei wieder aufzubauen, die sowohl ihren Zusammenhalt wie einen großen Teil ihrer Legitimität eingebüßt hat? Wird sie, mit dem Scheitern des Utopismus als Regierungsmethode vor Augen, weiter den Utopismus als Prinzip der Wirtschaftspolitik unterstützen? Selbst wenn die Armee mit der Rolle des Vollstreckers der Entscheidungen des politischen Führers zufrieden bleibt, wird sie es nicht vorziehen, ihre Ergebenheit einem Führer zu übertragen, der bessere Aussichten für die Sicherung von Kontinuität und Stabilität bietet? Oder wird Mao einen »Thermidor« nur vermieden haben um den Preis eines direkteren Übergangs zu einem »bonapartistischen« Regime? So oder so, für die Erfüllung des Ziels, daß der Geist Maos das kommunistische China lange über die Lebenszeit seines Begründers hinaus regieren wird, scheint es kaum noch Hoffnung zu geben.

Andererseits gibt es keinerlei Anzeichen, daß Mao und seine Anhänger bereit wären, einen Ausweg aus ihrer innenpolitischen Krise in aggressiven Abenteuern zu suchen. Ihre charakteristische Kombination von verbaler Militanz und praktischer Vorsicht in der Außenpolitik hat sich im ganzen Verlauf der Krise um kein Iota verändert. Alles deutet auf den Schluß hin, daß sie eine realistische Einschätzung von Chinas gegenwärtiger militärischer Unterlegenheit sowohl gegenüber der Sowjetunion wie gegenüber den Vereinigten Staaten haben, und daß sie weiterhin nicht gewillt sind, die Zukunft ihres Regimes in einem vorzeitigen massiven Zusammenstoß mit einer der Supermächte aufs Spiel zu setzen.

Schließlich reduziert Chinas innere Krise als solche einstweilen seine Kapazität für Aktionen in der Außenwelt; und ein Sieg des Maoismus würde, indem er die Lösung der wirtschaftlichen Entwicklungsprobleme Chinas blockiert, auch die Verwirklichung seines enormen Potentials als einer künftigen Weltmacht zumindest entscheidend verlangsamen. Maos gegenwärtiger Kurs stellt so nur eine Gefahr für Chinas eigene Zukunft dar, für das Wohl des chinesischen Volkes – und möglicherweise für sein eigenes Regime.

4. Bonn, Moskau, Prag

Die sowjetische Europapolitik zwischen Initiative und Erstarrung

Während der ersten zwei Jahre nach Chruschtschows Sturz hatte die sowjetische Außenpolitik sich voll von dem doppelten Schock der Jahre 1962/63 – der Niederlage in der kubanischen Raketenkrise und dem effektiven Bruch mit dem kommunistischen China – erholt. 1963 war Präsident Kennedys Angebot einer Entspannung primär als eine Atempause für die Überwindung einer Position der Schwäche akzeptiert worden. 1965 waren die neuen sowjetischen Führer in der Lage, auf der Grundlage einer Neueinschätzung der Rangfolge ihrer Interessen neue Initiativen zu ergreifen.

Ihre grundlegende Entscheidung war damals, daß der weltweite Machtwettbewerb mit den Vereinigten Staaten im allgemeinen und der Kampf um das Machtgleichgewicht in Europa im besonderen auf Jahre hinaus von größerer Dringlichkeit sein würde als die bittere neue Rivalität mit dem kommunistischen China. Es scheint unwahrscheinlich, daß Chruschtschows Nachfolger jemals ernste Hoffnungen auf eine Aussöhnung mit Mao Zedong hatten oder daß sie auch nur auf eine effektive Wiederherstellung des einstigen Bündnisses mit China – im Unterschied zu einer eher pragmatischen Form wachsender Koexistenz mit dem riesigen Nachbarn im Osten – nach seinem Tode rechneten. Doch sie scheinen zu dem realistischen Schluß gekommen zu sein, daß die Gefahr aus dem Osten eher in der Zukunft als in der Gegenwart lag. Einstweilen konnte man ihrer mit relativ begrenzten Anstrengungen Herr werden – so mit einer Erneuerung des Engagements in Vietnam durch

Waffenlieferungen bei gleichzeitigen, der Entlarvung dienenden Angeboten einer Einheitsfront an Peking, mit Verbesserungen der sowjetischen Beziehungen zu Japan und Abschreckung chinesischer Drohungen gegen Indien und mit verstärkter Ausbildung territorialer Milizen in den Grenzregionen des Fernen Ostens.

Dagegen wurde die Macht Amerikas als eine weit unmittelbarere Bedrohung gesehen: Die Vereinigten Staaten verfügten über die strategische Stärke und die taktische Mobilität, die sie in der Kubakrise demonstriert hatten, neigten zum Mißbrauch dieser Vorteile für weltweite Interventionen wie in Vietnam und der Dominikanischen Republik und gefährdeten die sowjetische Sicherheit in Europa zumindest potentiell durch ihr Bündnis mit der »revanchistischen« Bundesrepublik Deutschland. Die sowjetischen Führer mögen nicht wirklich geglaubt haben, daß die amerikanischen Imperialisten absichtlich einen Nuklearkrieg beginnen würden, und auch nicht, daß die Westdeutschen ihre Bundeswehr in einem Versuch einsetzen würden, die Wiedervereinigung des nationalen Territoriums um den Preis des nationalen Selbstmordes herbeizuführen. Immerhin sahen sie die Verknüpfung des deutschen territorialen Revisionismus mit der amerikanischen Nuklearmacht nicht nur als die eine permanente Herausforderung der eigenen militärischen Kontrolle Osteuropas bis zur Elbe an, sondern als *mindestens* mit einem gewissen Risiko eines *ungewollten* Nuklearkrieges verbunden. Aus diesem Grunde hat das Auseinanderbrechen des NATO-Bündnisses – in der Praxis: in erster Linie der militärischen Verkettung von Washington und Bonn – seit 1955 auf der Liste der sowjetischen Prioritäten als ein Ziel rangiert, das nur der Wahrung des osteuropäischen *status quo* selbst nachgeordnet war. 1965 aber verband sich die amerikanische Verwicklung in Vietnam mit der neuen Politik General de Gaulles zur Erzeugung einer offenen Krise des Bündnisses, die erstmals den erstrebten Preis in die Reichweite der Männer im Kreml zu bringen schien.

Chruschtschows Nachfolger konzentrierten also ihre Hauptanstrengungen darauf, einerseits den militärischen Vorsprung Amerikas einzuholen und andererseits die Krise der NATO im Hinblick auf die 1969 fällige Möglichkeit der Vertragsauflösung auszunutzen. Ihre bemerkenswerten Leistungen im Rüstungsbereich – die Annäherung an eine Parität mit den USA in strategischen Massenvernichtungswaffen und die Zunahme ihrer höchst mobilen, zur See oder in der Luft transportablen konventionellen Streitkräfte – sind heute öffentlich bekannt. Um Anreize für die Auflösung der

NATO zu schaffen, bedienten sich die sowjetischen Führer gleichzeitig zweier Methoden. Sie lancierten eine große Kampagne für ein »Europäisches Sicherheitssystem«, das sowohl NATO wie den Warschauer Pakt durch gegenseitige Garantien ersetzen sollte, und sie bemühten sich intensiv, die europäischen Neutralen ebenso wie Mitgliedstaaten der NATO für eine »Europäische Sicherheitskonferenz« zur Diskussion dieses Projekts zu interessieren. Zugleich trafen sie aktive Maßnahmen, um eine solide Machtsphäre im Nahen Osten und im östlichen Mittelmeer aufzubauen, von der aus sie eines Tages in der Lage sein würden, die Südflanke der NATO zu bedrohen.

Freilich bestanden zwischen den verschiedenen Elementen dieser sowjetischen Westpolitik offenbar gewisse Widersprüche. Die Kampagne zur Überwindung der Spaltung Europas in feindliche Militärblöcke durch Schaffung eines umfassenden »Europäischen Sicherheitssystems« an deren Stelle konnte nur in einem Klima der Ost-West-Entspannung Erfolge haben; die Beschleunigung der sowjetischen Rüstung und die zunehmende Festsetzung sowjetischer Macht im Nahen Osten und im östlichen Mittelmeer mußten aber dieses Klima stören, sobald ihre Resultate sichtbar wurden. Man mag darüber spekulieren, ob diese Widersprüche einen Mangel an Übereinstimmung innerhalb der kollektiven Führung widerspiegelten oder ob die Männer im Kreml einfach abwarten wollten, wie weit ihre »weiche« Entspannungsdiplomatie sie tragen würde, bevor ihre »harten« machtpolitischen Maßnahmen sichtbar wurden. Gewiß ist, daß sie bis zur Jahreswende 1966/67 bemerkenswerte Erfolge in beiden Richtungen erzielten. Ihre Wendung von der Verzettelung politischer Energie und wirtschaftlicher Hilfsquellen in weit verstreute Teile der »Dritten Welt« (die Chruschtschows Verhalten bis hin zur kubanischen Raketenkrise gekennzeichnet hatte) zu einer gewichtigen Konzentration politischer, ökonomischer und militärischer Anstrengungen auf den Nahen Osten trug Früchte sowohl in zunehmend engen Bindungen mit den »fortschrittlichen« arabischen Staaten wie in einer zunehmenden Distanzierung der Politik der Türkei und des Irans vom Westen. Als auf den Eintritt sowjettreuer, kommunistischer Minister in die neue Regierung des linken Flügels der Baath-Partei in Syrien Ministerpräsident Kossygins Vorschlag zur Bildung eines Blocks »befreiter« arabischer Staaten in Anlehnung an die Sowjetmacht folgte (in einer Rede vor der Nationalversammlung in Kairo im März 1966), wurde die Bedeutung dieses kritischen Schritts von einer Strategie des negativen Verhinderns einer westlichen Einflußsphäre in dieser Region zum positiven Plan einer sowjetischen Einflußsphäre in den Kanzleien der Westmächte nicht erkannt – sowenig wie die Bedeutung der zunehmenden sowjetischen Kampagne gegen die Präsenz der amerikanischen Siebenten Flotte im östlichen Mittelmeer und der schnellen und stetigen Zunahme der von der sowjetischen Schwarzmeerflotte abgezweigten Mittelmeereinheiten.

Inzwischen war die Kampagne für ein »Europäisches Sicherheitssystem« – eine Losung, die von den Sowjets schon 1954/55 als Alternative zur Schaffung westdeutscher Streitkräfte im Rahmen der NATO formuliert worden war – 1965 wiederbelebt worden und hatte Moskau befähigt, einem uneinigen Westen die diplomatische Initiative in Europa zu entreißen. Begünstigt durch den effektiven Mangel an amerikanischem Interesse und durch die Unbeweglichkeit sukzessiver deutscher Bundesregierungen nicht weniger als durch General de Gaulles Illusion einer französisch-russischen Partnerschaft im Wiederaufbau eines ungeteilten Europas, erreichte diese Kampagne ihren Höhepunkt im Sommer 1966 mit dem Staatsbesuch des französischen Präsidenten in der Sowjetunion nach dem französischen Austritt aus der integrierten Militärorganisation der NATO und mit der offiziellen Formulierung des sowjetischen Programms für die europäische Sicherheit durch die Bukarester Konferenz des Warschauer Pakts.

Die zwei Schlüsselpassagen der Bukarester Erklärung proklamierten einerseits die Notwendigkeit der allseitigen Akzeptierung des territorialen *status quo* in Europa, andererseits einen Plan der Ersetzung der gegensätzlichen Bündnissysteme durch ein allumfassendes Sicherheitssystem. Die erste, die primär an die Bundesrepublik gerichtet war, bestand auf der Anerkennung der Legitimität und Permanenz der bestehenden Grenzen nicht nur zwischen Deutschland und seinen östlichen Nachbarn, sondern auch der Teilung des eigentlichen Deutschland: Bonn wurde aufgerufen, die Souveränität des ostdeutschen Staates anzuerkennen und auf die Inanspruchnahme und Ausübung von verfassungsmäßigen Rechten auf dem »besonderen Territorium« West-Berlins zu verzichten. Die zweite Schlüsselpassage schlug vor, diese europäische Ordnung solle gemeinsam von allen europäischen Staaten in Ost und West garantiert werden, ohne eine amerikanische Beteiligung an einem solchen Pakt notwendig auszuschließen. Sie verkündete ausdrücklich die Bereitschaft der Mitgliedstaaten des Warschauer Paktes, ihr Militärbündnis zugunsten des neuen Sicherheitssystems aufzulösen, wenn die Mitglieder der NATO auch das ihrige auflösten. Überdies schlug sie für den Fall, daß die Unterzeichner des nordatlantischen Vertrages nicht bereit wären, diesen endgültigen Schritt sofort zu tun, als erste Rate eine Auflösung der integrierten militärischen Organisationen beider Pakte vor (was dadurch erleichtert wurde, daß der Warschauer Pakt eine derartige Organisation gar nicht besaß).

Die westlichen Diplomaten erkannten sofort, daß der Vorschlag eine noch viel wichtigere Falle enthielt: Er sagte nichts über das Netz *bilateraler* Verträge zwischen den kommunistischen Staaten und der Sowjetunion, die am Ende des Zweiten Weltkrieges für zwanzig Jahre abgeschlossen worden und dem Warschauer Pakt lange vorausgegangen waren. Die sowjetischen Verträge mit der ČSSR und Polen waren soeben – 1963 und 1965 – für weitere zwanzig Jahre erneuert worden, und ein neuer zwanzigjähriger Vertrag zwischen der Sowjetunion und der DDR war 1964 hinzugefügt worden. Daraus folgte, daß sowjetische Truppen auch nach einer Auflösung des Warschauer Pakts an der Elbe hätten bleiben können, während die Amerikaner nach der Auflösung der NATO hätten nach Hause gehen müssen. So wäre unter dem Bukarester Plan die formale Sanktion des territorialen *status quo* von der faktischen Etablierung der Sowjetunion als der militärischen Vormacht auf dem europäischen Kontinent, mithin von einer entscheidenden Verschiebung des weltpolitischen Machtgleichgewichts begleitet worden. Doch während diese Überlegungen die westlichen Regierungen (einschließlich des gaullistischen Frankreich) veranlaßten, den Bukarester Vorschlägen in der vorliegenden Form zu mißtrauen, schienen diese Vorschläge in den Augen vieler immerhin eine Diskussionsgrundlage zu bieten: Auf einem Kontinent, dessen Völker nach zwanzig Jahren die Teilung und Beherrschung durch die Supermächte zunehmend leid waren, verschafften sich die Sowjets durch die bloße Tatsache, daß sie *irgendeinen* Vorschlag für eine radikale Veränderung gemacht hatten, *prima facie* einen weltpolitischen Vorteil.

Die Kehrtwendung von 1967

Umso bemerkenswerter war unter diesen Umständen der effektive Verzicht der Sowjets auf weitere Propaganda für die beiderseitige Auflösung der feindlichen Bündnisse seit Anfang 1967. Das Angebot, als Gegenleistung für eine Auflösung der NATO den Warschauer Pakt aufzulösen, wurde noch einmal auf der Karlsbader Konferenz der europäischen kommunistischen Parteien im Frühling dieses Jahres erwähnt; danach jedoch ist es nach meiner Kenntnis in keinem offiziellen Sowjetdokument mehr aufgetaucht. Stattdessen wurde die Notwendigkeit, die militärische Kampfbereitschaft und vor allem die politische Einheit des sowjetisch geführten Bündnisses angesichts der vom »westdeutschen Militarismus, Revanchismus und Neonazismus« drohenden Gefahren zum Hauptthema der sowjetischen Europapolitik – und zwar von dem Augenblick an, als die Verbesserung der Beziehungen mit den osteuropäischen kommunistischen Staaten (einschließlich der Sowjetunion selbst) das vorrangige Ziel der neuen Bundesregierung der Großen Koalition wurde, die in Bonn im Dezember 1966 gebildet worden war.

Um das Außerordentliche an dieser sowjetischen Kehrtwendung zu verstehen, muß man sich die Hauptzüge von Bonns »neuer Ostpolitik« vergegenwärtigen. Anstelle der Vorbehalte, die frühere Regierungschefs der Bundesrepublik gegen eine Ost-West-Entspannung geltend gemacht hatten, proklamierte die neue Regierung Kiesinger-Brandt, daß eine solche Entspannung und ihre eigene volle Beteiligung daran der einzige vorstellbare Rahmen für Schritte in der Richtung einer schließlichen Wiedervereinigung Deutschlands seien. Demgemäß bot Bonn die Herstellung voller diplomatischer Beziehungen mit allen kommunistischen Regierungen Osteuropas, ohne Rücksicht auf die »Hallstein-Doktrin«, an. Die Bundesregierung erklärte feierlich, daß sie das Münchner Abkommen von 1938 als null und nichtig ansehe (nicht »von Anfang an«, wie der Sowjetblock forderte, sondern nachträglich, weil es durch Hitlers Einmarsch in Prag im Frühjahr 1939 zerstört worden sei – eine Rechtsauffassung, die mit derjenigen der britischen Regierung identisch war). Bonn hielt den Vorbehalt aufrecht, daß die deutsch-polnische Grenze endgültig nur in einem Friedensvertrag geregelt werden könne, doch es hörte auf, sich auf die angeblich fortdauernde Rechtsgültigkeit der Grenzen von 1937 zu berufen. Es bot an, praktische Schritte zur Verbesserung der persönlichen, wirtschaftlichen und kulturellen Kontakte zwischen beiden Teilen Deutschlands durch Gespräche auf allen Ebenen, einschließlich der Ministerebene, mit Vertretern Ostdeutschlands auszuhandeln – Kontakte, die nur vor der formellen völkerrechtlichen Anerkennung haltmachen würden. Schließlich schlug die Bundesregierung vor, daß die NATO-Verbündeten mit den Sowjets eine beiderseitige Reduktion der in beiden Teilen Deutschlands stationierten Streitkräfte aushandeln sollten, und erklärte ihre Bereitschaft, einen beiderseitigen Verzicht auf die Androhung oder Anwendung von Gewalt mit der Sowjetunion und deren Verbündeten, auch mit der Regierung der DDR, abzuschließen.

Diese politische Neuorientierung der Bundesrepublik war nun keineswegs eine bloße diplomatische Anpassung ohne tiefere Wurzeln. Sie hatte ihren Ursprung in einer stetigen Veränderung der westdeutschen öffentlichen Meinung im Lauf der vorangegangenen Jahre und wurde schließlich durch den Eintritt der sozialdemokratischen Partei in die Regierung durchgesetzt. Doch während die neue Politik von der kommunistischen Regierung Rumäniens eifrig begrüßt wurde und in der ČSSR, Ungarn und Bulgarien anfänglich beträchtliches Interesse erregte, wurde sie von den ostdeutschen und polnischen Kommunisten und (nach anfänglichem Zögern) auch von der Sowjetunion bitter als eine neue Form »politischer Aggression« denunziert. Die Führung der DDR fürchtete, daß jede Verbesserung der Beziehungen zwischen Bonn und ihren kommunistischen Verbündeten am Ende zu einer zunehmenden Isolierung in ihrem künstlich geschaffenen Staat führen würde. Die polnischen Kommunisten, die ihren Konflikt mit der katholischen Kirche über die Möglichkeit einer Aussöhnung des deutschen und des polnischen Volkes noch in Erinnerung hatten, waren überzeugt, daß alles, was die Furcht vor Deutschland verringern könnte, die Bereitschaft des polnischen Volkes untergraben würde, sich allein auf russischen Schutz zu verlassen – und damit ihrer eigenen Herrschaft die Basis entziehen mußte. Die sowjetischen Führer schließlich kamen zu dem Schluß, daß Bonns aktive Einschaltung in den Entspannungsprozeß eine weit größere Bedrohung ihrer eigenen Sicherheit sei als seine frühere Starrheit – weil sie ihre ostdeutsche Basis isolieren, Konflikte innerhalb des Ostblocks hervorrufen und die gemeinsame Furcht vor einem »neuen Hitler« verringern würde, die der stärkste Zement dieses Blocks unter den Völkern war.

Wir können nun verstehen, warum Bonns Entschluß, ohne Vorbehalt an der Ost-West-Entspannung teilzunehmen, Moskaus Entschluß auslöste, sich von ihr zurückzuziehen. Solange der Westen in dieser Frage gespalten war, konnten die sowjetischen Führer als Vorkämpfer der Entspannung und Befürworter einer schließlichen Auflösung der beiden gegnerischen Bündnisse auftreten. Solange sie sich in der eigenen Machtsphäre einigermaßen sicher fühlten – mit der teilweisen und peripheren Ausnahme Rumäniens – konnten sie die Meinungsverschiedenheiten im gegnerischen Lager durch eine flexible Politik der Offensive ausnutzen. Sobald aber die Neuorientierung der Bundesrepublik den sowjetischen Klientenstaaten eine Alternative zu einer Politik der Furcht anbot, sahen die sowjetischen Führer ihre Kontrolle Osteuropas als bedroht an und zogen sich in eine Haltung der defensiven Starrheit zurück. Auf die ČSSR ebenso wie auf Ungarn und Bulgarien wurde nun Druck ausgeübt, um sie zur Abweisung des Angebots normaler diplomatischer Beziehungen zu veranlassen. Die Kampagne mit dem Ziel, die Bundesrepublik als eine »Brutstätte der Neo-Nazi-Aggression« hinzustellen, bekam Vorrang gegenüber der Chance, einen gegenseitigen Verzicht auf Anwendung oder Androhung von Gewalt auszuhandeln, obwohl Bonn ausdrücklich bereit war, auch die DDR in die Reihe der Vertragspartner einzubeziehen. Ende 1967 wurde die Formel vom »Europäischen Sicherheitssystem« auf sowjetischer Seite nicht mehr als ein umfassendes System gegenseitiger Garantien unter Gleichen, sondern als Wiederbelebung einer gegenseitigen Garantie der Sieger des Zweiten Weltkrieges nach dem Modell des Potsdamer Abkommens interpretiert. Die Männer im Kremel können sich kaum der Täuschung hingegeben haben, dies würde in westlichen Augen als eine anziehende Alternative zur NATO erscheinen. Doch sobald die Bewahrung ihrer osteuropäischen Machtsphäre auf dem Spiel zu stehen schien, gaben sie der Sicherung ihres Herrschaftsbereichs absoluten Vorrang vor allen Versuchen, zur Auflösung der NATO zu gelangen.

Die sowjetische Haltung zu den inneren Veränderungen in der ČSSR hat sich vor allem in diesem Zusammenhang entwickelt. Die Führer der KPdSU müssen sich seit langem über die Ineffizienz und die wachsende Unpopularität des Novotny-Regimes klar gewesen sein. Sie hatten keine sachlichen Gründe, sich der endlichen Durchführung der seit langem beschlossenen tschechoslowakischen Wirtschaftsreform oder der Erfüllung der langjährigen Versprechen zur Rehabilitierung der Opfer des stalinistischen Terrors zu widersetzen. Aber sie waren besorgt über den wachsenden Druck, den die tschechoslowakische öffentliche Meinung unter der Führung von Wirtschaftsfachleuten, Gelehrten und Schriftstellern ausübte, um zu besseren Beziehungen mit Westdeutschland zu kommen, und sie fürchteten mit Recht, daß ein Regime der Reform diesem Druck eher nachgeben würde als Novotnys bürokratische Führung. So vermied der Kreml in diesem Stadium zwar offene Eingriffe, aber er nutzte seinen Einfluß gerade hinreichend zu Gunsten der bisherigen Amtsträger, um Unzufriedenheit zu erzeugen und deren schließlichen Sturz im Januar 1968 als sowjetische Niederlage erscheinen zu lassen. Kurzum, die sowjetische Präokkupation mit der Bundesrepublik stand am Anfang jener Kette von Ereignissen, die mit der sowjetischen Okkupation der Tschechoslowakei endete.

IV.
Zweiseitige Entspannung im Dreieck (1969–1972)

Das Thema dieses Kapitels ist das Zustandekommen einer Reihe von Entspannungsschritten zwischen den Westmächten und dem Sowjetblock einerseits und zwischen den Vereinigten Staaten und China andererseits innerhalb weniger Jahre.

Die Studie über den Weg der Bundesrepublik zur Ostpolitik, von der in diesem Auszug nur die kurze, für die Fragestellung grundlegende Einleitung und der die entscheidende Wendung behandelnde Schlußteil wiedergegeben werden, zeigt das Zusammenwirken der internationalen Konstellation der späten sechziger Jahre mit jener Veränderung der öffentlichen Meinung der Bundesrepublik, die zum Teil auf einem Generationswechsel beruht, in der Herbeiführung der Entscheidung Bonns, bei Aufrechterhaltung seiner Verankerung im Westen den deutschen »Sonderkonflikt« mit dem Sowjetblock grundlegend zu entschärfen und damit eine Normalisierung der Beziehungen in dem bisherigen Brennpunkt des allgemeinen Ost-West-Konflikts möglich zu machen.

Der Aufsatz über den Umweg zur weltpolitischen Entspannung behandelt die Gründe, warum die unter Kennedy entwickelten Ansätze zu einer amerikanischen Entspannungspolitik für längere Zeit unterbrochen wurden, und die neuen Entwicklungen, die ihre Wiederaufnahme seit 1969 sowohl gegenüber der Sowjetunion wie gegenüber China möglich machten.

1. Der Weg zur deutschen »Ostpolitik«

Die Rolle der Bundesrepublik in der Ost-West-Entspannung

Es ist unbestritten, daß die Bundesrepublik ein Produkt des Kalten Krieges ist. Tatsächlich verdankt sie ihre Entstehung einem doppelten Konflikt mit der sowjetischen Politik. Die Teilung Deutschlands war das Ergebnis der Unvereinbarkeit der Ziele, die sich die Sowjetunion und die Westmächte im Nachkriegseuropa im allgemeinen und im besiegten Deutschland im besonderen setzten. Doch die Schaffung eines demokratischen Staates aus den westlichen Besatzungszonen beruhte auch auf dem Wunsch der übergroßen Mehrheit ihrer Bevölkerung, aus den Ruinen des Hitlerreichs eine freiheitliche Demokratie westlichen Typs aufzubauen und nicht zu Untertanen einer neuen, diesmal kommunistischen Parteidiktatur zu werden.

Auf den ersten Blick fielen die Bestrebungen der Westmächte und der Deutschen also zusammen: Beide wollten die Ausdehnung der sowjetischen Machtsphäre und des kommunistischen Herrschaftssystems westlich der Demarkationslinie zwischen den Siegermächten aus Ost und West verhindern, und beiden ist dieses Interesse bis auf den heutigen Tag gemeinsam geblieben. Aber die deutschen Begründer der Bundesrepublik erstrebten darüber hinaus die Wiedergewinnung der politischen und rechtlichen Freiheit auch für die Deutschen der sowjetischen Besatzungszone in einem gemeinsamen Staat und eine mindestens teilweise Rückgewinnung der von den Sowjets bei Kriegsende an Polen übergebenen Gebiete, soweit sie schon vor Hitlers Angriff auf Polen zum Deutschen Reich gehört hatten; und diese Bestrebungen wurden von den Westmächten zwar mit mehr oder weniger Sympathie betrachtet, aber nicht als eigene vitale Interessen angesehen.

Der Gegensatz der Systeme in Ost und West war die Grundlage eines *gemeinsamen* Konflikts der Westmächte und der Deutschen der Bundesrepublik mit den Sowjets, bei dem die Freiheit und Sicherheit der eigenen Entwicklung diesseits der Systemgrenze den Vorrang hatte. Die Forderungen nach Wiedervereinigung der Deutschen in Freiheit und Grenzrevision im Osten waren die Grundlage eines *Sonder*konflikts der Bundesrepublik mit der Sowjetunion und dem Sowjetblock, in dem sie nur bedingt – und in mit der Zeit abnehmendem Maße – auf die Unterstützung der

Westmächte rechnen konnte. Die Geschichte des Wandels der bundesdeutschen Ostpolitik im Laufe eines Vierteljahrhunderts ist die Geschichte der zunehmenden Erkenntnis dieses Unterschieds und der notwendigen Entschärfung des deutschen Sonderkonflikts mit dem Osten als Folge der wachsenden Eingliederung der Bundesrepublik in das wirtschaftliche, politische und militärische System des Westens sowie der zunehmenden Beschränkung der Formen des allgemeinen Systemkonflikts im Zuge der Entspannung.

Noch in dem 1952 unterzeichneten und 1955 in Kraft getretenen »Deutschlandvertrag«, der den Vertrag über die Eingliederung der Bundesrepublik in das atlantische Bündnis begleitete, hatten die Westmächte sich auf das Ziel der deutschen Wiedervereinigung in Freiheit festgelegt. Doch schon die Gipfelkonferenz von 1955 brachte mit der Einsicht in das nukleare »Gleichgewicht des Schreckens« auch die Erkenntnis der Westmächte, daß dieses Ziel nicht gegen den Willen der Sowjets durchzusetzen war, die seit der Aufnahme der Bundesrepublik in die NATO jede weitere Verhandlung über die »deutsche Frage« konsequent ablehnten. Die rein defensive Haltung der Westmächte im Verlauf von Chruschtschows Berlinkrise von 1958–62, die in ihrer Hinnahme der Errichtung der Berliner Mauer im August 1961 dramatischen Ausdruck fand, brachte die Indifferenz des Westens gegenüber dem deutschen Sonderkonflikt erstmalig einem Teil der Bevölkerung der Bundesrepublik zum Bewußtsein, der sich von nun an stetig vergrößerte. Im weiteren Verlauf der sechziger Jahre schufen dann Präsident de Gaulles Bemühungen um Sonderbeziehungen zur Sowjetunion und zum Ostblock einerseits, Präsident Johnsons Hoffnungen auf sowjetische Hilfe für eine Kompromißlösung im Vietnamkonflikt andererseits einen »Entspannungswettlauf« zwischen Paris und Washington nach Moskau über die Köpfe der Bonner Regierung hinweg, der diese mit der diplomatischen Isolierung bedrohte, wenn sie an der überkommenen Ablehnung von Entspannungsschritten ohne gleichzeitige Fortschritte in der »deutschen Frage« festhielt. Das zunehmende Drängen der öffentlichen Meinung auf »kleine Schritte« zur Erleichterung wenigstens der menschlichen Kontakte zwischen beiden Teilen Deutschlands einerseits, das wachsende moralische Bedürfnis vor allem der jüngeren Generation nach einer Aussöhnung zwischen Deutschen und Polen andererseits schufen eine neue politische Atmosphäre, die in der Denkschrift der Evangelischen Kirche von 1965 über die Notwendigkeit solcher Versöhnung ohne Selbstgerechtigkeit und in dem breiten Echo des sozialdemokratischen Versuchs eines »Redneraustauschs« mit der SED von 1966 ihre dramatischen Ausdrücke fand. Als nach dem Rücktritt der Regierung Erhard Ende 1966 die langdauernde Vorherrschaft der CDU durch eine Große Koalition abgelöst wurde, in der unter Kiesinger als Kanzler die SPD mit Willy Brandt den Außenminister stellte, war die Situation reif für einen Versuch, den Sonderkonflikt durch eine neue Ostpolitik zu entschärfen.

Die Regierungserklärung des neuen Bundeskanzlers Kiesinger am 13. Dezember 1966 verkündete den Willen zur Herstellung diplomatischer Beziehungen mit den östlichen Nachbarn Deutschlands. Sie äußerte bei Aufrechterhaltung des Friedensvertragsvorbehalts in der Grenzfrage den Wunsch nach einer Aussöhnung mit Polen und Verständnis für dessen Wunsch, in gesicherten Grenzen zu leben. Sie unterstrich, »daß das unter Androhung von Gewalt zustande gekommene Münchener Abkommen nicht mehr gültig ist«, und wies lediglich auf die Notwendigkeit einer Regelung sekundärer Rechtsfolgen im Interesse der Vertriebenen hin. Sie wiederholte das Angebot des Austauschs von Gewaltverzichtserklärungen mit der Sowjetunion und den anderen osteuropäischen Staaten und fügte die Bereitschaft hinzu, »das ungelöste Problem der deutschen Teilung in dieses Angebot einzubeziehen« – was von Kiesinger einige Monate später ausdrücklich als Bereitschaft zum Austausch solcher Erklärungen auch mit der DDR interpretiert wurde. Schließlich wies sie darauf hin, der Anspruch, als einzig frei gewählte Regierung für das ganze deutsche Volk zu sprechen, bedeute keine Absicht der Bevormundung der Landsleute im andern Teil Deutschlands, und fuhr fort: »Wir wollen, soviel an uns liegt, verhindern, daß die beiden Teile unseres Volkes sich während der Trennung auseinanderleben. Wir wollen entkrampfen und nicht verhärten, Gräben überwinden und nicht vertiefen. Deshalb wollen wir die menschlichen, wirtschaftlichen und geistigen Beziehungen mit unseren Landsleuten im andern Teil Deutschlands mit allen Kräften fördern. Wo dazu die Aufnahme von Kontakten zwischen Behörden der Bundesrepublik und solchen im anderen Teil Deutschlands notwendig ist, bedeutet dies keine Anerkennung eines zweiten deutschen Staates.«

Damit war die Front der »Politik der Bewegung« entscheidend verbreitert und ihre Richtung eindeutig klargestellt: Der Wille, die Bundesrepublik in den Strom der westlichen Entspannungspolitik hineinzustellen, hatte begonnen, die Befreiung von den angesammelten juristischen Fiktionen und bürokratischen Hindernissen in Gang zu bringen. Eine grundsätzlich neue Deutschlandpolitik war verkündet worden, die den Kontakt mit der DDR im Interesse ihrer Menschen aktiv suchte und durch keine Vorbehalte hinsichtlich der »Ebene« solcher Kontakte – etwa nur mit Beamten und nicht mit politischen Repräsentanten – mehr einschränkte. Freilich geriet die Bundesrepublik damit tendenziell in einen neuen Widerspruch, insofern sie nun einerseits die DDR eindeutig nicht mehr isolieren, sondern sie maximal in den Prozeß der Entspannung hineinziehen wollte, andererseits aber an dem Grundsatz festhielt, ihr die völkerrechtliche Anerkennung zu verweigern und solche Anerkennung durch Dritte nach Möglichkeit zu verhindern. Der Schlüssel zum Verständnis dieses Widerspruchs lag in dem Glauben an »Wandel durch Annäherung«, der der Mehrzahl der Architekten der neuen Politik gemeinsam war. Beeindruckt von dem fühlbaren Ansteigen des Verlangens nach Reformen in Osteuropa und überzeugt, daß ein Schwinden der Furcht vor dem deutschen »Revanchismus« diese Tendenz noch stärken würde, erwarteten sie die Durchsetzung humanisierter Formen des kommunistischen Regimes in einigen osteuropäischen Ländern – mit schließlichen Auswirkungen auf die DDR. Angesichts der erheblichen verfassungsrechtlichen und politischen Schwierigkeiten, mit denen die formelle Anerkennung der Existenz eines zweiten deutschen Staates verbunden sein würde, mögen sie so gehofft haben, die Entscheidung über eine solche Anerkennung hinausschieben zu können, bis auch die DDR durch Reformen akzeptabler geworden und die Wähler der Bundesrepublik an die Praxis des offiziellen Umgangs mit ihr gewöhnt seien. Tatsächlich beruhte diese Hoffnung jedoch auf einer Mischung von realistischer Voraussicht und Illusion: Die Reformtendenzen in Osteuropa existierten, und die inneren Widerstände gegen sie wurden durch die neue deutsche Politik in der Tat geschwächt. Doch die Führungsmacht des Ostblocks erwies sich als entschlossen und stark genug, sich diesen Tendenzen zu widersetzen, so daß ihre Gegner sich im entscheidenden Moment stets auf Moskau stützen konnten. Es war dieser nicht voll erkannte Faktor, der den Erfolg der ersten Phase der »neuen Ostpolitik« von vornherein begrenzte und schließlich ihre Revision erzwang.

Die demonstrative ostpolitische Neuorientierung einer Bonner Regierung, die sich auf vier Fünftel der Wähler der Bundesrepublik stützen konnte, wurde überall sofort als ein internationales Ereignis ersten Ranges erkannt. Die Westmächte begrüßten sie als eine Wendung zum Realismus und einen wichtigen Beitrag zu ihrer Entspannungspolitik, die europäischen Neutralen als einen Sieg für die Sache des Friedens und der Völkerversöhnung. Im Maße, wie das Vertrauen in den Entspannungswillen der Bundesrepublik stieg, schwand auch die Gefahr der Isolierung: Von nun an sollten kommunistische Tiraden gegen den »westdeutschen Revanchismus« weit weniger Glauben selbst unter den osteuropäischen Völkern, geschweige denn im Westen finden. Von einem Teil der kommunistischen Führungen in Osteuropa dagegen wurde die neue Beweglichkeit Bonns vorwiegend als Gefahr der Schwächung des eigenen Zusammenhalts durch Verblassen des vertrauten Feindbildes aufgenommen – mit der Folge, daß nun für den Sowjetblock eine Periode starrer Defensive begann.

Diese Wirkung trat nicht sofort ein. Die rumänische Regierung, die seit 1963 ihre außenpolitische Bewegungsfreiheit zielbewußt erweitert hatte, war schon vor Erhards Abtreten zur Aufnahme diplomatischer Beziehungen mit Bonn bereit gewesen und ergriff sofort die nun gebotene Gelegenheit: Am 31. Januar 1967 wurden die Beziehungen durch ein Kommuniqué hergestellt, das die DDR nicht erwähnte. Auch die tschechoslowakische, ungarische und bulgarische Regierung zeigten zunächst Interesse an Normalisierungsgesprächen, während die Sowjetunion sich anfänglich mit Kommentaren zurückhielt. Doch die Führer der DDR erklärten die neue Politik sofort als einen neuen Trick der Bonner »Revanchisten«, um ihr altes Ziel der Isolierung und Unterwühlung der DDR zu erreichen, und die neue Koalition als eine Kapitulation der Sozialdemokraten vor Kiesinger und Strauß; und die polnische Parteiführung unter Gomulka schloß sich ihnen an. Beide verkündeten, ernsthafte Verhandlungen mit Bonn kämen nicht in Frage, solange die Bundesrepublik nicht im voraus ihre wirkliche Sinnesänderung durch Annahme des Katalogs von Forderungen bewiesen hätte, den die Bukarester Konferenz des Warschauer Paktes im vergangenen Juli aufgestellt hatte – Anerkennung der Endgültigkeit der Oder-Neiße-Grenze, völkerrechtliche Anerkennung der DDR, Anerkennung der Ungültigkeit des Münchener Abkommens von Anfang an, und – last, not least – Anerkennung West-Berlins als »selbständige politische Einheit« ohne institutionelle Bindungen an die Bundesrepublik.

Die sowjetische Führung schloß sich nach kurzem Zögern dieser »harten« Haltung an: Selbst in einer konservativen Phase der innerpolitischen Konsolidierung nach dem Reformeifer Chruschtschows, erkannte sie die Gefahren eines »Wandels durch Annäherung« und sah die positiven Anfangsreaktionen Rumäniens und anderer Ostblockstaaten auf das Bonner Angebot als Signale von Zerfallstendenzen im Warschauer Pakt. Auf dessen im Februar 1967 durchgeführter Warschauer Tagung wurden die Rumänen hinter verschlossenen Türen für ihren Mangel an Solidarität mit der DDR kritisiert und die andern schwankenden Mitglieder vor ähnlichen Schritten gewarnt: Statt dessen wurden sie aufgefordert, nach dem sowjetischen Vorbild von 1964 zwanzigjährige Freundschafts- und Beistandsverträge mit der DDR zu schließen, was Polen und die Tschechoslowakei schon im März und Ungarn und Bulgarien im weiteren Verlauf des Jahren taten. Eine nach Karlsbad einberufene Konferenz der kommunistischen Parteien Ost- und Westeuropas Ende April, an der die Rumänen nicht teilnahmen, war ganz auf das Ziel ausgerichtet, die neue Bonner Politik im alten Stil zu verteufeln; kurz danach hörte Moskau auf, die Bukarester Losung einer Auflösung beider Militärpakte zu propagieren, weil das Spiel mit einer Auflösung des Warschauer Paktes ihm in der neuen Situation zu gefährlich schien. Die Entspannung mit Bonn, dem unersetzlichen Schreckgespenst, sollte vermieden werden – auch um den Preis eines Verlusts der Initiative in der allgemeinen Entspannungspolitik in Europa.

Die Bundesrepublik freilich war entschlossen, eine »Entspannungspolitik mit langem Atem« zu betreiben, und setzte geduldig ihre Bemühungen fort: Im August gelang ihr immerhin endlich der Austausch von Handelsmissionen mit Prag, und im Dezember wurden die diplomatischen Beziehungen mit dem kommunistischen, aber blockfreien Jugoslawien wiederaufgenommen, die Bonn zehn Jahre zuvor aus Anlaß der Aufnahme solcher Beziehungen zwischen Belgrad und Ost-Berlin abgebrochen hatte der bisher deutlichste Bruch mit der Hallstein-Doktrin im Interesse der Ostpolitik. Der Sowjetunion selbst hatte Bonn einen langen Katalog von möglichen Verhandlungsgegenständen vorgeschlagen, aus dem die Sowjetregierung das Thema eines Gewaltverzichtsvertrags auswählte. Tatsächlich ließ sie es jedoch nicht zu eigentlichen Verhandlungen, sondern nur zu einem zeitraubenden vorbereitenden Notenwechsel kommen, in dem sie die These entwickelte, ein rechtswirksamer Gewaltverzicht müsse die rechtliche Anerkennung des territorialen Status quo, natürlich einschließlich der Anerkennung der DDR als souveräner Staat, zur Grundlage haben.

Inzwischen war Kiesingers Angebot in seiner Regierungserklärung vom 12. April 1967, mit der DDR eine Reihe konkreter Vereinbarungen zum Abbau der Hindernisse im Reise- und Zahlungsverkehr und zur Zusammenarbeit in Wirtschaft, Transport und Kulturfragen zu schließen, von Ministerpräsident Stoph am 10. Mai mit einem Brief beantwortet worden, der ein Treffen der beiden Regierungschefs vorschlug, aber als Themen keine der von Bonn genannten praktischen Fragen, sondern die Herstellung normaler Beziehungen zwischen den beiden deutschen Staaten, Vereinbarungen über Gewaltverzicht und Grenzanerkennung sowie den Verzicht auf Atomwaffen und die Schaffung einer atomwaffenfreien Zone nannte. Der folgende Briefwechsel, der sich bis Ende September hinzog, war ein echter *dialogue des sourds,* da Ost-Berlin die praktischen Vorschläge Bonns weder beantwortete noch seiner Bevölkerung mitteilte, sondern vom Verzicht Bonns auf die »Alleinvertretungsanmaßung« und vom Primat der völkerrechtlichen Anerkennung sprach, für die es am 18. September auch einen Vertragsentwurf übersandte, während Bonn an seinen Vorbehalten gegen die Legitimität der DDR-Regierung festhielt und nur über praktische Verbesserungen sprechen wollte. Daß schließlich beide Regierungschefs zugestimmt hatten, ihre Staatssekretäre zu Gesprächen zu bevollmächtigen, änderte nichts daran, daß die Korrespondenz am Ende von Ost-Berlin als zwecklos abgebrochen wurde.

Nachdem die Verhandlungsversuche zwischen den beiden deutschen Staaten so eindeutig an den toten Punkt gebracht waren, begannen Moskau und Ost-Berlin, erneut Druck auszuüben. In einer Note zur Gewaltverzichtsfrage vom November 1967 wiederholte die Sowjetregierung nicht nur den Katalog ihrer Anerkennungsforderungen, sondern warnte im voraus, daß auch ein Gewaltverzichtsvertrag ihr »Interventionsrecht« als Siegermacht unter den Übergangsklauseln der Charta der Vereinten Nationen nicht beeinträchtigen würde – was einen solchen Vertrag für die Sicherheit der deutschen Seite völlig wertlos gemacht hätte. Im Dezember nahm Ulbricht mit sowjetischer Unterstützung seine Angriffe gegen die Bindungen West-Berlins an Bonn wieder auf, und Moskau beschuldigte die Bundesrepublik, sie dulde die Ausbreitung neonazistischer Organisationen auf ihrem Territorium. Es half auch nichts, daß der Bundeskanzler in seinem ersten Bericht über die Lage der Nation im geteilten Deutschland am 11. März 1968 sich bereit erklärte, mit Stoph auch über das Thema des Gewaltverzichts zu sprechen, und zugleich neue wirtschaftspolitische Angebote machte – da er weiterhin die völkerrechtliche Anerkennung der DDR ablehnte, wurde er keiner Antwort mehr gewürdigt. Dagegen verbot im April eine Anordnung der DDR die Benutzung der Landwege nach West-Berlin durch Mitglieder und leitende Beamte der Bundesregierung, und die Sowjets verteidigten die Maßnahmen gegen Proteste der Westmächte. Am 11. Juni schließlich führte die DDR allgemein die Paß- und Visumpflicht im innerdeutschen Transitverkehr ein. Erst danach äußerte sich Ulbricht endlich zu dem Gewaltverzichtsangebot mit der Behauptung, die Bundesregierung wolle die DDR nur in ein internationales Abkommen »einbeziehen«, aber keinen völkerrechtlich gültigen Vertrag mit ihr schließen – worauf Brandt während der NATO-Tagung in Reykjavik am 24. Juni die Erklärung abgab, die Bundesregierung sei zu einem bilateralen Austausch von Gewaltverzichtserklärungen mit der DDR bereit.

Doch bevor Ulbricht auch diesen Vorschlag zurückwies und auf dem Unterschied zwischen einem Vertrag und einem Austausch von Erklärungen bestand (am 11. Juli und 9. August), hatte sich die Gesamtlage erneut verschärft: Obwohl Brandt eine Einladung des Ostberliner Sowjetbotschafters Abrassimow am 18. Juni benutzt hatte, um diesem den Ernst des deutschen Interesses an Gewaltverzichtsverhandlungen mit Moskau erneut darzulegen, erhob die Sowjetunion in einer Note vom 5. Juli den Vorwurf, die Bundesregierung dränge nur auf Gewaltverzichtsverhandlungen, um ihre unveränderten revanchistischen Pläne zu verschleiern; eine einseitige Veröffentlichung von Auszügen aus dem bisher vertraulichen Notenwechsel folgte. Kurzum, je mehr die Bundesregierung sich bemühte, ihre Streitfragen mit den Staaten des Ostblocks zu verringern, desto mehr bestanden die Sowjets auf der angeblich zunehmenden Aktualität der Bedrohung durch den westdeutschen »Revanchismus, Militarismus und Neonazismus« – und auf der Notwendigkeit einer gemeinsamen Politik des Warschauer Paktes zur Abwehr dieser Bedrohung.

Wie begründet die sowjetischen Besorgnisse vor Reformtendenzen im Block waren, das zeigte seit der Jahreswende 1967/68 die

Entwicklung in der Tschechoslowakei. Dort, wo die Entstalinisierung unter der Führung Novotnys sowenig durchgeführt worden war wie die Reform der Wirtschaftsplanung und wo Wirtschaftsmisere und Polizeiregime, Benachteiligung der Slowaken und Gängelung der Intellektuellen besonders viel Konfliktstoff angehäuft hatten, hatte die angesammelte Unzufriedenheit zur Absetzung Novotnys als Generalsekretär der Partei und zu seiner Ersetzung durch Dubček geführt, der in den nächsten Monaten mit der Durchführung eines weitreichenden, populären Reformprogramms begann. Seine Maßnahmen zur Verbesserung der Rechtssicherheit und der Freiheit der Diskussion, zur Erweiterung der Autonomie der Gewerkschaften und Kulturorganisationen und zur Verbesserung der Wirtschaftsführung hielten sich strikt im Rahmen der kommunistischen Parteiherrschaft, ja machten diese zum erstenmal seit vielen Jahren in allen Volksschichten populär; sie hielten sich auch im Rahmen der Bündnistreue des Warschauer Pakts; doch sie erwiesen sich als potentieller Ansteckungsherd für Nachbarländer unter unreformierten Parteien, wie die polnischen Studentendemonstrationen im Frühjahr 1968 und weniger sichtbare Zeichen geistiger Unruhe in der DDR und selbst in der Sowjetukraine zeigten. Die Mehrheit der sowjetischen Führung sah daher in dieser Entwicklung die Gefahr des Endes der Systemkonformität im Block, auf der ihre Führungsrolle beruhte, und die Frucht der »ideologischen Subversion« der Imperialisten; und als es ihr nicht gelang, die tschechoslowakischen Reformkommunisten durch Drohungen und Truppenmanöver zur Umkehr zu bewegen, griff sie Mitte Juli zu einem gemeinsamen Ultimatum der Warschauer-Pakt-Staaten – mit Ausnahme Rumäniens, aber mit Einschluß der DDR – und am 21. August zur bewaffneten Intervention der gleichen Staaten zur Absetzung der tschechoslowakischen Führung.

Als diese bewaffnete Intervention in der folgenden Kampagne des Sowjetblocks hauptsächlich mit der angeblich für das Reformexperiment verantwortlichen Subversion der westdeutschen Imperialisten und sogar mit deren angeblichen Vorbereitungen zum Einmarsch gerechtfertigt wurde, war es offensichtlich, daß die erste Phase der neuen deutschen Ostpolitik zu Ende war. Sie war nicht erfolglos gewesen: Sie hatte das Deutschlandbild in der Weltöffentlichkeit verwandelt, die Gefahr der Isolierung der Bundesrepublik beseitigt, die ersten Brücken zu einigen kommunistischen Ländern geschlagen und durch Verringerung der Furcht der Völker Osteuropas vor dem westdeutschen Revanchismus mitgeholfen, die

Hindernisse eines inneren Wandels in einigen dieser Länder abzutragen. Doch indem sie die Furcht der ostdeutschen Führer vor ihrer eigenen Isolierung hervorrief und die Entschlossenheit der sowjetischen Führer unterschätzte, keine substantiellen Veränderungen in ihrer Machtsphäre zu dulden, war auch sie anscheinend in einer Sackgasse gelandet. Die Bundesregierung stand nun vor der Frage, welche Schlußfolgerungen sie aus diesen Erfahrungen ziehen sollte – und darauf gaben die beiden Koalitionsparteien alsbald radikal verschiedene Antworten, weil sie im Grunde schon vorher von verschiedenen Konzepten ausgegangen waren.

Für große Teile der CDU/CSU hatte es sich bei der neuen Öffnung nach Osten in erster Linie darum gehandelt, den Friedenswillen der Bundesrepublik zweifelsfrei zu beweisen, auch wenn praktisch wenig dabei herauskommen mochte; auf keinen Fall durfte das Bemühen um praktische Fortschritte so weit gehen, daß der Anspruch der Bonner Regierung, die allein legitimierte Vertretung des deutschen Volkes zu sein, und der Grundsatz, jede Festlegung der deutschen Grenzen vor einem gesamtdeutschen Friedensvertrag zu vermeiden, ins Zwielicht geriet. Schon im Oktober 1967 hatte Kiesinger alle jene, die den politischen Sinn des »Alleinvertretungsanspruchs« anzweifelten, wie das damals schon zunehmend von seiten der FDP und kritischer Publizisten geschah, abwertend als »Anerkennungspartei« bezeichnet. Inzwischen war die Regierung nach überwiegender Ansicht ihrer Mehrheitspartei bis hart an die Grenze der Preisgabe fundamentaler Rechtspositionen gegangen, ohne auf der sowjetischen Seite eine konstruktive Reaktion hervorzurufen – eher schien die Zunahme des offensiven Drucks aus dem Osten dafür zu sprechen, daß dort Bonns neue Flexibilität als ein Zeichen von Schwäche gedeutet worden war. So blieb nach dieser Auffassung der Bundesrepublik nichts übrig, als der Welt zu erklären, daß alle ihre Verständigungsbemühungen an der Intransigenz der Kommunisten gescheitert seien, und bis zu einem Gesinnungswandel in Moskau ihre bisher gemachten Angebote aufrechtzuerhalten, im übrigen aber auf ihrem grundsätzlichen Standpunkt zu verharren.

Für die SPD dagegen stand der Wille im Vordergrund, um jeden Schritt, ja jeden Millimeter Veränderung der tatsächlichen Lage in Deutschland zu kämpfen. »Wenn wir die Nation erhalten wollen, so dürfen wir uns nicht von den Zwirnsfäden der Bürokraten beider Seiten daran hindern lassen«, hatte Helmut Schmidt schon auf dem Dortmunder Parteitag 1966 erklärt. Im März 1968 hatte Willy

Brandt seine Partei auf dem Parteitag in Nürnberg als den eigentlichen Motor der neuen Politik präsentiert und die Formel geprägt, die Bundesrepublik müsse ihren Willen deutlich machen, bis zu einer friedensvertraglichen Regelung »die bestehenden Grenzen in Europa, insbesondere die gegenwärtige polnische Westgrenze, zu respektieren und anzuerkennen« – was dem Außenminister heftige Kritik von seiten seiner Koalitionspartner eintrug. Noch weiter enthüllte Brandt sein Konzept im folgenden Monat in einem Artikel in *Foreign Affairs,* in dem er nach Aufzählung der bekannten Anerkennungsforderungen des Warschauer Paktes kühl erklärte, die Politik der Bundesrepublik erlaube konstruktive Antworten auf all diese Forderungen im Laufe realistischer Verhandlungen; zu Hindernissen einer Verständigung über Sicherheit und Frieden würden sie nur, solange ihre Erfüllung zur *Vorbedingung* von Verhandlungen gemacht werde. Von diesem Standpunkt aus erschienen die Starrheit der Sowjets, ihre neue antideutsche Kampagne und ihre Intervention in der Tschechoslowakei lediglich als eine Phase in einem schwierigen Prozeß der Neuorientierung: Immerhin bewiesen sie, daß Moskau teils durch die neue Ostpolitik und teils durch innere Entwicklungen im Block endlich in die Defensive versetzt worden war und die Initiative gegenüber dem Westen verloren hatte. Insoweit hatte die neue Diplomatie sich nach sozialdemokratischer Ansicht bewährt und mußte bei nächster Gelegenheit weitergeführt werden.

Im Frühjahr 1969, als der Streit der Koalitionspartner über diese Fragen den kommenden Wahlkampf vorwegzunehmen begann, präsentierte sich diese Gelegenheit: Die Sowjets schienen plötzlich eine größere Verhandlungsbereitschaft zu signalisieren. Das begann schon im Februar mit einer Äußerung des Bonner Botschafters Zarapkin, wenn die Bundesregierung darauf verzichte, die Wahl des neuen Bundespräsidenten in Berlin durchzuführen, werde die Sowjetunion sich in anderen Bereichen hilfreich zeigen; es wurde auffällig, als nach dem Scheitern dieser Versuche die von der DDR angedrohten Störaktionen zur Zeit der Wahl ausblieben und als Zarapkin eine Woche später beim Außenminister zur Information über den sowjetisch-chinesischen Zwischenfall am Ussuri vorsprach; und es wurde politisch bedeutsam am 17. März mit den Beschlüssen der Budapester Tagung des Warschauer Paktes. Diese modifizierte die Vorschläge, die von der Bukarester Konferenz drei Jahre zuvor gemacht worden waren, in doppelter Weise: Anstelle des Gedankens der Ersetzung der Allianzen durch ein übergreifendes europäisches Sicherheits*system,* der unter dem frischen Eindruck der Intervention des Warschauer Paktes in der Tschechoslowakei den letzten Rest von Glaubwürdigkeit verloren hatte, wurde jetzt zunächst eine europäische Sicherheits*konferenz* vorgeschlagen, an der die Bündnismitglieder in West und Ost, einschließlich der DDR, zusammen mit den Neutralen teilnehmen sollten; und die bekannten Anerkennungsforderungen an die Adresse der Bundesrepublik wurden zwar als »Hauptvoraussetzungen für die Gewährleistung der europäischen Sicherheit«, aber nicht als Voraussetzungen für Verhandlungen mit Bonn bezeichnet. Brandt notierte sofort den »Kurswechsel« und setzte sich in der NATO für die sorgfältige Prüfung des neuen Vorschlags ein; am 7. Mai konnte er öffentlich erklären, der sowjetische Botschafter habe ihm auf Anfrage bestätigt, daß es sich dabei nicht um Vorbedingungen, sondern um Gegenstände einer diplomatischen Diskussion handele. Damit war Brandts Gedanke, man könne auf diese Forderungen »konstruktive Antworten« geben, wenn sie nicht zu Vorbedingungen erhoben würden, von den Sowjets in einem kritischen Augenblick ermutigt worden.

Die Tragweite dieser Formel lag darin, daß sie der Bundesrepublik im Prinzip erlaubte, für die von den Sowjets verlangte Regelung auf der Grundlage des territorialen Status quo ihre Gegenbedingungen zu stellen. Zur Anerkennung der staatlichen Existenz der DDR – wenn auch nicht zu ihrer völkerrechtlichen Anerkennung als »Ausland« – und zur »Respektierung und Anerkennung der Oder-Neiße-Grenze« – wenn auch vorbehaltlich einer endgültigen Regelung in einem gesamtdeutschen Friedensvertrag – war die Sozialdemokratie grundsätzlich bereit; doch im Fall der DDR konnte eine Freigabe ihrer internationalen Anerkennung, auf die es ihr selbst und den Sowjets in erster Linie ankam, nur erfolgen, wenn vorher die westliche Präsenz in West-Berlin, die freie Benutzung seiner Zugangswege und seine institutionellen Bindungen an die Bundesrepublik von der Sowjetunion und der DDR als auch für die Zukunft bindend akzeptiert waren: Sonst hätte die als souverän anerkannte DDR versuchen können, diese Rechte einseitig zu annullieren. Die wichtigste westliche Gegenbedingung für einen Modus vivendi auf der Basis des territorialen Status quo in Europa mußte also die Anerkennung des westlichen Status quo in Berlin durch den Osten sein, die freilich nur in Viermächteverhandlungen erfolgen konnte. Nicht zufällig hatte der NATO-Beschluß vom 10. April, der eine Prüfung der Idee der Sicherheitskonferenz versprach, darauf hingewiesen, daß Maßnahmen zur Verbesserung der Lage in Berlin einen wesentlichen Beitrag zur Entspannung darstellen würden. Die Sowjets zeigten ihr Verständnis dieser Zusammenhänge, als Außenminister Gromyko am 10. Juli vor dem Obersten Sowjet erklärte, Gespräche mit den Westmächten über eine Verbesserung der Lage in Berlin seien möglich, wenn diese es wünschten; die Westmächte konsultierten sofort Bonn, das den Gedanken begrüßte, und überreichten am 6. und 7. August in Moskau Memoranden, in denen sie unter Hinweis auf den Wunsch der Bundesregierung nach Ausräumung der Spannungen zwischen ihr und der DDR in Transport- und Kommunikationsfragen bei der Sowjetunion offiziell anfragten, ob sie zu Vierergesprächen über eine Verbesserung der Lage zur Verhütung weiterer Krisen in und um Berlin bereit sei. Er paßte in die veränderte Atmosphäre dieses Frühjahrs und Sommers, daß der polnische Parteiführer Gomulka in einer Rede am 17. Mai ausdrücklich die Brandtsche Formel vom »Respektieren und Anerkennen der Oder-Neiße-Grenze bis zu einem Friedensvertrag« als einen Fortschritt, wenn auch als ungenügend bezeichnete und nun von sich aus der Bundesrepublik einen Vertrag über die Endgültigkeit und Unantastbarkeit der polnischen Westgrenze vorschlug.

Daß die Sowjets gerade jetzt zu einer flexibleren Diplomatie zurückfanden, war sicher teilweise die Folge der Tatsache, daß sie sich nach der gewaltsamen Niederschlagung des tschechischen Reformkommunismus im eigenen Machtbereich sicherer fühlten: »Wandel durch Annäherung« war nicht mehr zu befürchten. Es war teilweise die Folge der Erkenntnis, daß ihre Demonstration der Entschlossenheit zur Aufrechterhaltung der Hegemonie in Osteuropa den gaullistischen Illusionen über eine Mittlerrolle Westeuropas den Todesstoß versetzt hatte. Es war aber auch die Folge der Wahrnehmung, wie weit der Prozeß der Ernüchterung in der Bundesrepublik inzwischen gediehen war. Solange Bonn entschlossen war, die Anerkennung der DDR durch den Westen um jeden Preis zu verhindern, war das »defensive« Ziel der Konsolidierung und Legitimierung der sowjetischen Machtsphäre als von dem »offensiven« Ziel der Sprengung des westlichen Bündnisses durch Isolierung der Bundesrepublik untrennbar erschienen; nun, da ernste Kräfte in der Bundesrepublik sich bereit zeigten, den Status quo unter gewissen Bedingungen zu akzeptieren, wurde die Trennung der beiden Ziele und die Entscheidung für den Vorrang der eigenen Konsolidierung zum erstenmal möglich.

Zugleich aber wurde sie aus weltpolitischen Gründen notwendig. Wohl hatte die sowjetische Weltstellung sich von dem Tiefpunkt nach der karibischen Niederlage im Laufe der letzten sechs Jahre in spektakulärer Weise erholt: Moskau war der Parität in nuklearen Raketen mit den USA nahegekommen, hatte eine weltweite Flottenmobilität entwickelt und im Nahen Osten eine neue Machtsphäre aufzubauen begonnen; zugleich hatte es durch den Schiedsspruch von Taschkent den Einfluß Chinas auf dem indischen Subkontinent entscheidend zurückgedrängt und allgemein Chinas Bemühungen um die Führung der dritten Welt vereitelt. Doch diese Erfolge beruhten zu einem erheblichen Teil auf geschickter Ausnutzung vorübergehender günstiger Umstände – der amerikanischen Verwicklung in Vietnam und der Wirren der chinesischen Kulturrevolution; und sie waren mit einer starken Anspannung der sowjetischen wirtschaftlichen Hilfsquellen auf Kosten des Konsums und des zivilen technischen Fortschritts bezahlt worden. Nun, da Präsident Nixons neue Administration in den USA das vietnamesische Abenteuer zu liquidieren und das Gleichgewicht gegenüber den Sowjets wieder als außenpolitische Hauptaufgabe zu sehen begann, während China, kaum aus der Kulturrevolution wieder aufgetaucht und in die Weltpolitik zurückgekehrt, den Druck an der russischen Grenze verstärkte, wurden die Gefahren eines Überengagements für die Sowjets offenbar. So begannen sie, in allen Richtungen Entlastungen durch Verhandlungen zu suchen – in der Rüstungsfrage, im Nahen Osten, an der Grenze Chinas und auch in den Problemen Deutschlands und Berlins.

Aber auch die deutsche Seite stand objektiv unter dem Druck der weltpolitischen Situation. Chruschtschows Berlin-Krise war schließlich nichts anderes als eine vier Jahre lange Nervenprobe auf die Glaubwürdigkeit der amerikanischen Abschreckung gewesen, und Bonn durfte nicht vergessen, daß diese Probe nicht zuletzt dank dem eindeutigen quantitativen Übergewicht der nuklearen Fernwaffen Amerikas erfolgreich bestanden worden war. Jetzt warf die Annäherung der Sowjets an die nukleare Parität und die zunehmende Bereitschaft der Amerikaner, diese zu akzeptieren, unvermeidlich die Frage auf, wieweit das neue Kräfteverhältnis, zusammen mit dem in Vietnam geborenen amerikanischen Antimilitarismus, die Glaubwürdigkeit der Abschreckung an exponierten Punkten verringern werde – und auf diese Frage konnte es keine absolut sichere Antwort geben. Je zweifelhafter aber die Wirkung immer neuer Appelle an die amerikanischen Verbündeten zum

Schutz gegen die in Prag erneut erwiesene Aggressivität der Sowjets erschien, um so mehr mußte die Bereitschaft, durch Aushandlung eines Modus vivendi auf der Basis des territorialen Status quo ein von den Sowjets garantiertes Viermächteabkommen über den Berliner Status quo zu ermöglichen, als der dauerhafteste Weg auch zur Erhaltung der amerikanischen Garantie erscheinen. Nicht mehr Wandel durch Annäherung, sondern *Sicherheit durch Normalisierung* wurde so die wirkliche Losung der zweiten Phase der neuen Ostpolitik, die mit der Bildung der sozialliberalen Koalition aus SPD und FDP nach den Wahlen vom September 1969 begann.

Diese Koalition war in erster Linie das Produkt der Auseinandersetzungen um die Ostpolitik: Der Wahlkampf war von Kiesinger und der CDU/CSU weitgehend mit den traditionellen Argumenten der Adenauer-Zeit gegen Brandts Versuch geführt worden, Entspannung und Kontakt auf der Grundlage des Status quo zu suchen, und SPD und FDP waren in der Abwehr dieses Rückfalls in die Vergangenheit zusammengetrieben worden. Als die Regierung Brandt-Scheel nach den Wahlen des 28. September 1969 ihr Amt antrat, mußte sie nicht mehr wie ihre Vorgängerin die ersten Fühler nach Osten ausstrecken: Eine Reihe von Verhandlungsangeboten der anderen Seite lagen nun auf dem Tisch. Neben dem sowjetischen Vorschlag der Europäischen Sicherheitskonferenz und der grundsätzlichen Bereitschaft zu Viermächteverhandlungen über Berlin, die aufgrund eines neuen, mit Bonn abgesprochenen Memorandums der Westmächte vom 16. Dezember von Moskau alsbald erneut bestätigt wurde, hatte die Sowjetregierung kurz vor der Wahl, am 12. September, auch eine Bonner Initiative vom Juli für die Wiederaufnahme der Gewaltverzichtsverhandlungen mit der Einladung zu mündlichen Verhandlungen in Moskau beantwortet, und Brandt hatte noch vor der Wahl erklärt, eine von ihm geführte Regierung werde die Einladung annehmen. Daneben lag Gomulkas Vorschlag eines Grenzvertrags mit Polen vor, und die Gewißheit, daß der Sowjetvertrag nicht ohne die erklärte Bereitschaft der Bundesrepublik zu einem Vertrag mit der DDR zustande kommen würde – ganz abgesehen von dem gesamtdeutschen Interesse der Bundesregierung selbst an solchen Vereinbarungen.

Die Regierungserklärung Brandts vom 28. Oktober betonte die Kontinuität zu der Friedensnote vom Frühjahr 1966 und zu den ostpolitischen Bemühungen der Großen Koalition. Sie ließ auch keinen Zweifel, daß die Verständigung mit dem Osten nur auf der Basis der festen Verankerung der Bundesrepublik im westlichen Bündnis und in den westeuropäischen Gemeinschaften gesucht werde. Doch sie verkündete eine neue Grundsatzentscheidung, als sie von »zwei Staaten in Deutschland« sprach und dem Ministerrat der DDR »Verhandlungen beiderseits ohne Diskriminierung auf der Ebene der Regierungen« anbot, »die zu vertraglich vereinbarter Zusammenarbeit führen sollen«. Zugleich betonte sie das Motiv, ein weiteres Auseinanderleben der deutschen Nation zu verhindern und »über ein geregeltes Nebeneinander zu einem Miteinander zu kommen«. Dies Motiv setzte der neuen Politik aber auch eine Grenze: Es schloß eine völkerrechtliche Anerkennung der DDR durch die Bundesregierung – nicht notwendig durch andere Staaten – aus, da die zwei deutschen Staaten »für einander nicht Ausland« seien: »ihre Beziehungen zueinander können nur von besonderer Art sein«. Den Westmächten würde die Bundesregierung raten, »die eingeleiteten Besprechungen mit der Sowjetunion über die Erleichterung und Verbesserung der Lage Berlins mit Nachdruck fortzusetzen«. Im übrigen kündigte die Regierungserklärung die Absicht an, demnächst einen Termin für die von der Sowjetunion angeregten Verhandlungen in Moskau vorzuschlagen und der Regierung der Volksrepublik Polen als Antwort auf Gomulkas Rede vom 17. Mai einen Vorschlag zur Aufnahme von Gesprächen zugehen zu lassen.

Die Durchführung eines so umfassenden diplomatischen Programms setzte vor allem Klarheit über die zeitliche und sachliche Verschränkung der geplanten Verhandlungen voraus. Der Vertrag mit der Sowjetunion war offenbar der Schlüssel zum Erfolg: Ohne Einigung mit Moskau würde nichts gelingen, doch diese würde umgekehrt Entscheidungen über den Kern der geplanten Verträge mit Polen und der DDR erfordern. Eine Bindung zur Freigabe der internationalen Anerkennung der DDR durfte aber nicht vor einer Einigung der vier Mächte in Sachen Berlin wirksam werden, wenn West-Berlin nicht Schaden nehmen sollte; wiederum würde Moskau zu neuen Garantien für Berlin nicht bereit sein, solange es der internationalen Anerkennung der DDR nicht sicher war. Schließlich sollte die DDR nach Moskaus Wunsch schon als gleichberechtigter Staat an der Europäischen Sicherheitskonferenz teilnehmen, und dies war in der Tat unumgänglich, wenn die Konferenz einen Sinn haben sollte; mithin lag es im Interesse der Bundesrepublik, das Zusammentreten dieser Konferenz (oder auch einer Vorkonferenz) hinauszuschieben, bis die Grundlagen der innerdeutschen Beziehungen und die Zukunft Berlins geregelt waren. Die Problematik dieser Verschränkungen erklärt die ungewöhnliche Rolle, die »Junktims« und Absichtserklärungen in den Verhandlungen der folgenden Jahre spielten; daß die Sicherung der geplanten Reihenfolge in allen Punkten gelang, war eine der schwierigsten und wichtigsten Leistungen der Bonner Diplomatie.

Unmittelbar vor dem Beginn der deutschen Gespräche mit Moskau erfolgten Anfang Dezember 1969 vorbereitende Stellungnahmen von Tagungen der NATO in Brüssel und des Warschauer Paktes in Moskau. Die NATO machte den Beginn multilateraler Vorbereitungen zu einer Europäischen Sicherheitskonferenz deutlich vom erfolgreichen Verlauf der deutsch-sowjetischen Verhandlungen und der alliierten Berlin-Gespräche mit Moskau abhängig. Der Warschauer Pakt akzeptierte das Prinzip bilateraler Verhandlungen mit der Bundesrepublik vor der Sicherheitskonferenz und auch vor der völkerrechtlichen Anerkennung der DDR; er verkündete aber diese Anerkennung ebenso wie die aller europäischen Grenzen als Verhandlungsziel. Gromyko begann dann am 8. Dezember seine Gespräche mit dem deutschen Botschafter Allardt, indem er die Bereitschaft Bonns zur Anerkennung der Grenzen und zum Abschluß eines völkerrechtlich verbindlichen Gewaltverzichts auch mit der DDR zur Voraussetzung des Erfolgs der deutsch-sowjetischen Verhandlungen erklärte. Brandt sah darin kein grundsätzliches Hindernis: Die Bundesregierung war gewillt, zwischen der – notwendigen – Anerkennung der Unverletzlichkeit der bestehenden Grenzen und der – rechtlich unmöglichen – Anerkennung ihrer Endgültigkeit sowie zwischen der – akzeptablen – völkerrechtlichen Verbindlichkeit von Abmachungen mit der DDR und ihrer – unannehmbaren – völkerrechtlichen Anerkennung durch die Bundesrepublik zu unterscheiden.

Im Januar 1970 wurde Brandts Staatssekretär Egon Bahr zur Weiterführung der »erkundenden Vorgespräche« in Moskau bevollmächtigt. In insgesamt drei Gesprächsrunden – im Januar/Februar, im März und im Mai – gelang es ihm, mit Gromyko bzw. dem zuständigen Abteilungsleiter im sowjetischen Außenministerium, Falin, zu einer Vorvereinbarung zu kommen, die faktisch teils einen Vertragsentwurf, teils Vorschläge für verbindliche Absichtserklärungen außerhalb des Vertrages darstellte. Der erste Teil dieses »Bahr-Papiers« enthielt bereits die Kernpunkte des künftigen Vertrages. Der Gewaltverzicht war auf der deutschen Seite dadurch konkretisiert, daß die Bundesrepublik sich verpflichtete, die Grenzen aller europäischen Staaten, einschließlich der Oder-Neiße-Linie und der Grenze zwischen Bundesrepublik und DDR, als »jetzt und in Zukunft unverletzlich« zu respektieren. Darüber hinaus verpflichtete sie sich, weder jetzt noch künftig irgendwelche territoriale Forderungen zu erheben – eine Formel, die mit den traditionellen Rechtsvorbehalten insofern vereinbart werden konnte, als ein Vertrag der Bundesrepublik theoretisch ein künftiges wiedervereinigtes Deutschland nicht binden konnte. Die sowjetische Seite verzichtete dafür implizit auf die Geltendmachung ihres angeblichen Interventionsrechts aus den Feindstaatenklauseln der Charta der Vereinten Nationen, insofern die Beziehungen beider Staaten unter dem Gewaltverzicht ausdrücklich auf Artikel 2 dieser Charta gegründet wurden, während die Feindstaatenartikel als Ausnahmen von Artikel 2 formuliert sind.

Die Absichtserklärungen im zweiten Teil des Papiers fixierten den Willen Bonns, entsprechende Verträge mit Polen, der ČSSR und der DDR zu schließen, die mit dem Moskauer Vertrag »ein einheitliches Ganzes« bilden sollten. Insbesondere sollte auch der Vertrag mit der DDR »völkerrechtlich verbindlich sein« – von völkerrechtlicher Anerkennung war nicht mehr die Rede; der Vertrag mit der ČSSR sollte auch »die mit der Ungültigkeit des Münchener Abkommens verbundenen Fragen« regeln – die Forderung der Ungültigkeitserklärung »von Anfang an« war von den Sowjets fallengelassen worden. Schließlich band sich die Bundesregierung, sich »im Zuge der Entspannung in Europa« für die Aufnahme beider deutscher Staaten in die Vereinten Nationen einzusetzen, was praktisch hieß, daß sie die Anerkennung der DDR durch die ihr befreundeten Staaten freigeben würde, sobald der innerdeutsche Vertrag unter Dach war, und beide Länder erklärten ihre grundsätzliche Unterstützung für eine Europäische Sicherheitskonferenz und ihren Willen zur allseitigen Fortentwicklung der gegenseitigen Beziehungen.

Das Bekanntwerden des Bahr-Papiers in der Bundesrepublik gegen die Absicht der Regierung führte alsbald zu bitteren Kontroversen: Von Mißverständnissen und absichtlichen Mißdeutungen abgesehen, wurde erheblichen Teilen der Öffentlichkeit zum erstenmal klar, daß es hier um nicht weniger ging als um die Liquidierung des zwanzigjährigen deutschen Sonderkonflikts mit dem Sowjetblock – um die Anerkennung der DDR als Staat unter Staaten und um den Verzicht auf Grenzforderungen für alle Zukunft; die rechtliche Unterscheidung, daß dieser Verzicht ein wiedervereinigtes Deutschland nicht binden konnte, war ja politisch insofern belanglos, als das ohnehin unbestimmt ferne Zustandekommen dieses Gesamtdeutschlands von den Großmächten und den Nachbarn ja keinesfalls ohne vorherige Festlegung auf die Außengrenzen der Teile geduldet werden würde. Die verlangten Verzichte betrafen zwar nichts, was zur Bundesrepublik gehörte, und enthielten nicht mehr als eine »Anerkennung der Realitäten«. Doch jeder konnte sich vorstellen, was sie bedeuteten, während die gleichzeitigen Gewinne an Sicherheit, Bewegungsfreiheit und innerdeutschem Kontakt für viele weit schwerer vorstellbar und in der entscheidenden Frage Berlins in diesem Augenblick noch keineswegs gesichert waren: Die Vierergespräche über Berlin hatten erst Ende März begonnen und steckten noch in den ersten Anfängen.

Bahr hatte denn auch vom Beginn seiner Moskauer Gespräche an klargestellt, daß die schließliche Billigung des geplanten Vertrages vom befriedigenden Ausgang der Berlin-Verhandlungen abhängen würde. Nach seiner Rückkehr billigte das Kabinett grundsätzlich die von ihm erarbeitete Grundlage, legte aber Wert darauf, in der Direktive für die nun beginnenden formellen Vertragsverhandlungen seine Erwartung zu formulieren, »daß die Viermächte-Verhandlungen dazu führen, die enge Verbindung zwischen der BRD und West-Berlin sowie den ungehinderten Zugang nach West-Berlin zu sichern. Ohne eine solche Sicherung«, so fügte die Direktive hinzu, »wird ein Gewaltverzichtsvertrag nicht in Kraft gesetzt werden können«.

Als Außenminister Scheel sich zusammen mit Bahr und Staatssekretär Frank Ende Juli zu den abschließenden Verhandlungen nach Moskau begab, war daher eine seiner Aufgaben, Gromyko formell zur Kenntnis zu geben, daß die Bundesregierung den Vertrag dem Bundestag nicht zur Ratifizierung vorlegen werde, bevor ein befriedigendes Ergebnis der Berlin-Verhandlungen feststand. Eine andere Aufgabe, vom Ausfeilen von Formulierungen abgesehen, war die feierliche Wiederholung des unverzichtbaren deutschen Anspruchs auf Selbstbestimmung im Sinne des Grundgesetzes: Ein Brief dieses Inhalts, der von der Sowjetregierung zu den

Vertragsakten genommen wurde, stellte klar, daß die Aufrechterhaltung dieses Anspruchs keine territoriale Forderung bedeute und daher nicht als Verletzung des Vertrages gedeutet werden dürfe. Auf dieser Grundlage wurde der deutsch-sowjetische Vertrag am 7. August 1970 von Scheel und Gromyko paraphiert und am 12. August von Bundeskanzler Brandt und Ministerpräsident Kossygin zusammen mit diesen beiden und in Anwesenheit Generalsekretär Breschnews unterzeichnet.

Die Vorgespräche über den deutsch-polnischen Vertrag waren am 5. Februar 1970 von Staatssekretär Duckwitz in Warschau begonnen worden. Die polnische Regierung, für die der stellvertretende Außenminister Winiewicz die Gespräche führte, lehnte den deutschen Vorschlag der Subsumierung des Grenzproblems unter ein Gewaltverzichtsabkommen strikt ab und bestand von Anfang an darauf, daß der Vertrag in erster Linie der verbindlichen Festlegung der Grenze dienen sollte. Nachdem die Bundesregierung Ende April, parallel zu den Instruktionen für Bahrs dritte Runde in Moskau, dieses Prinzip akzeptiert und Duckwitz dies übermittelt hatte, begannen die eigentlichen Verhandlungen über den Vertragstext abwechselnd in Bonn und Warschau. Schwierigkeiten bereitete einerseits noch ein polnischer Versuch, die Bundesregierung auch auf Unterstützung der Beibehaltung der Oder-Neiße-Grenze bei etwaigen gesamtdeutschen Friedensverhandlungen festzulegen, was Bonn aus rechtlichen Gründen glaubte ablehnen zu müssen, und andererseits das deutsche Drängen auf ein Abkommen über Familienzusammenführung, d. h. die Ausreise von in den ehemaligen deutschen Ostgebieten verbliebenen Deutschen zu ihren Angehörigen in der Bundesrepublik, das nach polnischer Auffassung die Ausreiseerlaubnis für polnische Staatsbürger, mithin eine »innere Angelegenheit« Polens betroffen hätte; am Ende erklärten sich die Polen bereit, durch eine »öffentlich verwertbare Information« das Polnische Rote Kreuz zur Regelung derartiger humanitärer Fragen in Zusammenarbeit mit dem Deutschen Roten Kreuz zu bevollmächtigen, eine Lösung, die erst in den abschließenden Warschauer Verhandlungen zwischen den Außenministern Scheel und Jendrychowski im November gefunden wurde. Der Vertrag, der am 18. November paraphiert wurde, begann mit einer Präambel, die daran erinnerte, daß Polen das erste Opfer des Zweiten Weltkrieges geworden war, der über die Völker Europas schweres Leid gebracht hatte, daß in den seither vergangenen 25 Jahren in beiden Ländern eine neue Generation herangewachsen war und daß deren Zukunft nur durch unverletzliche Grenzen gesichert werden könne. Er stellte im Artikel 1 fest, daß die im Potsdamer Abkommen festgelegte Linie »die westliche Staatsgrenze der Volksrepublik Polen bildet«, und wiederholte die Formeln über Unverletzlichkeit der bestehenden Grenzen und Verzicht auf territoriale Ansprüche aus dem Moskauer Vertrag. Artikel 2 enthielt dann den Gewaltverzicht, Artikel 3 die Absicht zur vollen Normalisierung der gegenseitigen Beziehungen; tatsächlich hatten die Polen Wert darauf gelegt, mit dem Austausch von Botschaftern bis nach der Ratifikation zu warten. Schließlich wurde wie im Moskauer Vertrag die Unberührtheit bestehender Verträge festgestellt und durch einen Briefwechsel zwischen der Bundesregierung und den Westmächten auf die Rechte der vier Mächte in bezug auf Deutschland als Ganzes, also auch in bezug auf einen künftigen Friedensvertrag, angewandt.

Viele Polen hätten es aus Gründen der nationalen Selbständigkeit und viele Deutsche aus moralischen Gründen vorgezogen, wenn die Festlegung der deutsch-polnischen Grenze im Vertrag mit Polen *vor* ihrer Bestätigung durch den Moskauer Vertrag erfolgt wäre. Tatsächlich waren jedoch die polnischen Vertreter nicht frei, vor Abschluß des deutsch-sowjetischen Vertrags zu unterschreiben. Die Unterzeichnung durch Brandt, Cyrankiewicz, Scheel und Jendrychowski erfolgte am 7. Dezember in Warschau. Es war bei Gelegenheit dieses Besuchs, daß Brandt seinen symbolischen Kniefall vor dem Denkmal der Gefallenen des Ghetto-Aufstandes tat.

Es lag in der Natur der Sache, daß der Beginn der Kontakte mit der DDR eher die Form einer öffentlichen Auseinandersetzung als einer echten Verhandlung annahm. Bevor die Führung der SED sich zu einem Gewaltverzichtsabkommen, geschweige zu praktischen Schritten der Zusammenarbeit bereit fand, wollte sie die völkerrechtliche Anerkennung ihres Staates durch die Bundesrepublik erzwingen – und eben dies war Brandt entschlossen, nicht zu gewähren. Schon im Dezember 1969, also vor Beginn der Moskauer Gespräche, übersandte Ulbricht dem Bundespräsidenten einen Entwurf für einen Anerkennungsvertrag und teilte die Bereitschaft von Ministerpräsident Stoph und Außenminister Winzer zu Verhandlungen noch im Januar mit. Die Bundesregierung antwortete am 22. Januar 1970 mit einem Brief an Stoph, der Verhandlungen über einen Gewaltverzichtsvertrag und Abkommen zur praktischen Zusammenarbeit anbot; der Brief wies auf die Tatsache hin, daß es sich um zwei Staaten einer Nation handele – die DDR selbst hatte dies noch in ihrer Verfassung von 1968 formuliert, versuchte aber jetzt zunehmend, von dieser Anerkennung einer gemeinsamen Basis loszukommen –, und auf die Notwendigkeit, bei allen Abkommen die Viermächterechte mit Bezug auf Deutschland als Ganzes zu berücksichtigen. Schließlich bot Brandt Gespräche ohne Vorbedingungen über die Tagesordnung an, und Stoph akzeptierte dies Prinzip am 12. Februar. Nach Vorverhandlungen über Ort und Zeit kam die erste Begegnung zwischen den Regierungschefs der beiden deutschen Staaten seit deren Gründung am 19. März in Erfurt zustande. Das Gespräch weckte naturgemäß große Erwartungen in beiden Teilen Deutschlands, führte aber zu keiner Verständigung: Stoph war zwar zu einem zweiten Gespräch bereit, bestand aber weiterhin auf der Anerkennung als erstem Schritt und lehnte Brandts Vorschlag ab, das zweite Treffen durch gemischte Kommissionen vorbereiten zu lassen.

Das zweite Treffen, das in Kassel am 21. Mai stattfand, wurde in Bonn durch ein 20-Punkte-Dokument der »Grundsätze und Vertragselemente für die Regelung gleichberechtigter Beziehungen« sorgfältig vorbereitet. Es enthielt eine Liste der Fragen, die in einem Normalisierungsvertrag und in Einzelabmachungen über Zusammenarbeit zu regeln wären, einschließlich des gemeinsamen Eintritts in die Vereinten Nationen am Schluß des Prozesses. Doch in der DDR-Führung hatten die Demonstrationen spontaner Sympathie für Brandt in Erfurt und allgemein die wachsenden Einheitshoffnungen ihrer Bevölkerung einen Schock ausgelöst, auf den sie schon vor Kassel mit einer bitteren Pressekampagne gegen die »aggressiven Absichten« der Brandt-Regierung reagierte. So wurde auf dem Treffen endgültig deutlich, daß Stoph zu Verhandlungen über ein anderes Thema als völkerrechtliche Anerkennung keine Vollmacht hatte: Ost-Berlin stand fest auf der starren Position, die Moskau *vor* der Budapester Konferenz des Vorjahrs eingenommen hatte. Eine Demonstration von Rechtsextremisten in der Stadt verschlechterte die Atmosphäre noch mehr. Diesmal erfolgte die Vertagung ohne Termin: Stoph war bereit weiterzusprechen, »sobald die Bundesrepublik in der Frage der völkerrechtlichen Anerkennung der DDR eine realistische Haltung erkennen läßt« – die Bundesregierung begrüßte eine »Denkpause«, bis eine Einigung in Moskau sich auf die Haltung der DDR auswirken würde.

Der Moskauer Vertrag war für den Gesamtkomplex der Verhandlungen grundlegend, doch das Berlin-Abkommen der vier Mächte würde für das Gelingen des Ganzen entscheidend sein. An dessen Aushandlung aber konnte sich die Bundesregierung nur indirekt, durch Herantragen ihrer Vorstellungen an die drei Westmächte beteiligen, deren Bonner Botschafter seit dem 26. März 1970 im ehemaligen Gebäude des Alliierten Kontrollrats im amerikanischen Sektor Berlins mit dem Ostberliner Botschafter Abrassimow verhandelten; umgekehrt versuchte die DDR natürlich die Verhandlungslinie der Sowjets zu beeinflussen. Dabei war der Unterschied, daß die Bundesrepublik ebenso wie die Westmächte von den Verhandlungen eine Verbesserung der Berliner Situation in ihrem Sinne erwartete, sowohl was die Sicherung der Zugangsrechte, der Besuchsrechte der Westberliner im Osten wie vor allem die Anerkennung der Bindungen West-Berlins an Bonn und des Bonner Rechts zur Außenvertretung West-Berlins und seiner Bürger anging – während die DDR im Falle eines Gelingens der Verhandlungen permanente Beschränkungen ihrer Souveränität auf den Zugangswegen und eine Stärkung der Rolle der Bundesrepublik in Berlin zu befürchten hatte: Sie sollte in Berlin den Preis für den Moskauer Vertrag bezahlen, der freilich auch ihr den Weg zur internationalen Anerkennung eröffnen würde. Die Stellung der DDR zu den Berlin-Verhandlungen konnte daher im besten Fall nur ambivalent sein – sie wollte den Preis nur zahlen, wenn er gar nicht zu umgehen war.

Tatsächlich machten die Verhandlungen der Botschafter während des ganzen Jahres 1970 keine Fortschritte, weil sie sich schon in der Vorfrage der Auslegung des gegenwärtigen Berlin-Status festgefahren hatten: Die Westmächte gingen von dem rechtlichen Fortbestand des Viermächtestatus von ganz Berlin aus, während die Sowjets nur West-Berlin als Verhandlungsgegenstand anerkennen und nach Möglichkeit einen Viermächtestatus für West-Berlin durchsetzen wollten. Es scheint, daß schließlich die Bundesregierung ihren Verbündeten geraten hat, die Statusfrage auszuklammern und nur über die Verbesserung der Lage in West-Berlin zu verhandeln. Der erste konkrete Entwurf eines Abkommens wurde von den Westmächten am 5. Februar 1971 vorgelegt.

Inzwischen machten sich einigungsfeindliche Tendenzen im sowjetischen Staats- und Parteiapparat bemerkbar, die anscheinend von den Freunden aus der DDR stimuliert wurden. Zu Weihnachten 1970 hatte die Regierung der Sowjetukraine, deren Parteiapparat von jeher besonders enge Beziehungen zur SED unterhielt und sich auch bei der Entscheidung für die Invasion der Tschechoslowakei hervorgetan hatte, das Ergebnis eines in Abwesenheit der

Angeklagten durchgeführten Prozesses gegen ehemalige Angehörige von SS-Mannschaften, die während der Besatzungszeit die Vernichtung von Lagerinsassen durchgeführt hatten, bekanntgegeben und verkündet, die Täter lebten alle frei in der Bundesrepublik. Die Behauptung beruhte auf keinerlei Nachforschungen (die Genannten waren teils tot, teils in westdeutschen Gefängnissen), und die darauf gegründete Auslieferungsforderung wurde nicht vom sowjetischen Außenministerium, wohl aber von der Presse der DDR übernommen. Im Januar folgten dann die Interviews einiger sowjetischer Diplomaten und Journalisten in westlichen Ländern, wonach die Ratifizierung des Moskauer Vertrages für die Sowjets nicht wichtig und wegen der Gefahr des Einflusses einer sozialdemokratischen Bonner Regierung im Ostblock sogar bedenklich, aber jedenfalls keine Konzessionen wert sei; es war die gleiche Zeit, in der ein Sowjetdiplomat in Prag für den bevorstehenden Parteitag der KPdSU den feierlichen Widerruf von Chruschtschows Kritik an Stalin und die Aussöhnung mit Peking ankündigte! Tatsächlich wurden die Interviews von der Moskauer Regierung dementiert und einige der Autoren abberufen. Auf dem Parteitag unterstrich Breschnew selbst das sowjetische Interesse an der Ratifizierung des Moskauer Vertrags: Die ganze Episode zeigte nur, daß innerpolitische Widerstände gegen eine außenpolitische Neuorientierung kein Monopol der Bundesrepublik waren.

Unmittelbar vor dem Parteitag, am 26. März 1971, hatten die Sowjets in den Berliner Verhandlungen ihren Entwurf für ein Viermächteabkommen vorgelegt. Konsequenter als der westliche Entwurf klammerte er die Statusfragen aus, indem er in der Präambel weder von Groß-Berlin noch von West-Berlin, sondern nur von »dem betreffenden Gebiet« sprach, was sich am Ende der Verhandlungen auch durchsetzte. Dagegen versuchte er, die Sowjetunion aus der Zugangsregelung herauszuhalten und diese innerdeutschen Verhandlungen zu überlassen sowie die Bundespräsenz in West-Berlin drastisch einzuschränken – und stieß in beiden Punkten auf zähen und schließlich erfolgreichen Widerstand des Westens.

Nach dem sowjetischen Parteitag und besonders nach dem Rücktritt Ulbrichts von der Führung der SED am Vorabend ihres 8. Parteitags, und nach der Rede Breschnews in Ost-Berlin aus diesem Anlaß Anfang Juni, beschleunigte sich der Fortgang der Verhandlungen; der Widerstand der SED gegen Konzessionen war offenbar wesentlich geschwächt. Die Ankündigung von Präsident Nixons Besuch in Peking, die Mitte Juli erfolgte, scheint das sowjetische Interesse an einer Entspannung im Westen weiter beflügelt zu haben. Eine Tagung kommunistischer Führer aus den Blockstaaten, die am 2. August auf der Krim stattfand, verurteilte die chinesische Haltung und billigte die Friedenspolitik der KPdSU einschließlich ihrer Bemühungen um die Ratifizierung des Moskauer und Warschauer Vertrages und die Regelung des West-Berlin-Problems. Drei Wochen später war das Viermächteabkommen fertig; am 3. September 1971 wurde es von den vier Botschaftern unterzeichnet.

Das Abkommen brachte eine sowjetische Garantie des zivilen Transitverkehrs nach Berlin, der künftig begünstigt behandelt werden sollte – die erste solche Garantie seit dem Krieg; innerdeutschen Verhandlungen wurde nur die Regelung der Einzelheiten überlassen. Es brachte den Westberlinern die Zusicherung verbesserter Besuchsmöglichkeiten in Ost-Berlin und der DDR, ebenfalls mit Aushandlung der Einzelheiten durch die Betroffenen. Es brachte die Bestätigung, daß »die Bindungen zwischen den Westsektoren Berlins und der Bundesrepublik Deutschland aufrechterhalten und entwickelt werden« – ohne Beschränkung auf wirtschaftliche und finanzielle Bindungen –, aber auch die Festlegung des Westens, »daß diese Sektoren so wie bisher kein Bestandteil der Bundesrepublik Deutschland sind und auch weiterhin nicht von ihr regiert werden«. Praktisch bedeutete dies die Aufrechterhaltung der institutionellen Präsenz des Bundes, der Teilnahme von Berliner Vertretern am Bonner Parlament und der bisherigen Form der Übernahme von Bundesgesetzen mit alliierter Zustimmung in West-Berlin, aber den Verzicht auf Hoheitsakte von Bundesorganen in der geteilten Stadt. Schließlich hatte die Sowjetunion eingewilligt, daß die Bundesregierung West-Berlin mit Zustimmung der Westmächte international, außer in Status- und Sicherheitsfragen, vertreten könne; daß ihre völkerrechtlichen Vereinbarungen auf die Westsektoren Berlins ausgedehnt werden könnten, wenn dies ausdrücklich im Text erwähnt werde; und daß sie Personen mit ständigem Wohnsitz in West-Berlin konsularisch vertreten könne, was die Anerkennung von Bundespässen für Berliner einschloß. Die Sowjetunion erhielt das Recht zur Errichtung eines Generalkonsulats in West-Berlin, akkreditiert bei den westlichen Stadtkommandanten.

Das Abkommen brachte mehr vertragliche Sicherheit für die Lebensfähigkeit West-Berlins, als es jemals seit dem Krieg besessen hatte. Es bestätigte Bindungen an die Bundesrepublik und Vertretungsrechte des Bundes für Berlin und die Berliner, die von der Sowjetunion und der DDR bisher immer bestritten und auch in den drei »Essentials« Kennedys nicht enthalten gewesen waren. Es bestätigte aber auch der Sowjetunion, daß West-Berlin nach westalliiertem Willen niemals ein Bestandteil der Bundesrepublik geworden war – daß es zwar keine »selbständige politische Einheit« im Sinne der seit Chruschtschow erhobenen sowjetischen Forderungen, weil westalliierter Hoheit nach wie vor unterworfen, wohl aber eine »Einheit mit besonderem politischen Status« war, wie von nun an die Formel des Sowjetblocks lautete. Dennoch war das Abkommen vom Standpunkt der Bundesrepublik eine im vollen Sinne befriedigende Regelung, die den Weg zur Ratifizierung der Ostverträge öffnete. Brandt quittierte sie, indem er sich nun zu dem bei Unterzeichnung des Moskauer Vertrages im Prinzip vereinbarten Gesprächsbesuch bei Breschnew bereit erklärte, der vom 16. bis 18. September 1971 in Oreanda auf der Krim stattfand. Das Kommuniqué reflektierte einen Höhepunkt des Optimismus: Es sprach von einer »entscheidenden Wende« in den Beziehungen beider Länder, wies auf die Normalisierung der Beziehungen zwischen Bundesrepublik und DDR auf der Grundlage der vollen Gleichberechtigung und auf ihren Eintritt in die Vereinten Nationen als nächste Schritte des Verhandlungsprogramms hin, sprach von der Vorbereitung der Europäischen Sicherheitskonferenz unter Teilnahme der USA und Kanadas und erwähnte erste Übereinstimmungen in einer Aussprache über die beiderseitige Truppen- und Rüstungsverminderung in Europa, die Brandt aufgrund des fortdauernden innenpolitischen Drucks in den USA zugunsten eines einseitigen Abzugs besonders am Herzen lag.

Doch binnen zehn Tagen kam aus Moskau ein anderer Ton. Es mag die Folge von Berichten über die Stärke der parlamentarischen Opposition in Bonn gegen die Ratifizierung der Verträge oder von Widerständen gegen die Konzessionen des Berlin-Abkommens innerhalb der sowjetischen Parteiführung gewesen sein – fest steht, daß Gromyko während der Tagung der Vereinten Nationen am 27. September Scheel informierte, die Sowjetunion werde das Abkommen erst nach der Ratifizierung der Ostverträge durch Bonn in Kraft setzen: Die Sowjetunion hatte ein »Gegenjunktim« hergestellt. Fest steht auch, daß in der Liste der Schritte, die das Zentralkomitee der KPdSU nach einer außenpolitischen Aussprache auf seiner Novembertagung aufzählend billigte, das Berlin-Abkommen nicht erwähnt wurde: Dies geschah erst auf der Maitagung

1972 am Vorabend von Präsident Nixons Moskauer Besuch, die unmittelbar nach der Bonner Ratifizierung stattfand.

Die innerdeutsche Verhandlungsfront hatte inzwischen nicht stillgestanden. Nicht lange nach der Unterzeichnung des Moskauer Vertrages hatte Ministerpräsident Stoph die »Denkpause« unterbrochen und am 29. Oktober 1970 der Bundesregierung die Bereitschaft der DDR zu einem Meinungsaustausch über Fragen von beiderseitigem Interesse auch *ohne* vorherige völkerrechtliche Anerkennung mitgeteilt. Als die neuen Gespräche zwischen Bahr und dem Ostberliner Staatssekretär Kohl in dessen Amtssitz am 27. November begannen, stellte sich bald heraus, daß die DDR mit Bonn über ein »Transitabkommen«, also über den Berlin-Verkehr verhandeln wollte. Da dies die noch in den Anfängen steckenden Viererverhandlungen unterlaufen hätte, lehnte Bahr ab; er erklärte sich aber bereit, allgemeine Fragen des innerdeutschen Verkehrs zu erörtern, und suchte den Themenbereich allmählich auch auf andere praktische Fragen zu erweitern. Im Februar bot die DDR dem Westberliner Senat die Wiederaufnahme der Passierscheinverhandlungen an, nachdem sie seit Jahren jede Erneuerung der früheren Abkommen verweigert hatte – ebenfalls in der offenkundigen Absicht, diesen Gegenstand aus den Viererverhandlungen herauszuhalten; auch West-Berlin hielt sich jetzt mit jeder allgemeinen Regelung zurück. Als dann aber das Viermächteabkommen im September unterzeichnet war und den Rahmen geschaffen hatte, in dem die Deutschen ein Transit- und ein Besuchsabkommen aushandeln sollten, standen für beide Komplexe bereits deutsche Unterhändlergruppen bereit, die einander kannten. Am 17. Dezember 1971 wurde das Transitabkommen, am 20. das Besuchsabkommen zum Viermächteabkommen unterschrieben. Am 20. Januar 1972 begannen die Verhandlungen über den allgemeinen Verkehrsvertrag – den ersten selbständigen, völkerrechtlichen Vertrag zwischen den beiden deutschen Staaten – der schon am 26. Mai unterzeichnet werden konnte. Damit blieb nur noch ein Punkt des Verhandlungsprogramms der Bundesrepublik unerledigt – der »Grundvertrag« über die Normalisierung der Beziehungen zwischen den beiden deutschen Staaten, der auch die letzte Voraussetzung für ihren gemeinsamen Eintritt in die Vereinten Nationen und damit für die Freigabe der internationalen Anerkennung der DDR schaffen sollte.

Dieser »Vertrag über die Grundlagen der Beziehungen zwischen der Bundesrepublik Deutschland und der Deutschen Demokratischen Republik« ist im ganzen wohl das für beide Seiten am wenigsten befriedigende Ergebnis der neuen Politik des Ausgleichs im Herzen Europas. Stärker als irgendwo sonst hat der Fortbestand des allgemeinen Konflikts der Systeme zwischen Ost und West sich hier, durch das besondere Bedürfnis der DDR nach ideologischer Abgrenzung von dem anderen deutschen Staat, im Sinne der Erhaltung eines Restbestands des deutschen Sonderkonflikts ausgewirkt. Die DDR konnte ihr Grundkonzept der völkerrechtlichen Anerkennung durch die Bundesrepublik nicht durchsetzen, aber ebensowenig gelang der Bundesrepublik die Durchsetzung ihres Konzepts von »Beziehungen besonderer Art« auf der gemeinsamen nationalen Grundlage: Die »nationale Frage« wird in der Präambel nur als eine jener Grundsatzfragen erwähnt, über die weiterhin unterschiedliche Auffassungen bestehen. Abgesehen von den Bekenntnissen zu den Prinzipien der Vereinten Nationen, zum Gewaltverzicht, zur Unverletzlichkeit der Grenzen und zur Förderung der Sicherheit und Zusammenarbeit in Europa und der allgemeinen, kontrollierten Abrüstung bietet der Vertrag der DDR die Anerkennung ihrer Gleichberechtigung und die Preisgabe des »Alleinvertretungsanspruchs« der Bundesrepublik: Er legt fest, daß keiner der beiden Staaten den anderen international vertreten kann, daß jeder nur auf seinem Staatsgebiet die Hoheitsgewalt ausübt und die Unabhängigkeit des anderen in inneren und äußeren Angelegenheiten respektiert (Artikel 4 und 6). Nicht erreichen ließ sich allerdings die von der DDR gewünschte Regelung der Staatsangehörigkeitsfrage, d. h. die Abschaffung der im Grundgesetz verankerten Bestimmung, wonach *jeder* Deutsche Bürgerrecht in der Bundesrepublik beanspruchen kann. Die Bundesrepublik hat erreicht, daß nur von dem Austausch von »ständigen Vertretungen«, nicht von Botschaften die Rede ist (Artikel 8), daß laut Erklärungen beider Seiten bei der Unterzeichnung ihre Vertretung auch die Interessen West-Berlins wahrnehmen wird, und daß West-Berlin von Fall zu Fall in von beiden Seiten geschlossene Abkommen einbezogen werden *kann*. Der praktisch potentiell wichtigste Punkt des Vertrags ist der von solchen geplanten Abkommen zur Regelung praktischer und humanitärer Fragen handelnde Artikel 7, dem eine lange Liste weiterer Verhandlungsthemen beigefügt ist; sie reicht vom Handel, wissenschaftlich-technischer Zusammenarbeit und Verkehr über Rechtsschutz, Post- und Fernmeldewesen und Zahlungsverkehr bis zu Gesundheitswesen, Umweltschutz und Sport und erwähnt auch die kulturelle Zusammenarbeit und sogar die Erweiterung des gegenseitigen Bezugs von Büchern, Zeitschriften, Rundfunk- und Fernsehproduktionen; besonders wichtig für Bonn ist ein Briefwechsel über Erleichterung von Familienzusammenführung und kleinen Grenzverkehr. Bei all dem handelt es sich jedoch nicht etwa um den Beginn einer besonders *engen* Kooperation, sondern um die Herstellung des Minimums an *normaler* Kooperation, das sonst auch zwischen Staaten verschiedener Systeme seit langem besteht. Bahrs Stoßseufzer, bisher habe Bonn keine Beziehungen mit der DDR gehabt, nun habe es immerhin schlechte Beziehungen, gibt die Lage nach Inkrafttreten des Vertrages knapp und zutreffend wieder.

Kritiker haben der Verhandlungstaktik der Regierung Brandt-Scheel gegenüber dem Osten ihre angebliche »Hektik« vorgeworfen; die Gründe für das fast gleichzeitige Ingangsetzen von Verhandlungen mit der Sowjetunion, Polen und der DDR parallel zu den Viermächteverhandlungen um Berlin gehen jedoch aus der dargestellten Verschränkung der Probleme und der damit verbundenen Gefahr einer für die Interessen der Bundesrepublik und Berlins ungünstigen Reihenfolge überzeugend hervor. Nachdem es der Bundesrepublik gelungen war, ihren »Fahrplan« in dem Sinne einzuhalten, daß die internationale Anerkennung der DDR und die Europäische Sicherheitskonferenz erst nach der Berlin-Regelung aktuell wurden, mußte sie auch im letzten Stadium der Grundvertragsverhandlungen noch darauf achten, daß ungeduldig werdende Staaten nicht einen Wettlauf um Anerkennung der DDR vor Abschluß des Grundvertrages begannen und damit die Verhandlungsposition Bonns schwächten. Dennoch läßt sich nicht von der Hand weisen, daß zu dem Zeitdruck, unter dem gerade diese letzte Verhandlung stand, auch innerpolitische Faktoren beigetragen haben: Der Grundvertrag wurde am 9. November 1972, zehn Tage vor der bitter umkämpften Bundestagswahl, paraphiert und einen Monat nach dem Sieg der sozial-liberalen Koalition am 21. Dezember von dem nun zum Bundesminister ernannten Bahr und Staatssekretär Kohl unterzeichnet.

Kein Provisorium mehr

Es war unvermeidlich, daß eine Politik, die im Effekt mit einer zwanzigjährigen Tradition der ostpolitischen Fiktionen brach, die Öffentlichkeit der Bundesrepublik tief aufwühlte. Nach innen gesehen handelte es sich ja um nicht weniger als um das Bewußtwerden einer Verschiebung der Legitimationsgrundlage der Bundesrepublik, die sich freilich im stillen seit langem vorbereitet hatte – um die Akzeptierung des »Provisoriums« in seinen tatsächlichen Grenzen als bleibender Staat der freien Deutschen. Nun schieden sich an dieser Frage die Geister, zum Teil auch die Generationen: Für viele der Älteren, die noch ein vorhitlerisches Deutsches Reich gekannt hatten, bis in die Reihen der Sozialdemokratie hinein war der Entschluß schwer, am bittersten für die Vertriebenen unter ihnen. Doch großen Teilen der mittleren und jüngeren Generation, bis weit in die Kreise der bisherigen CDU-Wähler hinein, erschien er als eine Befreiung von überlebtem Ballast – und für jene Gruppen, die noch nahe Verwandte und enge Freunde im anderen Teil Deutschlands hatten, denen die deutsche Frage nicht Gegenstand nationaler Ansprüche, sondern menschlicher Sorge war, als ein Hoffnungsschimmer. Die Auseinandersetzung wurde noch dadurch verschärft, daß ein Teil der Sprecher und Presseorgane der Opposition die neue Politik weit radikaler verdammten, als der Einschätzung der realen Möglichkeiten durch ihre Führung entsprach: Zur wachsenden Besorgnis dieser Führung legten sie die Opposition in der Öffentlichkeit auf eine totale Verneinung der Verhandlungsergebnisse fest, ohne eine Alternative zeigen zu können.

Dies wurde deutlich, als durch den Übergang einiger Abgeordneter der Koalition ins andere Lager die Regierung Ende April 1972 ihre parlamentarische Mehrheit verlor und die politische Polarisierung im Lande zu einer Entscheidungsunfähigkeit des Parlaments unmittelbar vor der Ratifizierung des Moskauer und des Warschauer Vertrags zu führen drohte. In der Erkenntnis der Konsequenzen eines Scheiterns auch für das noch nicht in Kraft gesetzte Berlin-Abkommen, auf die auch von seiten der Westmächte deutlich hingewiesen wurde, suchte der damalige Oppositionsführer Rainer Barzel seine Partei nun für eine Zustimmung zu den Verträgen im Austausch für »auslegende« Äußerungen der Sowjets zu gewinnen. Die Sowjets halfen, soweit sie konnten, und akzeptierten sogar ohne Protest eine von den Parteien des Bundestags ausgehandelte Entschließung, die eine Wiederholung der schon von der Regierung gemachten Vorbehalte in der Selbstbestimmungs- und Friedensvertragsfrage mit der logisch absurden und moralisch anstößigen Phrase belastete, die Verträge schüfen »für die bestehenden Grenzen keine Rechtsgrundlage«: Für Moskau und Warschau war allein der Vertragstext maßgebend und die Entschließung irrelevant. Die Opposition hat sich dann doch nicht dazu durchringen können, den Verträgen zuzustimmen, aber die Mehrheit ihrer Abgeordneten hat sich der Stimme enthalten und damit die Ratifikation am 17. Mai 1972 ermöglicht. Am 3. Juni trat dann auch das Berlin-Abkommen endlich in Kraft, und der Wahlausgang vom 19. November, der die Koalition mit gesicherter Mehrheit zurückbrachte, bestätigte auch die Billigung der Verträge durch das Volk der Bundesrepublik.

Mit Ratifikation, Wahl und Grundvertrag und mit dem Antrag auf Aufnahme in die Vereinten Nationen war Ende 1972 die Umstellung der deutschen Politik gegenüber dem Osten im wesentlichen abgeschlossen, auch wenn noch einige Restprobleme, wie der Vertrag mit der Tschechoslowakei und die Wiederaufnahme der diplomatischen Beziehungen mit Ungarn und Bulgarien, zu erledigen blieben. Drei Jahre nach dem Beginn der entscheidenden Phase war die neue Politik nicht mehr von Hoffnungen beflügelt, durch ihren Beitrag zur allgemeinen Entspannung einen Wandel in den kommunistischen Systemen Osteuropas in naher Zukunft herbeizuführen: Ein solcher Wandel, so wurde es nun gesehen, mochte eines Tages kommen und neue Möglichkeiten für eine gesamteuropäische Friedensordnung schaffen – aber seine Herbeiführung hing nicht entscheidend von der Politik des Westens im allgemeinen oder der Bundesrepublik im besonderen ab. Erst recht stand hinter der neuen Politik in keinem Augenblick der Wunsch nach der Entwicklung deutscher Sonderbeziehungen zu den Sowjets: Nur auf der Grundlage der sicheren politischen, militärischen und wirtschaftlichen Verankerung der Bundesrepublik im Westen hatte der Ausgleich mit dem Osten gelingen können. Nicht um die Herstellung von Sonderbeziehungen, sondern um die Befreiung von einem jahrzehntealten Sonderkonflikt mit dem Osten war es gegangen, und sie war nun im großen und ganzen gelungen. Gewiß, keine Diplomatie konnte die Fakten der Geographie und Geschichte beseitigen: Die Lage Berlins und die gemeinsame Herkunft der Deutschen in Ost und West würden auch in Zukunft Probleme schaffen. Doch im Rahmen der neuen Ost-West-Entspannung in der Weltpolitik und in Mitteleuropa würden diese Probleme einen begrenzten Charakter haben und leichter friedlich zu lösen sein.

Auch für die allgemeine Stellung der Bundesrepublik in der Welt hat diese Wendung befreiend gewirkt. Sie hat an Bewegungsfreiheit außerhalb des Ostens, auch gegenüber ihren Verbündeten, und damit an weltpolitischem Gewicht und Ansehen wesentlich gewonnen: Daß ein Vierteljahrhundert nach dem Ende des Dritten Reiches ein deutscher Kanzler den Nobelpreis für Verdienste um den Frieden erhielt, ist ein sichtbarer Ausdruck dafür. Sie ist zugleich durch die neue Politik in der Lage, auch an der gemeinsamen Ostpolitik des Westens ganz anders als vorher als gestaltender Faktor mitzuwirken, was sich schon heute in der Konferenz für Sicherheit und Zusammenarbeit in Europa und in den Vorbereitungen der Konferenz für beiderseitige Truppenreduktion zeigt. Und sie hat diese Wendung zwar um den Preis bitterer innerpolitischer Auseinandersetzungen, aber ohne Staatskrise vollziehen können.

Eine Frage freilich kann heute noch nicht beantwortet werden – die nach der langfristigen Wirkung der Wendung auf das Selbstverständnis der Bundesrepublik und auf das Geschichts- und Staatsbewußtsein ihrer Bürger. Mit dem Schwinden der Wiedervereinigungshoffnung, mit der Hinnahme einer auf den Status quo der Teilung Deutschlands und Europas gegründeten Ordnung für unbestimmte Zeit erhebt sich drängender noch als bisher die Frage: Wenn die Bundesrepublik nicht der Kern eines wiederherzustellenden Nationalstaates ist – was ist sie dann? Nicht die rückwärtsgewandten Gegner der Neuorientierung, sondern die junge Generation mit ihrem oft erschreckenden Mangel an Geschichtsbewußtsein zeigt die wirkliche Problematik der neuen Lage an – mindestens für den, der überzeugt ist, daß es ohne Geschichtsbewußtsein auch kein tragfähiges demokratisches Gemeinschaftsbewußtsein gibt. So scheint es einleuchtend, daß ganz abgesehen von allen praktischen Notwendigkeiten der westeuropäischen Integration die Bundesrepublik auch ihr geschichtliches Selbstverständnis nur als Teil einer Gemeinschaft der europäischen Völker wird wiederfinden können. Den kalten Krieg konnten die Deutschen im Rahmen des westlichen Bündnisses, aber doch noch mit einem nationalstaatlichen Selbstverständnis führen. Die Ostpolitik werden sie, so glaube ich, nur als bewußte Europäer verarbeiten können.

2. Der Umweg zur weltpolitischen Entspannung

Zum verspäteten Beginn einer Dreieckspolitik

In der zweiten Hälfte des Jahres 1971 hat der lange und langsame Prozeß, in dem sich die bipolare Weltordnung der Nachkriegszeit umformt, einen plötzlichen »großen Sprung« getan. Mitte Juli kündigte Präsident Nixon seine bevorstehende Reise nach Peking an, Mitte August verkündete er das Ende des Weltwährungssystems, das nach dem Zweiten Weltkrieg in Bretton Woods begründet worden war. Seitdem, so scheint es, ist in der Weltpolitik alles möglich geworden, und nichts darf mehr als selbstverständlich gelten.

Ehe wir an die Analyse gehen, mag es nützlich sein, einfach die größeren Ereignisse noch einmal aufzuzählen.

Washington und Peking haben ihre Bereitschaft erklärt, ernsthaft miteinander zu verhandeln; damit ist die potentielle Dreieckskonstellation der Großmachtdiplomatie zum erstenmal aktuell geworden.

Moskau hat darauf mit einer scharfen Verurteilung der chinesischen Absichten reagiert, zugleich jedoch mit der Beschleunigung der sowjetisch-amerikanischen Verhandlungen über Berlin und über die Begrenzung der strategischen Rüstungen – und mit der Bereitschaft, Präsident Nixon ebenfalls als Besucher zu empfangen. Es hat seine getrennten, aber koordinierten Bemühungen verstärkt, die Beziehungen zur Bundesrepublik wie zu Frankreich zu verbessern. Außerdem hat es bemerkenswerte Fortschritte in Richtung auf ein »Anbinden« der bisher traditionell bindungsfreien Mächte gemacht – erst Ägyptens, jetzt Indiens; und es ist ihm dabei sogar gelungen, in die Blockfreiheit Jugoslawiens eine Bresche zu schlagen, das sich schriftlich auf die Unterstützung des »sozialistischen Internationalismus« festgelegt hat.

Der amerikanische Beschluß, die Konvertibilität des Dollars aufzuheben, gekoppelt mit einschneidenden Maßnahmen der Handelsdiskriminierung und der anfänglichen Weigerung, darüber zu verhandeln, brachte die Wirtschaftsbeziehungen zwischen den fortgeschrittenen nichtkommunistischen Staaten mindestens zeitweilig durcheinander und beschwor das Risiko einer weltweiten Rezession herauf. Mit dieser Handlungsweise haben die Vereinigten Staaten ihren ökonomischen Einfluß in der Dritten Welt geschwächt und den wichtigsten Verbündeten Amerikas signalisiert, daß sie sich unversehens in einer Lage befinden könnten, in denen sie ihre vitalen Interessen ganz allein wahren müßten. Das Senatsvotum über die Auslandshilfe hat klargemacht, daß dieses Signal auch von den Klienten Amerikas beherzigt werden muß.

In Japan traf der wirtschaftliche Schock mit dem politischen Schock zusammen, den Art und Inhalt des amerikanischen Arrangements mit Peking gerade jener Gruppe in der regierenden Partei versetzten, die am festesten auf eine proamerikanische Politik eingeschworen war. In Westeuropa mag das Vorgehen Washingtons die Mehrheit für Großbritanniens EWG-Beitritt vergrößert haben, zugleich jedoch stärkt es neutralistische Unterströmungen. Der gelockerte Zusammenhalt der nichtkommunistischen Welt ist seitdem auf vielfältige Weise offenkundig geworden: durch den Beschluß der UN-Vollversammlung, im Gegensatz zum Wunsch der Vereinigten Staaten nicht nur China aufzunehmen, sondern auch Taiwan auszuschließen; durch das unverhohlene Liebäugeln der kleineren, bisher prowestlichen Staaten Asiens mit der Neutralität; schließlich durch das Fehlen eines amerikanischen Konsensus über die Notwendigkeit, den verlorengegangenen Zusammenhalt wiederherzustellen.

Fassen wir zusammen: Was als endgültiges Auseinanderbrechen des russisch-chinesischen Bündnisses durch die Einleitung der eigentlichen Dreiecksdiplomatie begann – ein Vorgang, der mehr außenpolitische Flexibilität versprach und für Rußland potentielle Nachteile barg –, hat nicht nur zu beträchtlichen russischen Geländegewinnen in einigen früher blockfreien Ländern geführt, sondern hat zugleich im Geflecht der »westlichen« Bündnisse starke Desintegrationskräfte freigesetzt, die sich, ausgehend vom amerikanischen Zentrum, überall spürbar machen.

Die Ideologie als Irrlicht

Um den Wandel zu begreifen, muß man zunächst auf jenen Zeitraum zurückblicken, in dem die Dreieckskonstellation sich ursprünglich herauszubilden schien: den Sommer 1963. Damals waren gerade die letzten förmlichen Parteiverhandlungen zwischen der sowjetischen und der chinesischen Führung gescheitert und ein Schwall von Enthüllungen beider Seiten hatte klargemacht, daß ihr Bündnis zerbrochen war. Das von Großbritannien, der Sowjetunion und den Vereinigten Staaten abgeschlossene Atom-Teststopp-Abkommen erschien als erste Frucht der veränderten Situation.

Nun, da Rußland und China nicht länger dem gleichen ideologischen Block angehörten, schien der Weg in eine Zukunft weniger ideologisch bestimmter Machtpolitik offenzuliegen. Neben der Entspannung zwischen Amerika und Rußland, wie sie Präsident Kennedy damals vorschwebte, war zweifellos eine parallele Öffnung der diplomatischen Kanäle zwischen Amerika und China im Laufe der Zeit ebenfalls zu erwarten. Andererseits konnte man sich ausrechnen, wie ein Nachlassen des kommunistischen Drucks am Ende bewirken werde, daß sowohl Japan als auch ein zunehmend integriertes Westeuropa sich zu wachsender relativer Unabhängigkeit von den Vereinigten Staaten durchmausern würden. Doch wurde diese Entwicklung acht Jahre lang verzögert. Die Geschichte ging einen seltsamen Umweg.

Die Hauptursache dafür war Amerikas immer tiefere Verwicklung in Vietnam. Sie ergab sich zum einen aus der Gefahr eines völligen Zusammenbruches der südvietnamesischen Regierung im Jahre 1964, zum anderen aus der irrigen Ansicht der Johnson-Administration, der Vietnam-Krieg sei der Beginn eines großangelegten Versuches der Chinesen, ihre Herrschaft durch bewaffnete Revolution nach Süden auszudehnen. Von 1964 bis 1968 redeten sich Amerikas Staatsmänner nicht nur ein, daß China den Krieg vom Zaune gebrochen habe und auf kommunistischer Seite auch seinen Verlauf steuere, sondern darüber hinaus, daß Pekings Eintreten für revolutionäre »Befreiungskriege« China zum Hauptfeind mache in einer Welt, die ansonsten dicht vor der Stabilisierung stand, da aus Rußland ja, so wurde unterstellt, eine »saturierte Macht« geworden sei. Dementsprechend versteifte sich die Johnson-Administration darauf, in Vietnam China zu bekämpfen, und hoffte dabei, auch die Sowjets würden ihren Einfluß geltend machen, um den Krieg beenden zu helfen. In diesem starren und einseitigen Konzept war für Diplomatie im Dreieck kein Platz.

China reagierte höchst seltsam auf die amerikanische Starrheit: Je stärker sich die Vereinigten Staaten in Vietnam einmischten, desto mehr isolierte sich Peking gegenüber der Außenwelt. Es scheint, daß 1965 einige führende Militärs und Parteivertreter, die in der wachsenden US-Präsenz südlich der chinesischen Grenze eine Bedrohung sahen, dafür eintraten, sich zum Zwecke der Rückversicherung auf die partielle Versöhnung einzulassen, die

Chruschtschows Nachfolger angeboten hatten. Maos Entschluß, derlei »versöhnlerische« Tendenzen um jeden Preis zu unterbinden, war zumindest einer der auslösenden Faktoren für die »Kulturrevolution« der Jahre 1966 bis 1968. Das Chaos, in das China damals stürzte, bewahrte es vor jeglicher Versuchung, in Vietnam direkt einzugreifen – aber um den Preis einer totalen Konzentration aller Energien nach innen. Damit schloß sich China mehrere Jahre lang praktisch von der Weltbühne aus. Die dritte Ecke des Dreiecks verschwand hinter dichten Wolken ideologischen Staubes, der sich erst nach dem 9. Kongreß der Chinesischen Kommunistischen Partei im Frühjahr 1969 wieder zu legen begann.

So war es das innenpolitisch fortwirkende Gewicht veralteter ideologischer Konzepte, welches verhinderte, daß die volle Wucht der neuen Dreieckskonstellation sich in der Außenpolitik der Mächte schon ausprägen konnte.

In den Vereinigten Staaten war die Regierung in eine seltsame Abhängigkeit von den Überbleibseln des kreuzzüglerischen Antikommunismus geraten, der sich jetzt auf China konzentrierte, für Amerikas eigentliche Interessen jedoch immer bedeutungsloser wurde.

In China war Mao noch abhängiger von der Ideologie geworden – von seiner Festlegung auf die »permanente Revolution«, die zugleich seine Bausch-und-Bogen-Ablehnung des sowjetischen Modells und seine eigene Stellung als Führer außerhalb aller institutionellen Kontrolle rechtfertigte.

In der Sowjetunion jedoch war es die Furcht vor »ideologischer Unterwanderung«, die zur gleichen Zeit Chruschtschows konservative Nachfolger zum militärischen Einschreiten gegen die tschechoslowakischen Reformer bestimmte, um dem Risiko zu entgehen, daß sich die gefährlichen Prager Neuerungen über ganz Osteuropa ausbreiteten und sogar auf die Sowjetunion übergriffen; darin fand auch die diplomatische Flexibilität Moskaus ihre Grenzen.

Selbst der europäische Vorkämpfer einer ideologiefreien Machtpolitik, General de Gaulle, wurde in seinem realistischen Streben nach einer unabhängigeren Rolle für Westeuropa auf fatale Weise durch eine belanglose nationalistische Ideologie behindert. Sie war die Ursache dafür, daß er sein Land isolierte und jeglichen Fortschritt bei der westeuropäischen Einigung durch sterile Angriffe auf die Vereinigten Staaten und durch sein Veto gegen Englands EWG-Beitritt vereitelte.

Erst nach und nach, als den einzelnen Mächten aufging, welch hohen Preis der Verfolg illusorischer Vorstellungen sie kostete, öffneten sich aufs neue die Wege zu einer biegsameren, »pragmatischen« Diplomatie.

Die amerikanischen Führer sahen sich zu der Einsicht gezwungen, daß ihr Über-Engagement in Südostasien ihr Handeln in wichtigeren Regionen lähmte, während der Horror und die Nutzlosigkeit des Vietnam-Krieges im Ausland ihren Einfluß untergrub und im Inland zu einer Polarisierung der Meinungen führte; unter ihrer eigenen Jugend wie jener der Verbündeten erhob sich eine leidenschaftliche antimilitaristische und antiimperialistische Protestbewegung. Ein neuer Sinn für die Realitäten brachte Präsident Johnson 1968 dazu, auf eine weitere Kandidatur zu verzichten; er stand auch hinter den Bemühungen seines Nachfolgers Nixon, sein Land aus dem katastrophalen Abenteuer wieder herauszuziehen.

Unterdessen griff in China die Armee entschlossen ein, um die Ordnung wiederherzustellen. Sie war die einzige nationale Institution, deren Befehlsstränge in der Kulturrevolution intakt geblieben waren. Ihr Eingreifen markierte die Eindämmung des ideologischen Wahns, der die wirtschaftliche Entwicklung des Landes ungemein beeinträchtigt, die Einheit der Verwaltung untergraben und dem internationalen Einfluß des Regimes enorm Abbruch getan hatte. Nach dem Wiederaufbau der Institutionen ließ die rasche und folgenreiche Rückkehr Chinas auf die Weltbühne nicht auf sich warten.

Ungefähr um die gleiche Zeit wurden die Kremlführer gewahr, daß die Besetzung der ČSSR zwar ihre Herrschaft über ihre osteuropäische Machtsphäre gefestigt hatte, daß damit aber ihre Kampagne für die Auflösung des Atlantischen Bündnisses – 1966 mit dem Argument gestartet, es sei notwendig, die Teilung Europas in zwei widerstreitende Militärblöcke zu überwinden – des letzten Quentchens Glaubwürdigkeit beraubt war. Auf der Budapester Konferenz des Warschauer Paktes schwenkten die Sowjets daher im März 1969 um: Von nun an erstrebten sie die Konsolidierung des Status quo auf der Grundlage der bestehenden Bündnisse.

Schließlich zerstoben in den Ereignissen vom Mai 1968 auch die gaullistischen Träume von nationaler Grandeur. Kurz danach zerstörte der sowjetische Einmarsch in die Tschechoslowakei jegliche Hoffnung, es könne für Frankreich – oder auch für Westeuropa –

eine Mittlerrolle zwischen den Vereinigten Staaten und der Sowjetunion geben. Eine Wendung zum Besseren im Verhältnis zu Amerika und die Aufnahme Großbritanniens in die Gemeinschaft waren danach schon unausweichlich; de Gaulles Sturz im folgenden Jahr trug lediglich dazu bei, die Entwicklung zu beschleunigen.

Die neuen Kräfteverhältnisse

Von Anfang 1969 an begannen dann die lang verzögerten Wirkungen der Dreieckskonstellation spürbar zu werden. Allerdings hatten der Umweg der Weltgeschichte und die Ereignisse der dazwischenliegenden acht Jahre das Kräfteverhältnis zwischen den Hauptfaktoren mittlerweile drastisch verändert.

Wenngleich die inneren Wirren das Wachstum der chinesischen Macht nicht gänzlich gestoppt hatten, jedenfalls nicht auf dem Felde der Rüstungstechnik, so hatten sie es doch merklich verzögert.

Auch für Westeuropa hatte die Phase der Stagnation in seiner institutionellen Entwicklung einen schlimmen Zeitverlust bedeutet – schlimm, weil die Europäer deswegen die erste Gelegenheit verpaßten, ihre Rolle der neuen Konstellation anzupassen.

In den Vereinigten Staaten hatten die massiven Kriegsausgaben für Vietnam lange Zeit nicht nur die strategische Rüstung beschnitten, sondern auch die Mittelzuweisung für dringende zivile Vorhaben; obendrein waren sie eine Hauptursache der Inflation. Jetzt, wo das Vietnam-Engagement wieder abgebaut wurde, führte dies zu wachsender Arbeitslosigkeit. Die Reaktion der Öffentlichkeit auf das ganze traumatische Vietnam-Erlebnis und den Glaubwürdigkeitsverlust der Regierung schlug sich in immer stärkerem Druck nieder, Rüstungsausgaben, militärische Verpflichtungen und Auslandshilfe auf der ganzen Linie zu verringern. So standen die Vereinigten Staaten am Ende des geschichtlichen Umweges schwer beschädigt da. Sie hatten Schaden genommen an ihrer wirtschaftlichen Gesundheit, an ihrer gesellschaftlichen Kohäsion, ihrer relativen militärischen Stärke und ihrer Fähigkeit diplomatischen Handelns. Es ist unwahrscheinlich, daß diese Schäden sich schnell und völlig reparieren lassen; dies wäre nicht einmal von der besten Führung zu erhoffen, die man sich vorstellen kann.

Im Gegensatz dazu hatte die Sowjetunion die Zwischenzeit genutzt, um ihre absolute wie ihre relative militärische Stärke im nuklearstrategischen und im konventionellen Bereich erheblich auszubauen, vor allem ihre Beweglichkeit zur See zu erhöhen. Zum ersten Male näherte sie sich auf allen Gebieten der militärischen Parität mit den Vereinigten Staaten. In ihrer neuen Einflußsphäre, dem Mittleren Osten und dem östlichen Mittelmeer, hat sie festen Fuß gefaßt. Und wenn sie sich und ihre Kräfte dabei ebenfalls überengagierte, so fing dies 1969 gerade erst an, spürbar zu werden. Es ergab sich auf diese Weise, daß ausgerechnet jene Macht, welche durch das Eintreten der Dreieckskonstellation ursprünglich am direktesten geschwächt und gefährdet worden war am Ende von dem Umweg der acht Jahre den größten Gewinn hatte.

Moskaus Wendung zur Entspannung

Die Grenzen der sowjetischen Gewinne wurden freilich sichtbar, der Preis des sowjetischen Überengagements spürbar, als die Vereinigten Staaten und China die ideologischen Scheuklappen abzulegen begannen. Unter Nixon und Kissinger fing Washington nicht nur an, sich in einem schmerzhaften Loslösungsprozeß aus dem südostasiatischen Dschungel herauszuziehen; es ließ bald auch eine neue Prioritätensetzung erkennen. Es unternahm Anstrengungen, im Mittleren Osten die diplomatische Initiative zurückzugewinnen und die Gelegenheit zu nützen, die das Ende des Gaullismus für eine Verbesserung des Verhältnisses zu Westeuropa eröffnete; die Verhandlungsbasis für die SALT-Konferenzen wurde durch die Produktion der neuen Mehrfachsprengköpfe (MIRVs) für Raketen untermauert; die ersten vorsichtigen Signale wurden in Richtung Peking ausgestrahlt. Zur gleichen Zeit demonstrierte China seine Rückkehr in die Weltpolitik einerseits mit der ersten Schlacht am Ussuri im März 1969, andererseits mit den ersten Fühlern, die es zur Wiederaufnahme aktiver diplomatischer Beziehungen in verschiedenen Richtungen ausstreckte.

Auf den wachsenden Druck an beiden Fronten reagierte Moskau vor allem mit zunehmendem Interesse an Verhandlungen auf der Grundlage des Status quo. Wie sehr es sich auch weiterhin beim Wettrennen der Raketenrüstungen anstrengte und wie schwierig auch immer das Unterfangen sein mochte, diesen Wettlauf auf dem Wege einer Vereinbarung zu dämpfen – die russischen SALT-Unterhändler schienen ehrlich bemüht, eine Lösung zu finden, welche Rußlands neue Parität mit Brief und Siegel versehen, die Kosten der Parität jedoch begrenzen würde.

Die Budapester Neuformulierung der sowjetischen Ziele in Europa, die einer Konsolidierung des Status quo Vorrang vor der Hoffnung einräumte, die Nato auseinanderzusprengen, lief auf eine Ermutigung jener Kräfte in der Bundesrepublik hinaus, die bereit waren, den Status quo zu akzeptieren, nicht aber bereit, das westliche Bündnis zu opfern. Dieselbe Wirkung hatte die sowjetische Zustimmung zur Eröffnung der Viermächtegespräche über Berlin.

An der chinesischen Grenze hatten die Sowjets zunächst den ersten ernsten Zwischenfall mit massiven Gegenangriffen beantwortet. Sie verstärkten ihre Truppen beträchtlich und setzten das Gerücht in Umlauf, daß sie auch einen nuklearen Präventivkrieg erwogen. Nach diesen vorbereitenden Schritten nahmen sie jedoch Verhandlungen mit Peking auf. Sie boten geringfügige Grenzkorrekturen an und verlangten dafür eine Gesamtbereinigung.

Die wirtschaftlichen Schwierigkeiten des Winters 1969/70, die eine mehrfache Verschiebung der Beschlüsse über den neuen Fünfjahresplan notwendig werden ließen, zeigten freilich, daß all diese verschiedenen Verhandlungszüge ökonomisch noch nicht gefruchtet hatten. Sie vermochten nicht, die Überanspannung der sowjetischen Kräfte und Mittel, die sich in der neuen weltpolitischen Konstellation während der vorangegangenen Phase des Ausgreifens ergeben hatte, wesentlich zu lindern.

In der Tat haben mehrere Ereignisse seit dem Winter 1970/71 den Druck, unter dem die Sowjets stehen, weiter verstärkt. Der partielle Fortschritt in Richtung einer Normalisierung, der sich 1970 in der Unterzeichnung des Moskauer Vertrages mit der Bundesrepublik und im neuerlichen Austausch von Botschaftern zwischen Moskau und Peking ausdrückte, ändert daran nichts.

Der Dezember-Aufstand der polnischen Arbeiter, die ohne jegliche intellektuelle Führung das Gomulka-Regime zu erschüttern vermochten, zeigte aufs deutlichste, welche politischen Risiken drohten, wenn die Erwartungen der Verbraucher noch länger enttäuscht würden.

Die Ausschaltung einer Anzahl ausgesprochen prosowjetischer ägyptischer Führungsfiguren durch Präsident Anwar El-Sadat und – mit Sadats Hilfe – die rücksichtslose Unterdrückung eines prokommunistischen Staatsstreichs im Sudan riefen Moskau ins Bewußtsein, daß seine Kontrolle über die »fortschrittlichen« arabischen Staaten keineswegs sicher war.

Schließlich zeigte der offene Austausch freundlicher Signale zwischen Washington und Peking während der Pingpong-Phase den Sowjets die Notwendigkeit auf, sich einer der beiden Seiten wieder ein gutes Stück anzunähern, wenn sie der Gefahr entgehen wollten, zwischen den Mühlsteinen zerrieben zu werden. Die Notwendigkeit, bald eine unmißverständliche Wahl zu treffen, wurde noch dringlicher, nachdem Nixon seine bevorstehende Reise in die nicht länger verbotene Stadt angekündigt hatte.

Das Schlimmste für die Sowjets war dabei, daß ihre Entscheidung vorherbestimmt war! Sie hatten keine wirklich freie Wahl. Während der Jahre des Umweges waren die Amerikaner im Nachteil gewesen, da sie sich aus freien Stücken weigerten, ernsthaft mit den Chinesen zu reden. Jetzt befanden sich die Russen im Nachteil, denn die Grenzverhandlungen dauerten *formaliter* wohl an, doch weigerten sich die Chinesen, ernsthaft zu reden. So konnte Moskau zwar eine neue Anstrengung unternehmen, das Los des sowjetischen Verbrauchers zu verbessern, auch konnte es durch eine Mischung aus Drohungen und Versprechungen die Dinge in Ägypten mit einem langfristigen Vertrag wieder ins Lot rücken. Darüber hinaus blieb ihm gar nichts anderes übrig, als sich jener Seite zuzuwenden, die Stabilität auf der Basis des Status quo suchte und anbot: dem bürgerlichen Westen.

So kam es, daß ungefähr zur Zeit des sowjetischen Parteitages, im März/April 1971, die Viermächtegespräche über Berlin, von denen nicht nur die Bonner Ratifizierung des Moskauer und des Warschauer Vertrages abhing, sondern auch die von Rußland erstrebte Europäische Sicherheitskonferenz, sich den wirklichen Problemen zuwandten.

Im Mai akzeptierte Breschnew in seiner Tifliser Rede das Prinzip einer ausgehandelten beiderseitigen Truppenverminderung in Europa und schuf damit dem amerikanischen Präsidenten Luft, den sein Senat hart bedrängte, einseitige Truppenabzüge anzuordnen.

Im Juni offerierte Breschnew in einer weiteren Rede, diesmal in Moskau, Verhandlungen über eine Verminderung der in fernen Meeren stationierten Seestreitkräfte, und die Ostdeutschen erhielten die ersten Andeutungen bevorstehender sowjetischer Berlin-Konzessionen.

Zu guter Letzt wurde, als Nixon im Juli die Pläne für seine China-Reise bekanntgab, die Hauptschuld den chinesischen »Verrätern« zugeschoben. Die osteuropäischen Parteiführer wurden – ohne die Rumänen – zu einer Konferenz auf die Krim bestellt, über die Moskauer Entscheidung informiert und auf die Notwendigkeit vergattert, Chinas Einfluß aus dem Balkan herauszuhalten. Danach wurden die Viermächteverhandlungen über Berlin zu einem raschen Abschluß gebracht – nach einem offenen Eingeständnis der Eilbedürftigkeit, das in den Annalen der sowjetischen Diplomatie kaum eine Parallele hat.

Amerikanische Umorientierung

Die Rückwendung der Equipe Nixon/Kissinger zur Wirklichkeit ist in Europa ergänzt worden durch den neuen ostpolitischen Realismus der Regierung Brandt und die Öffnung der westeuropäischen Gemeinschaft auf Großbritannien hin, die unter dem Nachfolger de Gaulles möglich geworden war. Die Rückwendung Washingtons zur Wirklichkeit trug bald bemerkenswerte Früchte: Die Weltstellung des Westens wurde allmählich wieder gefestigt. Ihre amerikanischen Verfechter machten jedoch keinen Hehl aus der Tatsache, daß dies seinen Preis kostete. Amerika erlegte der Solidarität mit seinen Verbündeten und Freunden Schranken auf und machte ihnen gegenüber zugleich höhere Ansprüche geltend.

In der Tat waren die inneren und äußeren Konsequenzen des jahrelangen ideologischen Überengagements anders gar nicht zu überwinden; und anders ließ sich auch das Bündnissystem nicht realistisch der gewachsenen wirtschaftlichen Macht und der zunehmenden politischen Unabhängigkeit vor allem Westeuropas und Japans anpassen. In der »Nixon-Doktrin« wurde das neue Prinzip der begrenzten Solidarität ausbuchstabiert, desgleichen die berechtigte Forderung nach einer angemessenen Lastenverteilung. Ihre Auswirkungen beschränkten sich keineswegs auf Südostasien. Im Mittleren Osten zum Beispiel geriet das Bemühen, in Ägypten wieder Einfluß zu gewinnen, prompt zu einer Politik zunehmenden Drucks auf Israel. Wirklich ernst wurden die unmittelbaren Folgen jedoch erst, als Nixon die amerikanische Fühlungnahme mit Peking bekanntgab.

Der Ankündigung ging keine Konsultation mit Amerikas wichtigstem Verbündeten in Asien – Japan – voraus; ihre Auswirkungen auf die führende blockfreie Macht Asiens – Indien – schienen gleichfalls nicht bedacht worden zu sein. Eine Lockerung der japanisch-amerikanischen Bindungen war danach unvermeidlich, während Indien seine Zuflucht in einem Vertrag mit der Sowjetunion suchen mußte (was wiederum das amerikanische Vermögen, den Verlauf der Krise auf dem Subkontinent zu beeinflussen, gravierend beeinträchtigte). Zugleich wirkte Nixons Wendung nach Peking als Signal für eine allgemeine Abwendung von Taiwan. Die kleineren prowestlichen Staaten Asiens jedoch gingen überstürzt auf Neutralitätskurs, wodurch die Position Washingtons gegenüber seinem neuen Verhandlungspartner nachhaltig geschwächt wurde.

Die mangelhafte diplomatische Vorbereitung des amerikanisch-chinesischen Coups vom 15. Juli mochte man zunächst noch einer momentanen Urteilstrübung zuschreiben; nach dem wirtschaftspolitischen Donnerschlag des Präsidenten einen Monat später war aber solch eine wohlwollende Auslegung nicht mehr möglich. Hier war die Art der überraschenden Beschlüsse, die ohne Konsultation mit dem außenpolitischen Chefberater und mit dem Außenminister gefaßt worden waren, zweifelsohne bewußt gewählt worden – mit dem Blick auf die innenpolitische Wirkung und in der Absicht, die Verbündeten und Freunde der Vereinigten Staaten zu schockieren. Die Art der Bekanntgabe sollte den inhaltlichen Kern der Botschaft unterstreichen: daß nämlich die Nixon-Administration das Entgegenkommen der wichtigsten Bundesgenossen auf dem Felde der Handelspolitik ebenso wie ihren Beitrag zur gemeinsamen Verteidigung für völlig unzureichend halte und sich deshalb fortan primär von den amerikanischen Interessen in der engsten Auslegung des Begriffes werde leiten lassen, ohne sentimentale Skrupel wegen der angeblich gemeinsamen Interessen des Westens.

Als sich die Schockwelle ausbreitete, wurde die Welt gewahr, daß nicht nur die wachsenden wirtschaftlichen Schwierigkeiten Nixon zu seinen Beschlüssen bestimmt hatten, sondern auch das aufgestaute Ressentiment gegenüber vielen zwar minder bedeutsamen, doch ebenfalls einseitig verhängten Wirtschaftsmaßnahmen, mit denen die Westeuropäer und die Japaner nach Ansicht Washingtons die amerikanischen Schwierigkeiten noch vergrößert hatten. Gewiß ließ sich einleuchtend argumentieren, die Partner hätten es zuerst an Solidarität fehlen lassen, als es darauf ankam, daß jeder nach seiner Leistungskraft für das gemeinsame Interesse materielle Opfer brachte, und sie hätten auf mildere Formen amerikanischen Drucks oft genug nur kläglich reagiert. Doch blieb die Tatsache bestehen, daß die Regierung der westlichen Führungsmacht eine Lösung ihrer wirtschaftlichen Probleme nicht suchte, indem sie auf sofortige Verhandlungen über die Bedingungen einer Rückkehr zu konzertierter Politik drängte, sondern indem sie zunächst im Geiste der Konfrontation versuchte, die Bürde der Rezession pauschal ihren Freunden und Partnern aufzuladen und, auf eine Kraftprobe setzend, den Termin wie die Voraussetzungen für Verhandlungen im dunkeln ließ.

Wenn es der Zweck solcher Schocktaktik gewesen sein sollte, durch eine weniger kooperative amerikanische Haltung Europa und Japan zu größerer Kooperation zu bewegen, so wurde der Erfolg immer fragwürdiger, je mehr Zeit verstrich. So erzwang nach über drei Monaten eine Kombination aus wirtschaftspolitischen Zweifeln und verspäteter Abwägung der Gesamtinteressen des Bündnisses eine Revision der überhöhten US-Forderungen und die Hinwendung zu Verhandlungen auf vernünftiger Basis. Indessen wird manches wohl selbst dann nicht mehr zu reparieren sein, wenn die Währungskrise und die Probleme der Handelsdiskriminierung am Ende erfolgreich gelöst werden: ein Teil des Schadens, den die westlichen Wirtschaften erlitten haben, und vor allem die Einbuße an Vertrauen zwischen den Verbündeten, die der US-Finanzminister Connally mit seiner Kanonade vom August bewirkt hat.

Natürlich fielen die kurzfristigen innenpolitischen Vorteile dieser »Neuen Ökonomischen Politik« zunächst ebenso ins Auge wie die internationalen Gefahren, die sie langfristig heraufbeschworen. Dennoch wäre es oberflächlich, wollte man darin lediglich eine amerikanische Entscheidung erkennen, innenpolitischen Erwägungen Vorrang vor außenpolitischen einzuräumen, und sie lediglich dem Wahlkampfkalkül des Präsidenten zuschreiben. Denn das Aufwallen des Wirtschaftsnationalismus, dem Nixon nachgegeben hat, ist nur eine Facette jener neoisolationistischen Welle, mit der Amerikas öffentliche Meinung auf die Jahre des weltpolitischen Überengagements im allgemeinen und auf den Alptraum Vietnam im besonderen reagiert.

Die amerikanische Regierung ist einer ganzen Reihe unmittelbarer Manifestationen dieser Grundströmung in der Außen- und Verteidigungspolitik entschieden entgegengetreten, vor allem der Forderung nach einseitigen Truppenabzügen aus Europa oder auch dem Verlangen nach einem sofortigen, bedingungslosen und totalen Rückzug aus Vietnam. Aber sie sah sich dann doch genötigt, dem Geist des nationalen Egoismus durch eine »nationalistische« Wirtschaftspolitik ihren Tribut zu zollen – genötigt, weil sie nicht in der

Lage war, diesem Geist eine überzeugende Alternative entgegenzustellen.

Die bittere Wahrheit ist: Im Laufe jener Jahre, in denen der Vietnamkrieg tobte, ist das Bewußtsein, daß die westlichen Demokratien gemeinsame Interessen haben, ebenso dahingeschwunden wie die Ideologie des Kreuzzugs-Antikommunismus. Und wenn dieser Prozeß auch keineswegs auf die Vereinigten Staaten beschränkt war, so hatte er dort doch die tiefsten und folgenreichsten Wirkungen.

Im vergangenen Jahrzehnt hat sich die Zusammensetzung wie die Denkungsart der politischen und intellektuellen Elite Amerikas von Grund auf gewandelt. Dies hängt zum einen wohl mit der Verschiebung des regionalen Schwerpunktes von der Ostküste nach Westen zusammen, zum anderen mit dem Generationswechsel, bei dem jene Männer abgelöst wurden, die ursprünglich den Marshallplan und das Atlantische Bündnis trugen; dieser Wechsel ist am konservativen Ende des politischen Spektrums ebenso zu spüren wie am liberalen.

Wenn die Westwärtsverschiebung anfänglich die Illusion geweckt hatte, Amerika könne in Asien eine quasi-imperiale Rolle spielen, so ist nach dem Scheitern dieser Politik daraus eine Kraft entstanden, die jegliche internationale Verpflichtungen ablehnt. Wenn der Generationswechsel zunächst eine entschiedene neue Konzentration auf die dringlichen inneren Probleme des Landes gefordert hatte, so scheint die Größe dieser Probleme inzwischen Entmutigung bewirkt und einen Rückfall in krassen materiellen Egoismus verursacht zu haben. Zu alledem kommt, daß die Schicht der verantwortungsbewußten Bürger in den Kirchen und an den Universitäten, in den Gewerkschaften und in der Geschäftswelt, die einst das Rückgrat international gesonnener Politik bildeten, stark zusammengeschmolzen ist. Zugleich ist die Gruppe der politischen Führer, die einst diese Politik formulierten und durchsetzten, fast verschwunden.

Jenen Exponenten der Administration, die Amerikas Weltrolle aufrechterhalten und in realistischem Geiste reformieren wollen, erscheint die Stimmung der Nation als unwillkommene, doch wirksame Beschränkung ihrer Handlungsfreiheit, als ein Handicap, das sie in Rechnung stellen müssen. Dem Beobachter freilich will es erscheinen, daß ihre Art von Realismus nicht nur von dieser Stimmung beeinflußt worden ist, sondern selber ihr Teil dazu beigetragen hat.

Am subtilsten prägt sich dieser Realismus in Henry Kissingers Bewunderung für die kühle Machtpolitik einiger europäischer Staatsmänner des 19. Jahrhunderts aus – eines Talleyrand oder Bismarck, die in rücksichtsloser Verachtung aller Ideologien und mit einem nüchternen Sinn für das Mögliche Sicherheit und Größe für ihre Länder erstrebten. Nun ist diese Art von Realpolitik zwar jeglicher »ideologischen« Außenpolitik vorzuziehen, gleichgültig, ob sich diese aus pazifistischem Idealismus oder aus militaristischem Kreuzzugsgeist nährt; doch ist sie verbunden mit den Bedingungen ihres Ursprungs in der »klassischen« Diplomatie der absoluten Monarchien: Auf eine moderne Massendemokratie ist sie nicht zu übertragen. Denn eine Demokratie kann in der Welt keine mächtige Rolle spielen, wenn nicht das Volk den notwendigen Anstrengungen und Opfern frei zustimmt – und in der zweiten Hälfte des zwanzigsten Jahrhunderts wird kein freies Volk ohne die Inspiration einer überwölbenden Idee seine Zustimmung zu bloßer nationaler Machtentfaltung geben.

Hier liegt der Grund, weshalb die »Realpolitik« des General de Gaulle sich in den Ereignissen des Mai 1968 als innerlich hohl entpuppte, noch ehe die sowjetische Besetzung der Tschechoslowakei zeigte, daß auch die weltpolitischen Voraussetzungen dafür fehlten. Aus demselben Grunde erwies sich die realistische Diplomatie Kissingers so anfällig gegenüber der in weit engerem Sinne »realistischen« – und deshalb auch volkstümlichen – »Neuen Ökonomischen Politik« des 15. August 1971. Solange Zynismus als Methode eine Selbstverständlichkeit ist, wird die Grobheit eines Connally stets überzeugender wirken als die Subtilität eines Kissinger.

So schließt sich der Kreis unserer Analyse. Wir begannen sie mit der Beschreibung des hohen Preises, den die Großmächte dafür bezahlen mußten, daß sie unter dem Einfluß ideologischer Fanatismen die nüchterne Kalkulation ihrer Interessen vernachlässigten. Danach haben wir die Vorteile beschrieben, die sie aus der Rückkehr zum Realismus ziehen. Jetzt sind wir zu der Schlußfolgerung gelangt, daß in unserem Zeitalter ohne glaubwürdige Festlegung auf eine übergreifende Idee keine wirksame Machtpolitik getrieben werden kann.

Es erhebt sich die Frage, ob es möglich ist, in der Außenpolitik zwischen inspirierenden Ideen und irreführenden Ideologien sauber zu unterscheiden – und dies nach einem anderen Maßstab als dem der eigenen ideologischen Neigung oder nach dem *ex-post*-Kriterium des Erfolgs. Birgt nicht das Ende der bipolaren Konstellation die Lehre, daß der Konflikt zwischen verschiedenen politischen und gesellschaftlichen Systemen – in unseren Augen zwischen westlicher Demokratie und kommunistischer Diktatur, in den Augen der Kommunisten zwischen westlichem Kapitalismus und östlichem »Sozialismus« – für die Bestimmung des Mächtemusters kein wesentlicher Faktor mehr ist? Und ist nicht das Erstarken der desintegrierenden Kräfte innerhalb des westlichen Bündnissystems, das nach dem großen Schisma im Kommunismus spürbar wurde, die natürliche Frucht dieses verspäteten »Endes aller Ideologien« – oder doch wenigstens des Endes ihrer Relevanz in der Weltpolitik?

Die Antwort auf diese Fragen möchte ich in drei Punkte fassen.

Erstens ist der Unterschied der politischen Systeme noch immer von entscheidender Bedeutung – nicht nur für den einzelnen Bürger auf beiden Seiten, sondern zugleich für die Lage und die Interessen zahlreicher Länder. Zwar ist die Sowjetunion keine revolutionäre Macht mehr, die die Welt zu beherrschen und nach ihrem eigenen Bild umzugestalten trachtet – sie hat schon lange die Notwendigkeit erkannt, mit Staaten zu koexistieren, die nach einem anderen System regiert werden. Aber sie besteht, soweit ihre Machtsphäre reicht, noch immer auf strenger Konformität mit dem eigenen System; noch immer betrachtet sie den Konflikt zwischen den beiden Systemen – und sei es auch in sorgsam begrenzter und kontrollierter Form – als dauerhaft und unvermeidlich; und noch immer glaubt sie sich durch ihre Rivalität mit der anderen Supermacht genötigt, jede Gelegenheit auszunützen, um ihre Einflußsphäre überall dort auszudehnen, wo das ohne Risiko möglich ist, und der Ausdehnung ihres Bereichs dann die Ausdehnung ihres Herrschaftssystems folgen zu lassen.

Daraus folgt, daß zumindest die Bürger der entwickelten Demokratien, die in ihrer überwiegenden Mehrheit das eigene Regierungssystem dem kommunistischen vorziehen, ein vitales Interesse daran haben, frei zu bleiben und ihre Institutionen frei weiterzuentwickeln, anstatt in der sowjetischen Einflußsphäre aufzugehen.

Diese Tatsache bildet das Fundament des gemeinsamen Sicherheitsinteresses der westlichen Staaten, wie es sich zum Beispiel im Nordatlantikpakt und in der amerikanisch-japanischen Allianz ausdrückt. Dieses Interesse läßt sich am besten mit dem Hinweis auf die gemeinsamen Ideen formulieren, die dem westlichen System zugrunde liegen. Es ist deswegen keineswegs unrealistisch oder »ideologisch«; auch tun ihm das wachsende Gewicht und die zunehmende Unabhängigkeit Japans und Westeuropas keinen Abbruch.

Mein zweiter Punkt beruht auf einem wichtigen Unterschied. Es ist eines, eine Idee als verbindlich für die eigene Außenpolitik zu betrachten, als *wünschenswerte* Verhaltensregel auch für andere; es ist etwas ganz anderes, so zu tun, als sei sie tatsächlich für alle verbindlich, oder sie ihnen gewaltsam zu oktroyieren.

Es ist löbliche Friedenspolitik, völkerrechtliche Konventionen zu akzeptieren oder zu fördern, die sich gegen Aggression oder Einmischung in die inneren Angelegenheiten fremder Staaten richten – löblich aus Gründen der Moral wie des Realismus. Wer indessen seine Diplomatie und seine Verteidigungspolitik auf die schlichte Annahme gründen wollte, daß alle anderen Staaten solche Konventionen unterschreiben und sich auch nach ihnen richten werden, ohne das tatsächliche Verhalten der Staaten einer sorgfältigen Analyse zu unterziehen, der nimmt eine ideologische Haltung ein, die zu einem Verlust an Sicherheit, zum Appeasement gegenüber den Aggressoren führen kann und die daher sowohl unrealistisch als auch unmoralisch ist.

Schließlich der dritte Punkt. Die Vorstellung ist ideologisch, man müsse »die Welt für die Demokratie sicher machen« oder sich die Befreiung anderer Länder aus ihrem – kapitalistischen oder kommunistischen, demokratischen oder diktatorischen – System zum Ziel der Außenpolitik setzen. Solche Vorstellungen müssen den internationalen Frieden gefährden und jedes Land, das sich darauf versteift, in Verwicklungen verstricken, die seine Möglichkeiten übersteigen und unabsehbare Risiken heraufbeschwören. Das gemeinsame Interesse zu erkennen, das die Demokratien einzeln und kollektiv an ihrer Sicherheit haben, und nach dieser Erkenntnis zu handeln, ist dagegen ganz einfach ein Gebot realistischer Vernunft.

Wenn diese Unterscheidungen richtig sind, dann ergibt sich daraus, daß kein Widerspruch besteht zwischen der Notwendigkeit, die Außenpolitik der Demokratien auf ihre gemeinsamen Grundüberzeugungen zu bauen, und der Forderung, sie in einer sich wandelnden weltpolitischen Konstellation auf eine realistische Analyse ihrer Einzelinteressen und ihrer relativen Stärken zu gründen. Der Verlust jeglichen realen Sinnes für das Mögliche verleitet Regierungen zu selbstzerstörerischen ideologischen Abenteuern; nach der Ernüchterung wächst daraus ein krankhaftes Mißtrauen gegenüber allen allgemeinen Ideen und eine zur Selbstisolierung führende Verwechslung von Realismus mit kurzsichtigem nationalen Egoismus. Eine derartige Verengung des Blicks ist jedoch nicht das richtige Heilmittel gegen die vorangegangenen ideologischen Exzesse; darin manifestiert sich lediglich ein ebenso gefährlicher Pendelschwung zum entgegengesetzten Extrem.

Solch eine Reaktion mag natürlich sein – besonders in einer Zeit, in der keine akute Gefahr für die Demokratien zu bestehen scheint. Es ist jedoch keineswegs unausweichlich, daß die Dinge bis zum bitteren zerstörerischen Ende ungehindert ihren Lauf nehmen. Wie die Wirtschaftsverhandlungen vom Dezember 1971 gezeigt haben, kann den Tendenzen Einhalt geboten werden, die im wirtschaftlichen Bereich auf eine Haltung des Zum-Teufel-mit-den-Nachbarn hinauslaufen und auf dem politischen und militärischen Felde folgerichtig zur Desintegration des westlichen Bündnisses führen. Der Gewinn aus dem neuen Realismus läßt sich bewahren und vor den Folgen des Verfalls der Solidarität retten.

Freilich bedarf es dazu verantwortungsbewußter Führung. Sie muß die realistische Einschätzung der veränderten Weltlage mit einem wachen Sinn für die fortdauernde Gemeinsamkeit der Interessen verbinden. Dies gilt für alle Demokratien, vor allem jedoch für die Vereinigten Staaten. Nur solche Führung vermag sicherzustellen, daß sich die demokratischen Länder einzeln und zusammen einer Welt anpassen, die nicht länger von widerstreitenden Ideologien und starren Blöcken beherrscht ist, aber noch immer gespalten wird durch die Rivalität der Supermächte und durch den fortdauernden Konflikt zwischen verschiedenen Regierungsformen und unterschiedlichen Lebensordnungen.

V.
Der Kampf um Entspannung und Gleichgewicht (1973–1981)

Die siebziger Jahre sind im ganzen das Jahrzehnt der Entspannung, aber von Ende März 1973 an auch eines wachsenden Streits in der westlichen Öffentlichkeit um ihre Vereinbarkeit mit der Aufrechterhaltung des Machtgleichgewichts zwischen Ost und West gewesen. Die hier abgedruckten Arbeiten spiegeln verschiedene Etappen dieser Debatte wider; der Zeitpunkt des Erscheinens ist daher jeweils wichtig.

Die 1974, unter dem frischen Eindruck des Oktoberkrieges von 1973 und der ihm folgenden Ölkrise, entstandene Diskussion über die unvermeidliche Instabilität des Weltfriedens grenzt die Auffassung des Verfassers einerseits von Präsident Nixons Verheißung einer »stabilen Struktur des Friedens«, andererseits von der generellen Ablehnung der Entspannung durch viele ihrer Kritiker ab, und entwickelt die These von der Entspannung als notwendiger Kontrolle der Formen eines Konflikts, der selbst langfristig andauert.

Der Aufsatz über die Krise von Entspannung und Gleichgewicht wurde Anfang 1981 geschrieben, als der sowjetische Einmarsch in Afghanistan, der Streit um die Mittelstreckenraketen in Europa und die Abkehr der amerikanischen öffentlichen Meinung von der Entspannungspolitik beide Krisen deutlich gemacht hatten. Er bemüht sich nicht nur um ein Verständnis der Ursachen der Krise, sondern sucht auch zu zeigen, warum eine realistische Politik des Westens sich sowohl um eine Wiederherstellung des Gleichgewichts wie der Entspannung bemühen muß, und welche Schritte zur Verwirklichung beider Ziele notwendig sind.

1. Der instabile Weltfriede

Von Sinn und Grenzen der Entspannung

War die weltpolitische Ost-West-Entspannung, die den Anfang der 70er Jahre kennzeichnete, der Anfang des Aufbaus einer stabilen, auf allgemein anerkannten Regeln beruhenden Weltordnung – »*a stable structure of peace*« in den Worten von Präsident Nixons Botschaft an den amerikanischen Kongreß vom Mai 1973?[1] War sie im Gegenteil ein trügerisches Gewebe aus sowjetischen Finten und westlichen Selbsttäuschungen, das die Wirklichkeit einseitiger Machtverschiebungen zugunsten der Sowjetunion verdeckte, wie eine wachsende Anzahl westlicher Kritiker in den letzten Monaten behauptet? War sie letzten Endes eine Etappe auf dem Weg zu einem weltweiten amerikanisch-sowjetischen Kondominium und damit zu einer entscheidenden Abwertung der Verbündeten der USA, wie viele Beobachter in Frankreich und nicht wenige in Japan es sehen? Oder war sie nur ein realer, aber notwendig begrenzter und ungesicherter Fortschritt in der Kontrolle der Formen, und damit der Gefahren und Kosten, eines fortdauernden Konflikts der Supermächte um das Übergewicht in einer ständigem Wechsel unterworfenen, also ihrer Natur nach unstabilen Welt?

Die Verwirrung in der westlichen Diskussion über die gegenwärtige Struktur dessen, was die Theoretiker das ›internationale System‹ nennen, ist nur zu begreiflich. Die einfachen Gewißheiten aus der Zeit des ›Kalten Krieges‹ sind geschwunden, und aus manchen Kommentaren klingt deutlich das Heimweh nach ihnen heraus; denn keine ebenso klaren Gewißheiten sind an ihre Stelle getreten. Das Frühjahr 1973 markierte mit der oben zitierten Botschaft Nixons, mit Breschnews Besuch in Washington und mit der ausdrücklichen sowjetischen Festlegung auf ›langfristige Kooperation‹ mit den kapitalistischen Staaten einen Höhepunkt der Hoffnungen auf das Hineinwachsen in eine friedliche Welt. Seither aber haben der Nahostkrieg des Oktober 1973 mit der sowjetisch-amerikanischen Konfrontation, die Ölkrise mit ihren weltweiten Wirkungen und die ernsten Schwierigkeiten in den amerikanisch-sowjetischen

1 *U.S. Foreign Policy for the 1970's: Shaping a Durable Peace,* A Report to the Congress by Richard Nixon, President of the United States. May 3, 1973.

Verhandlungen zur Begrenzung strategischer Waffen (SALT II) das Klima der Ost-West-Beziehungen, und damit auch der Diskussion über sie, wesentlich verändert.

Unser Versuch einer Klärung wird mit einer Darstellung der grundsätzlichen Argumente beginnen, die von den Vertretern des offiziellen Friedensoptimismus der amerikanischen Administration einerseits, von ihren prinzipiellen Kritikern andererseits ins Feld geführt werden. Beide Auffassungen sollen dann an Hand einer Analyse der Etappen der Entspannung und der neuen Gefahrenmomente der Gegenwart überprüft werden, um zu einer eigenen Stellungnahme zu gelangen.

Eine Vision . . .

Präsident Nixon und sein Außenminister Kissinger sind 1969 mit der eindeutigen Absicht angetreten, ein neues weltpolitisches Gleichgewicht herzustellen. Der Entschluß, Kontakt zum kommunistischen China auf höchster Ebene aufzunehmen und ihm unter gewissen Voraussetzungen die volle Anerkennung in der internationalen Gemeinschaft zu ermöglichen, entsprang nicht nur einer realistischen Einschätzung von Chinas gegenwärtiger und künftiger Bedeutung als Großmacht, sondern auch dem deutlichen Wunsch, diese Macht in einem Gleichgewichtssystem gegenüber der Sowjetunion zur Geltung zu bringen – nicht im Sinne eines amerikanisch-chinesischen Bündnisses gegen die Sowjets, wohl aber im Bewußtsein der Vorteile gleichzeitiger Verhandlungen mit den beiden führenden kommunistischen Mächten. Als der Kontakt mit Peking hergestellt war und seine erste weltpolitische Schockwirkung auslöste, ging die amerikanische Führung in der Entwicklung ihres weltpolitischen Gleichgewichtsdenkens noch weiter: Die zunehmende politische Verselbständigung der mit Amerika verbündeten ›ökonomischen Großmächte‹ Westeuropa und Japan, so gab sie zu verstehen, werde es notwendig machen, die bipolare Vorstellung von der Weltpolitik nicht nur durch eine trianguläre unter gebührender Berücksichtigung Chinas, sondern durch ein fünfeckiges Schema zu ersetzen (um das mißverständliche Wort ›pentagonal‹ zu vermeiden). Der ›ideologische‹ Gegensatz der politischen Systeme zwischen den industriell fortgeschrittenen Demokratien und den beiden kommunistischen Mächten, wie auch zwischen diesen beiden untereinander, erschien für diese »realpolitische‹ Betrachtung als von begrenzter Relevanz.

Angesichts dieses Ausgangspunktes ist es um so bemerkenswerter, daß der Präsident und sein außenpolitischer Berater nach den ersten großen Erfolgen der ›Ära der Verhandlungen‹ verkündeten, für die amerikanisch-sowjetischen Beziehungen sei ein Denken in den klassischen Vorstellungen der *balance of power* überholt. Gewiß sei eine Art von Kräftegleichgewicht jedem internationalen System immanent und habe auch in der gegenwärtigen amerikanischen Politik seinen Platz. Doch: »Zur klassischen Konzeption des Gleichgewichts der Kräfte gehörte das ständige Manövrieren um marginale Vorteile gegenüber anderen. Im nuklearen Zeitalter ist dies ebenso unrealistisch wie gefährlich. Unrealistisch, weil – wenn beide Seiten solche ungeheure Macht besitzen – sich kleine zusätzliche Machtzuwächse nicht in greifbare Gewinne oder gar in nutzbare politische Stärke umsetzen lassen. Gefährlich, weil Versuche, taktische Vorteile zu erzielen, leicht zu einer Konfrontation führen könnten, die katastrophal wäre.«

Darum, so heißt es in der hier zitierten Botschaft des Präsidenten an den Kongreß vom 3. Mai 1973, erstrebten die USA »*eine stabile Struktur*, nicht aber das klassische Gleichgewicht der Kräfte«. Zu einer solchen Struktur gehöre »das Element des Konsensus«. Gegner wie Freunde müßten ein positives Interesse an der Erhaltung eines internationalen Systems haben, in dem sie des Respekts für ihre Prinzipien und des Schutzes ihrer nationalen Interessen sicher sein könnten: sie müßten »einen positiven Anreiz für die Erhaltung des Friedens sehen und nicht nur die Gefahren, die in einem Friedensbruch liegen«. Einen solchen »ständigen Anreiz zur Erhaltung konstruktiver Beziehungen« biete insbesondere die Entwicklung *langfristiger wirtschaftlicher Kooperationsabkommen* zwischen der Sowjetunion und den Vereinigten Staaten, namentlich zur Erschließung sowjetischer Bodenschätze mit Hilfe amerikanischen Kapitals und Rückzahlung der Kredite durch langfristigen Export der so erschlossenen Roh- und Brennstoffe, denn diese führten zu keiner einseitigen Abhängigkeit der USA, sondern zu einer »Interdependenz unserer Volkswirtschaften«. Freilich seien solche langfristige Abkommen nicht möglich, ohne daß man einigermaßen gewiß sei, »daß die politischen Beziehungen stabil sind und nicht immer wieder gestört werden«.

Stabilität der politischen Beziehungen erfordert nach diesem Konzept kein Ende des ›ideologischen‹ Gegensatzes der Systeme und damit einer gewissen Rivalität. Wohl aber erfordert sie »einen *Verhaltenskodex*, den beide Seiten als Basis akzeptieren könnten, um ihren Wettstreit in geordnete Bahnen zu lenken und ihre Anstrengungen auf konstruktivere Programme zu konzentrieren.« Das *Abkommen zur Vermeidung eines Nuklearkriegs*, das Nixon und Breschnew im Juni 1973 unterzeichneten, enthielt den Kern eines solchen Verhaltenskodex: beide Seiten sollten ihre Politik darauf ausrichten, »militärische Konfrontationen zu vermeiden und den Ausbruch eines Nuklearkrieges zwischen ihnen, oder zwischen einer von ihnen und anderen Ländern, auszuschließen«; sie verpflichten sich allgemein, die Androhung und Anwendung von Gewalt gegen Dritte »unter Bedingungen, die den internationalen Frieden und die Sicherheit gefährden könnten« (also wohl außerhalb ihrer gegenseitig anerkannten Machtsphären), zu vermeiden und einander sofort zu konsultieren, wenn eine Krisensituation irgendwo das mögliche Risiko eines nuklearen Konflikts enthielt.

Schließlich wurden die 1972 geschlossenen ersten Abkommen zur beiderseitigen Begrenzung der strategischen Waffen (SALT I) auf amerikanischer Seite nicht nur als Anerkennung einer »*Interdependenz zum Zwecke des Überlebens*« und als erster Schritt angesehen, um »ein vernünftiges Gleichgewicht des strategischen Potentials zu erreichen und von dem eingefahrenen Gleis des uneingeschränkten Wettrüstens abzukommen«. Die Präsidentenbotschaft vom Mai 1973 betonte auch, daß keine Entscheidung dieser Größenordnung hätte getroffen werden können, »wenn sie nicht Teil einer umfassenderen Verpflichtung war, die Beziehungen auf eine neue Grundlage der Zurückhaltung (*restraint*), der Zusammenarbeit und eines sich stetig entwickelnden Vertrauens zu stellen«. Bei aller Betonung der Notwendigkeit, auch unter den neuen Bedingungen ein Sicherheitsgleichgewicht aufrechtzuerhalten und den Bündnisverpflichtungen der USA treu zu bleiben, hatten Nixon und Kissinger so im Frühjahr 1973 eindeutig einen Kurs eingeschlagen, der die *Stabilisierung des Weltfriedens durch eine Sonderbeziehung der beiden Supermächte* ansteuerte, die trotz ihres fortdauernden Gegensatzes nicht nur auf der Begrenzung der *Formen* ihres Konflikts durch den Primat der »Interdependenz des Überlebens«, sondern auf der Beseitigung von Konflikt*ursachen* durch die Annahme eines gemeinsamen Verhaltenskodex und durch den Verzicht auf »marginalen« Machtgewinn beruhen sollte.

... und ihre Kritiker

Es war unvermeidlich, daß die zunehmende amerikanische Betonung dieser »*special relationship*« mit den Sowjets, besonders aber das »Abkommen zur Vermeidung eines Nuklearkrieges« und die zweite Etappe der SALT-Verhandlungen, Besorgnis unter den Verbündeten der USA hervorrief, die vor allem in Frankreich und Japan deutlich geäußert wurde. Das Abkommen gegen den Nuklearkrieg schien vielen Kritikern den Automatismus nuklearer Vergeltung eines ernsten Angriffs auf Amerikas Verbündete insofern abzuschwächen, als diese von vorherigen Verhandlungen zwischen den Supermächten abhängig werden konnte, wodurch die Glaubwürdigkeit der nuklearen Abschreckung eines solchen Angriffs verringert wurde. Das grundsätzliche Zugeständnis einer ungefähren Parität in strategischen Massenvernichtungswaffen, das den Kern des ersten SALT-Abkommens bildete, gab ebenfalls zu Zweifeln an der Glaubwürdigkeit einer Abschreckung zugunsten Dritter Anlaß; und von der zweiten Etappe der SALT-Verhandlungen wurde ein Wiederaufleben der sowjetischen Forderung nach Anrechnung der in Europa stationierten amerikanischen Kernwaffen auf das strategische Gleichgewicht bzw. nach ihrem Abzug befürchtet. Ganz allgemein entstand der Eindruck, die zunehmende Wendung der Vereinigten Staaten zu einem primär auf Sicherheitsvereinbarungen mit den Sowjets ausgerichteten weltpolitischen Konzept müsse eine Tendenz fördern, die Sicherheit Amerikas von der seiner Verbündeten ›abzukoppeln‹. Diese Gefahr mochte denen gering erscheinen, die von dem Interesse der Sowjetunion an der Einhaltung der neuen ›Verhaltensregeln‹ überzeugt waren; doch Zweifel an diesem Interesse waren nicht von vornherein auszuschließen – wenigstens für jene, die als Nachbarn der Sowjets im unmittelbaren Schatten von deren Übermacht leben mußten.

In der amerikanischen Öffentlichkeit waren die Einwände gegen das neue Konzept zunächst auf Teilaspekte beschränkt: Sie traten einerseits als strategische Fachkritik an den Ergebnissen der ersten Etappe der SALT-Verhandlungen auf, die sich dem Urteil der Laien weitgehend entzog, andererseits als moralisch-ideologische Kritik an der wirtschaftlichen Stützung eines inhumanen Systems, mit der Forderung, insbesondere die Gewährung der Meistbegünstigung an die Sowjets von der Durchsetzung des Menschenrechts auf Auswanderung für sowjetische Bürger abhängig zu machen. Der Wortführer beider Hauptrichtungen der Kritik war ein innenpolitischer Gegner der Administration, Senator Jackson, dessen Menschenrechtsforderung freilich in Senat und Öffentlichkeit ein breites, überparteiliches Echo fand. Dagegen wurde das Gesamtkonzept der ›stabilen Friedensstruktur‹ erst ernstlich angegriffen, nachdem der Nahostkrieg des Oktobers 1973 die Einhaltung der neuen ›Verhaltensregeln‹ durch die Sowjets in Frage gestellt, die Ölkrise des folgenden Winters die Wünschbarkeit wirtschaftlicher ›Interdependenz‹ mit potentiellen Gegnern in ein neues Licht gerückt und das vorläufige Scheitern der zweiten Etappe der SALT-Verhandlungen im Frühjahr 1974 das Andauern der amerikanisch-sowjetischen Machtrivalität auch auf diesem Gebiet deutlich gemacht hatten.

Daß die grundsätzlichen Angriffe auf das Nixon-Kissingersche Konzept, die jetzt erfolgten, nicht primär innenpolitisch bedingt und von der Bewegung unabhängig waren, die schließlich zum Sturz des Präsidenten führte, daß sie andererseits aber über eine Kritik der spezifischen neuen Elemente dieses Konzepts hinaus teilweise die allgemeine Idee der Ost-West-Entspannung zur Zielscheibe hatten, mag ein gemeinsames Dokument einer Gruppe von 11 angesehenen amerikanischen und britischen Wissenschaftlern (darunter einer Reihe führender Sowjetologen, aber keiner eigentlichen Fachleute der Außenpolitik) illustrieren, das durch Senator Jackson dem Unterausschuß für Rüstungskontrolle des Senats unterbreitet wurde und die Neueinschätzung der ›Entspannung schlechthin zum Gegenstand hat.[2]

Nach Ansicht der Verfasser ist »Entspannung *oder* friedliche Koexistenz« – sie sehen die Begriffe im sowjetischen Gebrauch als austauschbar an – eine Strategie der Sowjets, die von ihnen alternativ zu »offen militanter Feindseligkeit« angewandt wird, aber an ihrer Entschlossenheit zur unbeirrten, langfristigen Austragung des ideologischen Konflikts mit der ›kapitalistischen‹ Welt nichts ändert. Die Entschlossenheit zum langfristigen Konflikt sei vielmehr mit dem gegenwärtigen sowjetischen System gegeben und mit »echten friedlichen Beziehungen« unvereinbar; diese wären nur bei einer wirklichen Liberalisierung des Systems möglich. Ohne ernstliche

2 *Detente: An Evaluation.* Article reprinted for the Use of the Subcommittee on Arms Control of the Committee on Armed Services, United States Senate.

Fortschritte in dieser Richtung habe daher jede sowjetische Politik der Entspannung nur vorübergehende und taktische Bedeutung: Sie diene der Schwächung des westlichen Bündnisses und Verteidigungswillens, der Verlangsamung der westlichen Rüstung und seiner einseitigen ideologischen Abrüstung, sowie der Gewinnung westlicher finanzieller und technologischer Hilfe, die indirekt der eigenen Rüstung zugute komme. Sie erlaube den Sowjets, nach außen ideologische Subversion zu betreiben, zugleich aber den eigenen Machtbereich gegen westliche Ideen abzusichern und damit eine Entwicklung im Sinne der wirklichen Annäherung zu verhindern. Das sowjetische Verhalten im Nahen Osten und der Fortgang der Raketenrüstung seien nur die neuesten Beweise, daß auch die gegenwärtige Entspannungsphase keine qualitative Veränderung der Beziehungen, geschweige denn eine Annäherung an eine stabile Friedensstruktur gebracht habe. Der amerikanische Versuch, Entspannung als ein Mittel zur eigenen Entlastung von weltweiten Verpflichtungen und Lasten in Gang zu bringen, sei mithin an der sowjetischen Entspannungstaktik gescheitert.

Gewiß vertreten nicht alle Kritiker des offiziellen amerikanischen Konzepts einen so extremen Standpunkt der totalen Leugnung eines Wandels in den Ost-West-Beziehungen. Einer der hervorragendsten ehemaligen Kollegen Kissingers auf dem Grenzgebiet von Außenpolitik und Strategie, Albert Wohlstetter, hütet sich in einem seiner jüngsten Artikel[3] vor einem generellen Verdammungsurteil über die Entspannungspolitik. Um so eindrucksvoller sind seine Zweifel an der These von der Sinnlosigkeit marginaler Machtzuwächse im Verhältnis der Supermächte – und an dem darauf gegründeten Vertrauen auf die Einhaltung von Verhaltensregeln, sofern diese über das Minimum hinausgehen, das zur Vermeidung eines nuklearen Zusammenstoßes beiderseits als notwendig erkannt wird.

Phasen und Früchte der Entspannung

Es mag nützlich sein, unsere Stellungnahme zu diesen Kontroversen mit einer terminologischen Klärung zu beginnen. Es ist nicht richtig, daß in der Sprache der Sowjets ›friedliche Koexistenz‹ und

3 Albert Wohlstetter, »Threats and Promises of Peace: Europe and America in the New Era« in ORBIS vol. XVII Nr. 4, Winter 1974.

›Entspannung‹ Synonyme sind, und es kann nur Verwirrung stiften, wenn wir sie so gebrauchen. ›Friedliche Koexistenz‹ gegensätzlicher Systeme ist für die kommunistische Doktrin ein Minimalbegriff, der die Entschlossenheit zur Vermeidung eines Weltkrieges ausdrückt; unterhalb dieser Schwelle sind nicht nur Klassenkampf und Subversion, sondern gegebenenfalls auch lokale ›Stellvertreterkriege‹ mit dieser Forderung vereinbar – erst recht natürlich kriegerische ›Polizeiaktionen‹ im eigenen Machtbereich. Insoweit trifft es zu, daß friedliche Koexistenz und Kalter Krieg vereinbar sind. Die friedliche Koexistenz der Systeme wurde demgemäß auch unter Stalin eingehalten und gelegentlich auch formuliert. Ins Zentrum der Aufmerksamkeit rückte sie nach der Entwicklung thermonuklearer Bomben 1953/54 im Zeichen des von Churchill antizipierten ›Gleichgewichts des Schreckens‹. Die Genfer Gipfelkonferenz des Sommers 1955 bezeichnet den Augenblick, an dem sich amerikanische und sowjetische Führer gegenseitig überzeugten, daß auch ihre Gegenspieler die Implikationen der neuen Lage verstanden. Im folgenden Jahre verkündete Chruschtschow auf dem 20. Parteitag der KPdSU die friedliche Koexistenz als ›Generallinie‹.

Entspannung oder Détente dagegen bezeichnet jeweils eine *Phase* der Ost-West-Beziehungen, im Gegensatz zu Phasen akuter Krisen oder totaler Unmöglichkeit der Verständigung. Auf amerikanischer Seite ist sie durch Nixons Formel vom Gegensatz zwischen ›*confrontation*‹ und ›*negotiation*‹ treffend umschrieben worden: Auf dem Höhepunkt des Kalten Krieges erwiesen sich ernsthafte, also nicht rein propagandistisch gemeinte, Verhandlungen zwischen beiden Seiten wiederholt jahrelang als unmöglich. Der Versuch einer ersten Unterbrechung des Kalten Krieges durch eine Entspannungsphase nach Stalins Tod, verstärkt durch die vom Genfer Gipfeltreffen geweckten Hoffnungen, war von kurzer Dauer: Ungarn-Aufstand und Suez-Krise unterbrachen ihn schon 1956, und auf die Entwicklung der interkontinentalen Rakete im folgenden Jahr folgte eine Phase der Selbstüberschätzung der Sowjets, die sie zum Berlin-Ultimatum vom November 1958 und in den folgenden Jahren zur Konfrontation um Berlin führte – bis zu deren Höhepunkt in der Raketenkrise um Kuba vom Herbst 1962, in der die äußerste Probe auf den Willen beider Seiten zur Bewahrung der ›friedlichen Koexistenz‹ gemacht wurde. Auf Chruschtschows Abzug der Raketen aus Kuba und die damit endgültige Beendigung seiner Berlinkrise folgte der Beginn einer neuen Entspannungsphase, deren erstes Ergebnis der – zuvor wiederholt gescheiterte – Abschluß eines Teilabkommens zur Einstellung von Atomversuchen war. Doch die Hoffnung Präsident Kennedys, diese Entspannung zum Ausgangspunkt einer Lockerung der Fronten in Europa machen zu können, scheiterte an Kennedys Ermordung und Chruschtschows Sturz, an der Verwicklung der Vereinigten Staaten im Vietnamkrieg und an der sowjetischen Ausnutzung der Lage für eine massive Anstrengung der Aufrüstung. Die folgenden Jahre sahen so zwar keine Rückkehr zur offenen Konfrontation, aber auch keine fruchtbare Entspannung, sondern einerseits illusionäre amerikanische Versuche, die Sowjets im Namen der Entspannung für diplomatische Hilfe bei der Beendigung des Vietnamkriegs zu gewinnen, und andererseits sowjetische Manöver, um den akuten amerikanisch-französischen Gegensatz für ihre Vorschläge einer Auflösung der NATO im Namen der ›europäischen Sicherheit‹ zu nutzen. Sie sahen weiter den beginnenden Aufbau einer neuen sowjetischen Machtsphäre im Nahen Osten, der – unbeabsichtigt – entscheidend zum Ausbruch des Sechs-Tage-Krieges vom Juni 1967 beitrug, aber auch nach diesem Rückschlag mit Hilfe verstärkter Waffenlieferungen an Ägypten und Syrien entschlossen fortgesetzt wurde; und schließlich die sowjetische Zurückweisung der Bonner Verhandlungsangebote in der ersten Phase der ›neuen Ostpolitik‹, gipfelnd im August 1968 in der sowjetischen bewaffneten Intervention zum Sturz des kommunistischen Reformregimes in der Tschechoslowakei. Ende 1968 waren so die weltpolitischen Entspannungshoffnungen von 1963 um so gründlicher enttäuscht, als die sowjetische Führung auch auf die Vorschläge der Amerikaner, über eine Begrenzung der strategischen Rüstungen zu verhandeln, und auf das ›Signal‹, mit dem der NATO-Rat seine Bereitschaft zu Verhandlungen über eine beiderseitige ausgewogene Truppenreduktion in Europa bekanntgab, ausweichend oder hinhaltend reagierte.

Da brachte das Frühjahr 1969 mit dem vorläufigen Abschluß der ›Kulturrevolution‹, der Chinas Rückkehr in die Weltpolitik ermöglichte, und mit dem Antritt einer neuen amerikanischen Administration, die zur Beendigung der Teilnahme am Vietnamkrieg und zur Herstellung politischer Kontakte mit Peking entschlossen war, eine neue weltpolitische Konstellation, auf die auch die sowjetische Führung mit einer erneuten Wendung zur Entspannung reagieren mußte, wenn sie sich nicht isoliert einem kombinierten amerikanisch-chinesischen Druck aussetzen wollte. Die weltpolitische

Dreieckssituation, potentiell seit dem endgültigen sowjetisch-chinesischen Bruch von 1963 vorhanden, wurde zum ersten Mal aktuell politisch wirksam. Fast gleichzeitig mit den sowjetisch-chinesischen Grenzzwischenfällen am Ussuri gab Moskau nun zu verstehen, daß es zu Verhandlungen mit der Bundesrepublik mit dem Ziel der Anerkennung des *status quo* seines mitteleuropäischen Besitzstandes, aber ohne Vorbedingungen, sowie zu Viermächteverhandlungen über Berlin bereit sei, daß es eine Europäische Sicherheitskonferenz auf der Grundlage der bestehenden Bündnisse und mit Teilnahme der Vereinigten Staaten anstrebe, und daß es sowohl an bilateralen Verhandlungen mit den USA über eine strategische Rüstungsbegrenzung wie an multilateralen Verhandlungen über eine beiderseitige Truppenreduktion in Europa interessiert sei.

Die neue Entspannungsphase, die so begann, hat binnen wenigen Jahren beträchtliche Teilergebnisse gebracht. Der geordnete Abzug der amerikanischen Truppen aus Vietnam ist auf Grund einer Vereinbarung mit den Kommunisten ohne Übergabe Südvietnams an diese durchgeführt worden.[4] Die deutschen Ostverträge und das Viermächteabkommen über Berlin haben in Mitteleuropa, dem ursprünglichen Kerngebiet des Kalten Krieges, zu einem Ausgleich auf der Grundlage des *status quo* des sowjetischen Herrschaftsgebiets, aber auch des *status quo* von West-Berlin geführt. Die wirtschaftlichen Beziehungen zwischen dem Sowjetblock und den demokratischen Industrieländern, einschließlich der Vereinigten Staaten, sind beträchtlich erweitert worden. Die Konferenz über Sicherheit und Zusammenarbeit in Europa, an der vor allem den Sowjets zur internationalen Absegnung ihres europäischen Besitzstandes gelegen war, hat nur begrenzte Fortschritte gemacht, vor allem was die vom Westen betonte größere Freiheit der personellen und geistigen Kontakte betrifft, und die Konferenz über Truppenverringerung in Europa ist noch in den Anfängen steckengeblieben; immerhin handelt es sich auch hier um ernstgemeinte Verhandlungen, nicht nur um den Austausch feindseliger Propagandareden.

4 Daß dieser Abzug angesichts der politischen Kräfteverhältnisse, die in Vietnam schon vor der Ankunft der amerikanischen Truppen bestanden hatten, zum Zusammenbruch der Regierung Südvietnams unter einem erneuten Angriff der Kommunisten führen würde, war als unvermeidlich vorauszusehen. *(Zusatzbemerkung 1982)*.

Schließlich ist der Wert der in der ersten Phase der bilateralen SALT-Verhandlungen ausgehandelten Beschränkungen der strategischen Waffen der USA und der Sowjetunion unter den Fachleuten nach wie vor umstritten, und in der nunmehr akutesten Konfliktzone, dem Nahen Osten, konnte durch Ost-West-Verhandlungen kein Fortschritt erzielt werden.

Diese Zwischenbilanz genügt, um die Auffassung zu widerlegen, daß sich die jüngste Entspannung von der totalen Feindseligkeit des Kalten Krieges nur atmosphärisch, aber nicht substantiell unterscheide, oder daß Entspannung ausschließlich zugunsten der Sowjets wirke. Die Entschärfung des internationalen Aspekts des Vietnamkriegs und die vertragliche Regelung im Herzen Europas sind echte Kompromisse über Teilkonflikte, die beiden Seiten reale Vorteile gebracht haben. Die Intensivierung des Kontakts zwischen den Angehörigen der beiden Bündnisse im allgemeinen und ihren Führungsmächten im besonderen durch Dauerverhandlungen hat das Instrumentarium für ein eventuelles gemeinsames Krisenmanagement wesentlich verbessert und damit dem gemeinsamen Interesse an ›friedlicher Koexistenz‹, im Sinne von Vermeidung nuklearer und globaler Kriege, mehr Bewußtheit und mehr Wirkungsmöglichkeiten gegeben. Diese Ergebnisse mögen erklären, warum die amerikanische Führung vier Jahre nach Beginn der Entspannungsphase verkündete, bei Fortsetzung der begonnenen Politik bestünde nunmehr Aussicht, trotz des fortbestehenden Gegensatzes der Systeme den Kampf um marginale Machtzuwächse zu beenden und eine auf anerkannte Verhaltensregeln gegründete stabile Friedensstruktur zu errichten. Doch die seitherige Entwicklung hat diesen Optimismus nicht gerechtfertigt.

Neue Rückschläge und Gefahren

In Vietnam konnte der Krieg seine Bedeutung für die Weltmächte verlieren, sobald die Amerikaner erkannten, daß weder sie noch die Sowjets vitale Interessen in Südostasien hatten. In Europa, wo sich beide Mächte direkt mit ihren Truppen gegenüberstanden, deckten sich ihre vitalen Interessen mit der Wahrung ihres machtpolitischen Besitzstandes – ein Kompromiß war daher auf der Basis des *status quo* möglich. Doch im Nahen Osten bestand und besteht keine derartige fixierte Grenze zwischen amerikanischer und sowjetischer

Macht, und keine Seite konnte sich mit dem nach 1967 geschaffenen *status quo* zufriedengeben. Für die Sowjets gefährdete die Fortdauer der israelischen Besetzung damals okkupierter arabischer Gebiete die eigene Glaubwürdigkeit gegenüber ihren arabischen Verbündeten: Ein Hinnehmen des bestehenden Zustandes durch Moskau mußte früher oder später zum Verlust dieser Verbündeten führen. Für die Amerikaner gefährdete die sowjetische Präsenz in Ägypten die Sicherheit ihrer Flotte im Mittelmeer und der Südflanke der NATO. Das gab den Amerikanern ein vitales Interesse, den sowjetischen Einfluß in Ägypten mit geeigneten diplomatischen Mitteln zu untergraben, und den Sowjets ein vitales Interesse, sich dem Verlangen ihrer arabischen Verbündeten nach modernsten Angriffswaffen und Ausbildung für einen neuen Krieg gegen Israel nicht zu widersetzen. In der Region, in der das Ost-West-Gleichgewicht deutlich instabil und der Machtkonflikt daher am akutesten war, erwies sich keine der Supermächte als über die Versuchung erhaben, die Lage durch ›marginale Machtzuwächse‹ zu ihren Gunsten zu verändern.

Im Falle der Sowjets führte das zu einem eindeutigen Verstoß gegen den ›Verhaltenskodex‹ des Nuklearabkommens. Auch wenn man annimmt, daß sie den endgültigen *Termin* des ägyptisch-syrischen Angriffsplans für den Oktoberkrieg von 1973 erst wenige Tage vorher erfuhren – in dem Augenblick, in dem sie die Evakuierung der Angehörigen ihres Personals aus Ägypten anordneten –, so zeigten Quantität und Qualität ihrer Waffenlieferungen doch, daß sie das *Prinzip* dieses Plans Monate vorher gebilligt hatten und an seiner Vorbereitung bewußt mitwirkten. Doch sie haben weder damals noch im letzten Augenblick ihre amerikanischen ›Friedenspartner‹ konsultiert – und sie hätten es in der Tat nicht tun können, ohne ihre Verbündeten zu verraten und damit zu verlieren. Die Einhaltung der ›Spielregeln‹ erwies sich im Ernstfall als unvereinbar mit der fortdauernden Machtrivalität.

Während der Verhaltenskodex so versagte, erwies sich der Mechanismus des Krisenmanagements als funktionsfähig, sobald nach dem Erfolg des israelischen Gegenangriffs beide Supermächte ein Interesse an der Beendigung der Feindseligkeiten hatten; denn auch die Amerikaner wollten im Interesse verbesserter Beziehungen zu Ägypten keinen vollen israelischen Sieg, sondern einen günstigen Ausgangspunkt für Verhandlungen über Truppenentflechtung und darüber hinaus. Doch das Aufflammen des Konflikts hatte genügend Mißtrauen geschaffen, daß die Sowjets – aus

Furcht vor einer Vernichtung großer Teile der ägyptischen Armee – Luftlandetruppen bereitstellten und den Amerikanern mit einseitigem Einsatz »zur Wahrung des Waffenstillstands« drohten, und die Amerikaner mit der weltweiten Anordnung der Alarmstufe 3 reagierten. Der Einsatz unterblieb, und der Weltfriede blieb gewahrt – doch ein stabiles Gebäude sieht anders aus.

In der nun folgenden Periode der Entflechtungs- und Friedensbemühungen hat sich die amerikanisch-sowjetische Rivalität in weniger dramatischen Formen fortgesetzt. Die Amerikaner bemühen sich, unter beträchtlichem Druck auf Israel und gestützt auf die gemäßigten arabischen Regierungen, den Territorialkonflikt schrittweise einer Lösung näherzubringen, während die Sowjets durch Ermutigung arabischer Unnachgiebigkeit einen Kompromiß zu verhindern suchen. Überdies haben sie die zeitweise Einschränkung der Öllieferungen an den Westen und die dauernde Erhöhung der Ölpreise gebilligt, die schwere Störungen der Weltwirtschaft herbeizuführen droht – nicht unbedingt, weil sie diese Störungen wollen, die auf Sicht auch die für sie wichtigen Pläne einer langfristigen wirtschaftlichen Kooperation zwischen Ost und West behindern könnten, sondern einfach, weil ihnen aus politischen wie wirtschaftlichen Gründen an der Sympathie und dem Vertrauen der arabischen Welt und der Ölstaaten gelegen ist. Auch hier werden USA und UdSSR von ihren Interessen in entgegengesetzte Richtungen getrieben. Inzwischen hat der sowjetische Versuch, den griechisch-türkischen Konflikt um Zypern gegen die NATO zu nutzen und zu diesem Zweck eine Lösung unter NATO-Staaten zu erschweren, das Fehlen eines akzeptierten *status quo* in dieser Region erneut bestätigt – und im Indischen Ozean beginnen sich neue Rivalitäten zu entwickeln.

Die Stagnation der sowjetisch-amerikanischen Verhandlungen über eine Beschränkung der strategischen Rüstungen muß auch im Lichte dieser Veränderungen der Weltlage gesehen werden. Solche Verhandlungen sind schon schwierig genug, solange es nur um die *quantitative* Beschränkung *vorhandener* Waffentypen geht, weil das ›Gewicht‹ dieser Typen in der Rüstung beider Seiten stets verschieden ist. Doch während dies Problem der ›Asymmetrie‹ der Rüstung einen mühsam erarbeiteten (und auf beiden Seiten umstrittenen) Kompromiß immerhin nicht ausschließt, liegt das entscheidende Problem in der *qualitativen* Begrenzung von *Fortschritten* der Rüstungstechnologie; und hier potenzieren sich die Schwierigkeiten der Verständigung und Kontrolle derart, daß eine Einigung ohne ein zunehmendes Maß an gegenseitigem Vertrauen kaum vorstellbar ist. Vieles spricht dafür, daß es gerade diese Schwierigkeiten waren, die Nixon und Kissinger veranlaßt haben, die relative Wertlosigkeit marginaler Zuwächse im Vergleich zu der bestehenden ungeheuren Anhäufung von Vernichtungsmacht auf beiden Seiten zu betonen. Doch in dem Maße, wie die wirkliche Entwicklung die reale Möglichkeit *politischer* Machtverschiebungen und damit die Fortdauer der weltweiten Rivalität der Supermächte bestätigt, verliert dies Argument an Kraft – und eine Einigung über die Beschränkung des qualitativen Rüstungswettlaufs verliert entsprechend an Wahrscheinlichkeit.

Schließlich haben Nixon und Kissinger selbst darauf hingewiesen, daß ein Kurs auf die wirtschaftliche Interdependenz mit den Sowjets die Erwartung einer politischen Stabilität der Beziehungen ohne immer neue Störungen voraussetzt. Die Ereignisse des letzten Jahres sind dieser Erwartung nicht günstig gewesen, und sie haben überdies durch die Ölkrise die Argumente gegen eine Abhängigkeit der amerikanischen, und allgemein der westlichen, Energieversorgung von potentiellen Gegnern dramatisch illustriert. Trotz aller Aufwärtsentwicklung des amerikanisch-sowjetischen Handels im allgemeinen sind so auch die Widerstände gegen langfristige Kooperationsabkommen, zumal im Energiebereich, eher stärker geworden.

Es würde zu weit gehen, wollte man in diesem Augenblick sagen, daß die 1969 begonnene Phase der Entspannung durch die hier geschilderten Entwicklungen *beendet* worden ist: Bisher zeigen die amerikanische wie die sowjetische Führung den deutlichen Willen, trotz aller Rückschläge die Verhandlungen ernsthaft fortzuführen und sich um weitere Vereinbarungen zu bemühen. Doch daß die Entspannung durch diese Rückschläge zumindest ernstlich *gefährdet* ist, kann nicht mehr bestritten werden: Das bestätigen sowohl die wachsenden Angriffe auf Kissingers Konzept in den Vereinigten Staaten wie die Anzeichen eines wachsenden Drucks der sowjetischen Gegner eines weitreichenden Abkommens zur Rüstungsbeschränkung, insbesondere wohl der Führung der Streitkräfte, auf Breschnew.

Auch Henry Kissinger auf dem Höhepunkt seines Optimismus hat nicht bestritten, daß der ideologische Gegensatz der Systeme bestehenbleibt – unberührt vom Willen zur friedlichen Koexistenz, von Fortschritten der Kommunikation zwischen den Führungen, von Teilerfolgen der Entspannung. Wir können hinzufügen, daß die Erfahrung gezeigt hat, daß auch die weltweite Rivalität der Supermächte um die machtpolitische Überlegenheit bestehenbleibt. Was Kissinger nicht sah, und was die Kassandren eines amerikanisch-sowjetischen Kondominiums nicht sehen, ist der Zusammenhang beider Tatsachen: Daß nämlich eine ›stabile‹ Aufteilung der Welt – ohnehin unendlich schwer auf Grund des ständigen Wandels in allen ihren Teilen – mit einer Macht, die ihr eigenes System durch eine Ideologie mit Ausschließlichkeitsanspruch legitimiert, nicht möglich ist. Dabei ist gar nicht entscheidend, ob diese Macht sich auf Grund ihrer Ideologie weltrevolutionäre Aufgaben stellt, was die Sowjetunion in der Praxis längst nicht mehr tut. Entscheidend ist, daß sie den Konflikt mit Staaten anderer Systeme als letzten Endes unüberbrückbar ansieht: Das läßt immer neue Teilkompromisse zu, schließt aber eine ›stabile Struktur des Friedens‹ aus.

Langfristiger Konflikt um die machtpolitische Überlegenheit zwischen Weltmächten heißt, daß keine von ihnen auf ›marginale Machtzuwächse‹ verzichten kann. Vereinbarungen über den *status quo* in diesem oder jenem Teil der Welt sind für die Dauer der bestehenden Kräfteverhältnisse möglich und zur Erhaltung des Friedens nützlich. Aber eine Weltmacht in dieser Rivalitätssituation kann nicht *im ganzen* eine Politik des *status quo* betreiben – auch die Amerikaner können es nicht, wie ihr teilweise erfolgreiches Bemühen gezeigt hat, Ägypten aus der sowjetischen Einflußsphäre zu lösen. Gewiß, die Sowjets haben eine revolutionäre Ideologie des geschichtlichen Prozesses, der gesetzmäßig zu ihren Gunsten wirkt, die Amerikaner eine konservative Ideologie der Stabilität. In der Praxis aber bemühen sich beide, Veränderungen der Situation machtpolitisch zu ihren Gunsten zu nutzen, die beide nur selten vorhersehen.

Dennoch hat die *special relationship*, die Sonderbeziehung der beiden Supermächte, die Rückschläge des vergangenen Jahres überdauert. Sie wird auch in Zukunft erhalten bleiben, weil die ›Interdependenz des Überlebens‹, die Grundlage aller friedlichen Koexistenz, unübersehbar ist und bleibt. Die Implikationen dieser

Interdependenz sind im letzten Jahrzehnt immer deutlicher geworden und haben ein Maß an Kommunikation der Gegner und eine Bereitschaft zum gemeinsamen Krisenmanagement geschaffen, die auf dem Höhepunkt des Kalten Krieges unvorstellbar schienen. Doch diese Bereitschaft zum gemeinsamen Krisenmanagement um des Überlebens willen bleibt etwas grundsätzlich Verschiedenes von einer gemeinsamen Verantwortung für eine stabile Ordnung der Welt: Es ist eine Bereitschaft der Supermächte, gemeinsam die Notbremse zu ziehen, wenn die fortdauernde Austragung ihres weltweiten Konflikts eine Konfrontation herbeigeführt hat, die ein akutes Kriegsrisiko für sie enthält.

Wir müssen in einer instabilen Welt leben, die auf absehbare Zeit zwischen rivalisierenden Supermächten geteilt bleiben wird. In einer solchen Welt ist eine ›stabile Friedensstruktur‹ unmöglich: Möglich ist nur die ›klassische *balance of power*‹, die Erhaltung des Gleichgewichts und seine immer neue Herstellung im *Wandel* der Verhältnisse. Um dieses Gleichgewicht hat der Praktiker Kissinger, der den Vietnamabzug und das Berlin-Abkommen, den ersten SALT-Versuch und die ersten militärischen Entflechtungsabkommen im Nahen Osten aushandelte, größere Verdienste als der Theoretiker, der wenig realistische neue Modelle des ›internationalen Systems‹ ersinnt. Gerade weil der Weltfriede notwendig instabil ist, müssen wir immer neu an seiner Erhaltung arbeiten – durch Sicherheitsanstrengungen ebenso wie durch Teilabkommen. Mit diesem instabilen Frieden müssen wir leben – nur durch ihn können wir überleben.

2. Die Krise von Entspannung und Gleichgewicht: Können sie gerettet werden?

Innerhalb wie außerhalb des Westens sind sich die Sachkenner darüber einig, daß der Beginn der achtziger Jahre eine akute Verschärfung des Ost-West-Konflikts gebracht hat, in der sich der Westen in einer Situation relativer Schwäche befindet. Die Mehrheit der öffentlichen Meinung Amerikas sieht anscheinend diese Schwäche des Westens in der Hauptsache als Folge von Entspannungs-Illusionen an, die jetzt in den Vereinigten Staaten glücklich überwunden, aber auf dem westeuropäischen Festland noch immer wirksam seien, sowie als Folge ihrer rücksichtslosen und kaltblütigen Ausbeutung durch die sowjetische Führung. Dementsprechend sehen die Vertreter dieser Auffassung das wesentliche Heilmittel in einer allgemeinen »härteren« Haltung des Westens.

In diesem Artikel wird die Gegenthese vertreten: daß sowohl die Gründe der gegenwärtigen Schwäche des Westens wie die Wege zu ihrer Überwindung weit komplizierterer Natur sind, und daß zumal die Bewahrung oder jetzt Wiederherstellung des Ost-West-Gleichgewichts und die Kontrolle des Konflikts durch Verhandlungen, die gewöhnlich als »Entspannung« bezeichnet wird, nicht Alternativen, sondern zwei einander ergänzende vitale Notwendigkeiten für die westliche Politik darstellen.

Bilanz der Entspannung

Um dies zu begründen, muß man einen Blick auf die Lage am Ende der sechziger Jahre zurückwerfen – vor dem Beginn der Entspannungspolitik und auf dem Höhepunkt des Vietnamkrieges. In unseren gegenwärtigen Diskussionen wird häufig vergessen, daß auch 1968 ein Tiefpunkt der Stärke, des internationalen Einflusses und des inneren Zusammenhalts Amerikas war. Dieser erste große Rückschlag der Nachkriegspolitik der Vereinigten Staaten war nun gewiß nicht die Folge einer Fehleinschätzung der Eigenart sowjetischer Politik oder der »kommunistischen Bedrohung«, sondern einer Fehleinschätzung der Grenzen der militärischen Macht Amerikas.

Die Größe Präsident Trumans in der Abwehr jener Bedrohung hatte in der unmittelbaren Nachkriegszeit darin bestanden, daß derselbe Mann, der durch die »Truman-Doktrin«, den Marshall-Plan, die Berliner Luftbrücke und die Gründung der Nato Stalins Vordringen in Europa zum Stehen brachte, auch die Einsicht besaß, den amerikanischen Machtverlust in China abzuschreiben, weil er verstand, daß keine militärische Intervention Amerikas das Fehlen einer soliden politischen Gegenkraft gegen die Kommunisten in jenem Land ausgleichen konnte.

Demgegenüber war es der Grundirrtum Präsident Lyndon Johnsons, daß er angesichts des zunehmenden Zerfalls der Regierung von Südvietnam den Versuch unternahm, das Fehlen einer soliden Basis dieser Regierung im Volke durch den massiven Einsatz amerikanischer Militärkräfte auf dem asiatischen Kontinent zu ersetzen. Die dadurch verursachten sinnlosen Verluste an amerikanischem Blut, an amerikanischer militärischer und finanzieller Stärke, an internationalem Ansehen und innerem Zusammenhalt Amerikas sind als Faktoren auch in der heutigen Krise noch wirksam.

Ausgehend von diesem Tiefpunkt amerikanischer Stärke im Jahre 1968 setzte sich die Entspannungspolitik Nixons und Kissingers das Ziel, durch mögliche Wiedergutmachung des Schadens ein gewisses Maß von außenpolitischem Konsens im eigenen Lande wie im Bündnis und ein gewisses Maß von Gleichgewicht in den Beziehungen zu den kommunistischen Mächten wiederherzustellen. Es ist in letzter Zeit in Mode gekommen, die Leistung Henry Kissingers abzuwerten. Doch es bleibt eine Tatsache, daß – wesentlich dank seiner Politik – die Weltstellung Amerikas weitgehend wiederhergestellt wurde und die Vereinigten Staaten um 1973 unvergleichlich besser dastanden als fünf Jahre zuvor.

Die Grundelemente dieses Gesundungsprozesses waren (abgesehen von der Beendigung des Vietnamkrieges):
– das erste Salt-Abkommen zur quantitativen Begrenzung des amerikanisch-sowjetischen Wettrüstens auf dem Gebiet der strategischen Kernwaffen;
– die Rückkehr der Volksrepublik China auf die weltpolitische Bühne als potentieller Beitrag zum Gleichgewicht gegenüber der sowjetischen Machtstellung;
– die Verträge, die im Herzen Europas, das vorher der eigentliche Brennpunkt des Kalten Krieges gewesen war, einen Modus vivendi auf der Grundlage des Status quo schufen, also die Ostverträge der Bundesrepublik Deutschland *und* das Viermächteabkommen über Berlin, ohne das sie nicht hätten ratifiziert werden können;
– die Lösung Ägyptens aus der sowjetischen Einflußsphäre, die Anfang der siebziger Jahre begann und durch die amerikanische Vermittlung am Ende des Jom-Kippur-Kriegs von 1973 besiegelt wurde.

Im Kern waren alle diese Anstrengungen auf die Herstellung eines neuen Gleichgewichts zwischen Amerika und der Sowjetunion gerichtet. Die Salt-Abkommen beruhten auf der Anerkennung der Tatsache, daß die frühere klare amerikanische Überlegenheit in strategischen Kernwaffen verschwunden war – im wesentlichen auf Grund einer stetigen sowjetischen Rüstung, der Amerika in den vom Vietnamkrieg verschlungenen Jahren nichts entgegengesetzt hatte – und auf dem Bemühen, nun ein ungefähres Gleichgewicht bei größtmöglicher Beschränkung des Wettrüstens auf diesem Gebiet zu bewahren.

Die Annäherung an China wurde bewußt nicht als Werben um ein Bündnis, sondern als Herstellung einer ausgeglichenen Dreieckskonstellation konzipiert, die sowohl Amerikas Beziehungen zu China verbessern als auch die Bereitschaft der Sowjets zu ernsthaften, substantiellen Verhandlungen mit dem Westen vergrößern sollte.

Die Unterstützung für die neue Ostpolitik der sozial-liberalen Koalition in Bonn – nach anfänglichem Zögern bald entschlossen verfolgt – diente sowohl der Überwindung jener deutschen Sonderkonflikte mit dem Sowjetblock, die wiederholt zu Spannungen innerhalb des westlichen Bündnisses geführt hatten, wie der Beruhigung eines ehemals kritischen Gefahrenzentrums der Ost-West-Beziehungen. Sie bereitete auch den Weg für eine allgemeine Ausweitung der wirtschaftlichen und kulturellen Beziehungen und der individuellen Kontakte zwischen den Menschen Westeuropas und Osteuropas, die 1975 durch die Europäische Sicherheitskonferenz von Helsinki die Form eines Abkommens erhielt.

Die Erfolge der Entspannung beruhten also nicht auf Illusionen, sondern auf der Entschlossenheit des Westens, das Gleichgewicht in einem andauernden Konflikt wiederherzustellen und zu bewahren – sowohl durch die notwendigen militärischen und diplomatischen Anstrengungen wie durch Verhandlungen mit der gegnerischen Macht. Doch es trifft zu, daß sie, zumal in den Vereinigten Staaten, von einer *Propaganda* der Illusionen begleitet wurde, die es den amerikanischen Wählern so darstellte, als seien die Ost-West-Verhandlungen nicht nur ein Mittel, die Formen des Konflikts unter Kontrolle zu halten und seinen Umfang zu begrenzen, sondern ein vielversprechender Weg, den Konflikt zu beenden und ein »stabiles Gebäude des Friedens« zu schaffen.

Ich habe niemals angenommen, daß Präsident Nixon und Henry Kissinger an diese Perspektive glaubten. Ich war und bin überzeugt, daß sie sich voll darüber im klaren waren, daß ein Konflikt mit so tiefen Wurzeln – in der Rivalität zweier Supermächte, im Gegensatz ihrer Systeme und in der ideologischen Überzeugung der Kommunisten vom notwendigen Konflikt verschiedener politischer und gesellschaftlicher Systeme – nicht ohne eine historische Veränderung des kommunistischen Herrschaftssystems selbst verschwinden würde. Doch indem sie die Entspannung als einen Weg zur

Beendigung des Konflikts »verkauften«, machten sie es sich schwerer, die Bereitschaft der Wähler zu den für die Bewahrung des Kräftegleichgewichts notwendigen Opfern aufrechtzuerhalten.

Neue Verschiebungen des Ost-West-Gleichgewichts

Eine der elementarsten Wahrheiten über die Welt von heute ist, daß sie durch vielfache, unkoordinierte und immer schnellere Veränderungen gekennzeichnet ist, die in vielen Richtungen zugleich vor sich gehen. Das bedeutet, daß jedes Gleichgewicht zwischen zwei antagonistischen Weltmächten hochgradig labil sein muß. Jedes Bemühen, den Konflikt zwischen ihnen durch ein ausgehandeltes Gleichgewicht unter Kontrolle zu halten, riskiert ständig eine Störung des Gleichgewichts durch unvorhergesehene Veränderungen; im besten Fall muß das Gleichgewicht durch immer neue Verhandlungen wiederhergestellt werden.

Solche Verschiebungen des Gleichgewichts können natürlich durch zielbewußte Aktionen einer oder der anderen Seite herbeigeführt werden. Doch sie können auch die Folge von Entwicklungen sein, die der Lenkung von keiner der beiden Seiten unterliegen – weil sie von Ländern außerhalb beider Blöcke ausgehen, oder weil sie die Folge unvorhergesehener Veränderungen im Inneren der einen oder anderen Führungsmacht oder ihres Blockes sind.

Tatsächlich haben eine Vielfalt von Veränderungen seit Ende 1973 jene Kräfteverhältnisse weitgehend verschoben, auf die sich die grundlegenden Entspannungsabkommen gründeten. Da waren die Bemühungen beider Seiten, ihre militärische Stärke durch mehr und modernere Waffenproduktion zu verbessern und ihren Einfluß in der Dritten Welt mit friedlichen oder gewaltsamen Mitteln auszudehnen. Da waren spontane Veränderungen in der Dritten Welt, die sich schädlich auf die Wirtschaftskraft der fortgeschrittenen Industrieländer (in erster Linie im Westen, aber nicht nur dort) auswirkten. Da gab es bedeutende innere Wandlungen und Ungewißheiten in den Vereinigten Staaten, die deren *Handlungs*fähigkeit auf internationaler Ebene ebenso beeinträchtigen wie ihre *Verhandlungs*fähigkeit. Und da waren auch weniger sichtbare Ungewißheiten in der Sowjetunion, vor allem im Zusammenhang des bevorstehenden Generationswechsels in deren Führung.

1. Im Gegensatz zu der Auffassung der amerikanischen Gegner der Salt-Abkommen glaube ich, daß die eigentlich beunruhigenden

militärischen Kräfteverschiebungen nicht auf dem Gebiet der strategischen (interkontinentalen) Kernwaffen stattgefunden haben. Wohl versuchen beide Seiten ständig, einander im Rennen um potentiell entscheidende technische Verbesserungen zu überholen, doch sie scheinen mehr oder weniger parallel voranzukommen; so liegt es weiter im Interesse beider, ein unbegrenztes quantitatives Wettrennen zu verhindern, mithin die vereinbarten quantitativen Begrenzungen einzuhalten und zu verlängern.

Dagegen haben die Sowjets in den letzten Jahren einen bedeutenden zeitweisen Durchbruch in der Produktion und Aufstellung nuklearer Mittelstrecken-Raketen erzielt, die zum Beispiel in Westeuropa Verheerungen anrichten können, ohne automatisch die Vergeltung der in Amerika dislozierten strategischen Raketen auszulösen: Daher der Nato-Beschluß vom Dezember 1979, eine entsprechende Anzahl amerikanischer Mittelstreckenwaffen zur Aufstellung in Westeuropa zu produzieren, der nach längerem Drängen Bundeskanzler Schmidts gefaßt wurde. Nach der Auffassung Schmidts kann nur dieser Beschluß und die beginnende Produktion dieser Waffen es ermöglichen, mit der Sowjetunion eine Begrenzung der Mittelstreckenwaffen beider Seiten auszuhandeln, wie der Nato-Beschluß anbot.

Eine weitere bedeutsame qualitative Verschiebung des Kräfteverhältnisses wurde im Laufe des vergangenen Jahrzehnts durch das schnelle Anwachsen der weltweiten See- und Luftmobilität konventioneller sowjetischer Truppen bewirkt. Damit haben die Sowjets auf diesem Gebiet zwar keine generelle Überlegenheit erlangt, wohl aber zeitweise regionale Überlegenheit in Schlüsselregionen, wo ihnen keine vergleichbare westliche Präsenz gegenübersteht – einschließlich des Persischen Golfs.

2. In der westlichen Diskussion wird die Liste territorialer Machtverschiebungen gewöhnlich so angegeben, daß sie sich von Angola über Äthiopien nach Südjemen und von Kambodscha nach Afghanistan erstreckt – alles Fälle, in denen der Machtwechsel durch das militärische Eingreifen sowjetischer Verbündeter wie Kuba und Vietnam oder der Sowjetunion selbst erreicht wurde. Tatsächlich sollte die Liste 1973 mit dem Angriff arabischer, mit der Sowjetunion verbündeter Staaten auf Israel beginnen – doch der scheiterte und endete mit der Wendung Ägyptens zu einer amerikanischen Orientierung. Die sowjetische Option für Äthiopien führte zu einer ähnlich pro-westlichen Umorientierung Somalias. Der sowjetisch unterstützte vietnamesische Angriff auf Kam-

bodscha war eine Folge der größten aller »territorialen Machtverschiebungen« – der zunehmend antisowjetischen Haltung der Führer des kommunistischen China seit Maos Tod. Es ist natürlich wahr, daß alle genannten sowjetischen Gewinne auf dem aggressiven Gebrauch militärischer Macht beruhen, während alle Gewinne des Westens friedlich erreicht wurden. Doch es ist *nicht* wahr, daß in den Jahren seit der Entspannungspolitik nur die Sowjetunion ihren territorialen Einfluß erweitert hat.

3. Eine Hauptquelle internationaler Instabilität sind spontane Entwicklungen in der Dritten Welt – von dem ersten anti-westlichen Ölboykott arabischer Staaten (einschließlich anti-kommunistischer arabischer Staaten) im Zusammenhang des 1973er Krieges, über die Schädigung der Wirtschaft der Industrieländer (und der ärmsten Völker der Dritten Welt) durch die immer neuen Preissteigerungen der Opec, bis hin zur iranischen Revolution. So gewiß es absurd wäre, die Preispolitik der Opec oder den Sturz des Schahs als Resultat sowjetischer Intrigen zu erklären (tatsächlich hat ja auch die Wirtschaft des Sowjetblocks durch beides in gewissem Grad Schaden gelitten), so gewiß ist auch, daß der Schaden für den Westen unvergleichlich größer war und daß er das weltweite Kräfteverhältnis zum Nachteil des Westens beeinflußt hat.

4. Die Verschiebung des Gleichgewichts zuungunsten des Westens ist aber auch stark durch innerwestliche, besonders inneramerikanische Entwicklungen beeinflußt worden. Die Stagflation von 1974/75 und die gleichzeitige bedeutende Stärke der Kommunisten zu Anfang der portugiesischen Revolution ermutigten zeitweise sowjetische Hoffnungen auf eine große innere Krise des Westens. In den Vereinigten Staaten führte die Stimmungsreaktion auf Vietnam vorübergehend zu einer breiten Opposition gegen jede amerikanische Intervention zur Bekämpfung des Einsatzes sowjetischer und sowjetverbündeter Truppen in Teilen der Dritten Welt, selbst wenn die kommunistische Basis in den betroffenen Ländern noch so schwach war. Dies verhinderte einen aktiven Widerstand der Administration Ford gegen die sowjetischen Unternehmungen in Angola und Äthiopien.

Zwar machte dieser Vietnam-Katzenjammer um 1976 einer Wiedergeburt des amerikanischen Nationalstolzes Platz, doch die neue Regierung Präsident Carters vermochte nicht, aus der veränderten Stimmung den Konsensus für eine konkrete neue Außenpolitik zu schmieden, mit klaren Prioritäten und einer Bereitschaft zu den notwendigen Anstrengungen und Opfern im Kongreß und in der öffentlichen Meinung. Statt dessen drückte sich die zunehmende Inanspruchnahme der Amerikaner durch ihre ungelösten inneren Probleme, durch steigende Inflation und stagnierende oder sinkende Produktivität, durch unregierbare Städte und verfallende Massenerziehung, durch wachsende Arbeitslosigkeit mit ihren besonderen Auswirkungen auf die Jugend und die Minderheiten politisch in einer Vielzahl zersplitterter Interessengruppen aus, die den Zusammenhalt der demokratischen Mehrheitspartei untergrub und zu wiederholter gegenseitiger Blockierung von Administration und Kongreß führte.

Diese zunehmende politische Lähmung mußte sich auch auf die amerikanische Außenpolitik auswirken: Wieder und wieder behinderte sie sowohl die Fähigkeit der Regierenden zum Widerstand gegen die Sowjets und zur Hilfe für Verbündete (wie etwa bei der Militärhilfe für die Türken) als auch ihre Fähigkeit, mit den Sowjets geschlossene Vereinbarungen einzuhalten. Das Geschick jenes Handelsvertrags mit Rußland, der durch zweckfremde Zusatzanträge im Senat zu Fall gebracht worden war, schien sich bei Salt II wiederholen zu sollen. So bekamen die Sowjets zunehmend den Eindruck, daß sie von der amerikanischen Politik weder etwas zu fürchten noch zu hoffen hätten – daß sie sich leisten könnten, ihre Expansionsziele zu verfolgen, ohne auf mögliche Reaktionen Rücksicht zu nehmen.

5. All dies geschah in einer Situation, in der ein Generationswechsel nicht nur in der obersten sowjetischen Führung, sondern bis weit in deren mittlere Ränge deutlich bevorsteht. Nun muß jede sowjetische Führung versuchen, zwischen ihrem Interesse an der Erweiterung ihrer militärischen Stärke und territorialen Macht und ihrem Bedürfnis nach verbesserter Leistung der zivilen Wirtschaft, zwischen dem wirtschaftlichen Vorteil verstärkter Kontakte mit dem Westen und deren Gefährlichkeit für die innere Sicherheit und den Zusammenhalt des Blocks eine ihr richtig scheinende Proportion herzustellen. Die Erfahrung der gleichzeitig verringerten Fähigkeit Amerikas, die sowjetische Expansion zu behindern *oder* der sowjetischen Wirtschaft zu helfen, muß in dieser innersowjetischen Diskussion die Verfechter eines arroganten Bauens nur auf die eigene Kraft begünstigt haben – just zu einer Zeit, in der die Entscheidungen über die künftige Führung bevorstehen.

Der Ausbruch der Krise

Gegen Ende 1979 wurde der Westen wegen des Verfalls der Entspannung und der Verschlechterung des Kräfteverhältnisses mit zwei ernsten Gefahren konfrontiert. Die eine war die Bedrohung Westeuropas durch sowjetische Mittelstreckenraketen, auf die er im Dezember – nach Jahren des Zauderns – mit dem Nachrüstungsbeschluß der Nato reagierte. Die andere war die wachsende Bedrohung durch sowjetische Militärbasen im Umfeld des Persischen Golfs, von denen aus mindestens im Kriegsfall die lebenswichtigen Öltransporte der Westmächte und Japans unterbrochen werden konnten.

Beide Bedrohungen wurden durch zwei sowjetische Aktionen des Dezembers 1979 dramatisiert. Die eine war die glatte Abweisung des Verhandlungsangebots, das mit dem Nachrüstungsbeschluß der Nato verbunden worden war, und die grobe sowjetische Erklärung, die Zurücknahme dieses Beschlusses sei eine Vorbedingung für Verhandlungen. Die andere war die bewaffnete Intervention der Sowjetunion in Afghanistan, deren direkte Ursache zwar die zunehmend unhaltbare Lage des von den Sowjets gestützten kommunistischen Regimes in diesem Lande war, deren Wirkung jedoch in der verstärkten Bedrohung des Persischen Golfs bestand, die nun für alle Welt sichtbar wurde.

Beide sowjetischen Aktionen waren Ausdruck eines arroganten Übermaßes an Selbstvertrauen und einer anscheinenden Gleichgültigkeit gegenüber der Bewahrung einer Verhandlungsbeziehung mit dem Westen – einer Beziehung, die nach sowjetischer Ansicht keinen substantiellen Nutzen gebracht hatte und nicht mehr notwendig schien, um substantiellen Schaden zu verhindern. Beide liefen zwar nicht in Worten, aber in der Sache auf eine Kündigung des Entspannungsverhältnisses hinaus, weil die Sowjets sich anscheinend stark genug fühlten, das lange erschütterte Gleichgewicht nun völlig umzustürzen.

Die Alternativen des Westens

Für den Westen waren in dieser Lage grundsätzlich dreierlei Antworten möglich. Erstens: Er konnte die bedrohten Positionen verstärken, indem er den Nato-Nachrüstungsbeschluß in Europa weiterverfolgte und zugleich eine Eingreifreserve für den Schutz der

Golfregion schuf und Stützpunkte für sie vorbereitete. Zweitens: Er konnte die Sowjetunion durch Einschränkung der wirtschaftlichen und sonstigen Beziehungen bestrafen, vor allem aber durch die unbegrenzte Vertagung der Ratifizierung des Raketenbegrenzungsabkommens Salt II. Drittens: Er konnte – im Gegensatz dazu – sich auf das Konzept verlegen, die Maßnahmen der ersten Gruppe entschlossen durchzuführen, um die Sowjetunion damit an den Verhandlungstisch zurückzugewinnen.

Die erste Art von Antwort erwies sich unter den Hauptpartnern des westlichen Bündnisses als unumstritten. Das Projekt einer amerikanischen *Rapid Deployment Force* wurde von den europäischen Nato-Partnern allgemein begrüßt, und sie zeigten auch Verständnis dafür, daß es zu einem teilweisen Abzug amerikanischer Truppen, Schiffe und Waffen aus Europa führen könnte, die eine Auffüllung der Lücken durch Europäer und zumal Westdeutsche in ihrem Heimatgebiet erfordern würde. Die Weigerung, der sowjetischen Forderung nach Zurücknahme des Nato-Beschlusses nachzugeben, wurde gleichfalls wenigstens von den westeuropäischen Hauptbeteiligten entschlossen unterstützt. Keiner von ihnen war bereit, ein Moratorium für die *Produktion* der neuen Mittelstreckenwaffen während der Verhandlungsperiode zu akzeptieren oder gar vorzuschlagen.

Dagegen waren die zweite und dritte Art von Antwort von Anfang an heftig umstritten, da sie offenkundig miteinander unvereinbar sind. Sie warfen Grundsatzfragen auf, ob der Westen die von der Sowjetunion ausgelöste Krise gewissermaßen als eine gute Gelegenheit begrüßen solle, die »Entspannungsillusionen« zu liquidieren, die Sowjetunion zu »isolieren« und unbehindert von Verhandlungen ein grenzenloses Wettrüsten zu beginnen, oder ob er, zugleich mit der Korrektur der eigenen militärischen Schwachpunkte, die Verhandlungen über die Rüstungskontrolle im Bereich der strategischen Waffen fortsetzen und sie in der Tat auf die Mittelstreckenraketen ausdehnen solle.

Die »bestrafende« Haltung wurde von der Mehrheit der öffentlichen Meinung in den Vereinigten Staaten eingenommen, die sich jetzt den ursprünglichen Gegnern der Salt-Abkommen anschloß, und sie ging in die Wahlplattform der Republikaner ein. Die Alternative wurde von den führenden Ländern des kontinentalen Westeuropa, am deutlichsten von der Bundesrepublik Deutschland, vertreten.

Die Krise hat also einem alten Streit neue Aktualität gegeben: ob

Verhandlungen mit der Gegenseite, besonders das Bemühen um Vereinbarungen über Rüstungsbegrenzung eine Hauptursache der Schwäche des Westens darstellen – oder ob sie umgekehrt notwendig sind als Mittel, einen Konflikt unter Kontrolle zu halten, der sonst unsere Erde in die Luft sprengen könnte.

Zur Begründung der ersten Auffassung, habe ich in Amerika häufig das Argument gehört, es sei nicht möglich, die Wähler in einer großen Demokratie davon zu überzeugen, daß Abkommen zur Rüstungsbegrenzung einen lebenswichtigen Beitrag für ihre Sicherheit leisten, und ihnen gleichzeitig einleuchtend zu machen, daß die Mühe, *im Rahmen* dieser Abkommen ein Kräftegleichgewicht durch Rüstung aufrechtzuerhalten, weiterhin notwendig ist.

Mich hat die Erfahrung der Bundesrepublik vom Gegenteil überzeugt. In dem Jahrzehnt seit der Durchsetzung der neuen Ostpolitik ist die Bundeswehr, nach dem gemeinsamen Urteil der alliierten Experten, in Stärke und Modernisierung nicht zurückgefallen. Die Aufgabe, angesichts linksradikaler Widerstände die notwendigen Gelder bewilligt zu bekommen und die benötigten Soldaten zu rekrutieren, ist in den Jahren der Entspannung, verglichen etwa mit denen des Vietnamkrieges, eher leichter als schwerer geworden. Bei allen gegenwärtigen Schwächen der amerikanischen Gesellschaft vermag ich nicht einzusehen, warum es unmöglich sein sollte, den amerikanischen Wählern die gleichzeitige Notwendigkeit von Verhandlungen und von Stärke klarzumachen – vorausgesetzt, ihre Führung erklärt ihnen offen, daß Verhandlungen nicht ein Zaubermittel zur Beendigung des Konflikts mit der Sowjetmacht sind, sondern daß Verhandlungen und Stärke einander ergänzende Mittel sind, um trotz des Fortgangs dieses Konflikts einen Nuklearkrieg zu vermeiden.

In diesem Sinne mag das Bonmot, die Entspannung sei eine Fortsetzung des Kalten Krieges mit anderen Mitteln, durchaus zutreffen – nur daß von dem Unterschied der Mittel sehr wohl das Überleben der Menschheit abhängen kann.

Im Laufe des Jahres 1980 ist nun in der sowjetischen Haltung eine merkliche, wenn auch vorerst begrenzte Änderung eingetreten. Wohl weniger unter dem Einfluß der wenig effektiven amerikanischen »Bestrafungsgesten« als der amerikanischen Vorbereitungen für eine stärkere militärische Präsenz in der Golfregion und des Beharrens der Nato auf ihrem Nachrüstungsbeschluß scheint die arrogante Selbstüberschätzung der Sowjets einer gewissen Besorgnis und erneutem Interesse an Verhandlungen zur Rüstungsbegrenzung Platz gemacht zu haben. Der deutlichste Ausdruck dieser Veränderungen war das sowjetische Angebot, das während Bundeskanzler Schmidts Moskauer Besuch gemacht und seither wiederholt wurde, in Verhandlungen mit den USA über die Begrenzung der »eurostrategischen« Mittelstreckenwaffen beider Seiten einzutreten. Der Widerruf des Nachrüstungsprogramms der Nato oder ein Moratorium für die Produktion der neuen amerikanischen Waffen waren keine Vorbedingung mehr. Dafür tauchte allerdings die alte Forderung wieder auf, daß die Verhandlungen auch die schon vorhandenen *»Forward Based Systems«* der Amerikaner einbeziehen müssen, die von europäischen Stützpunkten aus die Sowjetunion treffen können. Weiter postulierte Moskau, daß eventuell erreichte Vereinbarungen erst nach der Ratifizierung von Salt II in Kraft treten sollten.

Offensichtlich werden solche Verhandlungen schwierig, kompliziert und daher langwierig sein. Aber es ist auch klar, daß dieses Angebot ein Wiedererwachen des sowjetischen Interesses an der Begrenzung der Kernwaffenrüstung anzeigt. Bald darauf signalisierte Präsident Carter seine Bereitschaft, sich an der Suche nach einem Ausweg aus der gefährlichen Sackgasse der Ost-West-Beziehungen zu beteiligen. Im Herbst 1980 haben erste Sondierungsgespräche auch tatsächlich stattgefunden. Doch ist derzeit noch ganz ungewiß, in welchem Tempo und in welchem Geist die Administration seines Nachfolgers Reagan dies Bemühen wieder aufnehmen wird.

Wege zu Entspannung und Gleichgewicht

Was ist nötig und möglich zur Wiederherstellung des Ost-West-Gleichgewichts?

Der Ausgangspunkt muß nach meiner Überzeugung die doppelte Wahrheit sein, daß eine Wiederherstellung des Gleichgewichts weder ohne eine bedeutende militärische Anstrengung des Westens noch durch diese allein, ohne die gleichzeitige Entwicklung einer konstruktiven politischen und ökonomischen Strategie gelingen kann.

Militärisch müssen wir von der Tatsache ausgehen, daß die Hilfsquellen Amerikas und des Westens zwar größer sind als die der Sowjetunion, aber dennoch begrenzt sind. Wir können uns daher nicht leisten, in einem unbegrenzten Wettrüsten quer durch die

Bank der Chimäre einer allgemeinen quantitativen Überlegenheit nachzujagen, sondern müssen durch klare und harte Wahlentscheidungen unsere Prioritäten festlegen. Nach meiner Ansicht sollten dabei zwei Gebiete Vorrang erhalten, auf denen die Schwäche des Westens offenkundig ist – die Wiederherstellung des Gleichgewichts in Kernwaffen mittlerer Reichweite zum Schutze Europas und die schnelle Verbesserung unserer weltweiten konventionellen Mobilität zur Verteidigung von Gefahrenzonen in der Dritten Welt.

Zwar wird der *technologische* Wettbewerb der Supermächte auf dem Felde der strategischen Kernwaffen weitergehen, doch läßt solch eine Prioritätensetzung keinen Raum für eine Wiederaufnahme des *quantitativen* Wettrüstens bei jenen Mitteln der Langstreckenzerstörung, die zugleich die riskantesten und die politisch am wenigsten verwendbaren aller Waffen sind. Es folgt daraus, daß eine Wiederaufnahme der Salt-Verhandlungen, die gerade zur Begrenzung dieses speziellen Wettbewerbs erfunden wurden, nicht ein Gefallen wäre, den der Westen den Russen täte, sondern ein Akt elementarer Vernunft im Eigeninteresse des Westens – vorausgesetzt, daß solche Wiederaufnahme mit den neuen Verhandlungen über Mittelstreckenwaffen auf dem europäischen Schauplatz gekoppelt wird, wo ein Gleichgewicht erst hergestellt werden muß.

Bei alledem glaube ich nicht, daß Verhandlungen – auch nicht Verhandlungen, bei denen der Westen im Sinne einer Junktim-Politik (*»linkage«*, sagte General Haig) das Schicksal von Salt an Moskaus Wohlverhalten knüpft – einer weiteren sowjetischen Expansion in der Dritten Welt Einhalt gebieten können, solange nicht eine wirksame konventionelle Mobilität des Westens in den Gefahrenzonen wiederhergestellt ist. Wenn das der Fall ist, so mögen Verhandlungen zur Lösung spezifischer Regionalkonflikte aussichtsreich werden, aber kaum für einen generellen »Verhaltenskodex«, der sonst ungeschützte Schwachpunkte sichern könnte. Auch ist nicht zu sehen, wie der notwendige Grad an effektiver westlicher Mobilität erreichbar wäre, ohne daß sowohl die Amerikaner zur Wehrpflicht zurückkehren wie die Westeuropäer ihren Anteil beitragen – in einigen wenigen Fällen durch Entsendung eigener Streitkräfte außerhalb des traditionellen Nato-Bereichs, in anderen durch teilweise Ersetzung amerikanischer Truppen, Schiffe und Waffen – zum Beispiel auf deutschem Boden durch deutsche.

Wirtschaftlich ist eine gewisse *linkage*, eine Verknüpfung zwischen Ost-West-Kooperation und Wettrüsten der Lage insofern immanent, als die Sowjets bei der Verteilung ihrer Mittel zwischen dem überdimensionierten Rüstungsprogramm und den Bedürfnissen ihrer zivilen Wirtschaft in einem ewigen Dilemma stecken. Doch der Versuch, dieser impliziten Verknüpfung die Form expliziten westlichen Drucks auf die Sowjets zu geben oder gar sie zu einem Abschreckungsmittel gegenüber der sowjetischen Expansion in der Dritten Welt zu entwickeln, hat sich als außerordentlich schwierig erwiesen. Die Schwierigkeit liegt in der Natur unserer kapitalistischen Gesellschaften begründet. Gewiß ist eine stärkere Konsultation zwischen den Westmächten und Japan vor der Gewährung massiver Kapitalkredite oder der Lieferung gewisser hochmoderner Technologien an die Sowjetunion wünschenswert; indes bleibt die Tatsache bestehen, daß einerseits die Vollmachten unserer Regierungen zur Kontrolle solcher Geschäfte gesetzlich beschränkt und in der Praxis noch beschränkter sind, während andererseits die Konkurrenz unter Verbündeten um wirkliche oder angebliche nationale Interessen auf diesem Gebiet besonders scharf ist – zumal in Zeiten von wirtschaftlicher Rezession und Massenarbeitslosigkeit.

Unter diesen Umständen neige ich der Auffassung zu, daß *gewisse* Formen wirtschaftlicher Kooperation mit den Sowjets auch eine positive Seite haben können, daß sie nicht bloß den Sowjets aus dem Dilemma ihrer exzessiven Rüstung heraushelfen oder gar die westlichen Partner in langfristige, einseitige Abhängigkeit von ihren sowjetischen Gegnern verstricken. Das gilt besonders auf dem kritischen und umstrittenen Gebiet der Energiegeschäfte. Natürlich kann eine Dauerlösung für das Energiedilemma des Westens nur in der Entwicklung alternativer Energiequellen und in Maßnahmen zur Energie-Einsparung gefunden werden. Doch nichts davon bietet eine Aussicht, schon in den vor uns liegenden Jahren unsere hochgradige Abhängigkeit vom Öl des Persischen Golfes zu beenden.

In der Zwischenzeit sieht auch die Sowjetunion einem drohenden Mangel an heimischer Energie entgegen, wenn es ihr nicht in naher Zukunft gelingt, die großen unentwickelten Öl- und Gasbestände Sibiriens zu erschließen. Dafür fehlt es ihr an Kapital wie an spezialisierten Technologien. Wenn die Sowjets hier scheitern, wird der sowjetische Expansionsdruck in Richtung Persischer Golf notwendig stärker werden – und damit auch das Risiko eines Zusammenstoßes mit lebenswichtigen Interessen des Westens. Wenn sie aber zu Hause mit Hilfe westlichen Kapitals und westlicher Technologie auf diesem Gebiet Erfolg haben, so können wir ebenso wie sie den Nutzen davon haben – und Frieden auch.

Es war immer Teil einer realistischen Auffassung des Entspannungsbegriffs, daß ein langdauernder Ost-West-Konflikt mit dem gleichzeitigen Bestehen von Elementen gemeinsamen Interesses, mithin der Kooperation, vereinbar ist. Natürlich kann solche Kooperation niemals ein *Ersatz* für den wirksamen militärischen Schutz lebenswichtiger westlicher Energieinteressen sein: Wir können uns also nicht auf massive Kredite und technologische Hilfe für die sowjetischen Öl- und Gasindustrien verlassen, *anstatt* für den Schutz des Persischen Golfs zu sorgen. Doch unter der Voraussetzung, daß wir die notwendigen Schutzvorkehrungen treffen, kann wirtschaftliche Zusammenarbeit im Energiesektor sie *ergänzen* und die Gefahr der explosivsten denkbaren Ursache eines totalen Zusammenstoßes der Blöcke verringern.

Was nun die eigentlichen politischen Aufgaben betrifft, so kann ich hier nur mit wenigen Worten auf die hartnäckige und in der Tat zunehmende Instabilität der Lage in der Dritten Welt eingehen. Die meisten ihrer Erscheinungen sind weder von der Sowjetunion noch vom Westen direkt verursacht, und unsere Fähigkeit sie vorauszusehen, geschweige ihren Ausgang zu beeinflussen, ist überaus beschränkt. Die Erfahrung bestätigt nicht die Auffassung, brutale Militärdiktaturen oder die Überreste traditioneller autoritärer Regime seien die stabilste Alternative zu prosowjetischer, »kommunistischer« Herrschaft. Freilich sind aufgeklärtere, gar wirklich demokratische Alternativen keineswegs überall verfügbar, und es liegt nicht in der Macht des Westens, sie von außen her zu schaffen; doch wo die Vorreiter solcher Alternativen auftreten, sollten sie ermutigt und nicht unterdrückt werden.

Der innere Zusammenhalt der westlichen Demokratien hängt heutzutage gewiß von der Qualität der innerpolitischen und vor allem wirtschaftlichen Führung ab, die ihre Regierungen gewähren. In einer Zeit verschärfter Ost-West-Spannung kommt es aber vor allem auf ihre Fähigkeit an, ihre Völker zu überzeugen, daß sie sowohl für deren militärische Sicherheit wie für die größtmögliche Verringerung der Spannung durch Kontrolle des Konflikts alles Notwendige tun.

Überall in Westeuropa waren die neutralistischen und pazifistischen Tendenzen am stärksten zur Zeit des Vietnamkrieges; sie beruhigten sich in der Zeit der Entspannung. Seit der Krise der Entspannung werden sie wieder stärker. Das beweist nicht, daß unser »dekadentes Europa« neutralistisch werden oder sich der »Selbst-Finnlandisierung« ergeben muß. Es beweist vielmehr, daß die militärische Aufgabe, das Gleichgewicht wiederherzustellen, nicht ohne die Bewältigung der politischen Aufgabe gelöst werden kann, bei jedem Schritt die eigene Bereitschaft zu friedlichen Lösungen zu demonstrieren. So wäre der Nato-Beschluß über die Herstellung und schließliche Aufstellung amerikanischer Mittelstreckenwaffen in Europa von den Regierungen, geschweige von den Völkern Westeuropas, nicht ohne das gleichzeitige Angebot an die Sowjetunion akzeptiert worden, Verhandlungen über ein »eurostrategisches« Gleichgewicht auf einem niedrigeren Niveau aufzunehmen.

Bleibt das brennende Problem der westlichen Politik gegenüber jenen Kräften, die im sowjetisch kontrollierten Osteuropa auf Veränderung drängen. Die Öffentlichkeit des Westens hat immer ein Band der Sympathie mit jenen Völkern westlicher kultureller und teilweise auch politischer Tradition empfunden, die am Ende des Zweiten Weltkrieges unter Stalins Herrschaft gekommen waren. Die politischen und militärischen Strategen des Westens haben die grundsätzliche Ablehnung der von den Russen eingesetzten Diktatur durch diese Völker stets als einen Spannungsfaktor innerhalb des sowjetischen Imperiums in Rechnung gestellt.

Doch die Erfahrung hat gelehrt, daß jeder Ausdruck dieses Volkswiderstandes, sobald er die Bindung an das sowjetische Bündnissystem in Frage stellte oder die Alleinherrschaft des kommunistischen Parteiregimes bedrohte, nicht zu größerer Freiheit für die Unterdrückten, sondern zu einer militärischen Intervention der Sowjetmacht führte, die der Westen nicht verhindern und der er nicht ohne Kriegsrisiko begegnen konnte. Die Politik des Westens hat daher in wachsendem Maße eine allmähliche Erweiterung der Freiheiten *innerhalb* des Systems der kommunistischen Parteiherrschaft und der nationalen Autonomie *innerhalb* des Sowjetblocks gefördert – im Unterschied zu antikommunistischer und antisowjetischer Rebellion. Dies war die Art von Evolution, die der Westen im Rahmen der Entspannungspolitik etwa mit Hilfe der Menschenrechtsklauseln der Europäischen Sicherheitskonferenz von Helsinki anstrebte. Trotz der zahllosen Verletzungen dieser Klauseln innerhalb der Sowjetunion wie in den Ländern des Blocks sind diese Bemühungen nicht vergeblich gewesen.

Gewiß hatten die polnischen Ereignisse seit August 1980, gleich den früheren Unruhen von 1970 und 1976, in erster Linie innerpolitische Ursachen. Doch die gegenwärtige Kombination von Standfestigkeit in der Schaffung einer unabhängigen Organisation zur Vertretung der Arbeiterinteressen, realistischem Verständnis für die Grenzen möglicher Veränderungen und nationaler Solidarität ohne aggressiven Nationalismus, ist zweifellos durch die westliche Haltung der letzten Jahre erleichtert worden.

Wird das Atlantische Bündnis in der Lage sein, sich auf die hier skizzierte Politik zu einigen – oder in der Tat auf irgendeine gemeinsame Politik?

Ich bin mir des gegenwärtigen Stimmungsgefälles zwischen dem Willen zu verstärkter nationaler Durchsetzung Amerikas, der eine der Grundlagen für Reagans Erdrutschsieg war, und der tiefliegenden Friedenssehnsucht und Ablehnung jeden Säbelrasselns im größten Teil Westeuropas durchaus bewußt. Doch ich glaube, daß es der neuen Administration dann leichter fallen wird, das europäische Verlangen nach ernstgemeinten Verhandlungen mit dem Osten zu erfüllen, wenn die Europäer bereit sind, ihren Teil der wachsenden militärischen Lasten auf sich zu nehmen – und daß die Europäer dazu leichter bereit sein werden, wenn die Vereinigten Staaten eine konstruktive Verhandlungspolitik entwickeln. In dieser Richtung sehe ich die Chance eines Kompromisses über die Hauptprobleme des Bündnisses, besonders wenn die Amerikaner verstehen lernen, daß *ihr* Anteil an der wachsenden militärischen Last nicht nur aus Geld und Material bestehen kann, sondern auch mehr und qualifiziertere Soldaten erfordern wird – also die Wehrpflicht.

Das heißt freilich nicht, daß eine Einigung *aller* Mitglieder des Bündnisses über *alle* Streitfragen wahrscheinlich ist – so wenig wie in der Vergangenheit. In einigen der kleineren europäischen Länder ist der Wille zur Verteidigung ernstlich geschwächt. Einige Probleme der Politik in der Dritten Welt, zumal in Lateinamerika, mögen weiterhin zu ernsten Meinungsverschiedenheiten führen. Doch eine Einigung der führenden Länder des Westens über die Hauptprobleme der notwendigen Rüstungsmaßnahmen und einer konstruktiven Verhandlungslinie würde wahrscheinlich ausreichen, um das Gleichgewicht wiederherzustellen. Diese Einigung halte ich für möglich.

VI.
Gedanken über Europa und Deutschland

Während die ersten fünf Kapitel dieser Sammlung im wesentlichen Analysen enthalten, die sich auch dann primär an bestimmten Phasen des geschichtlichen Verlaufs orientieren, wenn sie grundsätzliche Probleme behandeln, fassen die beiden letzten Kapitel allgemeinere Überlegungen unabhängig vom Zeitablauf zusammen. In diesem Kapitel geht es um Europa und Deutschland.

Die Arbeit über Europa und die deutsche Teilung entstand, als ich aufgefordert wurde, zu einem internationalen Sammelband über »Europa und die Einheit Deutschlands – eine Bilanz nach 100 Jahren« beizutragen. Es schien mir wichtig, etwas darüber zu sagen, inwiefern die Teilung Deutschlands nach dem Zweiten Weltkrieg zwar nicht durch den geplanten Willen der europäischen Opfer Hitlers, sondern vielmehr durch den Konflikt der siegreichen »Randmächte« Amerika und Rußland zustandegekommen, aber von der großen Mehrzahl der Europäer begrüßt worden ist – aber auch, inwiefern sich die Teilung Deutschlands als der Knoten an der Fessel erwiesen hat, welche die Staaten des ebenfalls geteilten Europas an gegnerische Militärbündnisse bindet.

Der Essay über Europas Eigenart, Zwangslage und Chancen stellt zunächst die historischen Gründe heraus, warum West- und Osteuropa, soweit sie von Völkern westlicher Zivilisation bewohnt werden, kulturell mit den Vereinigten Staaten nahe verwandt und Rußland in entscheidenden Zügen fremd sind. Er behandelt dann die Grundlagen der Teilung Europas nach dem Zweiten Weltkrieg und die daraus resultierende ständige Existenzgefährdung der europäischen Völker. Und er sucht schließlich zu zeigen, daß vor allem die Westeuropäer, aber in geringerem Maße auch die Osteuropäer, eine gewisse Chance haben, ihr gefährdetes Schicksal zu beeinflussen – aber nicht durch Versuche der Loslösung von den Bündnissen, die für die Dauer des imperialen Systems der Sowjetunion aussichtslos sind, sondern nur durch Geltendmachung ihrer Interessen als Europäer im Rahmen dieser Bündnisse.

1. Europa und die deutsche Teilung

Das Zerbrechen des deutschen Nationalstaates nach kaum 75 Jahren, der Zusammenbruch des Deutschen Reichs am Ende des Zweiten Weltkriegs, erscheint auf den ersten Blick als direkte Folge der furchtbaren Erfahrungen, die Europa und die Welt mit der Macht und Gefährlichkeit dieses Staates gemacht hatten. Die deutsche Einheit hatte die Katastrophe der wilhelminischen Hybris überlebt – die Verbrechen des Nationalsozialismus sollte sie nach dem Willen der Sieger nicht überleben. In der Casablanca-Formel der »bedingungslosen Kapitulation« mit ihrem Anklang an die Liquidierung der Konföderation der amerikanischen Südstaaten war die Möglichkeit der staatlichen Zerstörung, der *debellatio*, des geschlagenen Gegners schon impliziert; in Teheran und Jalta waren die »Großen Drei« sich über die Wünschbarkeit der Aufteilung Deutschlands einig; in dem gemeinsamen Text für die militärische Übergabe behielten sie sich das Recht zu solcher Aufteilung ausdrücklich vor. Die Sicherheit Europas und der Friede der Welt verlangten nach der vorherrschenden Meinung das Ende der deutschen Einheit.

Doch wie so oft bei geschichtlichen Zusammenhängen ist das, was auf den ersten Blick zutage liegt, auch hier eine Halbwahrheit. Die Beratungen der European Advisory Commission in London, die von den Großen Drei mit der Ausarbeitung eines konkreten Aufteilungsplans beauftragt worden war, blieben fruchtlos; und zwischen der Konferenz von Jalta im Februar und der Kapitulation der deutschen Armeen Anfang Mai 1945 schwenkte Stalin um und erklärte sich für die Erhaltung der nationalen Einheit Rumpfdeutschlands bis zur Oder und Neiße. Die geplante Aufteilung scheiterte an dem erwachenden gegenseitigen Mißtrauen der Sieger: Es war Churchills Sorge vor einer Balkanisierung Kontinentaleuropas angesichts sowjetischer Übermacht, die ihn zum Widerspruch gegen die ursprünglich sehr weitgehenden Aufteilungspläne Roosevelts und zum Drängen auf die Schaffung mindestens *eines* starken Staatsgebildes in Mitteleuropa – nach habsburgischem eher als nach Bismarckschem Vorbild – veranlaßte; und es war Stalins Furcht, die Engländer wollten sich vorbehalten, mit der Losung der deutschen Einheit um die Sympathie des geschlagenen Feindes zu werben, die ihn bewog, dem vermuteten Plan seiner Verbündeten und künftigen Rivalen von sich aus zuvorzukommen. Als dann mit der Besetzung ganz Deutschlands das Ausmaß der Zerstörung und der Not voll sichtbar wurde, kam der wirtschaftliche Wunsch nach einheitlicher Verwaltung der Konkursmasse – das russische Interesse an Reparationen aus den Westzonen, das westliche an der Lieferung von Agrarprodukten aus dem Osten – entscheidend hinzu. So stipulierte das Potsdamer Abkommen nicht die Aufteilung Deutschlands, sondern die Erhaltung seiner wirtschaftlichen und administrativen und damit grundsätzlich auch seiner politischen Einheit.

Doch der gleiche beginnende Konflikt zwischen den Siegern in Ost und West, an dem die geplante Aufteilung gescheitert war, vereitelte nun auch die geplante Erhaltung der deutschen Einheit. Die wirkliche, ungeplante Teilung ergab sich jetzt aus der Kombination der Einteilung Deutschlands in vier Besatzungszonen mit dem Einstimmigkeits- oder Vetoprinzip für Beschlüsse des Alliierten Kontrollrats und aus der bei dieser Kombination unvermeidlichen Vollmacht für die Oberbefehlshaber der vier Zonen, in allen Fragen, wo im Kontrollrat keine Einigung erzielt wurde, für das ihnen unterstellte Gebiet selbständig Anordnungen und Gesetze zu erlassen. Angesichts der Verschiedenheit der politischen, wirtschaftlichen und sozialen Systeme der Besatzungsmächte, und in erster Linie der beiden Hauptmächte in Ost und West, war damit die Grundlage für die Auseinanderentwicklung des besetzten Deutschland in einen östlichen und einen westlichen Teilstaat gelegt.

Die deutsche Teilung ist somit nicht die Frucht des Willens der siegreich wiedererstandenen europäischen Opfer Hitlerdeutschlands, kein einheitliches Reich mehr zuzulassen: sie ist das Ergebnis der Verwandlung Kontinentaleuropas in ein Machtvakuum durch Hitlers Krieg und Hitlers Niederlage und der daraus resultierenden Zerreißung des machtlosen Europas einschließlich Deutschlands in zwei Machtblöcke unter der Führung der Übermächte USA und

UdSSR, die Randmächte Europas sind. In diesem Sinne ist sie nicht die direkte, wohl aber die indirekte Folge des Unheils, das das Dritte Reich über Europa gebracht hat. Im folgenden wird zu zeigen sein, wie eng die Wechselwirkung zwischen dem Konflikt um Deutschland und der Herausbildung der deutschen Teilstaaten einerseits, der Blockbildung in Europa andererseits gewesen ist und wie im Bewußtsein der europäischen Nationen einmal die Befriedigung über die deutsche Teilung und die Kontrolle des deutschen Gefahrenherdes, das andere Mal das Unbehagen über die Teilung Europas, seine Abhängigkeit von den Supermächten und deren Konfrontation an ebendiesem Gefahrenherd im Vordergrund gestanden haben, ohne daß sich bisher eine erkennbare Chance für die Überwindung der beiden, historisch so eng verbundenen Teilungen abzeichnet.

I. Die Großen Drei hatten sich vor allem auf britisches Drängen entschlossen, Frankreich als vierte Besatzungsmacht zur Mitverantwortung für das Schicksal Deutschlands zuzulassen; es war unter diesen Umständen widersinnig, Frankreich zur Potsdamer Konferenz nicht zuzuziehen. Die voraussehbare formale Folge war die Weigerung der Regierung de Gaulle, sich als durch die Potsdamer Beschlüsse gebunden anzusehen. Die materiellen Konsequenzen zeigten sich, als der Alliierte Kontrollrat daranging, die in Potsdam vereinbarten deutschen Staatssekretariate für die wirtschaftliche Verwaltung des gesamten Bestzungsgebiets unter alliierter Aufsicht zu schaffen: Der Versuch scheiterte am französischen Veto. Frankreich meldete gleich Polen territoriale Forderungen auf Kosten Deutschlands – die Einverleibung der Saar in das französische Zollgebiet, die Schaffung eines oder mehrerer von Deutschland losgetrennter Staaten auf dem linken Rheinufer, die Verwandlung des Ruhrgebiets in ein internationales Territorium – an; doch während Polens Forderungen von der Sowjetunion durch die Unterstellung der Provinzen östlich der Oder und Neiße unter polnische Verwaltung schon vor Potsdam faktisch befriedigt worden waren, hatten sich die Westmächte geweigert, die Ergebnisse einer künftigen Friedensregelung zugunsten Frankreichs vorwegzunehmen. Nun argumentierte de Gaulle, die Errichtung gesamtdeutscher Staatssekretariate würde die Friedensregelung in umgekehrter Richtung, zuungunsten Frankreichs, präjudizieren, und verhinderte sie erfolgreich.

Der Vorgang zeigt, wie wenig in den ersten zwei Nachkriegsjahren von einer gemeinsamen Deutschlandpolitik des Westens die Rede sein konnte und wie starke Widerstände sich im damaligen Europa auch den ersten Ansätzen einer Wiederherstellung der deutschen Einheit entgegenstellten. Doch für das Scheitern der Potsdamer Einheitskonzeption war er nicht entscheidend. Denn von der Schaffung der geplanten Staatssekretariate zur Bildung einer vom Willen der Deutschen getragenen Regierung wäre auch nach dem Willen der anderen Siegermächte noch ein weiter Weg gewesen; und die Sekretariate, die ohne andere Legitimitätsgrundlage ausschließlich im Rahmen der Weisungen des Alliierten Kontrollrats operieren sollten, wären durch die Gegensätze in dieser dem Vetoprinzip unterliegenden Körperschaft bald gelähmt worden. Keinesfalls hätten sie die Rolle eines politischen Treuhänders der staatlichen Einheit spielen können, die unter äußerlich ähnlichen, aber politisch und rechtlich ganz anderen Umständen der Regierung des gleichfalls in vier Besatzungszonen geteilten Österreich zufiel.

Tatsächlich scheiterte der Versuch der Zusammenarbeit im alliierten Kontrollrat zunächst nicht an den Grundsatzfragen der politischen Neuordnung und der ökonomisch-sozialen Struktur, sondern gerade an jenen Fragen der laufenden Wirtschaftspolitik, mit denen sich die gesamtdeutschen Staatssekretariate im Falle ihrer Schaffung hätten vorwiegend beschäftigen müssen. Die Enteignung der Großgrundbesitzer und der durch Mitarbeit an Hitlers Wehrwirtschaft belasteten Industriellen in der Sowjetzone wurde von den Westmächten protestlos hingenommen, die künftige Verstaatlichung der Ruhrkonzerne auch von den Engländern durch Übergabe an Treuhänder vorbereitet. Auch die ersten Schritte zur politischen Sowjetisierung der Ostzone – die Zwangsfusion der Sozialdemokraten mit den Kommunisten und die schrittweise Gleichschaltung der bürgerlichen Parteien durch wiederholte Führungswechsel – fanden zwar ein lebhaftes Echo in der öffentlichen Meinung des Westens, wurden aber von den westlichen Regierungen kaum beachtet. Das Zentralthema der Auseinandersetzungen im Kontrollrat waren im ersten Jahr vielmehr die Reparationen und die Ernährung der westdeutschen Industriegebiete. Der letzte wichtige gemeinsame Beschluß war die Festsetzung einer Schlüsselzahl für das Industrieniveau, das nach den Potsdamer Beschlüssen Deutschland zur Aufrechterhaltung eines »durchschnittlichen europäischen Lebensstandards« nach der Demontage aller potentiell kriegswichtigen Industrien für Reparationszwecke verbleiben sollte, im März 1946. Doch dieser Einigung folgte binnen zwei Monaten der akute Konflikt über die sowjetische Entnahme von Reparationen aus der laufenden Produktion der Ostzone, die der Postdamer Vereinbarung widersprach, wonach alle exportablen Überschüsse aus laufender Produktion, im Unterschied zu den Demontagen, an erster Stelle zur Bezahlung der notwendigen Nahrungsmitteleinfuhren verwandt werden sollten. Angesichts der Fruchtlosigkeit der westlichen Proteste reagierte der amerikanische Zonenbefehlshaber, General Clay, mit der Einstellung der Lieferungen des für die Sowjets bestimmten Anteils an den Demontagen seiner Zone.

Diese Entscheidung Clays vom Mai 1946 war der Anfang der Schließung der Zonengrenzen zwischen Ost und West und der Ausgangspunkt für die Erkenntnis des gemeinsamen englisch-amerikanischen Interesses an der Erhaltung der wirtschaftlichen Lebensfähigkeit der Westzonen, das noch im gleichen Jahr zur Bildung der »Bizone« führte. Sie war auch die Grundlage dafür, daß der sowjetische Außenminister Molotow auf der Pariser Konferenz im Juli des gleichen Jahres die Forderung nach Unterstellung der Ruhrindustrie unter direkte Viermächtekontrolle zwecks Sicherung der sowjetischen Reparationsansprüche erhob und sich zugleich in einer Rede als Champion der deutschen Wirtschaftseinheit präsentierte – ein Werben um die deutsche Öffentlichkeit, auf das der amerikanische Außenminister Byrnes im September antwortete, indem er in seiner Stuttgarter Rede den Deutschen die Perspektive geordneten wirtschaftlichen Wiederaufbaus eröffnete. Und schließlich war es diese sowjetische Interpretation der »deutschen Wirtschaftseinheit«, also die Forderung nach Viermächtekontrolle der Ruhrindustrie mit eingebautem Veto, an der die erste Außenministerkonferenz der Vier Mächte zur Regelung der deutschen Frage in Moskau im März 1947 scheiterte, obwohl ein Kompromiß zwischen den divergierenden Auffassungen der Mächte über die Verfassungsstruktur eines einheitlichen Deutschland noch möglich schien.

Es war also nicht bewußter politischer Wille zur Teilung Deutschlands, sondern die Rivalität der Supermächte um die Kontrolle eines einheitlichen Deutschlands, die eine Einigung über die Zukunft dieses Deutschlands verhinderte; und diese Rivalität hatte in den ersten Nachkriegsjahren primär wirtschaftlichen Charakter. Als die Sowjets sich im Winter 1945/46 zur beschleunigten politischen Gleichschaltung ihrer Besatzungszone entschlossen, mußten sie wissen, daß sie damit die Chancen ihrer politischen Ausstrahlung auf das übrige Deutschland verringerten; sie gaben der sicheren Kontrolle des eigenen Gebiets den Vorrang vor kurzfristigen Expansionschancen und kämpften ernsthaft zunächst nicht um Einfluß auf das westliche Deutschland, sondern nur um die Erschließung seiner Maschinenbestände für Reparationen. Auch als sie sich in Moskau im März 1947 grundsätzlich mit einem gesamtdeutschen Wahlsystem mit Freiheitsgarantien einverstanden erklärten, mußten sie wissen, daß ein so konzipiertes Gesamtdeutschland zunächst nicht kommunistisch sein würde; es war ihnen wichtiger, das Wirtschaftspotential der Ruhr der anglo-amerikanischen Bizone zu entreißen, sich selbst in seine Kontrolle einzuschalten und sich die Chance weiterer Reparationen zu eröffnen, als ihren politischen Einflußbereich unmittelbar auszudehnen. Das heißt nicht, daß sie damals auf weitergehende politische Hoffnungen auf absehbare Zeit verzichtet hätten; doch diese Hoffnungen richteten sich darauf, daß die Unfähigkeit der kapitalistischen Mächte zum wirtschaftlichen Wiederaufbau nach dem erwarteten Abzug der Amerikaner politische Früchte in Gestalt der weiteren Radikalisierung der westeuropäischen Massen im allgemeinen und der westdeutschen im besonderen tragen würde. Umgekehrt hatten die Westmächte zwei Jahre lang nichts unternommen, um der politischen Sowjetisierung der Ostzone Einhalt zu gebieten, aber sie hatten mit wachsender Klarheit die Unmöglichkeit erkannt, unter ihrer Verantwortung ein Notstandsgebiet im Herzen Europas zu dulden oder sein Defizit ständig zu finanzieren; und sie waren ihrerseits im März 1947 nicht bereit, die Möglichkeit eines gewissen politischen Einflusses in der Ostzone mit dem sowjetischen Veto gegen die wirtschaftliche Sanierung des eignen Gebiets zu erkaufen. Es war in der Tat diese wachsende amerikanische Entschlossenheit zur wirtschaftlichen Sanierung Westeuropas, die in den folgenden Jahren die sowjetischen Hoffnungen auf eine Ausdehnung des politischen Einflusses der Kommunisten zunichte machte.

Die entscheidende Konfrontation begann im Sommer 1947 mit der Ankündigung des Marshallplans durch die USA und der Verweigerung der Teilnahme durch die Sowjets und endete zwei Jahre später mit dem Scheitern der Blockade Berlins und der Schaffung der beiden deutschen Teilstaaten. Außenminister Marshalls Angebot massiver Wiederaufbauhilfe richtete sich an alle europäischen Staaten einschließlich der Sowjetunion unter der einzigen Bedingung der Kooperation aller Beteiligten bei der Ausarbeitung gemeinsamer Wiederaufbaupläne. Die Weigerung der Sowjetunion, sich selbst zu beteiligen oder den mit ihr verbündeten Staaten die Teilnahme zu gestatten – die tschechoslowakische Koalitionsregierung, die bereits zugestimmt hatte, wurde von Stalin unter Drohung mit der Kündigung des Freundschaftsvertrages im Laufe von 72 Stunden zum Rückzug gezwungen –, war der entscheidende Schritt zur Teilung Europas in zwei Blöcke; vor allem die französischen Bemühungen um eine Vermittlerrolle wurden von nun an endgültig unmöglich. Doch wenn auch die Teilung entschieden war, so waren die genauen Grenzen noch ungewiß, wie die Auseinandersetzungen um die tschechoslowakischen und finnischen Krisen und die italienischen Wahlen, der sowjetisch-jugoslawische Konflikt und der Höhepunkt des griechischen Bürgerkriegs im folgenden Jahre zeigten – und die gewichtigste Grenzfrage betraf nun Deutschland. Denn der wirtschaftliche Wiederaufbau Westeuropas schien unmöglich ohne die Wiederbelebung der Ruhr – und die Wiederbelebung der Ruhr ohne eine Währungsreform, die den Anreiz zur Arbeit wiederherstellte. Die deutsche Währung aber unterstand der Hoheit des Alliierten Kontrollrats.

Es war daher eine direkte Folge des Marshallplans und seiner Ablehnung durch die Sowjets, daß die Amerikaner und Engländer im Laufe des Jahres 1947 im Kontrollrat zunächst auf eine gesamtdeutsche Währungsreform zu drängen begannen. Die Sowjets zeigten sich anfangs grundsätzlich kooperativ, doch die Einigung scheiterte an ihrer mangelnden Bereitschaft, auf eine Notenpresse unter ihrer ausschließlichen Kontrolle – zusätzlich zu der vorgesehenen Notenpresse in Berlin unter Viermächtekontrolle – zu verzichten: Die Westmächte hätten unter diesen Umständen den jederzeitigen Ruin der neuen Währung durch sowjetische Maßnahmen befürchten müssen. So kam es Ende 1947 zur grundsätzlichen internen Entscheidung der Amerikaner und Engländer für eine separate westdeutsche Währungsreform, damit aber auch zur Entscheidung, die Gründung eines westdeutschen Staates vorzubereiten, dessen Währung dies werden sollte, und ihre westeuropäischen Verbündeten einerseits, die westdeutsche Bevölkerung andererseits für dies Projekt zu gewinnen. Die – mindestens vorläufige – Teilung Deutschlands wurde für die Anglo-Amerikaner zur Voraussetzung der wirtschaftlichen und damit auch der politischen Konsolidierung Westeuropas.

Während dieser ganzen Entwicklung hatten die osteuropäischen Volksdemokratien keinerlei selbständigen Einfluß auf die Entwicklung der deutschen Frage ausgeübt; bis zu den Pariser Friedensverträgen des Sommers 1946 hatten einige von ihnen – Ungarn, Rumänien und Bulgarien – auch rechtlich noch keine Grundlage für eigene diplomatische Aktivität, sowenig wie Italien im Westen. Aber auch auf westlicher Seite war die aktive Einflußnahme auf die Deutschlandpolitik zunächst im wesentlichen auf die im Kontrollrat vertretenen Mächte beschränkt geblieben; die Teilnahme symbolischer Kontingente der kleineren westlichen Nachbarländer an der Besetzung der britischen Zone hatte allenfalls die Wirkung, dem freiwilligen Verzicht Dänemarks auf Grenzverschiebungen und der ebenso freiwilligen Beschränkung Hollands und Belgiens auf lokale Grenzkorrekturen erhöhte Würde zu geben. Schließlich war unter den Kontrollratsmächten der Einfluß Frankreichs bis zu diesem Zeitpunkt nicht gleichen Ranges mit dem seiner Partner: Es hatte die Bildung der gesamtdeutschen Staatssekretariate durch sein Veto verhindern können, doch es vermochte keine seiner Territorialforderungen durchzusetzen, solange es auf einer Vermittlerrolle zwischen den Sowjets und den »Angelsachsen« bestand. Selbst die Tatsache, daß die französischen Kommunisten als einflußreiche Regierungspartei sich diese Forderungen zu eigen machten, vermochte die ablehnende Haltung der Sowjets nicht zu erschüttern; Frankreichs einziger Teilerfolg, die Eingliederung der Saar in das französische Zollgebiet, wurde auf der Moskauer Konferenz vom März 1947 zwar von den Westmächten unterstützt, von den Sowjets aber nur geduldet.

Erst nachdem das Ausscheiden der Kommunisten aus der Pariser Regierung im Mai und die Ankündigung des Marshallplans im Juni die grundsätzliche Entscheidung Frankreichs für den »Westblock« gebracht hatte, erhielt es wesentlichen Einfluß auf die deutsche Gesamtentwicklung: Als unentbehrlicher Partner der Anglo-Amerikaner konnte es nun eigene positive Forderungen durchsetzen, mußte diese aber zugleich mit Rücksicht auf die westlichen Gesamtinteressen modifizieren. Das hieß praktisch, daß die Gedanken einer territorialen Abtrennung des linken Rheinufers und des Ruhrgebiets mit Rücksicht auf die Lebensfähigkeit des zu schaffenden westdeutschen Staates aufgegeben wurden und daß Frankreich sich grundsätzlich bereit erklärte, sein nach der vorläufigen Abtrennung der Saar verbleibendes Besatzungsgebiet in diesen Staat einzubringen. In den Vordergrund trat dafür wirtschaftlich das französische Verlangen nach garantiertem Zugang zu Kohlenlieferungen nicht nur aus der Saar, sondern auch aus der Ruhr, und politisch das Drängen auf Aufbau des neuen Staatsgebildes als loser Staatenbund mit möglichst schwacher Zentralgewalt. Die eine Forderung fand ihre Verwirklichung in der Gründung der »Internationalen Ruhrbehörde« mit weitgehenden Kontrollvollmachten über die deutsche Montanindustrie, die der Gründung der Bundesrepublik vorausging; die andere fand ihren Niederschlag in der konföderalen Konstruktion der für die Ausgabe der neuen Währung geschaffenen »Bank deutscher Länder« und in dem Plan, den neuen Staat aus einem Zusammenschluß der elf Länder der Westzonen hervorgehen zu lassen – mit der Einberufung der verfassunggebenden Versammlung durch die Ministerpräsidenten der Länder, mit ihrer Zusammensetzung aus Delegationen der Landtage und mit dem Inkrafttreten der Verfassung erst nach Zustimmung jedes einzelnen Landes.

Dieser Plan wurde Anfang 1948 von der Londoner Sechsmächtekonferenz entworfen, an der neben den drei westlichen Kontrollratsmächten erstmals die drei Beneluxstaaten teilnahmen, und in ihrem Auftrag von den drei westlichen Militärgouverneuren den 11 westdeutschen Ministerpräsidenten unterbreitet. Dieselben sechs Mächte wurden später auch Partnerstaaten der Internationalen Ruhrbehörde. Die neue Zusammensetzung beider Gremien war einerseits, wie die Sowjets bei Zusammentritt der Londoner Konferenz sofort erkannten, ein Zeichen des Entschlusses der Westmächte, in ihrem Teil Deutschlands ohne Rücksicht auf das sowjetische Veto selbständig zu handeln und damit die deutsche Teilung in Kauf zu nehmen; sie markiert andererseits die Zunahme des Einflusses Frankreichs und der kleineren westeuropäischen Staaten auf die westdeutsche Entwicklung als Folge dieses Entschlusses. Doch in den Auseinandersetzungen des folgenden Jahres zwischen den westlichen Besatzungsmächten und den deutschen Politikern hat sich das französische Konzept eines Staatenbundes trotz anfänglich weitgehender amerikanischer Unterstützung nicht durchzusetzen vermocht: Die bundesstaatliche Lösung, die schließlich zustande kam, gab der Zentralgewalt wesentlich größere Macht als Frankreich und, mindestens auf finanziellem Gebiet, auch die Vereinigten Staaten gewünscht hatten – ein Kompromiß mit den erstmals wirksam werdenden Forderungen großer Teile der deutschen öffentlichen Meinung, zu deren Sprecher sich vor allem die Sozialdemokratie unter Führung Kurt Schumachers gemacht hatte.

Daß die Besatzungsmächte diese Forderungen nicht mehr ignorieren konnten, lag in der Natur des Versuchs einer Staatsgründung auf demokratischer Grundlage. Vor allem aber ergab sich die Dringlichkeit einer breiten und entschlossenen Unterstützung durch die Deutschen aus der massiven Herausforderung, mit der die Sowjets im Sommer 1948 auf die westliche Währungsreform und das Projekt der Staatsgründung reagierten: der Blockade Berlins.

Die Sowjets hatten bereits im März den Alliierten Kontrollrat verlassen, um gegen die Londoner Konferenz und gegen die mangelnde Unterrichtung des Kontrollrats über deren Beschlüsse zu protestieren, und hatten seither durch wiederholte Behinderungen auf den Zufahrtswegen nach Berlin gezeigt, an welcher für die Westmächte empfindlichen Stelle sie den Gegenschlag vorbereiteten. Der unmittelbare Anlaß der Blockade war dann die Einführung der neuen »D-Mark West« in den Westsektoren Berlins, nachdem die Bemühungen der Westmächte, von den Sowjets eine Garantie ausreichender Versorgung dieser Sektoren mit der Ostwährung zu erhalten, gescheitert waren. Als in den folgenden Wochen die Botschafter der Westmächte bei Stalin und Molotow vorsprachen, um eine Beseitigung der »technischen Schwierigkeiten« auf der Autobahn nach Berlin zu erreichen, stellte sich bald heraus, daß Stalin dazu unter einer von zwei Bedingungen bereit war: Entweder sollten die Westmächte ihre Währung aus den Westsektoren Berlins zurückziehen, oder sie sollten die westdeutsche Staatsgründung in Erwartung der Ergebnisse einer neuen Viermächtekonferenz vertagen. Über die erste Forderung waren die Westmächte bereit zu verhandeln, solange die Sowjets bereit schienen, die notwendigen Garantien für die Versorgung dieser Sektoren mit der Ostwährung zu geben; doch die Probe zeigte, daß dies nicht der Fall war, so daß der Verzicht auf die Westwährung für die Westsektoren darauf hinausgelaufen wäre, den Sowjets das Abwürgen der Westberliner Wirtschaft auch ohne Blockade jederzeit zu ermöglichen und damit die Lage der Westmächte in Berlin unhaltbar zu machen. Die wirkliche Alternative, vor die Stalin den Westen mit der Blockade stellte, war also die, entweder aus Berlin zu weichen und ihre Unfähigkeit zum Schutz der Berliner Bevölkerung zu demonstrieren, die sich für westliche politische Institutionen entschieden hatte, oder die westdeutsche Staatsgründung *sine die* zu vertagen: In beiden Fällen wäre das Vertrauen der Deutschen im Westen in die Westmächte hoffnungslos untergraben, damit aber die Staatsgründung unmöglich gemacht und auch die neue Währung von vornherein erschüttert worden.

Die Blockade war, mit andern Worten, das Kernstück der Maßnahmen, mit denen Stalin zum letztenmal versuchte, das Anlaufen des Marshallplans und damit die Konsolidierung Westeuropas zu verhindern – Maßnahmen, zu denen auch die gleichzeitige Entfesselung einer Welle politischer Massenstreiks durch die Kommunisten Frankreichs und Italiens gehörte. Als am Ende des Winters 1948/49 klar wurde, daß dieser Versuch an der anglo-amerikanischen Luftbrücke und an der Haltung der Bevölkerung der Westsektoren Berlins gescheitert war, ließ Stalin diplomatische Schritte unternehmen, um den Konflikt zu liquidieren. Die Blockade wurde auf Grund der New Yorker Abmachungen am 12. Mai 1949 aufgehoben – am selben Tage, an dem das am 8. Mai beschlossene Grundgesetz der Bundesrepublik Deutschland von den Westmächten genehmigt wurde. Auf der Viermächtekonferenz von Paris, die nun *nach* der westdeutschen Staatsgründung stattfand, zeigte sich schnell, daß keine von beiden Seiten ernsthaft den Versuch machte, ihre Maximalforderungen für eine gesamtdeutsche Lösung durchzusetzen, und daß beide sich darauf konzentrierten, für die nunmehr getrennten Teile Deutschlands einen *modus vivendi* auszuhandeln. Die Gründung eines kommunistischen Staates, der Deutschen Demokratischen Republik, auf dem Boden der sowjetischen Besatzungszone im Oktober des gleichen Jahres war die logische Folge.

Die Zerreißung des Kerns des ehemaligen deutschen Reichsgebiets in zwei Teilstaaten war so Vollendung und Abschluß der Aufteilung des entmachteten Europas in die Machtsphären der beiden Supermächte. Die osteuropäischen Völker hatten bei dieser Aufteilung nicht aus eigenem Willen mitgewirkt; die westeuropäischen hatten sich unter dem doppelten Druck der sowjetischen Expansion und der wirtschaftlichen Not freiwillig für die atlantische Orientierung entschieden – teils schnell und eindeutig wie England, teils zögernd und mit Bedenken wie Frankreich. Die Sorge, daß ein geeint bleibendes Deutschland vom Konflikt der Siegermächte für seine Wiedererstarkung profitieren könne, war dabei eine wichtige Quelle solcher Bedenken gewesen; daß die Option für den Westblock im Effekt nun auch die Teilung Deutschlands nach sich zog, hat diese Option für Frankreich fraglos erleichtert.

Aber auch die Deutschen in den Westsektoren Berlins und in den Westzonen haben an der Entscheidung mitgewirkt, die zur Teilung Deutschlands führte – nicht, weil sie diese Teilung als solche wünschten, sondern weil sie der Chance der Wiedererrichtung politisch freier und wirtschaftlich stabiler Institutionen gegenüber allen anderen Erwägungen den Vorrang gaben. Das gilt für alle politischen Hauptströmungen außer ganz marginalen kommunistischen und rechtsneutralistischen Minderheiten und für alle repräsentativen Führer jener Jahre – für Kurt Schumacher nicht weniger als für Konrad Adenauer und Ernst Reuter. Dem einen mag dieser Entschluß leicht, dem andern bitter schwer gefallen sein – doch eine wirkliche Alternative sah keiner, nachdem die Entschlossenheit der Sowjets zur totalen Gleichschaltung ihres Besatzungsgebiets einmal deutlich geworden war: In diesem Sinne war die Entscheidung der Berliner Sozialdemokraten, die im Frühjahr 1946 die Zwangsfusion mit den Kommunisten verweigerten, das Vorspiel zur späteren westdeutschen Entscheidung für die Gründung der Bundesrepublik. Wohl erklärten die Väter des Grundgesetzes feierlich ihren Willen, den Teilstaat nur als Provisorium anzusehen und die Wiedervereinigung als höchstes nationales Ziel anzustreben. Doch die Erreichung dieses Ziels hing nicht von ihrem Willen allein ab.

II. Nicht, als ob die deutsche Teilung von 1949 nach dem Willen der Supermächte und der europäischen Nachbarstaaten in Ost und West schon unwiderruflich gewesen wäre: Während der nächsten sechs Jahre gab es noch einen gewissen diplomatischen Spielraum für alternative Lösungen der »deutschen Frage«, über dessen Größe die Deutungen freilich auch heute noch auseinandergehen. So gewiß die Grenze zwischen den beiden deutschen Teilstaaten aus der Militärgrenze der Übermächte und der von ihnen geführten Blöcke entstanden ist und von Anfang an mit ihr zusammenfiel, so waren doch diese Staaten selbst nicht von vornherein formell in entgegengesetzte militärische Blöcke integriert.

Die Unterscheidung, die hier gemacht wird, ist freilich für den Osten von geringerer Relevanz als für den Westen. Politisch unterlagen die Staaten des Sowjetblocks durch die disziplinäre Unterordnung der herrschenden kommunistischen Parteien unter die »führende Rolle der KPdSU« einer Form der Integration, zu der es im Westen keine Parallele gibt – total zu Stalins Lebzeiten und in wichtigen Teilaspekten auch darüber hinaus. Militärisch gab es im Osten bis 1955 kein umfassendes Bündnissystem, sondern nur ein Netz bilateraler Verträge – doch die Unterordnung der Einzelarmeen unter den sowjetischen Oberbefehl war damals detaillierter und einseitiger als später, und sie galt für die militärischen Formationen der DDR – ursprünglich die »Kasernierte Volkspolizei« – auch ohne Bündnisvertrag in besonders hohem Maße. Die Sowjets bedurften mithin keiner neuen Formen der Integration, um das Militärpotential der DDR für sich zu mobilisieren und gleichzeitig die eigene Kontrolle zu sichern.

Ganz anders war die Lage im Westen. Politisch beruhte die alliierte Kontrolle der Bundesrepublik auf den Beschränkungen ihrer Souveränität durch das Besatzungsstatut, wirtschaftlich auf der Existenz der Internationalen Ruhrbehörde – beides Formen offener, institutioneller Ungleichheit, die in einer Zusammenarbeit unter entwickelten Demokratien nicht lange würden fortbestehen können. Militärisch war die Bundesrepublik nach dem Willen der Alliierten wie ihrer Gründer unbewaffnet; der 1949 abgeschlossene Nordatlantikvertrag schützte auch sie, doch sie gehörte ihm nicht an. Von 1950 an wurde die Frage neuer Formen institutioneller Integration des Bonner Teilstaates in westeuropäische oder atlantische Organisationen zugleich von zwei Seiten her aktuell: durch den Wunsch der weitsichtigeren Politiker und Wirtschaftler Frankreichs, kurzfristige Formen der einseitigen Kontrolle Deutschlands durch dauerhafte Integration auf der Basis der Gleichberechtigung zu ersetzen – und durch das Drängen der amerikanischen Staatsführung auf einen deutschen Beitrag zur Verteidigung des Westens.

Die Wendung der europäisch orientierten, tragenden Mittelgruppen der Vierten Republik unter Führung von Jean Monnet und Robert Schuman zur Ersetzung von »Kontrolle« durch »Integration« ist zugleich die schöpferischste und die folgenreichste Entscheidung der französischen Nachkriegspolitik gegenüber Deutschland gewesen. Sie fiel anhand des Schuman-Plans für die Ersetzung der Internationalen Ruhrbehörde durch die Montanunion, der zum Vorbild für alle späteren Projekte funktionaler Integration Westeuropas geworden ist. Dabei waren sich seine Initiatoren durchaus bewußt, daß auch Integration eine Form der Kontrolle ist; und so gewiß eine solche Kontrolle auf der Grundlage der Gleichberechtigung grundsätzlich gegenseitige Kontrolle und gegen niemanden im besonderen gerichtet ist, so gewiß mußte sie in der Praxis eine spezifische Bedeutung für den Teilstaat an der Ostgrenze Westeuropas haben, indem sie seine Bindung an den Westen intensivierte und dauerhafter machte: Nicht zufällig wurden in der westdeutschen Diskussion der folgenden Jahre »Westintegration« und »Wiedervereinigung« einander als Alternativen gegenübergestellt – vom französischen Standpunkt ein Grund mehr für die Integration!

Das amerikanische Drängen auf einen Verteidigungsbeitrag der Bundesrepublik hatte seinen Ursprung großenteils in dem Mißverständnis, der Angriff Nordkoreas auf Südkorea im Sommer 1950 sei Stalins Generalprobe für eine militärische Großoffensive in Europa. Nichts, was wir heute wissen, spricht dafür, daß ein solcher Plan Stalins tatsächlich bestand; wahrscheinlich ist im Gegenteil, daß er dem nordkoreanischen Angriff nie zugestimmt hätte, wenn er eine Rückkehr amerikanischer Truppen als seine Folge erwartet hätte. Doch das amerikanische Mißverständnis war so ernsthaft, daß auch Frankreich, das eine deutsche Wiederbewaffnung gern so lange wie möglich vermieden hätte, sich dem Drängen nicht entziehen konnte: Es reagierte mit dem »Pleven-Plan« für eine »integrierte« europäische Armee im Rahmen der NATO. War der Schuman-Plan ein Akt staatsmännischer Vision gewesen, so war der ihm nur äußerlich nachgebildete Pleven-Plan kaum mehr als ein diplomatischer Trick. Armeen eignen sich nicht zur funktionalen Integration, weil die Wehrhoheit nun einmal ein Kernbestandteil politischer Souveränität ist; und tatsächlich war Frankreich auch nicht bereit, mehr als einen Teil der eigenen Streitkräfte in die national gemischten Einheiten der »Europäischen Verteidigungsgemeinschaft« zu integrieren. Die Folge war, daß der Plan den Deutschen keine wirkliche Gleichberechtigung bot, sondern sie als einzige von der direkten Vertretung im NATO-Rat auszuschließen suchte. Je mehr es umgekehrt den deutschen Vertretern in den folgenden schwierigen Verhandlungen gelang, den ursprünglichen französischen Plan in der Richtung der Gleichberechtigung zu modifizieren, desto stärker wurde der Widerstand in der französischen Öffentlichkeit gegen den Verlust an eigener Wehrhoheit – bis schließlich der fertige Vertrag 1954 in der französischen Nationalversammlung durch ein Bündnis der grundsätzlichen Gegner jeder deutschen Wiederbewaffnung mit den grundsätzlichen Gegnern jedes französischen Souveränitätsverzichts zu Fall gebracht wurde. Er bleibt bemerkenswert nur als ein Indiz dafür, wie stark auch bei vielen französischen Vertretern des Integrationsgedankens der Wunsch nach unzerreißbaren Bindungen der Bundesrepublik an den Westen gegenüber der Bereitschaft zur Gewährung von Gleichberechtigung im Vordergrund stand.

Für die Sowjets war die Aussicht auf die Bewaffnung deutscher Truppen im Rahmen der NATO nicht nur die Bestätigung ihrer schlimmsten Befürchtungen – sie brachte sie auch zur Erkenntnis des Preises, den sie für die Sowjetisierung des östlichen Teils Deutschlands zu zahlen haben würden. Ein Vierteljahrhundert lang war es, unter Lenin wie unter Stalin, eine Maxime sowjetischer Außenpolitik gewesen, den durch den Versailler Vertrag begründeten Gegensatz zwischen Deutschland und Westeuropa als Hebel zur Verhinderung einer »Einheitsfront der Imperialisten« zu nutzen – sei es durch Unterstützung der einen oder der anderen Seite. Doch nach 1945 hatte Stalins Politik wesentlich dazu beigetragen, den Hauptteil Deutschlands in eine gemeinsame Front mit den Westmächten zu drängen, die jetzt durch die Integration seines wirtschaftlichen und militärischen Potentials institutionalisiert zu werden drohte. War etwa die Teilung Deutschlands für die Sowjets in dem Sinne nachteilig, daß sie ihren Gegnern mehr Machtzuwachs zu bringen im Begriff war als ihnen selbst? Wie immer die Frage in Moskau beantwortet wurde, der Versuch schien der Mühe wert, die Eingliederung der Bundesrepublik in das westliche Bündnissystem durch bedingte Angebote einer Wiedervereinigung zu verhindern.

Das erste Angebot, von Otto Grotewohl als Ministerpräsident der DDR unterbreitet, sprach ausdrücklich von Wiedervereinigung auf der Grundlage gesamtdeutscher Wahlen und wurde vom Bundestag grundsätzlich unter der Voraussetzung akzeptiert, daß die Freiheit der Wahlen durch internationale Kontrolle gewährleistet sei. Es scheiterte an der Weigerung der DDR, einer von den Vereinten Nationen ernannten Kommission, die in beiden Teilen Deutschlands und Berlins die Voraussetzungen für freie Wahlen überprüfen sollte, die Einreise zu gestatten. Offenbar war Stalin zu diesem Zeitpunkt nicht bereit, zur Verhinderung der westdeutschen Bewaffnung die Existenz des eigenen Teilstaates aufs Spiel zu setzen.

Das zweite Angebot kam dann von Stalin selbst in seiner berühmten Note vom März 1952. Im Gegensatz zu einer noch heute verbreiteten Legende wiederholte diese Note *nicht* das Angebot gesamtdeutscher Wahlen, sondern sprach von der Bildung einer gesamtdeutschen Regierung, ohne die Form ihres Zustandekommens zu spezifizieren. Ihren Kern bildete vielmehr der Vorschlag der Grundzüge eines Friedensvertrages, unter dem das wiedervereinigte Deutschland eine auf 100 000 Mann beschränkte »Nationalarmee« würde aufbauen können, die sich jedoch an keinem gegen eine der Siegermächte gerichteten Bündnis beteiligen dürfe: Das wiedervereinigte Deutschland sollte also nicht nur nicht integriert, sondern ausdrücklich neutralisiert sein. Wie man sieht, verpflichtete Stalins Angebot, dank seiner Vagheit über den Weg der Vereinigung, den Absender im Fall seiner Annahme *nicht* zur Durchführung der Entscheidungen der nichtkommunistischen Mehrheit der Deutschen über den institutionellen Charakter des neuen Staates, also auch nicht zur Preisgabe der kommunistischen Machtstruktur in der DDR; allenfalls kann man sagen, daß es eine solche Preisgabe nicht von vornherein ausschloß. Die Wirkung auf die Mehrheit der bundesrepublikanischen Bevölkerung war daher wesentlich geringer, als manche rückblickende Betrachter heute anzunehmen geneigt sind – und es ist in der Tat fraglich, ob eine solche Wirkung der Hauptzweck der Note war. Die Konstruktion der Note ebenso wie die symbolische Wahl ihres Datums – am 13. Jahrestag der Rede, mit der Stalin 1939 zum erstenmal öffentlich die Möglichkeit einer Verständigung mit Hitler angedeutet hatte – legt vielmehr den Schluß nahe, daß Stalin vor allem die westliche, insbesondere französische Öffentlichkeit von der Bewaffnung der Bundesrepublik mit dem Argument abschrecken wollte, einen Wettbewerb um den deutschen Nationalismus könne er leichter gewinnen als der Westen. Doch auch im Westen war die Wirkung der Note zunächst eher, das Drängen auf die Integration des geteilten Deutschland als die einzig stabile Form einer Kontrolle der Deutschen zu verstärken.

So wurden die Bonner und Pariser Verträge noch im Mai 1952 von den Regierungen der drei Westmächte und der Bundesrepublik unterzeichnet. Neben dem Vertrag über die Bildung der Europäischen Verteidigungsgemeinschaft, also über einen deutschen Verteidigungsbeitrag im Rahmen des modifizierten Pleven-Plans, stand die Ersetzung des Besatzungsstatuts durch den »Deutschlandvertrag«, d. h. die grundsätzliche Anerkennung der Souveränität der Bundesrepublik unter Vorbehalt der Zuständigkeit der Alliierten für Berlin und für »Deutschland als Ganzes betreffende Fragen« gemäß dem Potsdamer Abkommen (sowie unter Vorbehalt des alliierten Rechts zu Notstandsmaßnahmen zum Schutz ihrer Truppen bis zum Erlaß entsprechender Notstandsgesetze durch die Bundesrepublik). Der Vertrag sollte bis zur Wiedervereinigung Deutschlands in Freiheit gelten und verpflichtete die Westmächte zur Unterstützung dieses Ziels – doch die Vorbehaltsrechte verankerten zugleich ihr Vetorecht für konkrete Maßnahmen auf dem Gebiet der innerdeutschen Beziehungen auch für die Zukunft. Auch nach dem Wortlaut der Verträge sollte die Eingliederung der

Bundesrepublik in das westliche Bündnissystem so dem doppelten Zweck dienen, dieses Bündnissystem gegenüber seinen östlichen Gegnern zu stärken und die kollektive westliche Kontrolle über mögliche deutsche Sonderaktionen – im Konflikt mit dem Osten oder in Vereinbarung mit ihm – aufrechtzuerhalten.

Die Unterzeichnung der Verträge war freilich noch nicht die Ratifikation: insofern war es für weitere sowjetische Gegenangebote noch nicht zu spät. Die weitestgehenden Fühler der Sowjets in dieser Richtung scheinen in der Tat im Frühjahr 1953, in den Monaten unmittelbar nach Stalins Tod, erfolgt zu sein, doch sie können einstweilen nur indirekt erschlossen werden – ein formelles sowjetisches Dokument liegt nicht vor. Wir wissen jedoch nicht nur, daß Beria nach seinem Sturz Ende Juni 1953 beschuldigt wurde (und in Moskau und Ostberlin bis heute beschuldigt wird), er habe in jenen Monaten die DDR und ihre »sozialistischen Errungenschaften« an den Westen verkaufen wollen; wir wissen auch, daß der damalige sowjetische Hochkommissar Semjonow Anfang Juni von einem Heimataufenthalt nach Ostberlin mit Instruktionen zurückkehrte, die führende SED-Funktionäre veranlaßten, intern mit der Möglichkeit »einer Rückkehr in die Opposition oder gar in die Illegalität« zu rechnen; und wir wissen schließlich, daß Semjonow nach dem Sturz Berias nicht gemaßregelt wurde – daß er also im Auftrag der damaligen Mehrheit der kollektiven Führung und nicht im Einzelauftrag Berias gehandelt haben muß. Der Schluß scheint zwingend, daß die Regierung Malenkow, die von dem Ausmaß der von Stalin ererbten wirtschaftlichen und politischen Spannungen zunächst überwältigt war und öffentlich von der Lösbarkeit aller diplomatischen Streitfragen sprach, damals tatsächlich bereit war, über die deutsche Wiedervereinigung in Freiheit, also über die Preisgabe der DDR, zu verhandeln, um die Bewaffnung der Bundesrepublik im Rahmen der NATO zu verhindern; und die Unterhausrede, in der Winston Churchill, zum letztenmal englischer Premierminister, im Mai 1953 von einer »Locarno-Lösung«, d. h. einem System gegenseitiger Garantien, für ein vereinigtes Deutschland als einer möglichen Alternative zur Eingliederung Teildeutschlands in die NATO sprach, scheint darauf hinzudeuten, daß er von solchen Moskauer Erwägungen Kenntnis hatte.

Doch wenn derartige sowjetische Fühler damals stattgefunden haben, so war Churchills positive Reaktion eine Ausnahme innerhalb des westlichen Lagers. Seine Anregung wäre darauf hinausgelaufen, die bereits unterzeichneten, wenn auch noch nicht in Kraft getretenen Verträge erneut in Frage zu stellen – und das schien weder dem neuen amerikanischen Außenminister Dulles noch dem deutschen Bundeskanzler Adenauer, noch den französischen »Europäern« akzeptabel. Auch Churchills eigenes Außenministerium unter Anthony Eden war erkennbar skeptisch, und nach einer Erkrankung des Premiers wurde der Gedanke nicht weiter verfolgt. Für große Teile der westlichen Öffentlichkeit, insbesondere der Öffentlichkeit Westeuropas, war die Wiederherstellung der deutschen Einheit nicht wünschenswert; für viele andere war sie jedenfalls nicht wünschenswert genug, um auf den westdeutschen Verteidigungsbeitrag zu verzichten. Vor dem Hintergrund dieser westlichen Haltung scheint der Aufstand vom 17. Juni in der DDR, der die Gefahren einer Unsicherheit der Führung dramatisch demonstrierte, dann die Mehrheit des sowjetischen Parteipräsidiums mit Malenkow an der Spitze veranlaßt zu haben, das Angebot fallenzulassen und Beria die Alleinverantwortung für die gescheiterte Politik zuzuschieben.

Als die von Churchill gewünschte Viermächtekonferenz schließlich Anfang 1954 in Berlin zusammentrat, war die Lage völlig verändert. Die Sowjets glaubten nichts mehr bieten zu müssen, weil die Verträge ohnehin zum Scheitern in der französischen Nationalversammlung bestimmt schienen. Die Westmächte verlangten auch für ein wiedervereinigtes Deutschland die Freiheit, sich mit dem Westen zu verbünden, und boten allenfalls für diesen Fall die Schaffung einer entmilitarisierten Zone im östlichen Deutschland an. Die Konferenz öffnete den Weg zum österreichischen Staatsvertrag und zu der Genfer Indochinakonfernz des gleichen Jahres; in der deutschen Frage, die offiziell ihr Hauptthema bildete, blieb sie belanglos.

Nachdem dann die in Paris erdachte »Europäische Verteidigungsgemeinschaft« in Paris zu Grabe getragen worden war, trat mit der in London im Oktober 1954 von Eden und Mendès-France initiierten Alternativlösung für die direkte Eingliederung der Bundesrepublik in die NATO eine letzte dramatische Wendung ein. Die Sowjets mußten erkennen, daß der neue Vertrag in Paris eine Mehrheit finden würde, weil er Frankreichs militärische Souveränität nicht beeinträchtigte, und daß er zugleich den Widerstand in der Bundesrepublik verringerte, weil er dem deutschen Verlangen nach Gleichberechtigung entgegenkam. Nun plötzlich kamen neue sowjetische Noten, die eine Lösung der deutschen Frage im Rahmen eines »europäischen Sicherheitssystems« anboten. Doch so sehr nun auch die Westmächte, mit den Amerikanern voran, aufgrund der Entwicklung der Wasserstoffbombe an einer neuen Viererkonferenz auf höchster Ebene interessiert waren, so wenig waren sie jetzt noch bereit, die endlich greifbar nahe Ratifizierung der Verträge mit der Bundesrepublik bis zu einer solchen Konferenz erneut zu verschieben. Die Diskussion hatte sich schon zu lange hingezogen, die politische Investition aller Beteiligten in dem Projekt war zu hoch, das erneute sowjetische Angebot in letzter Stunde schien allzu unglaubwürdig – und die Ratifizierung wurde in wenigen Monaten überall gegen ermüdete Oppositionen vollzogen.

Als dann im Sommer 1955 die Genfer Gipfelkonferenz zusammentrat, da waren Bündnisvertrag und Deutschlandvertrag in Kraft – und der Sowjetblock hatte demonstrativ mit dem Abschluß des Warschauer Paktes geantwortet, dem die DDR als Gründungsmitglied angehörte (wenngleich sie erst Anfang 1956, nach der offiziellen Umbenennung ihrer Streitkräfte in »Nationale Volksarmee«, einen Sitz im gemeinsamen Oberkommando erhielt). Vor dem Hintergrund der grundsätzlich entschiedenen Integrierung beider deutscher Teilstaaten in die entgegengesetzten Militärblöcke scheiterte jede Diskussion über »europäische Sicherheit« und »deutsche Wiedervereinigung« schon an der Prozedurfrage, welches Thema den Vorrang haben sollte; und die schließliche Einigung über eine Direktive an die nachfolgende Konferenz der vier Außenminister, beide Fragen parallel zu diskutieren, erwies sich bald als bloße Geste. Die Sowjets hatten ihr wohl nur zugestimmt, um das informelle, aber allein substantielle Ergebnis des Gipfeltreffens – die Erkenntnis jeder der beiden Supermächte, daß auch ihr Gegenspieler die Implikationen des Gleichgewichts des Schreckens begriffen hatte und daher nicht absichtlich einen Weltkrieg beginnen würde – nicht durch einen unharmonischen Ausklang übertönen zu lassen.

Die wirkliche Haltung der Sowjets enthüllte N. S. Chruschtschow dann auf seiner Rückreise von Genf in einer Rede in Ost-Berlin. Zum erstenmal erklärte er eindeutig, die Frage der deutschen Wiedervereinigung sei kein Gegenstand für weitere Verhandlungen der Großmächte, sondern ausschließlich Angelegenheit der beiden deutschen Staaten; die Zukunft der DDR sei für die Sowjetunion grundsätzlich kein Handelsobjekt. Diese Ankündigung verurteilte nicht nur die bevorstehende Konferenz der vier Außenminister im voraus zur Fruchtlosigkeit – sie markierte eine dauerhafte Verhärtung der sowjetischen Politik in der deutschen Frage. Tatsächlich ist die Frage der deutschen Teilung oder Wiedervereinigung seit 1955 nicht mehr Gegenstand einer internationalen Konferenz gewesen – auch dann nicht, wenn Konflikte in und um Deutschland die Großmächte zu solchen Konferenzen führten.

Die Entscheidung, die »deutsche Frage« von der Tagesordnung der internationalen Diplomatie zu streichen und die Teilung als eine »Realität« zu deklarieren, mit der Deutsche und Nichtdeutsche sich abzufinden hätten, ist so von den Sowjets getroffen worden. Doch sie wurde getroffen aufgrund der Entscheidung über die militärische Westintegration der Bundesrepublik. Wieweit es zu dieser letzten zwischen 1949 und 1955 reale Alternativen gab, ist bis heute umstritten. Daß es seither keine gegeben hat, ist gewiß.

III. Für die überwiegende Mehrheit der Europäer in Ost und West ist dieses Einfrieren der deutschen Teilung zunächst ein Anlaß zur Beruhigung, wenn nicht zur Genugtuung gewesen – ein Element faktischer Sicherheit und Stabilität in einer Welt ohne rechtlich gesicherte Friedensordnung. Doch dies konnte uneingeschränkt nur gelten, solange und soweit auch die Teilung Europas fraglos als gegeben hingenommen wurde. Sobald erst die Völker Osteuropas, dann aber auch ein Teil der Westeuropäer die Teilung des Kontinents in feindliche Militärblöcke unter der Vorherrschaft der Übermächte als Fessel der eigenen Bewegungsfreiheit empfanden, mußten sie früher oder später erkennen, daß die Teilung Deutschlands der Knoten an jener Fessel war: Durch die permanente Stationierung russischer und amerikanischer Truppen auf beiden Seiten der innerdeutschen Demarkationslinie war die deutsche Teilung, ursprünglich als Schlußstück der Teilung Europas entstanden, zu ihrem machtpolitischen Kernstück geworden.

Die Diskussion der deutschen Frage unter diesem Gesichtspunkt begann in der internationalen Öffentlichkeit unter dem Eindruck der Entstalinisierungskrise von 1956 in Osteuropa und insbesondere der Passivität des Westens bei der Niederschlagung des ungarischen Volksaufstandes durch die Sowjets, die in so krassem Gegensatz zu der Ankündigung einer Politik der »Befreiung« der osteuropäischen Völker im vorhergehenden amerikanischen Wahlkampf durch den nunmehrigen Außenminister Dulles stand. Ein wenig politische Überlegung mußte zeigen, daß ein Verzicht der Sowjets auf vorgeschobene europäische Machtpositionen ohne Krieg wenn überhaupt, dann nur um den Preis einer entsprechenden Zurücknahme der amerikanischen Machtpositionen zu erreichen war; und ein »neutraler Gürtel« in Mitteleuropa, wie er dem glücklosen Imre Nagy vorgeschwebt hatte, konnte die gegnerischen Blöcke nur trennen, wenn er beide Teile Deutschlands – und das hieß damals in Perspektive ein wiedervereinigtes Deutschland – einschloß. Die Diskussion über ein »Auseinanderrücken« der Blöcke, die nun von George Kennan begonnen wurde und vor allem auf der englischen (und natürlich der westdeutschen) Linken ein starkes Echo fand, war so eine direkte Folge der enttäuschten Hoffnungen des Oktobers 1956. Doch keine der westlichen Regierungen zeigte damals Interesse an so riskanten Plänen, und ebenso waren die Sowjets nun fest entschlossen, ihr unruhiges Imperium wenn nötig mit Gewalt zusammenzuhalten. Auch der damals zuerst von Polen mit sowjetischer Billigung vorgeschlagene »Rapacki-Plan« sah ja kein echtes »disengagement«, keine politische Freigabe einer blockfreien Zone, sondern nur eine atomwaffenfreie Zone zu beiden Seiten der unveränderten Blockgrenze vor – ein Vorschlag, der beim damaligen Verhältnis der konventionellen Truppenstärken klar darauf hinauslief, die Stellung der amerikanischen Streitkräfte in Mitteleuropa einseitig unhaltbar zu machen.

In der Tat fiel der Höhepunkt dieser Debatten im Westen in eine Zeit, in der die sowjetische Führung unter Chruschtschow die Entstalinisierungskrise bereits überwunden hatte und sich unter dem Eindruck der erfolgreichen Lancierung des ersten Sputniks und der ersten interkontinentalen Raketen nicht auf die Preisgabe vorgeschobener Positionen, sondern im Gegenteil auf eine weltpolitische Großoffensive vorbereitete. Die Krise, die mit Chruschtschows Berlin-Ultimatum im November 1958 eingeleitet wurde und erst vier Jahre später mit dem Abzug der sowjetischen Raketen aus Kuba endete, drehte sich gewiß nicht nur um Berlin, sondern um die Zukunft Deutschlands – doch diesmal ging es den Sowjets im Kern darum, durch Erzwingung eines alliierten Rückzuges die Bundesrepublik politisch zu demoralisieren und ohne politische Gegenleistung aus dem westlichen Bündnis herauszusprengen. Noch einmal sollte, wie zur Zeit von Stalins Blockade, durch Druck auf die geographisch gefährdetste Position des Westens mit einem Schlag die sowjetische Position in Mitteleuropa konsolidiert und die amerikanische liquidiert werden. Bei dieser Zielsetzung war es kein Wunder, daß in den diplomatischen Konferenzen dieser Krisenjahre zwar viel von Deutschland und Berlin, aber nie von der Überwindung der deutschen Teilung die Rede war – und auch aus der öffentlichen Diskussion verschwand das Thema in dieser Zeit mehr und mehr.

Doch mit der Entspannung, die dem Scheitern von Chruschtschows Offensive folgte, trat noch einmal ein grundsätzlicher Wandel des internationalen Klimas ein. Die Niederlage der Sowjets, ihr nun offen hervortretender Konflikt mit dem kommunistischen China und die Anzeichen einer Lockerung der Blockdisziplin in Osteuropa schienen vielen westlichen Beobachtern über das Ende der akuten Krise hinaus ein Ende der langfristigen Bedrohung aus dem Osten zu verheißen und eine Ausnutzung der Entspannungsphase für konstruktive Initiativen zur Überwindung des Ost-West-Konflikts und damit auch der Teilung Europas möglich zu machen. Mit der Ermordung Präsident Kennedys und der wachsenden Verwicklung der Vereinigten Staaten in Vietnam schwand jedoch die Hoffnung, daß solche Initiativen von Washington ausgehen würden, und wuchs die Sorge vieler Europäer in Ost und West, die Supermächte könnten sich gerade im Zeichen der Abschwächung ihres Konflikts auf Kosten ihrer europäischen Verbündeten verständigen und sich in einer derart »entschärften« Teilung des Kontinents häuslich einrichten. Je mehr nun auch die bilateralen Kontakte zwischen ost- und westeuropäischen Staaten über die Blockgrenzen hinweg zunahmen, desto vernehmlicher wurde der Ruf, die Europäer zwischen Atlantik und russischer Grenze sollten eigene Initiativen entwickeln, um sich von der nunmehr überholten Vormundschaft der Randmächte zu emanzipieren und die Selbständigkeit und Einheit des alten Kontinents wiederherzustellen.

In der Person General de Gaulles bot sich zum erstenmal ein westlicher Staats- und Regierungschef als Champion für diese Bestrebungen an; und sein scharfer Gegensatz zu den amerikanischen Vorstellungen über die nukleare Zusammenarbeit im atlantischen Bündnis ebenso wie sein Wunsch, Frankreich und Westeuropa vor dem Risiko einer Hineinziehung in den Vietnamkrieg zu bewahren, brachten es mit sich, daß er seine Initiativen für eine selbständige europäische Politik zunächst im Konflikt mit den USA und im direkten Gespräch mit den sowjetischen Führern zu entwickeln suchte – so gewiß er sich im klaren sein mußte, daß die schließliche Errichtung eines neuen Systems europäischer Sicherheit nur mit der aktiven Teilnahme und Zustimmung der westlichen Schutzmacht würde gelingen können. Der französische Präsident ließ dabei keinen Zweifel, daß eine Überwindung der europäischen Teilung auch eine dauerhafte Lösung der deutschen Frage erfordern würde. Doch er suchte dieses schwierigste Problem an das Ende des von ihm angestrebten Annäherungsprozesses zu stellen und legte sich einstweilen weder auf die Anerkennung des ostdeutschen Teilstaates in seiner bestehenden Form noch auf die Wiedervereinigung in Freiheit im Sinne der westdeutschen Wünsche fest. Eher scheint ihm eine schrittweise Annäherung der beiden deutschen Staaten in einem neuen europäischen Rahmen bis zu einer schließlichen losen Konföderation der Bundesrepublik mit einer etwas gewandelten DDR vorgeschwebt zu haben.

Im Osten hatte inzwischen Rumänien die Schwächung von Chruschtschows Autorität und die Zuspitzung des sino-sowjetischen Konflikts genutzt, um seine diplomatische Bewegungsfreiheit im Rahmen des Bündnisses erheblich zu vergrößern; und nach Chruschtschows Sturz im Oktober 1964 mußten seine Nachfolger mit der Gefahr rechnen, daß dieses Beispiel Schule machen werde. Doch die amerikanische Präokkupation mit Vietnam, die demonstrative Verselbständigung Frankreichs und die Unbeweglichkeit der Bundesrepublik in einer in Fluß geratenen europäischen Situation gaben den sowjetischen Führern die Chance, mit dem gleichen Schachzug die Selbständigkeitsbestrebungen im eigenen Lager aufzufangen und die Initiative in der europäischen Politik zurückzugewinnen: Mit der Bukarester Erklärung des Warschauer Paktes vom Juli 1966 machten sie sich die Losung einer Überwindung der Teilung Europas in feindliche Blöcke zu eigen – freilich auf der Grundlage der Sicherung des territorialen Status quo einschließlich der deutschen Teilung und unter dem stillschweigenden Vorbehalt eines Fortbestehens des Netzes bilateraler Bündnispakte unter den kommunistischen Staaten Osteuropas auch nach der formellen Auflösung des Warschauer Pakts. In der Praxis hätte die Verwirklichung dieses Plans die sowjetische Vorherrschaft auf dem europäischen Kontinent nach dem einseitigen Abzug der Amerikaner gesichert, und dies war für keine westliche Regierung akzeptabel – auch nicht für de Gaulle; doch für die politische Optik schienen die Sowjets nun gemeinsam mit de Gaulle für die Überwindung der unpopulären Blockpolitik einzutreten, während die »Angelsachsen« sie aufrechterhalten wollten – und mit ihr die Teilung Europas.

Dieser taktische Erfolg der Sowjets erwies sich jedoch alsbald als fragwürdig, als die Bundesrepublik sich an der Wende 1966/67 aus der diplomatischen Erstarrung löste und mit ihrer »neuen Ostpolitik« auch ihrerseits einen Beitrag zur Lockerung und schließlichen

Überwindung der feindlichen Machtblöcke in Europa anbot. Noch Ende 1964 waren die Bemühungen Bonns, neue Viermächtegespräche über die deutsche Frage zustande zu bringen, selbst bei den eigenen Verbündeten auf totalen Mangel an Interesse gestoßen; und im Laufe des Jahres 1966 hatten sich die Anstrengungen der französischen und amerikanischen Diplomatie, zu besseren Beziehungen mit den Sowjets zu kommen, geradezu zu einem Wettlauf nach Moskau über Bonn hinweg entwickelt. Doch sobald die neue Bundesregierung der Großen Koalition glaubhaft ihren Willen zu erkennen gab, durch Verbesserung ihrer Beziehungen zur Sowjetunion und zu den osteuropäischen Nachbarn Deutschlands auch ihrerseits zur Ost-West-Entspannung beizutragen, wurde nicht nur die Gefahr der Selbstisolierung Bonns von seinen Verbündeten gebannt – auch das erste Echo im Ostblock war stark und positiv. Der raschen Aufnahme diplomatischer Beziehungen zwischen der Bundesrepublik und Rumänien folgten Anzeichen lebhaften Interesses in Ungarn, Bulgarien und der Tschechoslowakei; und die Sowjets, die bislang gewohnt waren, die gemeinsame Furcht der Osteuropäer vor dem deutschen »Revanchismus und Revisionismus« als den stärksten Zement ihres Bündnissystems anzusehen, mußten nun ihre ganze Autorität einsetzen, um die gemeinsame Front gegen Bonn aufrechtzuerhalten und eine Isolierung der exponierten DDR zu vermeiden. Kurz, die Losung einer Überwindung der Teilung Europas in feindliche Blöcke erwies sich für die Sowjets in dem Augenblick als gefährlich, da die Bundesrepublik die ersten Schritte tat, um sie sich zu eigen zu machen – und tatsächlich ist die Losung von Moskau nach dem Frühjahr 1967 nicht mehr propagiert worden.

Doch die sowjetische Führung konnte nicht verhindern, daß die neue Bonner Politik in weiten Teilen der osteuropäischen Öffentlichkeit Hoffnungen auf eine Ära größerer außenpolitischer Bewegungsfreiheit und innenpolitischer Auflockerung erweckte; und gerade der Erfüllung dieser Hoffnungen mußte sich die in Moskau regierende Oligarchie konservativer Bürokraten in ihrer Furcht vor jeder spontanen Veränderung im Block oder in der Sowjetunion selbst widersetzen. Wie sehr diese Führung nun durch ihre Sorge um die eigene ideologische Sicherheit in die Defensive gedrängt war, das zeigte sich 1968 nach dem Führungswechsel in der Kommunistischen Partei der Tschechoslowakei. Das Experiment der Prager Reformkommunisten war die hoffnungsvollste Frucht der Entspannungsphase in Europa: Es war ein konsequenter Versuch, im Rahmen der Loyalität zum Warschauer Pakt und zum Prinzip der Einparteiherrschaft den Spielraum individueller Freiheit, sachlicher Diskussion und wirtschaftlicher, kultureller und persönlicher Ost-West-Kontakte zu erweitern. Der Versuch verlief innerpolitisch ohne Gefährdung der Stabilität des Regimes und wurde vom Westen vorsichtig und ohne Einmischung begrüßt. Doch er war für die Sowjets und ihre exponierten ostdeutschen und polnischen Verbündeten nicht tolerierbar – weil sie die »Infektion« des eigenen Regimes durch den tschechoslowakischen »Liberalismus« fürchteten, und weil sie früher oder später eine Durchbrechung der gemeinsamen diplomatischen Front gegen die Bundesrepublik durch die »mitteleuropäische« Orientierung der Prager Führung erwarteten. Nachdem alle anderen Druckmittel erschöpft waren, griffen sie in der Nacht vom 20. zum 21. August zur *ultima ratio* der militärischen Besetzung und rechtfertigten ihre Aktion nachträglich durch die Doktrin vom Vorrang der Blockinteressen gegenüber der Souveränität der Mitgliedsländer. Mit dieser Aktion legte sich die Sowjetunion vor aller Welt auf die Aufrechterhaltung der Teilung Europas auf der Grundlage des *Status quo* fest; mit ihrer widerstandslosen Hinnahme bestätigten die Westmächte, daß Teilung und *Status quo* gegen den Willen der Sowjetunion weder aufgehoben noch auch nur gelockert werden konnten. Die Hoffnung auf eine Alternative zur europäischen Teilung, aus der Entspannung nach Chruschtschows Niederlage in Kuba geboren, wurde in der erneuten Verhärtung der Fronten nach Breschnews »Sieg« in Prag begraben.

Moskaus Furcht vor einer Isolierung und Schwächung der DDR war einer der Hauptgründe für die militärische Intervention in der Tschechoslowakei gewesen; die Überzeugung der sowjetischen Führung von der Lebenswichtigkeit ihres Interesses an der Aufrechterhaltung der deutschen Teilung hatte sich so noch einmal als Zement der europäischen Teilung erwiesen. Für die Deutschen in der Bundesrepublik ergab sich daraus die bittere Erkenntnis, daß eine Überwindung der deutschen Teilung auch im Rahmen einer umfassenden europäischen Neuregelung auf politisch absehbare Zeit unmöglich scheint: Die Wendung eines wachsenden Teils der westdeutschen öffentlichen Meinung, und ihr folgend der Bonner Regierungspolitik, zur »Anerkennung der Realitäten« auch in der deutschen Frage ist so die logische Folge der tschechoslowakischen Tragödie. Für die Westeuropäer im allgemeinen ergibt sich aus den gleichen Ereignissen die Unersetzlichkeit des atlantischen Bündnisses und insbesondere der amerikanischen Präsenz auf lange Frist – und für die Sowjets die Notwendigkeit, beide als Preis der Aufrechterhaltung der eigenen Machtsphäre in Osteuropa zu akzeptieren.

IV. Im Laufe des Vierteljahrhunderts, das seit dem Ende des Zweiten Weltkriegs vergangen ist, hat die deutsche Teilung sich als Kern einer stabilen machtpolitischen Ordnung Europas erwiesen. Diese Ordnung ist die Teilung Europas in die Machtsphären der Supermächte – in der Sprache de Gaulles »das System von Jalta«. Sie ist freilich, wie gerade die Erfahrung der letzten Jahre gezeigt hat, ebenso asymmetrisch wie die Supermächte von ungleicher Natur sind: Sie hat es de Gaulle erlaubt, die integrierte Militärorganisation des Nordatlantikvertrages zu verlassen und den Amerikanern ihre Basen in Frankreich zu kündigen, doch sie sanktioniert die periodische Niederschlagung der Selbständigkeitsbestrebungen der osteuropäischen Völker und selbst ihrer kommunistischen Regierungen durch die Sowjets. Um diesen Preis hat sie geholfen, den nuklearen Krieg der Weltmächte zu verhindern, der bei einer bewaffneten Überschreitung der europäischen Blockgrenzen unvermeidlich schien. Nach der Besetzung der Tschechoslowakei und der Verkündung der Breschnew-Doktrin, nach dem Abtreten de Gaulles und der Bonner Wendung zur Anerkennung des Status quo erscheint diese harte, aber klare Ordnung gefestigter denn je.

Und dennoch sind die Grundlagen dieser Ordnung neuerdings zunehmend in Frage gestellt worden – nicht von innen, aber von außen her. Die Supermächte, die Europa beherrschen, werden mehr und mehr von neuen Problemen bedrängt, die einmal der Entwicklung Chinas zu einem selbständigen Faktor in der Weltpolitik, zum andern der inneren gesellschaftlichen Entwicklung der beiden bisherigen Antagonisten entspringen und die früher oder später die Rangordnung ihrer Prioritäten verändern müssen. Auf amerikanischer Seite war die vorzeitige Sorge vor einer gewaltsamen Expansion Chinas in Südostasien ein Hauptgrund für das massive Eingreifen in Vietnam; und der Vietnamkrieg hat die amerikanische Handlungsfähigkeit in Europa nicht nur zeitweise direkt beeinträchtigt, sondern hat auch entscheidend zu der antimilitaristischen Reaktion eines großen Teils der amerikanischen Öffentlichkeit beigetragen, die sich seither als Druck auf Verringerung der Rüstungslasten im allgemeinen und der in Europa stationierten Garnisonen im besonderen auswirkt. Die sowjetische Führung hat zunächst, in richtiger Einschätzung der zeitweisen außenpolitischen Lähmung Chinas durch die Wirren der Kulturrevolution, am Vorrang ihrer europäischen Interessen festgehalten und hat auch auf die wachsende Unruhe einer sich modernisierenden Gesellschaft zunächst mit einem verstärkten Einsatz staatlicher Machtmittel – in Osteuropa wie im eigenen Lande – reagiert. Doch die Rückkehr Chinas in die Weltpolitik nach dem Abschluß der Kulturrevolution hat sich prompt in einer Verschärfung des russisch-chinesischen Grenzkonflikts und damit in der Bindung größerer sowjetischer Kräfte im Fernen Osten ausgewirkt; und die inneren Probleme der Sowjetunion werden in Zukunft ebenfalls einen verstärkten Einsatz an politischen und wirtschaftlichen Energien und Hilfsquellen erfordern, auch wenn das Tempo dieses Prozesses sich heute nicht vorausberechnen läßt.

Eine künftige Verringerung der militärischen Präsenz beider Supermächte in Europa erscheint so als gewiß; doch die für die Zukunft Europas vielleicht entscheidende Frage, ob sie auf beiden Seiten im gleichen Tempo und Ausmaß aufgrund von Abkommen oder zunächst in mehr oder minder einseitiger Vorwegnahme durch die Amerikaner erfolgen wird, liegt Anfang 1970 noch völlig im ungewissen. Im Zeichen dieser Ungewißheit und der sowjetischen Besetzung der Tschechoslowakei ist die Stimmung der Westeuropäer abermals vom Wunsch nach größerer Unabhängigkeit gegenüber den Vereinigten Staaten zur Sorge vor ihrem einseitigen Abzug umgeschlagen, und die Frage, wieweit ein einiges Westeuropa dem sowjetischen Druck aus eigener Kraft Widerstand leisten könnte, hat erneute Aktualität gewonnen. Es sind nicht zuletzt diese Überlegungen, die dem neuen Anlauf, den die westeuropäische Integrationsbewegung seit dem Abgang de Gaulles genommen hat, seine Dringlichkeit geben; und es ist gewiß kein Zufall, daß eine Regierung der Bundesrepublik, deren Ostpolitik in der neuen Lage mehr ein Abschreiben unwiederbringlicher Verluste und eine Anpassung an harte Gegebenheiten als einen Versuch der Überwindung der Blockgrenzen bedeutet, an diesen Integrationsbestrebungen führenden Anteil nimmt.

So ist es in der neuen Weltlage zwar fraglich, ob die Teilung Europas in Machtsphären der Supermächte weiterhin eine stabile Ordnung garantieren wird – doch die Alternative, die sich abzeichnet, ist nicht die Wiederherstellung der europäischen und mit ihr der deutschen Einheit, sondern entweder die Wiederkehr jener Gefahr der sowjetischen Vorherrschaft auf dem ganzen Kontinent, die in den ersten Nachkriegsjahren mit amerikanischer Hilfe gebannt wurde, oder die Selbstbehauptung Westeuropas aus vorwiegend eigener Kraft mit dem Versprechen amerikanischen Beistands für den Ernstfall im Hintergrund. Die deutsche Teilung aber wird in jedem Falle dauern, solange das sowjetische Imperium in Osteuropa besteht. Und selbst wenn eines Tages die sowjetische Präsenz in Osteuropa unter dem Zwang neuer Probleme verschwände und die Deutschen der DDR zusammen mit den andern Osteuropäern ihre Freiheit wiedererlangten, so wäre die Wiedervereinigung aller Deutschen in einem Staat keineswegs gewiß. Denn weder läßt sich voraussehen, ob die Menschen, die in zwei so radikal verschiedenen Teilstaaten gelebt haben, dann einen Weg zum Zusammenleben in *einer* staatlichen Ordnung finden würden – noch ob die Nachbarvölker dann zusammen mit ihnen ein neues europäisches System schaffen könnten, das stabil genug wäre, ein ungeteiltes Deutschland wirksam zu integrieren.

2. Europas Eigenart – Europas Zwangslage – Europas Chancen

Im Zeichen der zeitweise akuten Zuspitzung des Konflikts zwischen den Supermächten, der an der Wende von den siebziger zu den achtziger Jahren die Entspannungshoffnungen ablöste, hat sich die Diskussion über die Rolle Europas neu belebt. Heute wird mehr als noch vor einigen Jahren nicht nur über Westeuropa und Osteuropa, sondern über Europa gesprochen: Es ist deutlich geworden, wie viele Europäer auf beiden Seiten der Grenze, die politische und gesellschaftliche Systeme ebenso wie Bündnissysteme trennt, auf die weltpolitische Krise nicht oder doch nicht *nur* mit der Parteinahme für die westliche oder östliche Führungsmacht, sondern mit einer gemeinsamen Besorgnis vor der gemeinsamen Vernichtung im Fall eines kriegerischen Zusammenstoßes reagieren.

Mit dem Bewußtsein der Gemeinsamkeit der Gefahr ist auch das Bewußtsein der gemeinsamen historischen und kulturellen Substanz der europäischen Völker wiederbelebt worden – und auch die Diskussion darüber, welche der Supermächte von heute dieser gemeinsamen Substanz näher steht. Zugleich ist die Frage brennend geworden, wieweit die Europäer gezwungen sind, bloße ausgelieferte Objekte des existenzgefährdenden Konflikts zu bleiben, und wieweit sie eine Chance haben, ihr Schicksal zu beeinflussen. Dieses Thema der Rolle Europas soll hier nicht auf der Ebene der Tagespolitik behandelt werden; vielmehr werden die Fragen nach Europas Eigenart, Europas Zwangslage und Europas Chancen im Zusammenhang gestellt.

Europas Eigenart

Europa ist primär kein geographischer, sondern ein historischer und kultureller Begriff. Es ist die Geburtsstätte unserer westlichen Zivilisation, die auch zur Geburtsstätte der modernen Welt mit allen ihren schöpferischen Leistungen, aber auch all ihren zerstörerischen Gefahren geworden ist.

Hier in Europa sind im frühen Mittelalter das Erbe der klassischen Antike und der damals neue Beitrag der westlichen, katholischen Form des Christentums, aber auch die Einflüsse der bisher barbarischen germanischen und keltischen Völker zu einer neuen Kultur verschmolzen worden, die durch die Vielfalt ihrer Institutionen den Menschen einen einzigartigen Freiheitsspielraum und durch die Eigenart ihrer grundlegenden Werte einen einzigartigen Antrieb für immer neue Veränderungen gab. Der besondere Spielraum der Institutionen beginnt schon mit dem Dualismus von geistlicher und weltlicher Gewalt, von Kaiser und Papst, der die Entwicklung autonomer Vielfalt erleichterte. Er äußerte sich in der weit gestreuten Entwicklung von Städten, die nicht nur Residenz-, Garnison-, Verwaltungs- und Klientenstädte waren, wie in anderen Kontinenten, sondern Städte sich selbst verwaltender und sich selbst verteidigender freier Bürger. Er zeigte sich in der Herausbildung von Ständen, die keine Kasten mit völlig undurchlässigen Schranken für den Übergang von einer zur anderen waren, und die Vertretungskörperschaften mit Einfluß auf die Entscheidungen der Herrscher bildeten. Er erreichte noch im Mittelalter einen Glanzpunkt mit der Schaffung autonomer Universitäten.

Die grundlegenden Wertvorstellungen, die dieser europäischen Kultur zugrunde lagen, umfaßten die Bejahung der Vernunft als Schlüssel zum Verständnis der Weltordnung; des Individuums, das mit unveräußerlichen Rechten und unverzichtbarer Verantwortung geboren wird; der freiwillig eingegangenen, nicht nur auf Blutsbanden beruhenden und dennoch bindenden Gemeinschaft;

der Rechtsordnung, die zwischen den Sphären des Individuums und der Gemeinschaft die Grenzen zieht; und der Arbeit, einschließlich der körperlichen Arbeit, die nicht mehr als bloßes notwendiges Übel, sondern als sinngebender Inhalt des Lebens begriffen wurde.

Diese Institutionen und Werte haben den Europäern nicht nur einen einzigartigen Spielraum, sondern einen einzigartigen Antrieb zur Verbesserung ihres Status oder ihres Besitzes, ihres Wissens oder ihrer moralischen Leistung gegeben. Sie haben damit eine Dynamik der Veränderung erzeugt, der am Ausgang des Mittelalters die großen geistigen Bewegungen der Renaissance, der Reformation und Gegenreformation, dann die Organisation des modernen Staates, die frühe Herausbildung der Wissenschaft, später die großen europäischen Revolutionen, die Freiheits- und Gleichheitsforderungen der Aufklärung und die moderne Idee der Menschenrechte entsprungen sind. Auf dem Boden dieser Kultur, und nur hier, ist schließlich die moderne Industriegesellschaft eigenständig entstanden, und ebenso die moderne Demokratie, von der Entwicklung der ersten nicht mehr ständischen Parlamente bis zur Verwirklichung des gleichen Wahlrechts.

Wenn man Europa von dieser kulturellen Eigenart und ihren Schöpfungen her begreift, dann wird sofort klar, daß die aus britischen Siedlerkolonien entstandenen Vereinigten Staaten von Amerika nicht nur historisch ein »Ableger« Europas, sondern auch ihrem Wesen nach ein selbständig weiterentwickelter Teil der in Europa entstandenen westlichen Zivilisation sind – ein Teil, der auf dem Glauben an die gleichen, bei aller immer neuen Umdeutung durch die Jahrhunderte fortlebenden Werte und auf politischen, ökonomischen und sozialen Institutionen vom gleichen Typus beruht, und der die europäische Dynamik übernommen und eigenständig fortgesetzt hat.

Es wird aber ebenso klar, daß das historische Rußland zu diesem Europa und seiner westlichen Zivilisation *nicht* gehört, sondern bei allen gegenseitigen Einflüssen von ihr grundlegend verschieden ist. Das soll nicht etwa heißen, daß Rußland im Wesen »asiatisch« wäre, wie einst die Nationalsozialisten behaupteten. Es hat sich vielmehr aus der von der Ostkirche getragenen Zivilisation von Byzanz entwickelt – mit ihrer Tradition des Cäsaropapismus, also der Unterordnung der geistlichen unter die weltliche Gewalt, mit Ständen ohne Vertretungskörperschaften unter autokratischen Herrschern, mit der Abwesenheit frei sich selbst verwaltender

Städte außer Nowgorod und Pskow am Westrand des Reiches, deren Autonomie am Beginn der Neuzeit gebrochen wurde. Es ist eine Kultur, in deren Tradition die Seele des Individuums wichtig, aber seine Rechte immer ungesichert waren; in der die Gemeinschaft immer hoch geschätzt wurde, aber die Rechtsordnung unterentwickelt blieb; in der die Bewertung der körperlichen Arbeit bis zur bolschewistischen Revolution über die eines notwendigen Übels nicht hinauskam. Die russische Gesellschaft ist darum bis zu dieser Revolution eine undynamische Gesellschaft geblieben, in der die Antriebe zur Veränderung wesentlich von außen und von oben kamen, aus dem Streben der Zaren nach militärischer Modernisierung zum Widerstand gegen ihre moderneren Nachbarn, nicht aus dem Streben der Individuen nach Verwirklichung eigener Ziele. Es ist eine Kultur, die bei aller Tiefe der religiösen Innerlichkeit weder eine mittelalterliche Scholastik noch eine Reformation noch von sich aus eine Aufklärung hervorgebracht hat, in der die ersten Universitäten spät im 18. Jahrhundert entstanden und die moderne Wissenschaft, so bedeutend ihre späteren Leistungen waren und sind, mit der Übernahme westlicher Grundlagen begann.

Natürlich hat Rußland sich seit der Zeit Peters des Großen durch Rezeption westlicher technischer und wissenschaftlicher Errungenschaften, und durch allmähliche Übernahme westlicher Ideen in einer gebildeten Oberschicht, in wichtigen Punkten verändert. Die große Literatur des 19. Jahrhunderts zeigt die Auseinandersetzung mit diesen Veränderungen. Doch die grundlegenden Institutionen der Autokratie sind bis weit in jenes Jahrhundert und teilweise noch länger wirksam geblieben, und die in den Volksmassen wirksamen Werte bis zur bolschewistischen Revolution. Erst diese Revolution hat nicht nur einen tiefen institutionellen Umbruch gebracht – sie hat durch die Übernahme der westlichen Häresie des Marxismus als offizielle Weltanschauung im Laufe der Jahrzehnte einen teilweisen tiefen Wertwandel hervorzubringen vermocht. Aber sie hat den übernommenen Marxismus zugleich in wichtigen Punkten russifiziert und so eine ganz neue kulturelle Mischform geschaffen: Sie hat von Marx die westliche Betonung der Rationalität als Schlüssel zum Verständnis der Welt und damit die Hochschätzung der Wissenschaft, sie hat von ihm auch die westliche Hochbewertung von Arbeit und Leistung übernommen, und die Millionenmassen des Sowjetvolks unter ungeheurem Druck in diesem Sinne umerzogen. Doch sie hat den westlichen Grundwert der individuellen Menschenrechte hart zurückgewiesen und in diesem entscheidenden

Punkt an den Traditionen der russischen Autokratie festgehalten, die Europa fremd sind: Sie hat Rußland dynamisiert und in vieler Hinsicht erfolgreich modernisiert, ohne es im Kern zu europäisieren.

Europa und Amerika, so habe ich gesagt, bilden Teile der gleichen westlichen Zivilisation. Europa und die Sowjetunion sind trotz vieler moderner Gemeinsamkeiten im kulturellen Kern voneinander verschieden. Heißt das, daß nach meiner Auffassung die kulturellen Grenzen mit den heutigen Grenzen der Bündnisse zusammenfallen? Keineswegs. Das historische Europa, von dessen kultureller Einheit hier die Rede ist, reicht bis zum Bug – zur Grenze der Sowjetunion (und im Fall der baltischen Völker noch darüber hinaus) – nicht nur bis zur Grenze des heutigen Sowjetblocks. Polen und Ungarn, die Tschechoslowakei und natürlich die DDR sind kulturell westliche Länder. Daß sie einen Teil der sowjetischen Machtsphäre bilden, ist nicht ein Produkt ihrer Geschichte, wie es kein Produkt ihrer Wahl ist: Es ist ein Produkt der Zwangslage des geteilten Europas.

Europas Zwangslage

Europa hat im 18. und 19. Jahrhundert eine einmalige Vorrangstellung in der Welt gehabt: Es waren die Jahrhunderte des Aufbaus und der Ausdehnung der kolonialen Imperien und Einflußsphären der führenden europäischen Mächte. Diese Sonderstellung war keineswegs so selbstverständlich, wie sie den europäischen Zeitgenossen erschien. Nicht nur war Europa in den Jahrhunderten des Zerfalls des weströmischen Reiches und vor der Herausbildung einer neuen, mittelalterlichen Ordnung ein militärisch schwaches Einfallsgebiet erst für die Hunnen, dann für die Araber gewesen – noch im Hochmittelalter waren die Mongolen, noch im Beginn der Neuzeit die Türken bis weit nach Mitteleuropa vorgestoßen. Dieselbe politische Vielfalt, von der ich soeben als einer der Grundlagen der kulturellen Fruchtbarkeit Europas gesprochen habe, erwies sich bei solchen Anlässen als ein Faktor militärischer Verletzlichkeit. Nach den Pionierleistungen der spanischen Konquistadoren, der portugiesischen Weltumsegler und der ersten britischen Kolonisten brachte erst die rapide Entwicklung der Techniken der Macht und der Produktion in Europa das Zeitalter der weltweiten Vorrangstellung Europas; und mit der Ausdehnung der Macht der

Europäer ging die Ausdehnung ihres Mißbrauchs nicht minder einher als die Verbreitung wertvoller Kenntnisse und Techniken. Zugleich waren in dieser Ära europäischer Überlegenheit die Ursachen der früheren Schwäche nicht geschwunden – sie hatten nur eine andere, potentiell noch explosivere Form angenommen: Anstelle der mittelalterlichen politischen Vielfalt war die Pluralität rivalisierender Nationalstaaten getreten. Im Maße, wie nichtwestliche Länder sich der zuerst im Westen entwickelten Techniken bemächtigten, während nichteuropäische Kontinentalreiche die Größenordnung der nationalstaatlichen Metropolen der europäischen Imperien überflügelten, war das Ende der europäischen Vormachtstellung absehbar. Es kam als Resultat von zwei Weltkriegen, die als »Bürgerkriege« zwischen den europäischen Nationalstaaten begonnen hatten. Es kam auch als Resultat der Entwicklung einer militärischen Technik – der Panzer, Bombenflugzeuge und schließlich Atombomben – die nur noch kontinentweiten Mächten die Chance einer Großmachtrolle ließ.

Die stetige Erstarkung Amerikas und die nachgeholte Modernisierung der Sowjetunion hatten die zwei neuen Weltmächte geschaffen; Hitlers Krieg und Deutschlands Niederlage schufen das Machtvakuum in Europa, in das sie hineinstießen; der Gegensatz der politischen und gesellschaftlichen Systeme dieser Mächte, und die Tatsache, daß die herrschende Monopolpartei des Sowjetstaates das Dogma vom unüberbrückbaren Konflikt mit Staaten anderer Systeme zur Rechtfertigung ihres Monopols braucht, verhinderten eine einverständliche Füllung des Vakuums durch verträgliche Einflußsphären und erzwangen eine Teilung Europas durch eine scharfe, zugleich militärische, politische und ideologische Grenze. Die Vorstellung, daß *diese* Teilung in Jalta im Februar 1945 einverständlich vereinbart wurde, ist falsch: Ihre Voraussetzungen wurden *vor* Jalta durch die Strategien und Kriegsereignisse geschaffen, die bestimmten, wo die Siegermächte bei Kriegsende standen – ihre Realität beruht auf Stalins berühmtem Ausspruch zu Djilas im April 1945: »Nach diesem Krieg wird jede Siegermacht ihr System auferlegen, soweit ihre Truppen marschieren – es kann nicht anders sein.«

Dies ist die Grundlage der Zwangslage Europas – der Teilung Europas, zu der die Teilung Deutschlands und Berlins als notwendiges Element gehört, und der Abhängigkeit der europäischen Staaten und Völker von den Supermächten. Dabei ist die Abhängigkeit der Westeuropäer real, aber begrenzt: Als Völker westlicher

Zivilisation haben sie freiwillig für das Bündnis mit der westlichen Supermacht optiert und genießen die Freiheit und den begrenzten Einfluß von freiwilligen, wenn auch schwächeren Verbündeten. Die Abhängigkeit der Osteuropäer ist unfreiwillig. Auch sie sind Völker westlicher Zivilisation, und sie hätten das sowjetische Bündnis nicht frei gewählt. Daher war ihre Abhängigkeit zeitweise total, und der autonome Spielraum, den die meisten von ihnen inzwischen gewonnen haben, bleibt qualitativ begrenzter als derjenige der Westeuropäer, vor allem in Fragen der Außenpolitik und der Verteidigung.

Aber Europa ist nicht nur geteilt: Es lebt auch unter dem Damoklesschwert eines nuklearen Vernichtungskrieges, dessen Auslösung nicht von den Entscheidungen der Europäer abhängt. Gewiß hat die Anwesenheit amerikanischer und sowjetischer Truppen an der Grenze, die Europa teilt – also vor allem in Deutschland – zunächst einmal eine friedensbewahrende Funktion, nicht nur der erklärten Absicht nach, sondern auch im Lichte der mehr als dreißigjährigen Wirkung. Wenn man von sowjetischen Militäraktionen im »eigenen« osteuropäischen Machtbereich absieht, hat Europa seit 1945 Frieden gehabt, während Dutzende blutige Kriege in andern Teilen der Welt stattfanden. Die offensichtliche Grundlage dieses langen Friedens ist die Kombination von direkter Konfrontation der Supermächte und nuklearer Abschreckung.

Die Frage ist nur, ob das Funktionieren der nuklearen Abschreckung nicht an spezifische Situationen gebunden ist. Bisher hat sie sich in drei verschiedenen Situationen bewährt: unter dem amerikanischen Atommonopol bis 1949, bei klarer amerikanischer atomarer Überlegenheit bis in die mittleren oder späteren sechziger Jahre, bei annäherndem atomaren Gleichgewicht auf strategischer Ebene während der Entspannungsperiode bis gegen Ende der siebziger Jahre. Doch sosehr die Experten der verschiedenen Mächte, und im Westen die Experten verschiedener Richtungen, über das gegenwärtige atomare Kräfteverhältnis streiten, so scheinen sie doch einig zu sein, daß wir in den letzten Jahren in eine Ära des *instabilen* Gleichgewichts eingetreten sind: Nicht in dem Sinne, daß die Sowjets die Amerikaner überholt haben oder notwendig überholen werden, wohl aber, daß niemand *sicher* ist, ob eine entscheidende Kräfteverschiebung bevorsteht – und daß daher niemand genau weiß, ob der Gegner zu einem überraschenden Erstschlag versucht sein könnte, solange er die Situation für günstig hält. So absurd solche Überlegungen angesichts des überwältigenden Risikos eines derartigen Schlages für *jede* Seite in *jeder* denkbaren Situation erscheinen mögen, so reichen sie doch aus, um viele Europäer der bisherigen Erfahrung zum Trotz an der Garantie ihres Friedens, und also ihres Überlebens, durch die gegenseitige nukleare Abschreckung zweifeln zu lassen. Könnte die verringerte Glaubwürdigkeit der totalen strategischen Abschreckung nicht einen Gegner zum konventionellen Angriff oder mindestens zur Drohung mit diesem veranlassen? Könnte ein konventioneller Angriff nicht zum taktischen nuklearen Abtausch eskalieren, der in Europa für eine unakzeptable Vernichtungswirkung ausreichen würde? Die wachsende Ungewißheit erzeugt wachsende Angst, und die wachsende Angst macht Europas Zwangslage zunehmend unerträglich.

Europas Chancen

Damit stellt sich die Frage nach den Chancen der Europäer, auf ihr Schicksal trotz ihrer Zwangslage Einfluß zu nehmen, mit erneuter Dringlichkeit. Es sollte jedem Nachdenklichen klar sein, daß es sich hier angesichts der weltpolitischen Machtverhältnisse *nicht* um ein Herausbrechen einiger oder aller Europäer aus den bestehenden Bündnissen handeln kann: Das würde solche Aussteiger zugleich ihrer einzigen Sicherheitsgarantie und ihrer einzigen Chance weltpolitischen Einflusses berauben. Die Chance der Europäer liegt vielmehr in der Verstärkung ihrer politischen Eigenständigkeit, Bewegungsfreiheit und Einflußnahme *innerhalb* der Bündnisse.

Dieser Gedanke ist nicht neu. Versuche einer besonderen »europäischen« Politik *im Rahmen* der Bündnisse sind schon unter weniger gefährdeten Umständen gemacht worden. General de Gaulle hat seinerzeit nicht nur eine französische Nuklearmacht entwickelt, sondern 1966 nach seinem Austritt aus der integrierten Organisation der NATO – aber nicht aus dem Bündnis selbst – den Abzug aller amerikanischen Streitkräfte aus Frankreich gefordert, und seiner Forderung wurde stattgegeben. Er hoffte damit, einerseits einen direkten Angriff auf Frankreich abschrecken zu können, andererseits nicht durch amerikanische kriegerische Verwicklungen gefährdet zu werden, falls er sie nicht billigte. Doch dieser Weg steht der Bundesrepublik und den andern nichtnuklearen Mächten Westeuropas nicht offen, und den Osteuropäern schon gar nicht.

De Gaulle versuchte gleichzeitig, Frankreichs Beziehungen zu den osteuropäischen Staaten ebenso wie mit der Sowjetunion zu verbessern. Die wichtigste *innereuropäische* Ursache der Ost-West-Spannung aber war, neben dem Gegensatz der Systeme, der Sonderkonflikt der Bundesrepublik mit dem Ostblock um die Fragen der Oder-Neiße-Grenze und vor allem der deutschen Teilung. Die Ostpolitik Willy Brandts, die diese Konflikte durch die vertragliche Herstellung eines *modus vivendi* auf der Grundlage des territorialen *Status quo* regelte, wurde trotz anfänglicher Bedenken Kissingers durch die parallele Entwicklung der Entspannung zwischen den Supermächten erleichtert, ohne die insbesondere das Viermächteabkommen über Berlin nicht möglich gewesen wäre. Doch sie entsprang einer selbständigen bundesdeutschen, also europäischen Initiative, und sie war von einer verstärkten Aktivität der Bundesrepublik im Rahmen der Europäischen Gemeinschaft begleitet.

Im ganzen haben die West- und Osteuropäer die Chance der Entspannung zwischen den Großmächten wesentlich besser genutzt als diese selbst. Das gilt nicht nur für die Zunahme der wirtschaftlichen, und im innerdeutschen Bereich der menschlichen Beziehungen. Es gilt auch für das politische Ernstnehmen der Entspannung als Chance zur Entschärfung des Konflikts. In Osteuropa, und besonders in Polen und der Tschechoslowakei, hat das Schreckbild vom deutschen Revanchismus ein gut Teil seiner Massenwirksamkeit verloren – und damit ist eines der stärksten Hemmnisse für innerpolitische Kritik an der Autorität der herrschenden Parteien abgebaut worden. Dagegen haben die Sowjets sich in einer Situation begrenzter amerikanischer Handlungsfähigkeit nach den Erschütterungen von Vietnam und Watergate von ihren Entspannungsverpflichtungen weder daran hindern lassen, mit der militärischen Kraft ihrer kubanischen und vietnamesischen Verbündeten in der Dritten Welt zu intervenieren, noch den Ausbau ihrer neuen Mittelstreckenraketen voranzutreiben; umgekehrt haben die Amerikaner weder den Handelsvertrag mit der Sowjetunion mit seiner Meistbegünstigungsklausel noch das zweite SALT-Abkommen ratifiziert. Als dann mit der direkten sowjetischen Intervention in Afghanistan und mit der anfänglichen Weigerung der Sowjets, über den »Doppelbeschluß« der NATO zu verhandeln, und mit dem dramatischen Stimmungsumschwung in Amerika, der in der Wahl Präsident Reagans gipfelte, die Entspannungsphase zwischen den Großmächten beendet schien, haben die westeuropäischen Regierungen sich zwar in den Fragen Afghanistans und der Gefährdung des Persischen Golfes mit ihren amerikanischen Verbündeten solidarisiert, aber keinerlei Neigung gezeigt, im Namen der »Unteilbarkeit der Entspannung« ihre innereuropäischen Ost-West-Beziehungen abzubauen; und auch in der offiziellen Politik der osteuropäischen Regierungen hat sich das Interesse an der Bewahrung der innereuropäischen Entspannung deutlich gezeigt.

Die Kräfteverschiebung zwischen den Supermächten, die von der Sowjetunion ausging und die Amerikaner mit Grund alarmiert hat, hat also das Lebensinteresse der Europäer an der Begrenzung und Kontrolle des Konflikts nicht verringert. Aber zur Entspannung gehört auch die Restabilisierung des Gleichgewichts: Dies und die Kontrolle des Konflikts durch Verhandlungen gehören notwendig zusammen.

Doch solche Restabilisierung des Gleichgewichts kann nicht mehr auf einem immer höheren Niveau der nuklearen Rüstung erfolgen. Zwar ist das oft gehörte Argument falsch, daß jede weitere Rüstung unsinnig sei, weil die Waffen beider Seiten längst zur gegenseitigen totalen Vernichtung ausreichten, so daß es auf ein Gleichgewicht gar nicht mehr ankomme: Worauf es ankommt, ist in der Tat nicht, daß jede Seite von jeder Waffe gleichviel habe wie die andere – das ist weder möglich noch notwendig – wohl aber, daß keine Seite die Möglichkeit haben darf, durch einen überraschenden »Erstschlag« die Waffen der anderen so gründlich auszuschalten, daß sie keinen unerträglichen Gegenschlag mehr befürchten muß. Das Beunruhigende an der Aufstellung der sowjetischen SS 20 ist gerade, daß ihre Zahl und hohe Treffsicherheit eine solche Erstschlagkapazität gegen die westeuropäischen Länder als möglich erscheinen läßt. Aber während vom Standpunkt der strategischen Theorie diese Gefahr durch die Aufstellung einer entsprechenden Anzahl ebenso moderner amerikanischer Mittelstreckenwaffen ausgeschaltet werden kann, zeigt die psychologische Reaktion einer wachsenden Anzahl von Westeuropäern, daß sie die Antwort der eigenen Seite kaum weniger fürchten als die Gefahr von der anderen: So gewiß das »Gleichgewicht des Schreckens« drei Jahrzehnte lang den Frieden in Europa erhalten hat, so gewiß scheint die einmal eingetretene Destabilisierung dieses Gleichgewichts das Vertrauen in seine Wiederherstellung durch weitere Rüstung tief erschüttert zu haben. Nur seine Wiederherstellung durch Reduzierung der Rüstung würde heute allgemein beruhigend wirken – und die Erreichung einer solchen Lösung durch Verhandlungen ist offenkundig außerordentlich schwer.

Dieser Essay kann und will nicht in die zahllosen kontroversen Einzelheiten der Rüstungsdebatte eintreten. Aber es ist unbestreitbar, daß die Europäer an der Reduzierung der nuklearen Waffen, die auf Europa gerichtet und in Europa stationiert sind, durch Verhandlungen ein Lebensinteresse haben: Die Waffen jeder Seite bedrohen die andere, aber beide bedrohen uns. Zur Verringerung dieser Gefahr können die Westeuropäer aufgrund ihrer größeren Bewegungsfreiheit in höherem Maße beitragen als die Osteuropäer. Aber ein solcher Beitrag kann nicht in Demonstrationen der Verweigerung bestehen, die nur einseitig die eigene Seite schwächen, sondern nur im Drängen auf Verhandlungen mit dem Ziel der Herstellung des Gleichgewichts durch Waffenreduzierung. In ihrem ständigen Gedankenaustausch mit der westlichen Führungsmacht hat besonders die Bundesrepublik im Jahr 1981 einen wichtigen konstruktiven Einfluß auf deren Verhandlungsposition ausgeübt, und sie darf darin nicht nachlassen – zumal die anhaltende Diskussion in der amerikanischen öffentlichen Meinung bereits zu einer Annäherung an das Denken der Westeuropäer geführt hat. Die Osteuropäer haben gewiß auf die Sowjetunion keinen vergleichbaren Einfluß als vollberechtigte Partner. Doch auch die Sowjetunion weiß, wieviel den Völkern Osteuropas am Frieden und daher an der Bewahrung und Stabilisierung der Entspannung liegt, und sie muß das in Rechnung stellen.

Gerade weil die geteilten Europäer in Bündnisse eingebunden sind, die in verschiedenem Grade auch die Supermächte binden, stehen sie heute nicht als bloße Objekte außerhalb des Entscheidungsprozesses. Gerade darum ist ihre gefährdete Mittellage nicht *nur* eine Zwangslage: Sie ist auch die Lage von Bremsklötzen auf beiden Seiten der Grenze, die eine Chance haben, überhitzte Großmachtlokomotiven an einer Kollision zu hindern, die zur Katastrophe unserer Welt führen müßte.

VII.
Rückblick und Ausblick

Der Inhalt der beiden letzten Arbeiten des Bandes ist nicht an den Zeitpunkt ihrer Entstehung gebunden, außer im Anlaß. Der Aufsatz über den Kommunismus als Faktor unserer Geschichte, veranlaßt durch den herannahenden 60. Jahrestag der Oktoberrevolution, stellt Leistung und Opfer der erfolgreichen kommunistischen Modernisierung Rußlands und des bitter umkämpften Modernisierungsprozesses in China dem völligen Scheitern der kommunistischen Machtergreifungsversuche im Westen, aber auch der wesentlichen Zurückdrängung westlicher Vorbilder und Werte in der Dritten Welt gegenüber. Trotz der Begrenztheit der direkten kommunistischen Erfolge in der Dritten Welt ist das Ergebnis eine Teilung der Welt nicht nur im Sinne des machtpolitischen und ideologischen Konflikts der Blöcke und der daraus resultierenden Gefahren, sondern im Sinne des Verlusts der in der Zeit westlicher Vorherrschaft bestehenden relativen Homogenität der Normen, ohne die eine internationale Ordnung nicht funktionieren kann; und der Kommunismus hat sich im eigenen Machtbereich als radikal unfähig erwiesen, eine solche Ordnung zu schaffen. Die Frage nach einer künftigen Überbrückung der Kluft durch einen radikalen Wandel des Kommunismus wird für die kommunistischen Bewegungen im Westen hoffnungsvoll beantwortet, doch für die Sowjetunion und ihren Machtbereich skeptisch offen gelassen.

Die Antwort auf eine Rede von Solschenizyn, die seinerzeit internationales Aufsehen erregte, wird zum Anlaß genommen, um die Unmöglichkeit zu begründen, in unserer geteilten, nuklearen Welt die Politik der Westmächte an einer Kreuzzugsmoral auszurichten. Die Notwendigkeit einer radikalen, letztlich moralisch begründeten Kritik der kommunistischen Herrschaftssysteme in der westlichen Öf-

fentlichkeit *wird unabhängig vom Stand der staatlichen Beziehungen voll bejaht. Doch zugleich wird gezeigt, warum* staatliche *Außenpolitik sich auf Ziele beschränken muß, die grundsätzlich mit friedlichen Mitteln erreichbar sind, und sich daher nicht den Umsturz der gegnerischen Herrschaftssysteme zum Ziel setzen kann. Die Überwindung der Teilung der Welt in die Herrschaftsbereiche verschiedener Werte kann nicht durch äußeren Druck, sondern nur durch inneren Wandel kommen – und der Einfluß außenpolitischen Handelns auf dessen Chancen ist notwendig beschränkt.*

1. Der Kommunismus als ein Faktor unserer Geschichte

Eine Bilanz nach sechs Jahrzehnten

Als es Lenin und seiner bolschewistischen Partei gelang, im November 1917 in Rußland die Macht zu ergreifen und sie über den Bürgerkrieg hinaus zu behaupten, und als diese herrschende Partei im März 1919 die Kommunistische Internationale gründete, war eine neue politische und ideologische Kraft in der Weltgeschichte wirksam geworden.

Die explosive Wirksamkeit dieser Kraft entstammte der Fusion zweier Elemente verschiedenen kulturellen Ursprungs: Auf der einen Seite die westliche Diesseitsreligion des Marxismus mit ihrer Verheißung, das westliche Ideal der Emanzipation des vernünftigen Individuums in einer klassenlosen Gesellschaft ohne Ausbeutung, Zwang und Krieg werde durch die Revolution des industriellen Proletariats in den fortgeschrittenen Industrieländern erfüllt werden; auf der anderen Seite der aus dem russischen 19. Jahrhundert stammende Glaube an die Revolution durch eine zentralisierte, konspirative Organisation und die Umwälzung der Gesellschaft durch eine diktatorische Staatsmacht, der auf der Erfahrung des Primats des Staates vor der Gesellschaft in der russischen Geschichte beruhte und von Lenin als ein Rezept übernommen worden war, sein rückständiges Heimatland zum Vorreiter auf dem Wege zu einem weltweiten Sozialismus zu machen.

Lenin verwirklichte die Fusion dieser beiden Elemente, indem er schon 1902 die Marxsche Vorstellung einer demokratischen Partei, die sich mit der Erfahrung der Arbeiterklasse entwickeln werde, durch sein eigenes Konzept einer zentralisierten »Vorhutpartei« ersetzte, die als Instrument der »wissenschaftlichen« Einsicht und des Machtwillens ihres Führers geschaffen werden müsse; und indem er später die Marxsche Losung der »Diktatur des Proletariats«, die ihr Autor als die Ausübung unbeschränkter, doch vorübergehender Macht durch die arbeitende Mehrheit der Nation begriffen hatte, als das dauerhafte, institutionelle Machtmonopol dieser Vorhutpartei interpretierte, die im Namen des Proletariats sprechen, doch unabhängig von seinem tatsächlichen Willen handeln werde. Indem Lenin so die Marxsche Idee der Selbstemanzipation der arbeitenden Mehrheit eines fortgeschrittenen Industrielandes durch ein organisatorisches Modell der Modernisierung einer rückständigen Gesellschaft mittels einer diktatorischen Staatsmacht ersetzte, schwächte er entscheidend den Marxschen Zusammenhang zwischen den Aussichten der Revolution und der Reife der »objektiven« ökonomischen und sozialen Bedingungen: Er schuf eine neue, »leninistische« Version des Marxismus – eines Marxismus, der von seinen westlichen Wurzeln losgerissen und tief mit wesentlich nichtwestlichen Elementen aus der russischen Tradition durchtränkt war.

Die Geschichte und die Leistungen des »leninistischen« Kommunismus in den sechs Jahrzehnten, die seit der Oktoberrevolution vergangen sind, spiegeln die Widersprüche seines Ursprungs wider.

Der Kommunismus ist beim Versuch einer Annäherung an die Verwirklichung der Marxschen Vision einer Gesellschaft ohne Ausbeutung, Zwang und Krieg völlig gescheitert. Statt dessen hat er die vollständigsten und dauerhaftesten Formen absoluter, »totalitärer« Herrschaft geschaffen, die der modernen Menschheit bekannt sind, den von aller Kontrolle freiesten Typus einer privilegierten, bürokratischen Kaste, und neue Formen bitteren, »ideologischen« Konflikts zwischen Völkern unter kommunistischer Herrschaft. Er ist völlig gescheitert als revolutionäre Kraft in der westlichen Welt, wo er *keine* Revolution in einem fortgeschrittenen Industrieland durchgeführt hat – und die einzigen noch existierenden kommunistischen Massenparteien in solchen Ländern (in Italien, Frankreich und Japan) haben aus diesem Scheitern die Lehre gezogen, indem sie sich feierlich von den Leninschen Grundprinzipien lossagten.

Doch der Kommunismus hat das rückständige Rußland in eine moderne Supermacht und das noch rückständigere China in eine regionale Großmacht verwandelt. Er hat auf diesem Wege zwei verschiedene Modelle für die Modernisierung eines nichtwestlichen, unterentwickelten Landes durch nichtwestliche Methoden und ohne seine kulturelle Verwestlichung geschaffen. Darüber hinaus haben die kommunistischen Mächte, indem sie ihre *ideologische* Feindschaft gegen die »Imperialisten« (das heißt die fortgeschrittenen nichtkommunistischen Länder) unverfälscht über alle Wechselfälle der *diplomatischen* Konstellationen hinweg bewahrten, eine in ihren Grundlagen geteilte Welt geschaffen. Der kommunistische Einfluß auf die neue »Dritte Welt« von exkolonialen Staaten hat zwar nur wenige von ihnen positiv zu System und Doktrin des Kommunismus bekehrt, doch eine zunehmend wirksame negative Schranke gegen die Verbreitung westlicher Entwicklungsmodelle und westlicher Werte unter den unterentwickelten Ländern errichtet.

Schließlich steht dieser Wirksamkeit des Kommunismus in der Teilung der Welt und der Begrenzung westlichen Einflusses in Ländern nichtwestlicher Kulturtradition kein konstruktiver Beitrag zu einer neuen übergreifenden Weltordnung gegenüber. Im Gegenteil hat die Fixierung der Kommunisten auf den Primat des Nationalstaates als Organ gesellschaftlicher Umwälzung sie sogar gehindert, nach dem Entstehen einer Pluralität kommunistischer Staaten ein einheitliches Zentrum ideologischer Autorität zu bewahren. Diese Fixierung hat vielmehr zu bitteren nationalen Konflikten und ideologischen Spaltungen unter den kommunistischen Staaten geführt, die schließlich den pluralistischen Zerfall der kommunistischen Weltbewegung zur Folge hatten.

Die Leistungen in Rußland

Beginnen wir mit den umwälzenden Leistungen der kommunistischen Herrschaft in Rußland und China. Je entfernter die traditionellen gesellschaftlichen und institutionellen Strukturen und kulturellen Werte eines Landes von denen der traditionellen, vormodernen Gesellschaften des Westens sind, je geringer ist auch die Wahrscheinlichkeit, daß dieses Land jenen Prozeß spontanen, dynamischen gesellschaftlichen Wandels hervorbringt, der den modernen Westen geschaffen hat. Um so wahrscheinlicher ist vielmehr, daß seine erfolgreiche Modernisierung von der zentralen politischen Lenkung forcierter Kapitalakkumulation und Investition und der zentralen politischen Kontrolle der Umerziehung der Massen zu den disziplinierten Gewohnheiten industrieller Arbeit abhängt. Selbst im Japan des 19. Jahrhunderts, das immerhin eine Reihe bedeutsamer Ähnlichkeiten mit der feudalen Vergangenheit des Westens aufwies, war eine kaiserliche »Revolution von oben« notwendig, um diese Nation auf ihren erstaunlichen Weg der Modernisierung zu bringen.

In Rußland, wo die westlichen Traditionen unabhängiger Bürgerstädte und eines unabhängigen Adels, der Beschränkung der Macht des Herrschers durch ständische Vertretungen, der Trennung von weltlicher und geistlicher Autorität, der religiösen Vielfalt und der rationalen Diskussion weitgehend fehlten, hatten die größeren Schritte zur Modernisierung wieder und wieder von der Initiative der Selbstherrscher abgehangen, die von dem Bedürfnis des Schritthaltens mit der Militärmacht modernerer Nachbarn motiviert wurden. Die Ergebnisse waren im letzten Vierteljahrhundert vor dem ersten Weltkrieg zwar teilweise beachtlich, doch ganz unzureichend, um das Land zum Bestehen dieser Prüfung zu befähigen.

Jede Art von russischer Revolution, die dem Zusammenbruch von 1917 gefolgt wäre, hätte die Privilegien des grundbesitzenden Adels beseitigen und die analphabetischen Bauernmassen aus ihrem Dämmerschlaf aufrütteln müssen. Doch die bolschewistische Parteidiktatur, von Lenin geschaffen und von Stalin fortgeführt, schuf eine Maschinerie für die forcierte Industrialisierung, mit dem Vorrang für die Schwerindustrie und der entsprechenden Einschränkung des Massenverbrauchs, und für die forcierte Umerziehung der Massen nicht nur zum Lesen und Schreiben und zu technischem Grundwissen, sondern auch zu disziplinierter Arbeitsleistung bei gleichzeitiger politischer Gefügigkeit. Gewisse westliche Werte, wie die Pflicht zur Arbeit und die Rationalität des *homo oeconomicus* – ausgedrückt in einem höchst differenzierten System materieller Anreize – wurden den Massen weit wirksamer eingeimpft als jemals zuvor. Andere westliche Werte, wie die Rechte des Individuums und die Bedeutung freiwilliger Assoziation, wurden total verworfen – die letzte am dramatischsten in Stalins Entscheidung für die Zwangskollektivierung der Bauern, doch grundsätzlich schon in dem allgemeinen Organisationsmonopol des totalitären Systems.

Durch die Verbindung der schnellen Industrialisierung mit den Gewaltakten wiederholter »Revolutionen von oben« – zuerst der

»Vernichtung der Kulaken als Klasse«, dann der massenhaften Liquidierung von Kadern in Stalins Blutsäuberung der dreißiger Jahre – wurde eine völlig neue Klassenstruktur geschaffen, mit einer privilegierten Bürokratie als oberster und der »Reservearmee« von Staatssklaven in den Arbeitslagern als unterster Schicht.

Das Regime hat die Grenzen der politischen Macht über alle frühere Vorstellungskraft hinaus erweitert; doch es hat niemals ernstlich versucht, die Marxsche Utopie der klassenlosen Gesellschaft zu verwirklichen. Die blutige Säuberung, die Stalin unternahm, als er eine neue Herausforderung seiner Führerrolle in der Partei fürchtete, nachdem das Land die tiefe Krise der Zwangskollektivierung überstanden hatte, machte ihn faktisch zum persönlichen Despoten, der nun von den Institutionen der Parteiherrschaft unabhängig war. Doch die Sowjetunion überlebte nicht nur diese Schrecken, sondern auch die furchtbaren Todesopfer und Verwüstungen von Hitlers Einfall und schließlich den Schock der »Entstalinisierung«, die nach dem Tod des Despoten die Institutionen der Parteiherrschaft wieder funktionsfähig machte – ohne daß die offizielle Legitimation des Regimes jemals wechselte.

Da das Land inzwischen einen beträchtlichen, wenn auch ungleichmäßigen Grad industrieller Reife erreicht hatte, sahen Stalins Nachfolger sich in der Lage, eine Reihe bedeutender Reformen einzuführen: Sie verzichteten auf Sklavenarbeit als einen wesentlichen Bestandteil der Wirtschaftsstruktur, und im Laufe der letzten zwei Jahrzehnte verbesserten sie die Einkommen der Arbeiter- und Bauernmassen in erheblichem, wenn auch noch immer unzureichendem Maß. Seit den sechziger Jahren haben sie auch auf den Versuch verzichtet, neue gesellschaftliche Umwälzungen durch »Revolutionen von oben« durchzuführen, und haben sich auf eine im Grunde konservative Politik eingerichtet, welche die Herrschaft der bürokratischen Oligarchie zu bewahren sucht, indem sie sich um Wirtschaftswachstum, langsame Verbesserung des Lebensstandards und stetige Mehrung der imperialen Macht der Sowjetunion bemüht.

Von der Bilanz der Kosten und Ergebnisse dieses Systems hat der verstorbene John Strachey gesagt: »The means have been terrible, the results commonplace« – die Mittel waren furchtbar, die Resultate alltäglich. Das ist für die wirtschaftlichen und sozialen Ergebnisse, die in den sechzig Jahren seit der Revolution erreicht wurden, weitgehend wahr. Doch die politische Stabilität eines nachrevolutionären Regimes, das alle diese Umwälzungen überdauert hat, kann kaum alltäglich genannt werden, und erst recht nicht der Aufstieg der Sowjetunion zum Status einer nuklearen Supermacht in einer Welt, die nicht nur durch Machtrivalität, sondern auch durch die ideologische Doktrin des Kommunismus tief gespalten ist.

Der Kampf um die Modernisierung Chinas

In China war die Aufgabe der Modernisierung noch ungleich schwerer als in Rußland und ihre Lösung mit westlichen Methoden noch weit hoffnungsloser (wie Sun Yat-sen nach dem Scheitern der ersten Republik erkannt hatte). So zielte das Regime der nationalistischen Guomindang in den zwanziger und dreißiger Jahren auf die militärische Einigung des Landes, der eine Modernisierung durch eine Periode der »Erziehungsdiktatur« dieser Partei folgen sollte. Doch die Guomindang erreichte die Einigung Chinas niemals vollständig, und sie bekam nie auch nur die Chance, ernstlich mit der Verwirklichung ihres Programms der Modernisierung zu beginnen. Die Gründe hierfür liegen teils in ihren inneren Gegensätzen und Schwächen, teils in der Ausnutzung dieser Gegensätze und Schwächen durch die Kommunisten, die eigene Guerrillagebiete schufen, und schließlich in der japanischen Invasion. Daß die chinesischen Kommunisten Jahrzehnte von Bürgerkrieg und Krieg überlebten und schließlich die Guomindang besiegten, war die Folge ihres wirksamen Appells an bäuerliche Interessen und nationale Gefühle und ihrer höchst originellen Strategie eines langfristien Guerrillakrieges. Daß es ihnen gelang, die Einheit Chinas unter ihrer Führung zu schaffen und zu bewahren sowie die Unabhängigkeit des Landes wiederherzustellen und zu vollenden, beweist die Anziehungskraft des nationalen Elements in ihrer Ideologie und ihr bemerkenswertes Talent für den Aufbau einer in den Massen verankerten Administration.

Chinas ökonomische Modernisierung ist nicht ebenso erfolgreich gewesen – nicht nur wegen des niedrigen Ausgangsniveaus und des ungeheuren Bevölkerungsdrucks, sondern auch wegen des kulturellen Widerstands vieler chinesischer Kommunisten gegen »westliche« Vorstellungen von ökonomischer Rationalität. Nach einer bemerkenswert schnellen Erholung von den Verwüstungen von Krieg und Bürgerkrieg wurden Chinas Industrialisierung und Kollektivierung zunächst nach dem Stalinschen Modell unternommen (obwohl es scheint, daß die chinesische Kollektivierung weniger gewaltsam war und weniger dauerhaften Schaden angerichtet hat). Doch um 1957 wurde es klar, daß es nicht möglich war, in den Städten schnell genug Fabriken aufzubauen, um die massive Landflucht zu absorbieren, und eine Suche nach Alternativen zu dem Stalinschen Modell der Industrialisierung begann.

Eine Entwicklung war die schrittweise Preisgabe der absoluten Priorität für die Schwerindustrie zugunsten von stärkerer Betonung der Verbesserung der Landwirtschaft und des Wachstums der Leichtindustrie, und daher von zeitweisen Verbesserungen des Lebensstandards auf einer viel früheren Stufe als in Rußland. Doch 1958 folgte der Versuch, durch eine neue Umwälzung der Landwirtschaft einen »Großen Sprung nach vorn« zu erzwingen – durch die »Volkskommunen« mit ihrem weitgehend mißlungenen Vorhaben, Massen von primitiven Industriewerkstätten auf dem Lande zu errichten, und mit ihren utopischen Experimenten zur Erreichung »kommunistischer« Gleichheit durch Reduzierung des Hauptteils der Bauerneinkommen auf gleiche Rationen in Natur; und zur selben Zeit wurden die industriellen Manager und Techniker den örtlichen Parteikomitees unterstellt, die ermutigt wurden, einen Wettkampf in undurchführbaren Erhöhungen der Planziffern zu beginnen. Nachdem diese Experimente aufgrund ihrer katastrophalen Ergebnisse schrittweise »korrigiert« worden waren, wurde in der Frühphase der Kulturrevolution von 1966–68 die Kampagne gegen differenzierte Anreizlöhne als »kapitalistisch« wieder aufgenommen; und damit ging eine zeitweise Schließung der Hochschulen einher, der nach ihrer Wiedereröffnung neue Angriffe auf »akademische« Standards im Namen des reinen Glaubens folgten.

Tatsächlich ist der fortdauernde Streit zwischen den Verteidigern der ökonomischen Rationalität und der fachlichen Kadererziehung einerseits, denen eines ideologischen Fundamentalismus, des Vertrauens auf moralische Anreize und des Mißtrauens gegen Fachleute andererseits der Ausdruck einer tiefen Spaltung in der chinesischen kommunistischen Führung; und er war und ist eng verknüpft mit dem Kampf, der erst um Maos persönliche Autorität und später zunehmend um seine Nachfolge ausgetragen wurde. Die Kulturrevolution wurde von Mao begonnen und von seinen orthodoxen Anhängern unterstützt als ein Mittel, seine persönliche Herrschaft über die – zeitweise völlig gelähmten – Institutionen der Parteiherrschaft mit Hilfe der Armee zu errichten. Ihr Ende wurde durch zunehmenden Druck der Armee herbeigeführt, die über die Ausbreitung chaotischer Zustände besorgt war. Die weiteren Entwicklungen, vom Aufstieg und Sturz des zeitweise als Maos Stellvertreter und künftiger Nachfolger designierten Verteidigungsministers und Vorsitzenden der Militärkommission der Partei, Lin Biao, zu den Ereignissen, die Maos Tod im Herbst 1976 folgten, waren beherrscht durch die Mechanik von Putsch und Gegenputsch, ohne daß beim Schreiben dieser Zeilen – um die Jahreswende 1976/77 – eine Rückkehr zu institutioneller Stabilität auf der Grundlage eines Konsenses über die Entscheidungsverfahren bereits absehbar ist.[1]

Doch während dieser gleichen Zeit innerpolitischer Wirren ist es den chinesischen Kommunisten gelungen, unter dem Banner der maoistischen Ideologie ihr Land als eine voll unabhängige Macht zu etablieren – eine Macht mit einiger nuklearer und mit massiver konventioneller Stärke, eine Macht, die jetzt in der Lage ist, ihre Unabhängigkeit wirksam gegen die aus ihrer Sicht bestehende sowjetische Bedrohung zu verteidigen, ihren ideologischen Gegensatz zum Westen trotz einer teilweisen Normalisierung der Beziehungen zu bewahren und auf der internationalen Bühne ihren Platz als Vorkämpfer der Kritik der Dritten Welt an beiden Supermächten zu beanspruchen.

Diese etablierte Machtposition ist, bei aller Krise der inneren Stabilität und aller Ungleichmäßigkeit des wirtschaftlichen Fortschritts, ein Maßstab des in weniger als drei Jahrzehnten erreichten Erfolgs der chinesischen Kommunisten.

Das Scheitern im Westen

Die Schaffung einer internationalen Bewegung, die von den Leninschen Prinzipien der Strategie und Organisation beherrscht wurde, war ein Ergebnis des Ersten Weltkrieges, der Leninschen Erklärung seines sinnlosen Blutvergießens als notwendige Folge der imperialistischen Stufe des Kapitalismus, und des Sieges Lenins in Rußland. Der Krieg und die politische und wirtschaftliche Nachkriegskrise waren die Hauptursachen für Anwachsen und Radikalisie-

1 Seither ist die Wiederherstellung einer gewissen nachrevolutionären Stabilität unter der Führung der Gegner Maos gelungen. *(Zusatzbemerkung 1982)*.

rung des revolutionären Flügels der europäischen Arbeiterbewegung gewesen; und der Erfolg der Bolschewiki in der Behauptung der Staatsmacht trotz Bürgerkrieg und Intervention war der Grund dafür, daß die Hoffnungen dieser radikalisierten Bewegungen sich auf den neuen Sowjetstaat konzentrierten.

Als die revolutionäre Nachkriegswelle in Europa zurückzufluten begann, ohne daß eine revolutionäre sozialistische Bewegung außerhalb Rußlands einen dauernden Sieg errungen hatte, zog Lenin den Schluß, die jungen kommunistischen Parteien müßten von den Bolschewiki das Siegen lernen. Auf dem zweiten Weltkongreß der Komintern im Sommer 1920 wurde das leninistische Modell der Strategie und Organisation allen kommunistischen Parteien als Bedingung ihrer Mitgliedschaft aufgezwungen. In den folgenden Jahren wurde eine Partei nach der anderen gespalten und wieder gespalten, um ihre vollständige »Bolschewisierung« zu sichern. Ein Resultat davon war, daß die kommunistische Gefolgschaft in Europa erheblich reduziert wurde. Die Mehrheit einer Anzahl großer sozialistischer Parteien hatte 1920 für den Anschluß an die Komintern gestimmt – doch vier Jahre später, bei Lenins Tod, waren die Kommunisten überall eine Minderheit der organisierten Arbeiterbewegung – nur einige Balkanländer ausgenommen. Ein anderes Resultat war, daß die spontane Spaltung der sozialistischen Bewegung, zu der der Erste Weltkrieg geführt hatte, durch eine dauerhafte Spaltung an einer anderen Grenzlinie ersetzt wurde – die Spaltung zwischen den Anhängern der Demokratie und der Parteidiktatur.

Aber die neuen, »bolschewisierten« kommunistischen Parteien erwiesen sich überall als erfolglos. Ihre Abhängigkeit von Moskauer Direktiven, die auf mangelhafter Information beruhten und häufig wechselten, hinderte ihre Führer daran, unter den arbeitenden Massen der eigenen Länder Vertrauen zu gewinnen und Autorität zu erwerben. Diese Wirkung wurde noch verschlimmert, als die russischen Fraktionskämpfe um die Nachfolge Lenins auf die nichtsowjetischen kommunistischen Parteien übergriffen und dazu führten, daß viele ihrer Führer abgesetzt wurden, weil sie den einen oder anderen Rivalen Stalins unterstützt hatten.

Doch es gab auch einen der Doktrin immanenten Grund für die Serie von Niederlagen, welche die Kommunisten in demokratischen Ländern erlitten. Die Kommunisten waren damals an das Modell der Schaffung von »Räten« gebunden, das einem Lande entstammte, wo es vor der Revolution keine demokratischen Massenorganisationen gegeben hatte, und an die Strategie des bewaffneten Aufstands gegen den »bürgerlichen Staat«. In Krisenzeiten waren die Massen in den westlichen Demokratien jedoch eher geneigt, vom Staat Hilfe zu erwarten als sich gegen ihn zu erheben. Dies wurde deutlich, als die schlimmste Wirtschaftskrise in der Geschichte des Kapitalismus – die Krise von 1929–32 – nirgends für eine kommunistische Revolution genutzt werden konnte. Statt dessen trug in Deutschland, dem von der Krise am schwersten getroffenen fortgeschrittenen Industrieland, wo 1932 ein Drittel der Arbeitskräfte arbeitslos waren, die Konzentration der Kommunisten auf den Kampf gegen die Sozialdemokratie als »Hauptfeind« dazu bei, Hitlers Aufstieg zur diktatorischen Macht zu erleichtern.

Die verspätete Erkenntnis, daß Hitlers Diktatur eine direkte Bedrohung für den Fortbestand der Sowjetunion darstellte, veranlaßte Stalin im Sommer 1934 dazu, eine radikale Änderung der kommunistischen Strategie parallel zur Kehrtwendung der sowjetischen Diplomatie anzuordnen. Die Verteidigung der Demokratie gegen die faschistische Gefahr wurde nun die zentrale Losung der Kommunisten der westlichen Länder ebenso wie die der sowjetischen Außenpolitik.

Diese »Volksfront-Strategie« befähigte die Kommunisten, in mehreren europäischen Ländern neuen Massenanhang zu gewinnen und die Politik einiger Regierungen zu beeinflussen, so in Frankreich von außen und in Spanien von innen. Doch die strikte Unterordnung der kommunistischen Politik unter alle taktischen Schwankungen der sowjetischen Politik, und zumal der Gebrauch von GPU-Methoden hinter der Front im spanischen Bürgerkrieg, isolierten die Kommunisten erneut. Als nach der Unterzeichnung des Stalin-Hitler-Pakts die Kommunisten wiederum umschwenkten, um den Pakt zu rechtfertigen und den Widerstand gegen Hitlers Angriff auf Polen als einen »imperialistischen Krieg« zu verurteilen, sank ihr Einfluß im Westen auf einen absoluten Tiefpunkt.

Erst Hitlers Angriff auf die Sowjetunion gab den Kommunisten im Westen eine neue Chance, ihr totales Versagen in der Zwischenkriegszeit wieder gutzumachen. Ihre Wendung zu einer aktiven und oft heroischen Rolle in den illegalen Widerstandsbewegungen der von den Achsenmächten besetzten Länder, unterstützt durch Moskaus demonstrative Auflösung der Komintern im Frühjahr 1943, brachte ihnen neue Anhänger – vor allem in der jungen Generation.

Am Ende des Krieges saßen Kommunisten in nahezu allen nationalen Regierungen, die in den ehemals besetzten Ländern nach der

Befreiung gebildet wurden – nicht nur im jetzt sowjetisch besetzten Osteuropa, sondern auch in den westeuropäischen Ländern, die von den britischen und amerikanischen Truppen befreit worden waren – mit Ausnahme Griechenlands, doch mit Einschluß der ersten Landesregierungen in den Westzonen Deutschlands. In Frankreich wurden sie zeitweise zur stärksten Partei, in Italien dauernd zur zweitstärksten, und selbst in so stabilen Demokratien wie Norwegen, Dänemark und Holland war ihr Einfluß zeitweise erheblich. Doch ihre Beteiligung an den westeuropäischen Regierungen hing in Wirklichkeit von der gleichzeitigen Beteiligung echter nichtkommunistischer Parteien in den osteuropäischen Ländern ab: Stalin hatte eine Phase der Koalitionsregierungen in einigen dieser »Volksdemokratien« in der Hoffnung zugelassen, ihr Beispiel werde im Westen das erleichtern, was später, unter Chruschtschow, als »friedlicher Weg« zur Macht bekannt wurde, und was im Falle des damals noch erwarteten baldigen Abzugs der amerikanischen und britischen Truppen als aussichtsreich erschien.

In dem Maße jedoch, wie der Kalte Krieg die Szene zu beherrschen begann und die nichtkommunistischen Parteien in einem osteuropäischen Land nach dem anderen ihrer Unabhängigkeit beraubt oder ganz unterdrückt wurden, wurde auch die kommunistische Regierungsbeteiligung im Westen unhaltbar. Der Wendepunkt für den Masseneinfluß der westeuropäischen Kommunisten wurden der Marshall-Plan und die sowjetische Weigerung, die Teilnahme irgendeines osteuropäischen Landes an diesem Projekt gemeinsamen Wiederaufbaus zu erlauben. Dieser Entscheidung folgten die erneute Verschärfung der internationalen kommunistischen Disziplin durch die Schaffung des Kommunistischen Informationsbüros und die Direktive dieses »Kominform«, die westeuropäischen Kommunisten, zumal die starken französischen und italienischen Parteien, sollten sich bemühen, das Anlaufen des Planes in ihren Ländern durch politische Massenstreiks zu verhindern. Binnen kurzem begannen so die westeuropäischen Kommunisten der Mehrheit ihrer Landsleute als Bundesgenossen und Werkzeuge des Feindes im Kalten Krieg zu erscheinen. Infolgedessen schrumpften sie in Großbritannien, Westdeutschland und den kleineren Ländern zu den Proportionen politischer Sekten. In Frankreich und Italien kam ihr Wachstum zum Stehen, und ihr Massenanhang verkapselte sich zu einer Art von »Gegengesellschaft« – selbstgenügsam und diszipliniert, doch von jeder Art von Einfluß auf die Gesamtentwicklung ihrer Länder abgeschnitten. Selbst

Chruschtschows öffentliche Stellungnahme von 1956 zugunsten eines »friedlichen Weges« zur Macht änderte nichts daran, denn um diesen Weg zu gehen, bedurften die Kommunisten im Westen demokratischer Verbündeter – und sie konnten ihre Isolierung nicht überwinden, solange sie an das Programm der Einparteiherrschaft nach sowjetischem Muster gebunden blieben.

Die Rolle dieser isolierten kommunistischen Parteien in einer hartnäckigen nichtrevolutionären Situation wurde um so absurder, je mehr Westeuropa in eine Periode eindrucksvollen wirtschaftlichen Fortschritts, steigenden Lebensstandards und zunehmender sozialer Sicherheit und erfolgreicher, wenngleich begrenzter wirtschaftlicher Integration eintrat. Parallel dazu untergruben die Enthüllungen über Stalins Verbrechen und die wiederholten Krisen in Osteuropa, die nur durch den militärischen Einsatz von Sowjettruppen beendet wurden – in der DDR 1953, in Ungarn 1956 und in der Tschechoslowakei 1968 – den Glauben an die Sowjetunion und ihren Block als Vorbilder einer besseren, »sozialistischen« Gesellschaft.

So begannen die westeuropäischen Kommunisten andere Wege zur Erlangung von Einfluß zu suchen. Die ersten, die tastende Schritte in dieser Richtung unternahmen, waren die befähigten Führer der italienischen Kommunisten. Auf der Suche nach einer aktiveren Rolle im demokratischen Leben ihres Landes begannen sie zu argumentieren, Rußland und Osteuropa verkörperten eine Form des Sozialismus, die auf rückständigen historischen und kulturellen Grundlagen errichtet worden sei und nicht als Vorbild des Sozialismus in industriell fortgeschrittenen Demokratien dienen könne; der Sozialismus müsse im Westen mit demokratischen Mitteln durchgesetzt werden und demokratische politische Formen im westlichen, pluralistischen Sinne des Wortes annehmen. Diese schrittweisen Neuerungen wurden nicht in der Form einer »Wendung« der Parteilinie von oben proklamiert, sondern in jahrelanger und öffentlicher innerparteilicher Diskussion durchgesetzt; sie laufen im Ergebnis auf die Preisgabe des leninistischen Prinzips von Parteidiktatur und Parteimonopol und des sowjetischen Vorbilds hinaus, das dieses Prinzip verkörpert. Sie müssen als die langfristige Wirkung der Integrationskraft der westlichen Demokratie auf die kommunistischen Führer und einen Großteil ihrer Anhänger angesehen werden. Eine bemerkenswerte Demonstration dieser Wirkung war die Erklärung Enrico Berlinguers, er sehe für die Dauer der Teilung Europas in antagonistische Blöcke eine bessere Chance für die Schaffung der von ihm gewünschten Art von sozialistischem System im Bereich der NATO als in dem des Warschauer Pakts – vor allem aufgrund der Erfahrung der tschechoslowakischen Reformkommunisten von 1968.

Es ist bemerkenswert, daß ähnliche Entwicklungen in den letzten Jahren in der kommunistischen Partei Spaniens stattgefunden haben – zum Teil unter italienischem Einfluß, zum Teil unter dem Einfluß der tschechoslowakischen Erfahrung, die von den spanischen Führern als Emigranten in Prag miterlebt wurde – und in anderen Formen auch in der französischen und japanischen Partei. Die Änderung in der französischen Partei wurde von der Führung nur widerstrebend adoptiert und dann plötzlich von oben der Partei diktiert und blieb sehr unvollkommen, wie der fortgesetzte Gebrauch einer antieuropäischen, nationalistischen Demagogie durch die französische Partei zeigt. Doch der Druck der zugrundeliegenden Realitäten ist auch in der französischen Partei unverkennbar. Der gemeinsame Faktor ist, daß die westeuropäischen kommunistischen Parteien selbst im Verlauf der schwersten kapitalistischen Inflations- und Rezessionskrise seit Ende des Zweiten Weltkriegs keine Chance haben entdecken können, *außerhalb* des Rahmens der westlichen Demokratie zur Macht zu kommen – und keine Chance, *innerhalb* dieses Rahmens wirksam zu werden, ohne die Leninschen Prinzipien des revolutionären Umsturzes westlich-demokratischer Institutionen und der Errichtung eines diktatorischen Einparteiregimes öffentlich und bindend aufzugeben.

Die Teilung der Welt

Der Kommunismus hat also zwar einige der westlichen Demokratien in der Zwischenkriegsperiode zeitweise geschwächt, aber nicht vermocht, auch nur in *einem* westlichen Land *von innen her* zu triumphieren. Durch seine Wirkung auf die nichtwestliche Welt ist er jedoch zu einer bedeutenden *äußeren* Bedrohung des Westens geworden.

Während des ersten Vierteljahrhunderts nach der Oktoberrevolution war diese Wirkung noch ziemlich begrenzt. Trotz der westlichen Intervention der Anfangsjahre, die weit von der massiven Anstrengung entfernt war, als die sie in der sowjetischen Legende figuriert, wurde die sogenannte »russische Gefahr« in jener Periode nicht zur Hauptsorge westlicher Staatsmänner oder gar zur Hauptachse der Weltpolitik: Rußland war noch zu rückständig, zu schwach und zu isoliert für eine derartige Rolle. Es ist bezeichnend, daß auf die Entstehung von Hitlers Regime eine Periode »dreieckigen« Manövrierens zwischen der Sowjetunion, dem nationalsozialistischen Deutschland und den anderen Westmächten folgte, in deren Verlauf jene Gruppen im Westen, die ein antisowjetisches Bündnis wünschten, schließlich scheiterten. Man kann sagen, daß Stalin durch seinen 1939 mit Hitler geschlossenen Pakt zum Ausbruch des Zweiten Weltkriegs beigetragen hat, und zwar mit mehr bewußter Absicht, als er zu Hitlers Machtergreifung beigetragen hatte. Doch angesichts der Natur des Naziregimes war dieser Krieg ohnehin unvermeidlich.

Aber die Niederlage Hitlers schuf eine völlig andere Lage. Trotz aller furchtbaren Verluste und Schäden, die Hitlers Einfall Rußland zugefügt hatte, war es eine der drei Hauptmächte, die den Krieg als intakte souveräne Staaten überlebten, und eine der beiden, die zu den führenden Großmächten der neuen Ära wurden. Stalin nutzte diese Situation zielbewußt aus, um »sein System auszudehnen, soweit seine Armeen marschierten« – gemäß den Worten, die Djilas aus einem Gespräch mit ihm berichtet hat. Osteuropa bis zur Elbe wurde kommunistisch nicht durch innere Revolutionen, sondern so, wie die baltischen Staaten unter dem Stalin-Hitler-Pakt sowjetisiert worden waren – durch Eingliederung in die sowjetische Machtsphäre. Die zwangsweise Unterwerfung von Ländern mit westlicher Tradition wie Polen, Ungarn, der Tschechoslowakei und Ostdeutschland unter die Kontrolle des sowjetischen Kommunismus – eine Kontrolle, der trotz wiederholter Volksaufstände keines von ihnen seither zu entgehen vermochte – war hinreichend, um in den freien Nationen des Westens das Gefühl einer neuen Bedrohung ihrer eigenen Freiheit zu erzeugen, aus dem ein Wille zum Widerstand zuerst in England, dann in den Vereinigten Staaten und schließlich auch in Frankreich erwuchs.

Das Resultat war die Teilung des entwickelten Teils der Welt in zwei ihres Gegensatzes bewußte politische, ökonomische und zuletzt auch militärische Blöcke. In Asien hatte Rußland keinen vergleichbaren Erfolg beim Versuch, einen Teil des Machtvakuums nach dem Kriege zu füllen; doch der Sieg der chinesischen Kommunisten und ihr Bündnis mit der Sowjetunion fügte dem neuen »kommunistischen Block« von 1949/50 an eine gewaltige potentielle, wenn auch noch nicht aktuelle Macht hinzu. Schließlich gab die Durchbrechung des amerikanischen atomaren Monopols und die nachfolgende Entwicklung thermonuklearer Bomben durch Rußland der Konfrontation eine neue Dimension, die das weitere Überleben einer geteilten Menschheit von einem »Gleichgewicht des Schreckens« abhängig machte.

Dieses Gleichgewicht, das auf der Erkenntnis des gemeinsamen Interesses der Gegenspieler am Überleben beruhte, und die effektive Stabilisierung der Blockgrenzen in Europa haben zusammen schließlich jene Begrenzung von Reichweite und Formen des Konflikts zustande gebracht, die man als Entspannung bezeichnet. Sie hätten in der Tat dazu führen können, daß der Machtkonflikt selbst als überholt angesehen wurde – wenn nicht der Konflikt der ideologischen Prinzipien seine Wirksamkeit bewahrt und damit auch den Machtkonflikt lebendig erhalten hätte.

Während nämlich im Westen der durch die Ereignisse der frühen Nachkriegszeit entzündete ideologische Eifer allmählich abkühlte, war in der Sowjetunion der Rahmen, in dem ihre kommunistischen Führer die Außenwelt wahrnahmen, durch die gleichen ideologischen Prinzipien bestimmt, die der Partei ihre Legitimität als herrschende Institution sicherten. Wie schon das Verhalten Chruschtschows zeigte, ließ auch ein Wechsel der Führung diese ideologische Begrenzung der »friedlichen Koexistenz« unberührt. Überdies waren Machtrivalität und ideologischer Konflikt nicht auf ihren anfänglichen Brennpunkt in Europa beschränkt geblieben; und in den weiten, unterentwickelten Gebieten der Welt waren die Bedingungen für revolutionäre Umwälzungen im allgemeinen und für antiwestliche Ideologien im besonderen weit günstiger als in den industriell fortgeschrittenen Demokratien.

Isolierung des Westens?

Der Kommunismus hat auf den historischen Auflösungsprozeß der alten kolonialen Imperien, der bald nach dem Zweiten Weltkrieg begann, zunächst keinen entscheidenden Einfluß ausgeübt. Der Vorgang war damals ohnehin unvermeidlich geworden, zumal nach den Erfahrungen der asiatischen und nordafrikanischen Kolonien während des Krieges: Das Bedürfnis der westeuropäischen Kolonialmächte, sich mit der kommunistischen Propaganda auseinanderzusetzen, war allenfalls ein beschleunigender Faktor. Tatsächlich wurde das Stalinsche Dogma, daß koloniale Revolutionen nur unter Führung der Kommunisten siegen könnten, so gründlich widerlegt – durch den amerikanischen Abzug von den Philippinen und Großbritanniens friedliche Freigabe des indischen Subkontinents einerseits, durch die gewaltsamen Befreiungskämpfe Indonesiens, und später Algeriens, unter nichtkommunistischer Führung andererseits –, daß die offizielle kommunistische Theorie zuerst jahrelang leugnete, daß diese Länder »wirklich« unabhängig geworden seien. Bis heute ist Nordvietnam das *einzige* Land, das seine Freiheit von der Kolonialherrschaft unter kommunistischer Führung erkämpft hat.

Doch dies ist kein angemessener Maßstab für die Wirksamkeit kommunistischer Ideologien in der neuen, nachkolonialen Dritten Welt. Im Jahre 1954 korrigierten die sowjetischen und chinesischen Führer den Irrtum Stalins, bekehrten sich zur Anerkennung der Unabhängigkeit der neuen Staaten und traten den Wettbewerb mit dem Westen um ihre Beeinflussung an. 1955 spielte der Vertreter Chinas, Zhou En-lai, eine Starrolle auf der Konferenz asiatischer und afrikanischer Staaten in Bandung und überzeugte viele der neuen asiatischen Führer von der These, der westliche Imperialismus bleibe die einzige Gefahr für ihre neu gewonnene Unabhängigkeit. 1956 machte Chruschtschow in seinem offiziellen Bericht an den 20. Parteitag der KPdSU den Vorschlag, die neuen Staaten sollten zusammen mit dem »sozialistischen Lager« eine »Friedenszone« bilden, und versprach, ihre militärische Neutralität zu respektieren, um ihre politische Sympathie zu gewinnen. Seither haben die kommunistischen Mächte – und die einheimischen kommunistischen Parteien – stetig versucht, die größtmögliche Anzahl von Entwicklungsländern für einen »nichtkapitalistischen Entwicklungsweg« zu gewinnen. Obwohl nach China nur Vietnam und Kuba kommunistisch geworden und nur eine kleine und unstabile Minderheit von Ländern der Dritten Welt als »nichtkapitalistisch« anerkannt worden sind, ist doch die negative, nämlich antiwestliche Einwirkung der kommunistischen Ideologie auf die unterentwickelte Welt umfangreich gewesen.

Diese Einwirkung ist kein bloßes Resultat der Anziehungskraft der Leninschen Theorie des Imperialismus auf die Intellektuellen exkolonialer und »halbkolonialer« Länder. Sie beruht vielmehr auch auf der Erfahrung, daß ungeplante Investitionen in einer freien Marktwirtschaft vom westlichen Typ in Gesellschaften mit nichtwestlichen strukturellen und kulturellen Bedingungen keine effektive Entwicklung herbeiführen können; daß eine zentrale Investitionsplanung für die Lösung der wirtschaftlichen Probleme dieser Länder unentbehrlich ist; und daß eine pluralistische Demokratie westlicher Art, mit Handlungsfreiheit für organisierte Interessengruppen, es außerordentlich schwer macht, unter Bedingungen weitverbreiteter Armut eine konsequente Entwicklungspolitik durchzuführen. Diese Tatsachen sind natürlich von vielen westlichen Fachleuten und Wissenschaftlern zur Kenntnis genommen worden, und die westlichen Regierungen haben im allgemeinen längst aufgehört, als Bedingung ihrer Entwicklungshilfe an ein Land auf einer freien Marktwirtschaft oder auf einer Mehrparteiendemokratie zu bestehen. Die Entwicklungsländer akzeptieren gern solche Hilfe – ebenso wie sowjetische und in noch geringerem Umfang chinesische Hilfe – als Beitrag zu ihrem selbstgewählten Entwicklungsweg, der weder liberal-kapitalistisch noch kommunistisch, weder westlich-demokratisch noch ideologisch totalitär im vollen Sinne des Wortes ist. Dennoch darf die Tatsache nicht unterschätzt werden, daß die Modernisierungserfolge Rußlands und in gewissem Grade auch Chinas diesen Ländern eine Alternative gezeigt haben: Im Denken der bewußtesten und ausdrucksfähigsten Gruppen der Dritten Welt hat der Westen aufgehört, das *einzige* Modell einer hochentwickelten Gesellschaft zu sein; und zugleich erscheint er ihnen häufig nicht als ein für sie *anwendbares* Modell – denn der Westen ist für sie noch immer der koloniale Ausbeuter von gestern und zugleich – in Gestalt mächtiger westlicher Korporationen, welche die Gewinnung von Rohstoffen oder den Handel mit ihnen beherrschen – der ökonomische Ausbeuter von heute.

Mit andern Worten: Die wirkliche langfristige Wirkung des Kommunismus auf die Dritte Welt sollte nicht an der Zahl der Staaten gemessen werden, die kommunistisch oder demonstrativ »nichtkapitalistisch« geworden sind, sondern an dem umfassenden Tatbestand, daß der Verlust der früher einzigartigen Stellung des westlichen ökonomischen und politischen Modells – am dramatischsten sichtbar in dem fast vollständigen Verschwinden von pluralistischen Demokratien westlichen Typs aus den ehemaligen Kolonien im Lauf der letzten Jahrzehnte – auch den *Verlust der Anziehungskraft westlicher Werte* auf einen großen Teil der meinungsbildenden Schichten dieser Länder anzeigt.

Erst auf diesem Hintergrund wird die volle Bedeutung des neuerlichen Anwachsens einer militant antiwestlichen Haltung unter den sogenannten »blockfreien« Ländern sichtbar, welche die Mehrheit in den Vereinten Nationen bilden. Seine unmittelbaren Hauptursachen sind in legitimer Unzufriedenheit mit ökonomischen Mißständen zu finden, vor allem in jener »Schere« zwischen Rohstoffpreisen und den Preisen der Industrieprodukte, die zeitweise den Nutzen der Entwicklungshilfe nahezu verschlungen und zu einem unerträglichen Maß von Verschuldung beigetragen hat – daneben auch in solchen politischen Streitfragen wie der weißen Minderheitsherrschaft in Südafrika und der gutgeölten arabischen Mobilisierung von Sympathien anderer Entwicklungsländer für den Konflikt mit Israel. Doch die grundlegende Tatsache ist, daß Jahrzehnte nach den entscheidenden Vorgängen der Entkolonisierung, als die Gründer der meisten neuen Staaten noch entschlossen waren, vom Westen zu lernen, um ihn dank der neu gewonnenen Unabhängigkeit einzuholen, die westlichen Institutionen und kulturellen Werte ihre Macht über das Denken der Führer vieler dieser Staaten verloren haben. Und obwohl diese Veränderung zum Teil dem wirklichen Unterschied zwischen ihren Existenzbedingungen und Bedürfnissen und denen des Westens entspringt, hat die kommunistische Ideologie in ihrer militant antiwestlichen Gestalt einen bedeutenden Beitrag zu ihr geleistet.

So hat der Kommunismus durch die Schaffung einer ideologisch geteilten Welt den Bereich ernstlich eingeschränkt, in dem die Werte der westlichen Zivilisation wirksam sind. Er hat sie in Osteuropa zu einem unterirdischen Dasein verurteilt. Er hat zur Verringerung ihrer Anziehungskraft auf die Dritte Welt beigetragen. In ihren institutionellen Mauern hat die westliche Gemeinschaft den kommunistischen Ansturm abgewehrt und ihre Fähigkeit bewiesen, neue schöpferische Lösungen für ihre eigenen Probleme zu finden. Doch auf Grund der Transformation der sie umgebenden Welt hat sie begonnen, einer belagerten Festung zu gleichen.

Eine alternative Weltordnung?

Eine Weltgesellschaft gegenseitiger Abhängigkeit, wie das Industriezeitalter sie geschaffen hat, bedarf einer Art von »Weltordnung«, um richtig zu funktionieren. Da es keine Weltregierung gibt, kann auch keine Weltordnung den souveränen Staaten aufgezwungen werden; insbesondere kann sie nicht die Verhinderung von Kriegen garantieren. Doch auch eine nicht erzwingbare, und somit notwendig unvollkommene, Weltordnung kann die Wahrscheinlichkeit des Krieges verringern, gemeinsame Normen gewaltfreien

Handelns außerhalb von Kriegen sichern und ein Mindestmaß an zivilisiertem Verhalten selbst in Kriegszeiten durchsetzen. Offenbar ruht dic Wirksamkeit einer derartigen, nicht erzwingbaren Weltordnung letztlich nicht auf den spezifischen Vorschriften, die in völkerrechtlichen Abkommen enthalten sind, sondern auf dem Grad des Konsenses über die grundlegenden menschlichen Werte, die solchen Abkommen zugrundeliegen und über sie hinausreichen. Mit andern Worten: Sie hängt von einem Mindestmaß moralischer und kultureller Homogenität unter den wesentlichen Akteuren des internationalen Lebens ab.

Eine derartige Homogenität bestand innerhalb des »europäischen Konzerts« der Großmächte des 19. Jahrhunderts. In der Periode zwischen den Weltkriegen wurde sie zuerst durch die teilweise Verwerfung der westlichen Werte von seiten des revolutionären Rußlands eingeschränkt und dann durch ihre in der Tendenz totale Verwerfung von seiten des nationalsozialistischen Deutschlands effektiv zerstört. In der Welt, die aus dem Zweiten Weltkrieg hervorging, wurde die neue, auf der Rolle der Vereinten Nationen aufgebaute Ordnung auf die Fiktion gegründet, zwischen dem Westen und dem Sowjetblock bestehe ein Wertkonsens; doch das – schnell zutage tretende – Fehlen eines solchen Konsenses lähmte die Vereinten Nationen. In dem Maße, wie die Macht der westlichen Werte über die aus der Entkolonisierung entstandene Dritte Welt schwand – zum Teil auf Grund der anderen Traditionen und Probleme der neuen Staaten, doch zum Teil auch auf Grund der Wirkung des antiwestlichen Einflusses der Kommunisten – wurde nicht nur die politische, sondern auch die moralische und kulturelle Spaltung der Welt immer tiefer. Das Fehlen selbst eines Minimalkonsenses über Maßnahmen gegen den internationalen Terrorismus ist meiner Meinung nach ein erschreckendes Symptom des daraus resultierenden Grades internationaler Anarchie. Die möglichen Folgen in einer Zeit drohender Weiterverbreitung von Kernwaffen sind unausdenkbar.

Angesichts der Tatsache, daß die Politik der kommunistischen Mächte und die Wirkungen der kommunistischen Ideologie bedeutende Faktoren in diesem Zerfall der internationalen Ordnung gewesen sind, muß die Frage gestellt werden, ob die Ideen und die Politik der Kommunisten unter Umständen der Ausgangspunkt einer *alternativen* Weltordnung werden könnten. Schließlich behauptet einer der grundlegenden Glaubenssätze der kommunistischen Ideologie, die Liquidierung des kapitalistischen Eigentums an den Produktionsmitteln werde die Ursachen des Krieges, der Rivalität von Nationen und der Rassen- und Religionsvorurteile beseitigen – also aller internationalen Gewalttätigkeit und Unmenschlichkeit, wenn auch nicht sofort aller gesellschaftlichen Konflikte. Die Anziehungskraft des kommunistischen Glaubens für die unterdrückten Gruppen und für die verantwortungsbewußten Idealisten der ganzen Welt beruht nicht zuletzt auf diesem Anspruch.

Doch auch hier sind die Beweise des Scheiterns erschütternd. Indem der Kommunismus mächtige, von jeder innerpolitischen Kontrolle und rechtlichen Beschränkung befreite nationale Regierungen schuf, legte er den Grund für neue Formen nationaler Konflikte zwischen kommunistischen Staaten. Stalins Versuch, Jugoslawien durch militärische Drohungen, wirtschaftliche Isolierung und politische Subversion zur ideologischen Konformität zu zwingen, war ein erstes schlagendes Beispiel. Der gleiche Chruschtschow, der Stalins »Großmachtchauvinismus« die Schuld an diesem Konflikt gab, griff zur militärischen Intervention gegen die antistalinistische Führung der ungarischen Kommunisten und verwickelte sich in einen unversöhnlichen Konflikt mit den Chinesen. Unter den Nachfolgern Chruschtschows wiederum wurde der tschechoslowakische Reformkommunismus mit militärischer Gewalt niedergeschlagen, und der Konflikt mit Peking eskalierte zu Kämpfen entlang der Grenze und massiven Truppenkonzentrationen beider Seiten. Was immer die konkreten Streitfragen in den einzelnen Fällen sein mögen, es bleibt die Grundtatsache, daß der Kommunismus sich in der Praxis als eine Form der Anbetung des Nationalstaats als Götzen erwiesen hat, und diese ist unvereinbar mit *jeder* Art von Weltordnung – und sei sie auf kommunistische Ideologie gegründet.

Tatsächlich muß in Ermangelung einer Weltregierung eine internationale Ordnung auf jenen Bedürfnissen der Gesellschaft ruhen, die vor nationalen Grenzen nicht Halt machen – und die kommunistische Ideologie in der Form, die sie seit Lenins Tagen angenommen hat, ist gegen diese Bedürfnisse allergisch. Sie hat geholfen, die »bourgeoise« internationale Ordnung der Vergangenheit, die auf westlichen Grundlagen ruhte, zu zerstören. Sie war und ist unfähig, eine andere Ordnung an ihre Stelle zu setzen.

Der Kommunismus hat es also vermocht, gewaltsam einige nichtwestliche Nationen mit nichtwestlichen Methoden zu modernisieren und zweien von ihnen zu großer Machtentfaltung zu verhelfen. Doch er hat nicht mehr Freiheit und Gleichheit, sondern mehr Unterdrückung und Ungleichheit gebracht, als in den industriell fortgeschrittenen Demokratien des Westens ertragen würde, und hat daher nicht vermocht, eine dauerhafte Wirkung auf sie auszuüben.

Er hat es vermocht, die Welt zwischen den fortgeschrittenen Demokratien und den kommunistischen Diktaturen zu teilen, und viele der neuen, exkolonialen Staaten nicht nur den westlichen Entwicklungsmodellen, sondern den grundlegenden Werten des Westens zu entfremden – und damit die moralischen und kulturellen Grundlagen der vom Westen geschaffenen internationalen Ordnung zu untergraben. Er hat sich aber als total unfähig gezeigt, die moralischen und kulturellen Grundlagen für eine andere internationale Ordnung zu schaffen.

Er hat sich als eine wirksame Maschine der nationalen Modernisierung und nationalen Machtentfaltung – und der internationalen Zerteilung und Zerstörung erwiesen. Aber er war und ist völlig unwirksam als Faktor der Vermenschlichung der Gesellschaft oder des internationalen Friedens.

Er ist zu einer der großen geschichtlichen Kräfte unserer Zeit geworden – doch zu einer Kraft, die nicht die Verwirklichung der von Marx erschauten Ziele, sondern die Konsequenzen der von Lenin gewählten Mittel fördert.

Kann dieser, geschichtlich »reale« Kommunismus als ein Vorzeichen einer kommenden Welt angesehen werden? Ich glaube nicht.

Die westlichen Demokratien, und die industriell entwickelten Demokratien im allgemeinen, sind aus vielen Richtungen verwundbar – durch wirtschaftliche Krisen, durch politische Spaltungen, durch kulturelle Dissidenz. Doch sie haben immer wieder genug schöpferische Wandlungsfähigkeit gezeigt, um ihre Schwäche im kritischen Augenblick zu überwinden und neue Meilensteine auf der Straße zur Erfüllung ihrer humanistischen Ziele zu erreichen. Sie haben wiederholt im Umgang mit der kommunistischen Bedrohung schwere Fehler gemacht und den Preis dafür gezahlt – als sie am Ende des Zweiten Weltkrieges Osteuropa aufgaben oder als sie sich in die militärische Intervention in Vietnam verwickelten. Doch sie haben auch immer wieder die Fähigkeit bewiesen, aus ihren Fehlern zu lernen, ihren Zusammenhalt zu wahren und der Flut standzuhalten. Sie bleiben stark genug, um den leninistischen, stalinistischen oder maoistischen Kommunismus daran zu hindern, das Erbteil unserer Erde anzutreten.

Es bleibt eine letzte Frage: Wird ein Kommunismus, der in der bestehenden Form die Grenze seiner Wirkungsmöglichkeiten erreicht hat, sich von seinem historischen Charakter radikal fortentwickeln? Ich glaube, daß in Westeuropa und Japan ein solcher Wandel im Gange ist; doch soweit er gelingt, wird er aufhören das zu sein, was wir als Kommunismus gekannt haben. In Rußland ist ein ähnlicher Wandel *vorstellbar* als Endresultat einer erfolgreichen Modernisierung; doch er ist nicht *unvermeidlich* im Sinne eines quasi-marxistischen Gesetzes der Konvergenz. Er ist lediglich eine *Bedingung* für den Fortschritt des Sowjetblocks zu einem höheren Niveau gesellschaftlicher Organisation und für die Wiederherstellung der Einheit der Welt. Ob diese Bedingung aber eines Tages erfüllt wird oder nicht – das ist nach meiner Überzeugung heute nicht vorauszusehen.

2. Moral und Weltpolitik

Eine Antwort an Alexander Solschenizyn

Ich bewundere *Alexander Solschenizyn* – nicht nur als einen großen Schriftsteller, sondern als eine der hervorragenden moralischen Persönlichkeiten unserer Zeit. Ich glaube, daß er uns viele wichtige Erkenntnisse vermittelt und viel dazu beigetragen hat, unser Bewußtsein vom menschlichen Leid in den kommunistisch beherrschten Ländern und von unserer Pflicht gegenüber den Opfern der Verfolgung zu schärfen. Doch gerade weil ich ihn bewundere, habe ich seine Washingtoner Rede[1] mit gemischten Gefühlen gelesen –

1 Die Rede, die Alexander Solschenizyn am 30. Juni 1977 auf Einladung des amerikanischen Gewerkschaftsbundes in Washington hielt, hat weit über die Vereinigten Staaten hinaus lebhafte Kontroversen in der Öffentlichkeit der westlichen Demokratien ausgelöst.

gemischt aus Faszination, ungläubigem Staunen und Schock: Faszination über die nahezu nahtlose Geschlossenheit seiner Vision der Weltpolitik, ungläubigem Staunen angesichts des totalen Gegensatzes zwischen dieser Vision und den Tatsachen der neueren internationalen Geschichte, und Schock über das, was ich nur als das radikale moralische Unrecht seiner Stellungnahme zu Fragen ansehen kann, von deren Beantwortung vielleicht das Überleben der Menschheit abhängt.

Mein Schock darüber, daß ich mich mit Solschenizyns Ansichten über die Beziehungen des Westens zur Sowjetunion in Vergangenheit, Gegenwart und Zukunft in fast völligem Gegensatz befinde, ist um so größer, als ich mich mit ihm in einer Grundfrage einig weiß – in der Bewertung aller Formen des Totalitarismus als schlechthin böse. Ich habe nicht, wie er, persönlich unter totalitärer Verfolgung leiden müssen – doch ich habe mich bemüht, dem Übel zu widerstehen, und viele Freunde meiner Jugend sind in den Gefängnissen und Lagern Hitlers oder Stalins zugrunde gegangen; und diese Erfahrungen haben ihre prägende Wirkung auf meine politischen Anschauungen wie auf meine wissenschaftlichen Interessen hinterlassen. So glaube ich zu verstehen, worum es Solschenizyn geht.

I. Der Gegensatz zwischen uns ist also nicht, daß Solschenizyn die Politik des Westens als Moralist betrachtet, während ich sie als bloßer Spezialist für Weltpolitik ansehen würde. Das Ernste an unserer Meinungsverschiedenheit ist gerade, daß ich seine Ansicht über die *moralische* Pflicht demokratischer Regierungen in der Außenpolitik bestreiten muß. Das wurde mir völlig klar, als ich seine Erklärung las, die Westmächte hätten 1941 kein militärisches Bündnis mit Stalin eingehen sollen, denn »die demokratische Welt hätte ein totalitäres Regime nach dem anderen besiegen können, das deutsche, dann das sowjetische«. Ich will für den Augenblick von dem totalen Mangel an Realismus einer solchen »Alternative« absehen und nur ihren moralischen Kerngedanken hervorheben: Nach Solschenizyns Auffassung war also ein Krieg gegen den sowjetischen Totalitarismus genauso die moralische Pflicht des Westens wie gegen den nationalsozialistischen Totalitarismus – unabhängig von der Tatsache, daß Hitler eine Reihe von westlichen Ländern besetzt hatte und die Sicherheit der übrigen bedrohte, Stalin aber nicht. Das radikal Böse des Stalinschen Totalitarismus als solches, unabhängig von seinem internationalen Verhalten, würde danach genügt haben, einen Krieg des Westens gegen Rußland zu rechtfertigen.

Ich glaube, daß diese Art der Argumentation für keine demokratische Regierung moralisch annehmbar sein kann. Eine demokratische Regierung ist in erster Linie dazu da, um Sicherheit und Wohlfahrt des eigenen Volkes zu schützen, dem sie verantwortlich ist – eines Volkes, das so wenig aus Helden und Heiligen besteht wie das russische Volk aus lauter Solschenizyns. Eine demokratische Regierung hat nicht die Freiheit, in einen Krieg einzutreten »to make the world safe for democracy« – so gewiß demokratische Regierungen wiederholt genau das vorgeschützt haben: Sie hat nur die Freiheit, und in der Tat die Pflicht, die Demokratie *im Interesse der eigenen Sicherheit* zu verteidigen. Gewiß beginnt die Verteidigung dieser Sicherheit nicht erst an den eigenen Grenzen – sie kann oft die Verteidigung anderer, exponierterer Länder erfordern, mit denen zu diesem Zweck Bündnisse geschlossen werden; und die eigene Sicherheit kann schwere Rückschläge erleiden, wenn solche Verbündete unter Druck preisgegeben werden, wie die Tschechoslowakei von Frankreich im Münchner Abkommen preisgegeben wurde. Doch keine demokratische Regierung hat das Recht, geschweige die Pflicht, das Leben der Bürger ihres Landes in einem Krieg für den Sturz einer ausländischen Regierung aufs Spiel zu setzen, solange diese Regierung nicht sie selbst oder ihre Verbündeten angegriffen hat oder ihre Sicherheit eindeutig und aktuell bedroht.

Dies war – ich muß es zugeben – nicht immer meine Ansicht. Als ich als ein junger Flüchtling aus Hitlerdeutschland zum ersten Mal nach England kam, sah ich die damaligen Bemühungen der Westmächte um eine »Koexistenz« mit Hitlers Regime im Hinblick auf die Natur dieses Regimes als unmoralisch an. Heute glaube ich, daß diese Bemühungen nur kurzsichtig und fehlgeleitet waren, weil die westlichen Regierungen damals nicht verstanden, daß Hitler nicht nur die Erweiterung seiner Macht wollte – er *wollte Krieg*, um einen totalen Sieg in relativ kurzer Frist zu erreichen. Doch Stalin wollte keinen Weltkrieg, und auch seine Nachfolger wollen ihn nicht – sie glauben, daß die »Gesetze der Geschichte« sie befähigen werden, alles, was sie wünschen, zu erlangen, ohne alles, was sie haben, zu riskieren. Das ist Grund genug, ihrer Expansion auch um den Preis eines Risikos Widerstand zu leisten. Es ist kein Grund, totalen Krieg mit ihnen als unvermeidlich anzusehen, und es war auch zu Stalins Lebzeiten kein Grund dafür.

II. Nun zur Konfrontation von Solschenizyns Darstellung mit den historischen Fakten. Er wirft dem Westen vor: »Bei der ersten Drohung des Hitlerismus reichtet ihr Stalin die Hände.« Tatsächlich handelte Frankreich 1935 ein Bündnis mit Stalin aus, konkretisierte es jedoch niemals durch ein militärisches Abkommen, weil Stalin für den Kriegsfall das Recht zum Durchmarsch durch das Gebiet von Frankreichs polnischen und rumänischen Verbündeten verlangte, das diese verweigerten. England begann 1939, ein Bündnis mit Rußland zu erörtern – nicht »bei der ersten Drohung des Hitlerismus«, sondern nachdem Hitler das Münchner Abkommen gebrochen und die ganze Tschechoslowakei besetzt hatte. Diesmal scheiterten die Verhandlungen, weil die Engländer zögerten, Stalin für den Kriegsfall das Recht zum Durchmarsch durch die baltischen Staaten zu gewähren – und Stalin zog einen Pakt mit Hitler vor, der keine solchen Bedenken hatte. Das wirkliche »Händereichen« geschah 1941 nach Hitlers Invasion der Sowjetunion. Vielleicht erinnert sich Solschenizyn nicht daran, aber das Reich, das er »Hitlers kleines Deutschland« nennt, hielt damals den europäischen Kontinent von der russischen Grenze bis zum Atlantik besetzt, und Großbritannien war sein einziger verbleibender Kriegsgegner, mit der Sympathie und wirtschaftlichen Untertützung der militärisch noch immer neutralen USA. Und Solschenizyn will uns nach 30 Jahren erzählen, daß England in seiner tödlichen Gefahr und die um sein Überleben besorgten Vereinigten Staaten sich hätten weigern sollen, Rußlands Widerstand zu ermutigen und zu unterstützen und damit Hitlers Kräfte so lange wie möglich geteilt zu halten – was Hitler vielleicht Gelegenheit gegeben hätte, erst Stalin einen »Frieden von Brest-Litowsk« aufzuzwingen und dann, im Besitz der Hilfsquellen *ganz* Europas, sich wieder gegen England zu wenden, während Japan die USA angriff? Für eine »erste Drohung« nicht schlecht ...

Weiter. 1945. »England, Frankreich, die Vereinigten Staaten waren im Zweiten Weltkrieg siegreich«, schreibt Solschenizyn. »Siegreiche Staaten diktieren immer den Frieden, sie bestehen auf festen Bedingungen ... Statt dessen haben Eure westlichen Staatsmänner, von Jalta angefangen, aus unerklärlichen Gründen eine Kapitulation nach der andern unterzeichnet.« Die siegreichen Staaten haben in der Tat ihre Bedingungen diktiert – doch einer von ihnen war die Sowjetunion, die nicht nur einen großen Teil der Lasten und Opfer des Krieges getragen, sondern im Laufe der Kampfhandlungen ihre Armeen bis ins Herz Europas vorgeschoben hatte: Als Hauptmann Solschenizyn, etwa zur Zeit der Konferenz von Jalta, verhaftet wurde, stand seine Einheit auf preußischem Boden. Solschenizyn spricht in bewegenden Worten von seiner Hoffnung auf ein Zusammentreffen mit den amerikanischen Truppen an der Elbe. Glaubt er wirklich, die Westmächte hätten in diesem Augenblick ihre Waffen gegen die russischen Streitkräfte, die gemeinsam mit ihnen Hitler geschlagen hatten, zu einem neuen Kriege richten sollen oder können? Doch wenn das ausgeschlossen war, so war ein Kompromiß unvermeidlich, der Stalin die Möglichkeit ließ, die Vorherrschaft in Osteuropa zu behaupten, die Rußland durch seinen Anteil an der Zerschlagung von Hitlers Imperium gewonnen hatte.

Freilich ist wahr, daß der Kompromiß aufgrund von Präsident Roosevelts Illusionen über Natur und Ziele von Stalins Regime schlechter ausfiel als nötig gewesen wäre; daß die westlichen Heere in den letzten Wochen des Krieges hätten weiter vormarschieren und damit einen besseren Ausgangspunkt für die Nachkriegsverhandlungen schaffen können (wie Churchill vergeblich vorschlug); daß die schändliche Auslieferung von Sowjetbürgern zur »Repatriierung« gegen ihren Willen hätte vermieden werden können. Doch unvermeidlich war, daß der entscheidende Einfluß der Westmächte auf die Zukunft Europas annähernd dort endete, wo er bis heute endet – an der mit dem Ende der Kriegshandlungen erreichten militärischen Demarkationslinie.

Nun folgt eine Periode, bei deren Darstellung Solschenizyn sich ausnahmsweise selbst widerspricht. Einerseits spricht er von dreißig Jahren eines »ständigen Rückzugs« des Westens, in deren Verlauf »mehr dem Totalitarismus preisgegeben wurde, als irgendein besiegtes Land jemals nach einem Krieg der Geschichte preisgegeben hat«. Dies Bild hat offenkundig keinerlei Ähnlichkeit mit dem wirklichen Verlauf des Kalten Krieges, den wir miterlebt haben. Andererseits erwähnt er Beispiele von Erfolgen westlicher und besonders amerikanischer Festigkeit in diesen Jahren – das Scheitern der Blockade Berlins an der Luftbrücke, den Widerstand gegen die Aggression in Korea, den erzwungenen Abzug der sowjetischen Raketen aus Kuba. Doch dies waren nicht vereinzelte Ausnahmen im Rahmen eines allgemeinen Rückzuges – es waren kritische Höhepunkte eines langdauernden Kampfes zur Verhinderung sowjetischer Expansion durch die Anwendung oder Androhung von Gewalt; und jener Kampf fand zwar unter amerikanischer Führung statt, war aber nicht auf die Amerikaner beschränkt. Er begann mit den Warnungen Ernest Bevins, des Außenministers der britischen Labourregierung, noch bevor die amerikanische Regierung sich zum Widerstand entschloß. Und er umfaßte den Widerstand der Berliner Bevölkerung gegen die Blockade *zusammen* mit der anglo-amerikanischen Luftbrücke; den Entschluß der Westeuropäer zum gemeinsamen Wiederaufbau mit Hilfe des Marshallplans und die Niederschlagung der Streikkampagne der französischen und italienischen Kommunisten gegen diesen Plan; die Schaffung des NATO-Bündnisses und den Aufbau seiner integrierten Kommandostruktur; die geschlossene Abwehr des Chruschtschowschen Berlin-Ultimatums von 1958–1962; und er umfaßte vor allem die ganze langfristige Anstrengung, die nötig war, um nicht nur eine lebensfähige moderne Wirtschaft, sondern freiheitliche demokratische Institutionen in Westeuropa und Japan zu festigen, die 1945 in chaotischem Zustand darniederlagen. Gewiß gab es in dieser langen Periode auch wieder und wieder innere Krisen, wie sie in Ländern mit freiheitlichen Verfassungen unvermeidlich sind, und ebenso die wiederholten Streitigkeiten und Konflikte unter Verbündeten, die von der Achtung vor ihrer nationalen Unabhängigkeit untrennbar sind. Was es nicht gab, war genau das, wovon Solschenizyn spricht – ständiger Rückzug und Kapitulation. Und ebensowenig gab es, wie er es darstellt, nur den sporadischen Widerstand eines großherzigen Amerika, während die Europäer nur »ihre Groschen zählten«, sich auf amerikanischen Schutz verließen und »weniger bereit zur Selbstverteidigung waren als Südvietnam«. Ich frage mich, wer Solschenizyn, der ja niemals in Westeuropa gelebt hat und weder Zeit noch Ursache hatte, die Nachkriegsgeschichte Europas oder auch nur den Verteidigungsetat der Bundesrepublik, Englands oder Frankreichs zu studieren, diese einseitige Vorstellung vermittelt hat, oder wie er auf den seltsamen Gedanken kam, er könne die Amerikaner zu härterem Widerstand ermutigen, indem er sie lehrte, ihre europäischen Verbündeten zu verachten!

Ich fasse zusammen: So gewiß der Westen nicht in der Lage war, friedliche Methoden für die »Befreiung« oder besser für die Unterstützung der Selbstbefreiung eines einzigen Landes vom Kommunismus sowjetischen Typs zu finden (mit einer teilweisen Ausnahme im Fall Jugoslawiens), so gewiß ist auch die Sowjetunion nicht in der Lage gewesen, durch Anwendung oder Androhung von Gewalt ein einziges Land außerhalb ihrer 1945 abgegrenzten Machtsphäre ihrem Regime zu unterwerfen. Dies ist nicht die Geschichte ständiger Rückzüge und Kapitulationen der westlichen Seite, sondern einer mit schweren Opfern und Anstrengungen aufrechterhaltenen Patt-Situation.

III. Worauf beruht dann also Solschenizyns Vorstellung von dreißig Jahren der Schande des Westens? Offenkundig auf der Tatsache, daß im Laufe dieser Frist China 1949, Kuba 1959/61 und Vietnam und das übrige Indochina in Etappen seit 1954 unter kommunistische Herrschaft gekommen sind. Doch keine dieser für die betroffenen Völker tragischen Entwicklungen sind durch westliches Nachgeben gegenüber sowjetischer Macht und sowjetischem Druck zustande gekommen. Es war vielmehr so, daß, während die sowjetische Expansion unter erheblichen Risiken, Kosten und Anstrengungen erfolgreich eingedämmt wurde, diese Länder revolutionären Erhebungen unter kommunistischer Führung (oder, im Falle Kubas, der kommunistischen Transformation einer ursprünglich nichtkommunistischen revolutionären Bewegung) zum Opfer fielen. Wohl waren diese kommunistischen Siege den sowjetischen Führern willkommen, doch sie waren nicht das Ergebnis sowjetischer Stärke, sondern unabhängiger Entwicklungen in den betreffenden Ländern. Sowjetische Intervention spielte bei dem kommunistischen Sieg in China keine bedeutende Rolle, und westliche Intervention hätte ihn ebensowenig verhindern können, wie stärkere westliche Intervention den Sieg der Bolschewiki im russischen Bürgerkrieg hätte verhindern können (oder glaubt Solschenizyn etwa, daß auch dieser Sieg eine Folge westlicher Kapitulation war?). Sowjetische Hilfe für Kuba wurde erst wichtig, *nachdem* Castro fest im Sattel saß und sich für eine sowjetische Orientierung entschied. Während der verschiedenen Phasen des dreißigjährigen Vietnamkrieges war die sowjetische Militärhilfe für die Kommunisten in der Tat erheblich – aber nicht größer als die amerikanische Hilfe erst an die Franzosen und später an Südvietnam; und keine sowjetischen (oder chinesischen) Truppen sind nach 1965 einmarschiert, um den amerikanischen Truppen entgegenzutreten. Was dort geschah, war nicht eine Kapitulation des Westens, sondern eine Niederlage der schwächeren und weniger kohärenten antikommunistischen Kräfte des Südens unter den Schlägen der verbündeten kommunistischen Kräfte aus Nord- und Südvietnam, trotz Jahren direkter und massiver amerikanischer Intervention – eine Niederlage, deren schließliche Unvermeidlichkeit für kritische Beobachter schon deutlich war, bevor jene Intervention begann.

Worum es hier geht und was Solschenizyn noch nicht klar ist, ist der unausweichliche Doppelcharakter des Kampfes gegen die Ausbreitung des kommunistischen Totalitarismus. Einerseits erfordert dieser Kampf die Eindämmung der Expansion einer oder mehrerer kommunistischer Mächte durch entschlossenen und zweckmäßigen Einsatz westlicher Gegenmacht – das ist die Seite des Problems, die Solschenizyn sieht, wenn er sie auch übermäßig vereinfacht. Andererseits erfordert der Kampf jedoch den politischen Wettbewerb mit unabhängigen, lokalen kommunistischen Bewegungen unter höchst verschiedenen und oft äußerst ungünstigen Bedingungen, vor allem in einer Reihe von unterentwickelten Ländern – das ist die Seite, die er bisher nicht zur Kenntnis genommen hat. Das Ergebnis solchen Wettbewerbs hängt letztlich von der politischen Anziehungskraft und dem Zusammenhalt der einheimischen Gegner des Totalitarismus ab. In einigen wichtigen Fällen hat sich deren Niederlage als unvermeidlich erwiesen – aber mit einer Kapitulation des Westens hatte sie nichts zu tun. Und diesen Niederlagen steht die Tatsache gegenüber, daß jeder kommunistische Griff nach der Macht in fortgeschrittenen Industrieländern bis heute gescheitert ist.

Ein letztes Wort zu Vietnam. So gewiß das katastrophale Ende des Krieges nicht nur eine Tragödie für das vietnamesische Volk, sondern eine Niederlage für die USA und also für den Westen war, so gewiß war es nicht ein von der Sowjetunion errungener Sieg. Der amerikanische Abzug war nicht unter sowjetischen Drohungen oder um sowjetischen Beifalls willen unternommen worden, wie die Tatsache illustriert, daß noch zur Zeit von Präsident Nixons Besuch in Moskau im Mai 1972 die USA die nordvietnamesischen Häfen mit Minen sperrten. Aus diesem Grunde ist es auch falsch, Vietnam als Maßstab für den Wert der Entspannung anzusehen: Was dort geschah, war weder das Ergebnis einer Pseudoentspannung noch hätte es durch eine erfolgreiche Entspannung verhindert werden können. Denn die Entscheidung in Vietnam hing eben *nicht* in erster Linie vom Stand der Beziehungen zwischen den Supermächten ab, während es sich bei der Entspannung im wesentlichen um diese Beziehungen handelt.

IV. Damit kommen wir zu Gegenwart und Zukunft. Was immer Solschenizyn über 1941 und 1945 denken mag, so will er gewiß keinen Krieg zwischen den Westmächten und den Sowjets unter heutigen Bedingungen – er weiß, daß dies nur eine nukleare Katastrophe sein könnte. Darum erklärt er ausdrücklich, Entspannung sei »so notwendig wie die Luft zum Atmen – sie ist der einzige Weg, die Erde zu retten«. Doch es muß »eine wirkliche Entspannung« sein, die »nicht auf Lächeln, nicht auf verbalen Konzessionen, sondern auf festem Grunde« ruht. Um fest begründet und verläßlich zu sein, muß eine »wirkliche Entspannung« »drei Hauptmerkmale« haben: ein Ende nicht nur der Anwendung kriegerischer Gewalt, sondern auch *der* Gewalt, mit der das Sowjetregime die Dissidenten im eigenen Lande unterdrückt; die Unterwerfung dieses Regimes unter die Kontrolle einer freien öffentlichen Meinung und eines freigewählten Parlaments, die allein es verhindern könnten, internationale Abkommen »über Nacht« zu brechen; und ein Ende der kommunistischen »ideologischen Kriegführung«.

Diese drei »einfachen« Bedingungen der Entspannung laufen offenbar auf etwas noch »Einfacheres« hinaus: ein Ende der kommunistischen Einparteiherrschaft in Rußland. Der Wunsch nach einem Ende der kommunistischen ideologischen Kriegführung und der Verfolgung sowjetischer Dissidenten, nach einer freien Presse und freien Wahlen in Rußland wird sicher von der großen Mehrheit der Menschen im Westen geteilt (obzwar ich mich erinnern kann, daß Solschenizyn selbst noch vor kurzem schwere Zweifel an der Wünschbarkeit einer parlamentarischen Demokratie für sein Vaterland äußerte). Doch Solschenizyn ist zwar ein gläubiger Prophet, aber kein Narr: Er selbst erwartet offenbar nicht, daß eine so radikale Verwandlung des Sowjetregimes durch den Kampf seiner Gesinnungsgenossen in der vorhersehbaren Zukunft zustande kommt. Ist es denkbar, daß er glaubt, der Westen könnte solchen Wandel herbeiführen, indem er ihn zur Bedingung jeder Art von Entspannung macht? Er muß wissen, daß die KPdSU, wenn wir als Preis der Entspannung ihre Abdankung von der Macht verlangen, sie verweigern wird. Selbst Lenin hat das deutsche Ultimatum von Brest-Litowsk nur angenommen, um die Macht zu *behaupten*; und das Kräfteverhältnis zwischen den beiden Supermächten und ihren Blocks ist heute eines von annähernder Gleichheit – anders, als es zwischen dem siegreichen kaiserlichen Deutschland und dem besiegten Rußland von 1917 war. Eine »wirkliche Entspannung« im Sinne von Solschenizyns Definition ist also unter heutigen Bedingungen schlechthin unerreichbar. Was aber bleibt ihm als Alternative, wenn ein nuklearer Krieg ausgeschlossen werden soll?

Einen Hinweis auf seine Antwort können wir seiner Bemerkung entnehmen, daß schon vor dem Militärbündnis von 1941 die amerikanische diplomatische Anerkennung der Sowjetregierung 1933 ein »prinzipienloser Handel« mit dem Totalitarismus war. Solschenizyns »prinzipielle« Alternative zur Entspannung mit dem bestehenden kommunistischen Parteiregime wäre demnach, *mit einem solchen Regime keinerlei Umgang zu haben.* Also nicht nur kein Handel und keine wirtschaftliche Kooperation, die den Kommunisten nur dazu helfen, einige Schwächen ihres Systems zu überwinden; nicht nur keine Konferenz über Sicherheit und Zusammenarbeit in Europa, die »ein für allemal den Verzicht auf Osteuropa unterschreibt«; sondern offenbar auch keine Verhandlungen über die Begrenzung von Nuklearwaffen und Raketen, da die Sowjets, mangels einer freien Presse und eines freigewählten Parlaments, jedes Abkommen »über Nacht« brechen könnten. Und logischerweise nicht einmal normale diplomatische Beziehungen zwischen den Supermächten – gewiß keine Bemühungen um ein gemeinsames Krisenmanagement, kein »heißer Draht« zur Verhinderung einer Katastrophe in kritischen Augenblicken.

Hier komme ich zu meinem Ausgangspunkt zurück: Unser wirklicher Gegensatz betrifft die Natur der moralischen Verantwortung demokratischer Regierungen. In einer Welt, die zwischen zwei nuklearen Supermächten geteilt ist – und geteilt nicht nur durch Machtrivalität, sondern durch einen Konflikt der Grundprinzipien – wäre es unverantwortlich und geradezu verbrecherisch, wollte die demokratische Supermacht die Kommunikation mit ihrem Gegner nur deshalb verweigern, weil sie dessen politisches System verabscheut: Denn Kommunikation bleibt der einzige Weg, um das Risiko totaler Zerstörung unter Kontrolle zu halten – um »die Erde zu retten«. Aber Kommunikation bedeutet Aushandeln von Abkommen zur Beschränkung der Risiken, zur Begrenzung der Rüstungen, zur Beseitigung der Explosionsgefahr akuter Krisen – Abkommen mit einer Regierung, deren Prinzipien wir verwerfen, wie sie die unseren verwirft. Das ist die unausweichliche Logik der »friedlichen Koexistenz«.

Diese Erfordernisse des Überlebens sind von beiden Seiten des Konflikts seit dem Gipfeltreffen von 1955 grundsätzlich anerkannt worden und haben im Lauf der Zeit zu solchen Abkommen wie dem Atomversuchsstop und dem Nichtverbreitungsvertrag für Atomwaffen geführt. Man beachte, daß diese Abkommen von der Sowjetunion trotz der fehlenden öffentlichen Kontrolle ihrer Führer *nicht* gebrochen worden sind – weil sie so formuliert waren, daß sie nicht minder in ihrem Interesse als in dem des Westens lagen.

Denn trotz des grundlegenden Konflikts gibt es nicht nur die entgegengesetzten Interessen beider Seiten, sondern auch ein gemeinsames Interesse: das Interesse am Überleben.

Was sich seit etwa 1969 unter dem Namen »Entspannung« entwickelt hat, ist noch etwas mehr – ein Bemühen, nicht nur die Formen des Konflikts zu begrenzen, sondern seine Reichweite durch Regelung einiger der regionalen Streitfragen zu beschränken. Das hat sich in einigen Teilen der Welt als leichter erwiesen als in anderen. Im Herzen Europas mit Einschluß der Viermächtestadt Berlin hat die Tatsache, daß sich hier amerikanische und sowjetische Streitkräfte seit langem auf einer fixierten Linie gegenüberstehen, endlich ein formelles Einverständnis darüber ermöglicht, daß keine von beiden Seiten den *Status quo* mit Gewalt verletzen wird. Jene europäische Sicherheitskonferenz, die Solschenizyn als das »Begräbnis Osteuropas« beschreibt, hat diesem Prinzip des Gewaltverzichts nichts hinzugefügt, aber es so formuliert, daß der Wortlaut auch auf die Gewaltanwendung unter kommunistisch regierten Staaten – nach Art der sowjetischen Intervention in Ungarn 1956 und in der ČSSR 1968 – anwendbar ist. Wenn Solschenizyn glaubt, durch Unterzeichnung der Konferenzdokumente habe Westeuropa (und die USA) erklärt, »es sei völlig bereit, Osteuropa ein für allemal zerdrückt und unterworfen zu sehen«, so sollte er die Jugoslawen und Rumänen nach ihrer Meinung dazu fragen. Doch während ich die Wirkung des Dokuments auf die Zukunft Osteuropas deshalb eher als in begrenztem Maße positiv denn als negativ ansehe, würde ich in diesem Falle Solschenizyn zustimmen, daß es für die positiven Elemente kaum wirksame Garantien gibt.

Während also die Notwendigkeit, die Risiken und daher die Formen des Ost-West-Konflikts zu kontrollieren, ein grundlegendes und deshalb konstantes Interesse beider Seiten ist, sind die Aussichten der Entspannung in dem weitergehenden Sinne der Suche nach regionalen Teillösungen des Konflikts im ganzen weniger gesichert, da sie sowohl von unstabilen lokalen Faktoren – etwa im Nahen Osten – wie von möglichen Änderungen der sowjetischen politischen Strategie abhängig sind. Doch für demokratische Regierungen kann diese Ungewißheit kein Grund sein, Chancen zur Verringerung des Risikos internationaler Gewaltanwendung ungenutzt zu lassen – immer vorausgesetzt, daß sie ohne Rückzug und bei Aufrechterhaltung eines Kräftegleichgewichts verwirklicht werden können.

V. Gewiß steht Solschenizyn heute mit seinen Warnungen vor einer bloß scheinbaren Entspannung nicht allein; eine Anzahl verantwortlicher westlicher Kritiker haben in letzter Zeit ihre Stimme im gleichen Sinne erhoben. Während ich einige ihrer Einwände gegen die tatsächlich geschlossenen Abkommen nach wie vor für falsch halte, teile ich ihre Sorge über gewisse Stimmungen in der Öffentlichkeit einiger Länder, die zeitweise diese Entwicklungen begleiteten – über die Illusion, die Lösung einiger Teilkonflikte sei der Vorläufer eines Verschwindens des allgemeinen Systemkonflikts. Ich denke dabei *nicht* an den oft erhobenen Vorwurf einer die Durchbruchsphase der deutschen Ostpolitik begleitenden »Euphorie«, von der ich in der Öffentlichkeit der Bundesrepublik wenig und in den verantwortlichen Kreisen gar nichts bemerkt habe. Aber während wohl keine westliche Regierung die erwähnte Illusion in vollem Maße geteilt hat, ist es immerhin der Erinnerung wert, daß eine Botschaft des Präsidenten Nixon an den Kongreß im Frühjahr 1973, wenige Monate vor Ausbruch des jüngsten Nahostkrieges, die Doktrin entwickelte, in der Machtrivalität zwischen Ost und West sei ein Punkt erreicht, an dem keine Seite aus weiteren »marginalen« Machtzuwächsen politischen Vorteil ziehen könne. Die Ereignisse haben, wie vorauszusehen war, diese optimistische Doktrin widerlegt.

In dieser Überzeugung, daß der Konflikt nicht verschwinden wird, weil er *nicht nur* eine Machtrivalität zweier Supermächte, sondern auch ein Konflikt zwischen Systemen ist, die sich auf unvereinbare Prinzipien gründen, stimme ich mit Solschenizyn – und übrigens auch mit den sowjetischen Führern – überein. Hier sehe ich den politischen Wert seiner Warnungen – in der Aufklärung der Öffentlichkeit des Westens über die Natur der offiziellen sowjetischen Ideologie und über die Konsequenzen des auf sie gegründeten Regierungssystems für die Menschen. Es ist auch eher die westliche Öffentlichkeit als die westlichen Regierungen, die oft den Opfern dieses Systems geholfen hat und ihnen noch mehr helfen kann, indem sie die Aufmerksamkeit auf ihr Schicksal lenkt und der Sowjetregierung zeigt, daß die unmenschliche Verfolgung derer, die für Menschenrechte eintreten, uns nicht gleichgültig läßt. Die westlichen Regierungen können die Beendigung solcher Verfolgungen nicht zur Vorbedingung von Abkommen mit den Sowjets machen, weil die Sowjets ihre inneren Herrschaftsmethoden nicht unter dem Druck ausländischer Regierungen verändern werden, und weil diese Abkommen nicht nur im sowjetischen, sondern auch im westlichen Interesse, nämlich im Interesse des Friedens, liegen. Doch die westliche Öffentlichkeit – Parteien und Presse, Gewerkschaften und Geschäftspartner, Schriftsteller und Wissenschaftler – kann den sowjetischen Führern zeigen, wieviel sie durch unmenschliches Verhalten verlieren können.

Solschenizyns wahre und wichtige Botschaft sollte an diese westliche Öffentlichkeit gerichtet bleiben, in der sein Ansehen auch bei denen hochsteht, die manche seiner Auffassungen nicht teilen können. Nur weil sie diesmal fälschlich an die westlichen Regierungen gerichtet war, deren Pflicht es ist, anderen Erwägungen zu folgen, wurde sie diesmal zu einer falschen Botschaft.

Nachwort des Verfassers

Die in diesem Bande gesammelten Essays über weltpolitische Themen aus den letzten zwanzig Jahren sind Arbeiten eines politisch engagierten Wissenschaftlers. Politisches Engagement und wissenschaftliches Streben nach Erkenntnis waren für mich niemals Gegensätze. Die Kriterien der empirischen Richtigkeit und logischen Stimmigkeit müssen für Vertreter der verschiedensten Werthaltungen und politischen Standpunkte bindend sein – doch das entbindet sie nicht von ihrer Verantwortung, sich zu ihren Werthaltungen und Standpunkten zu bekennen und entsprechende politische Konsequenzen aus ihren Erkenntnissen zu ziehen.

In meinem Fall ist dieser Standpunkt, wie mein ganzes Leben, durch die doppelte Auseinandersetzung mit den »totalitären« Bewegungen, Ideen und Herrschaftssystemen unseres Jahrhunderts geprägt worden – jenen also, die um der Utopie einer vollkommenen, konfliktfreien Ordnung der Gesellschaft willen einen Staat der perfekten hierarchischen Über- und Unterordnung zu verwirklichen suchen, wie die nationalsozialistischen und faschistischen Bewegungen und Regime, und jenen, die mit den Mitteln staatlicher Macht eine Ordnung perfekter Gleichheit erzwingen wollen, wie ursprünglich die kommunistischen Bewegungen und Regime. Die Werte, an denen sie sich ausrichten, und die Ziele, die sie anstreben, sind radikal entgegengesetzt; doch sie sind gleichermaßen unvereinbar mit der notwendigen Unvollkommenheit jeder menschlichen Ordnung und haben die gleiche Tendenz, zur Erreichung des Unerreichbaren die Anwendung *aller* Machtmittel, die totale Unterdrückung jeden Widerstandes und jeder Kritik für gerechtfertigt zu halten. Sie haben daher ähnliche Systeme des Entscheidungsmonopols einer zentralistisch von oben aufgebauten Partei, des Monopols der unter ihrer Kontrolle stehenden Organisationen und des Monopols der ihrer Machtbehauptung dienenden Informationen sowie des Anspruchs der Staatsgewalt aufgebaut, sich im Bedarfsfalle von allen rechtlichen Beschränkungen zu befreien – das heißt, ihre Macht terroristisch einzusetzen.

Meine Auseinandersetzung mit diesem Problem begann, als ich als 18jähriger auf der Suche nach einer gerechteren Ordnung in die kommunistische Partei eintrat – und als 21jähriger mit Recht aus ihr ausgeschlossen wurde, weil mir ihre Politik nicht einleuchtete, in den Jahren des Aufstiegs der nationalsozialistischen Bewegung die Sozialdemokratie als »Hauptfeind« zu behandeln. Sie setzte sich fort, als ich nach der Machtergreifung Hitlers in eine demokratisch-sozialistische Widerstandsgruppe eintrat, die Ursachen dieser Machtergreifung theoretisch zu verstehen suchte, und nach meiner Emigration im Jahre 1935 darüber zu publizieren begann. Sie erreichte eine neue Stufe, als Stalins Moskauer Prozesse von 1936–38 und sein Pakt mit Hitler von 1939 mir zeigten, daß mein Gegensatz zu der Wirklichkeit der kommunistischen Macht von grundsätzlicherer Art war, als mir bei meinem ursprünglichen Bruch mit den Kommunisten klar gewesen war.

Der Sinn dieser persönlichen Bemerkung über die Entwicklung meiner Beschäftigung mit den Problemen des »Totalitarismus« ist nicht, in diesem Nachwort in eine wissenschaftliche Diskussion dieses umstrittenen Begriffs einzutreten. Nur soviel will ich hier klarmachen: Ich habe nie zu denen gehört, die totalitäre Regime für eine unveränderliche Sackgasse der Geschichte hielten. Der Nationalsozialismus und der italienische Faschismus haben in dem Weltkrieg, den der erste herbeigeführt und der zweite mitgemacht hat, durch militärische Niederlage ihr Ende erreicht. Aber der sowjetische und chinesische Kommunismus, die ihre Macht behauptet haben, sind durch grundlegende innere Veränderungen gegangen – nicht zufällig, weil das utopische Ziel der totalitären Ideologie immer neue gewaltsame Umwälzungen erfordert, deren Fortsetzung schließlich mit den Lebenserfordernissen einer sich entwickelnden Gesellschaft unvereinbar wird. Die kommunistischen Mächte haben nicht die grauenvolle Mischung von Allmacht, Schäbigkeit und totaler Stagnation verwirklicht, die George Orwells Vision von »1984« beschrieb; und ich bezweifle zwar nicht, daß der Begriff des Totalitarismus zum Verständnis ihrer Wurzeln unentbehrlich ist, wohl aber, daß er auf den heutigen Zustand der Sowjetunion und Chinas noch im vollen Sinne paßt.

Eines aber hat sich nicht verändert – die durch die Entwicklung dieser ideologisch abgeschirmten Mächte eingetretene Teilung der

Welt. Hier liegt der Zusammenhang des vorstehenden Exkurses mit den in diesem Buch vereinigten Arbeiten. Meine weltpolitischen Betrachtungen – und darin liegt ihre Begrenzung, aber wohl auch ihr Spezifikum – drehen sich um die Teilung der Welt entlang dieser Achse: um den Ost-West-Konflikt und seine Erweiterung zum weltpolitischen Dreieck durch den sowjetisch-chinesischen Konflikt; um die Entwicklung vom »Kalten Krieg« zur »Entspannung«, ihren Sinn und ihre Grenze; um die inneren Umwälzungen in der Sowjetunion und in China und ihre Bedeutung für die Außenwelt.

Das bedeutet aber, daß weite Gebiete der Weltpolitik, wie vor allem die inneren Probleme der Entwicklungsländer und ihre Beziehungen zu den entwickelten Industrieländern, in diesen Essays nur gestreift werden – meistens an Punkten, wo der Ost-West-Konflikt auf sie einwirkt. Das liegt nicht daran, daß ich die Bedeutung des sogenannten Nord-Süd-Konflikts ignorierte oder an der Vorstellung der ersten Nachkriegsjahre festhielte, als sei der Ost-West-Konflikt die *einzige* Achse der Weltpolitik. Ich teile erst recht nicht die simplistische Vorstellung einiger westlicher Politiker, als seien alle Krisen der unterentwickelten Teile der Welt als bloße Auswirkungen kommunistischer Machenschaften zu verstehen. Aber in den zwanzig Jahren, von denen dieses Buch handelt – Jahren, die so wichtige und folgenschwere Ereignisse gesehen haben wie den Ölschock von 1973 und seine Folgen, oder die Bemühungen der Länder, die heute eine Mehrheit der Weltbevölkerung bilden, um eine ihren Bedürfnissen besser entsprechende »Neue Weltwirtschaftsordnung« –, ist die Auseinandersetzung zwischen den industriell entwickelten Demokratien und den kommunistischen Großmächten und zwischen diesen immer noch insofern die *Haupt*achse der Weltpolitik geblieben, als sie nun einmal über die größten Ressourcen ökonomischer und militärischer Macht, einschließlich nuklearer Macht, verfügen. Und schließlich ist dies auch der Teil der internationalen Politik, den ich seit vielen Jahren stetig verfolgt habe und am besten kenne. So hoffe ich, daß meine Leser mir verzeihen werden, daß ich ihnen hier eine Auswahl meiner Arbeiten über *die* Probleme vorlege, mit denen ich mich ein Leben lang beschäftigt habe.

Berlin, im September 1982 Richard Löwenthal

Bibliographische Notiz

Die hier gesammelten Arbeiten sind im Original teils deutsch, teils englisch, teils in beiden Sprachen erschienen. Die folgende Liste gibt, wenn immer möglich, den deutschen Erstdruck an.

»Von Stalin zu Chruschtschow. Neue Züge der sowjetischen Weltpolitik« erschien zuerst in *Der Monat*, Berlin, Januar 1961, unter dem Titel: »Der verwandelte Gegner: Sowjetische Politik im Zeitalter des atomaren Patt«.

»Weltgleichgewicht und Weltmission. Der Rollenwandel der Vereinigten Staaten« erschien zuerst in *Der Monat*, Berlin, August 1961 (gleicher Titel).

»Ende einer Offensive – Ende einer Illusion« erschien zuerst in: *Problems of Communism*, Washington, 12/1, Januar/Februar 1963, als »The End of an Illusion«.

»Weltpolitischer Szenenwechsel« erschien zuerst in *Der Monat*, Berlin, September 1963 (gleicher Titel).

»Bündnissysteme und Nationale Interessen«, ursprünglich ein Vortrag auf der Tagung der Deutschen Vereinigung für Politische Wissenschaft 1963 in Heidelberg, erschien in der *Politischen Vierteljahresschrift*, 5. Jg., 1964/1 (gleicher Titel).

»Vom Absterben der russischen Revolution. Zu Chruschtschows Sturz durch die Parteioligarchie« erschien zuerst in *Problems of Communism*, Washington, 14/1, Januar/Februar 1965, als »The Revolution Withers Away«.

»Amerikas Irrweg in Vietnam«, obwohl verschiedentlich auch ins Deutsche übersetzt, ist hier nach dem englischen Original »America's Asian Commitment« in *Encounter*, London, Nr. 25/4, Oktober 1965, und »The Vietnamese Agony: A Reply to Critics«, *ebd.*, Nr. 26/1, Januar 1966, vom Autor neu übersetzt worden, die zweite Arbeit auszugsweise.

»Maos letzte Revolution« erschien in dieser Form zuerst in *Encounter*, London, Nr. 28/4, April 1967, als »Mao's Revoluton: The Chinese Handwriting on the Wall«. Eine frühere deutsche Fassung (»Die Schrift an der Wand«, *Die Zeit*, Hamburg, Nr. 4, 27. 1. 1967) enthält noch nicht den voll entwickelten Gedankengang.

»Bonn, Moskau, Prag. Die sowjetische Europapolitik zwischen Initiative und Erstarrung« ist ein Auszug aus dem einleitenden Abschnitt von »The Sparrow in the Cage« in *Problems of Communism*, Washington, Nr. 27/6, November/Dezember 1968, und in *Encounter*, London, Nr. 23/1 und 2, 1969.

»Der Weg zur deutschen Ostpolitik. Die Rolle der Bundesrepublik in der Ost-West-Entspannung« ist ein Auszug aus meiner im Seewald-Verlag, Stuttgart, erschienenen Schrift »Vom Kalten Krieg zur Ostpolitik«, 1974, die zugleich als Kapitel in dem im gleichen Verlag von Richard Löwenthal und Hans Peter Schwarz herausgegebenen Buch »Die zweite Republik. 25 Jahre Bundesrepublik Deutschland. Eine Bilanz« erschien.

»Der Umweg zur weltpolitischen Entspannung. Zum verspäteten Beginn einer Dreieckspolitik« erschien zuerst als »Welt ohne Anker« in *Die Zeit*, Hamburg, 31. 12. 1971 und 7. 1. 1972.

»Der instabile Weltfriede. Von Sinn und Grenzen der Entspannung« erschien zuerst in *Neue Rundschau*, Berlin, Jg. 85/H. 4, 1974.

»Die Krise von Entspannung und Gleichgewicht: Können sie gerettet werden?« erschien zuerst unter dem Titel »Das gestörte Ost-West-Gleichgewicht« in *Die Zeit*, Hamburg, 6. 2. 1981.

»Europa und die deutsche Teilung« erschien zuerst in Walther Hofer (Hg.), »Europa und die Einheit Deutschlands«, Köln 1970.

»Europas Eigenart – Europas Zwangslage – Europas Chancen« ist die erweiterte Fassung eines Textes, der zuerst als Vortrag im Nachtstudio des Bayerischen Rundfunks gehalten und unter dem gleichen Titel in L. Reinisch (Hg.), »Dieses Europa zwischen Ost und West«, München 1982, veröffentlicht wurde.

»Der Kommunismus als ein Faktor unserer Geschichte« erschien zuerst im *International Journal*, Toronto, 22/1, Winter 1967/77, als »Communism as a Historical Force«, und in *Encounter*, London, 48/7, April 1977, als »Can Communism Offer an Alternative World Order?«.

»Moral und Weltpolitik. Eine Antwort an Alexander Solschenizyn« erschien zuerst als »Der wahre Prophet und die falsche Botschaft« in *Merkur*, München, Jg. 28/H. 11, 1974.